中国古典名著译注丛书

山海经详注

（插图本）

栾保群 详注

中华书局

插图目录

前　言

一

　　《山海经》虽是一部奇书，但奇书的阅读和探讨未必要走"奇门"。好奇之心，人皆有之。"奇"可以吸引读者，勾起一探究竟的好奇心，而一探究竟则非由"正门"不可，也就是严沧浪所说的"入门须正"。当然这"正"不是"唯我正确"之正，也不是定于一尊、不能容纳异见的所谓"正统"，仅是与"奇"相对而言之"正"，具体地说，不过《山海经》学术史的主流而已。比如经中某山，或言在山东，或言在山西，或以错简为由，从海内移到海外也不妨，只要不脱离以传统文化为基础的思维范围，其说虽然不同，都是"正"中之"异说"。但如果说西王母就是所罗门王时（恰好与周穆王同时）的西巴女王，"众帝之台"就是埃及的金字塔，那就是"奇说"了。创立奇说的不乏梁启超、章太炎这样的大学者，但他们往往都是在文化西来说的冲击下即兴式地假设，谈不上是对《山海经》的深入研究。虽然他们未必都坚执其说，但却打开了"奇门"，后来以标新立异为主旨，以奇相竞、哗众取宠的研究取向，与他们多少总有些关系。奇门既开，中外呼应，各色新奇怪异的假说让人目不暇接，再加上八卦式的"论证"，就远远超越了《山海经》本身之奇。

"奇说"自有存在的意义，其中总有合理的或开人思路的成份，不能简单地一概斥为胡说妄想，另外，《山海经》一书近年在读书界的热度之高，"天书"、"奇书"、"谜书"之类的宣传和一些"奇说"的出现，无疑起了很大的推波助澜作用。但绚丽之后总要归于平淡，不管广告作得多么热闹火爆，山海怪物画得多么离奇怪异，认真的读者最后总是要把《山海经》打开来读，看看它究竟是怎样一本奇书。

《山海经》的内容包罗万象，举凡山川、动物、植物、矿产、人种、部族、世系、风俗、祭仪、神巫、医药、天文，上古社会人类所接触的诸种知识都有所记载。但此书缘起于"禹乘四载，随山刊木，定高山大川；益与伯翳主驱禽兽，命山川，类草木，别水土"（刘秀《上山海经表》），而全书总体结构及章节组合，也是以山海方国为框架，故书名定为《山海经》。可见古人就是把它当成一部地理方物的著作来看，即使在今天来看，也以划归为综合了自然及人文的地理志书较为合理。尽管《五臧山经》的地理知识已经渐渐对我们普通读者失去吸引力，但我们也不能仅凭我们的兴趣因向神怪转移而认它为"巫书"。

至于《山海经》的作者和时代，自刘歆以来，基本上认为是大禹及其臣伯益所作，直到唐人杜佑才开始怀疑是战国人所作，至宋代甚至出现像朱熹那样认为《山海经》是后人据《楚辞·天问》而伪造的极端见解。但此后坚持《山海经》特别是《五臧山经》的作者为禹、益者，直到清代仍为主流。这一状况到二十世纪之后才被扭转，虽然至今仍然有人坚持禹、益说，但学术界的主流已经认定全书主体成于战国。在古代，此书的作者是不是禹、益，直接关系到对其价值的判断，所以很多认可《山海经》价值的人也许只是在名义上把著作权送给了禹、益，在对《山海经》的具体解析上并不处处受此说的羁绊。而时至今日，如果还坚持禹、益说，就显得太特立独行了。认为《山海经》的主体成于战国时期，只是就成书的大致时间而言，至于构成此书的原始文献，比如神话及世系之类，其产生的时代肯定要更早，有的学者上推到西周甚至殷商，也不是随意的猜想。而在战国成书至晋郭璞做注之间，也几经散佚补辑，因此而杂入汉人的文字也是理所必然。

《山海经》十八卷的总体结构一般分为三大部分：

第一部分即前五卷《五藏山经》，占全书一半篇幅。所述名山大川，基本上为古今学者认定的"禹迹"之内，即华夏本土。其内容也大致被看作真实的存在。因为这部分文体及内容与《山海经》后半部有明显差异，故有人认为它就是古代独立成书的《山经》，而其余部分为《海经》。

第二部分为中间八卷，即《海外四经》和《海内四经》。《海外四经》是言"四海"之外，而《海内四经》所述范围则指边裔地带。

第三部分为最后五卷，即《大荒四经》及《海内经》。从《大荒四经》的内容上看，多与《海外四经》重复，也间有与《海内四经》甚至《五藏山经》相重者，所以这"荒"与"海"的词义几乎没有什么区别，而这部分也被一些学者看成是《海经》的另一版本。清人认为这五卷在刘歆校《山海经》时是没有收入的，其编入《山海经》当是郭璞或在他之前的人。

　　由于读者的喜好和趣向不同，对《山海经》中近真的《五藏山经》和多言怪诞的《海经》往往也各有偏好。今人如此，古人何尝不然。《山海经》既有真实性的一面，也有怪异性的一面。但怪异并不是作者有意的虚构，而是他们眼里的"传闻的真实"，这种看法为后世很多学者所坚持。对《山海经》的怪异性质，郭璞早就说过："世之所谓异，未知其所以异；世之所谓不异，未知其所以不异。何者？物不自异，待我而后异，异果在我，非物异也。"（郭璞《注山海经序》）也就是说"少所见，多所怪"，其物本身并无所谓怪异，只是因为你没有见过，所以感到它怪异了。动植物的外部形态如此，一些自然现象也一样。一切均有可能，不能因为你不知道就可以认定不存在。一些学者不断地用现实中存在的真实动物、植物甚至人种来比附，自郭璞至今，从来没有断绝，而且事实证明他们的努力并不都是徒劳无益的。即使对那些三头一目的不可能真实存在的怪异人种，有些学者也试图用人类学、民俗学的方法给以解释，"还原"其真实的存在，虽然有些推论很是勉强，但思路并不错。如果完全否认它的怪异性质，也就无所谓"奇书"之称。而且它的怪异性往往与真实性纠缠在一起，所以它才具有谜一样的吸引力，吸引读者解读怪异背后所隐藏的真实。

　　对《山海经》的怪异采取绝对的否定态度或绝对的信以为真，都是不可取的。《山海经》隐藏的谜有些是可以解开的，有些则无须强行解开。对于这些，不解就是解，没必要去钻牛角尖。即使被公认为较真实的《五臧山经》,有哪位地理学家会按照《东山经》说的,到"其上多玉,其下多金"的东岳泰山去采矿呢? 以今天科学的发达,其中的物产尚无法证实为必有,何况海荒万里之外?

二

《山海经》是西汉末年由刘歆(为避哀帝刘欣讳而改名刘秀)在哀帝建平元年编校而成。虽然他在上表时特别强调此书在宣帝时曾为当时的士大夫所注目,但此后在儒学占压倒性地位的东汉,此书一直处在被冷落的地位。

魏晋以后,玄学开始盛行,神仙之说伴随着道教的兴起而为士大夫所热衷,《山海经》也开始为西晋最称博学的张华等人所注目和推崇。到了东晋初年,出现了《山海经》的第一部注解本。注释者郭璞不仅通经术,善辞赋,最主要的是他的博学多才为一时之冠,曾遍注《尔雅》、《楚辞》、《穆天子传》等奇书。他对《山海经》格外用力,除了整理并注释之外,又作《山海经图赞》及《山海经音》。郭璞好奇,对《山海经》中的"怪物"采取接纳的态度,不以为荒诞不经。这种放达宽容的学术胸怀,让他在整理注释《山海经》时,保存并收入了大量珍贵的神怪文献,这不能不说是对中国文化的一大功绩。

隋唐时代,《山海经》多作为诗文创作的典故渊薮,大家热衷的是其中的仙山奇兽、海荒怪物,李白有诗云"闲读《山海经》",大略可看出此书在文人中的位置。与此不同,《五藏山经》中的山川地理,似乎就没引起过他们的兴趣。

北宋皇帝推崇道教,《山海经》中的神灵与道教的神仙有些关联,因此该书被收入《道藏》。而士大夫也一改数百年视其为闲书的态度,由于印刷术的发达,《山海经》出现十种以上的刻本,不仅走上了他们案头,并且进入他们的学术视野。虽然他们对《山海经》的缘起、作者、版本等问题都有所涉及,却没有系统的著作。南宋大儒朱熹在他的《楚辞集注》中较多地谈到《山海经》,一方面否定了向来的作者为禹、益的旧说,同时对《山海经》的内容,不仅是神怪,也包括山川的记述,深表怀疑而采取否定的态度。

明嘉靖时王崇庆的《山海经释义》是一部很特殊的著作,说是"释义",很像一个迂腐的道学先生在和《山海经》抬杠,其序曰:"甚矣先王之道不明于后世也,异言出而教衰,邪音奏而雅亡。"而《山海经》就是"异言邪音"之类,所以他说:"以之治世则颇而不平,以之序伦则幻而鲜实,以之垂永则杂而寡要,恶在其为经也?"所以这书就是要把"怪"扭到"常"的正路上来。王崇庆官做到尚书,公德私德均无訾议,但也没有值得一提的政绩,一平庸官僚而已。虽然他勤于著述,但为这部自己并不喜欢的《山海经》从头至尾做了一遍"释义",仍然令人费解,以我的揣测,可能是有意识地要对当时的好奇尚博之风"纠偏"吧。

几乎同时或者稍后一些的,则是嘉靖时以博学著称的大才子杨慎所作的《山海经补注》。杨慎的态度与王崇庆恰恰相反,他是很认真地对待这些怪物的。杨慎中年流放云南直至老死,让他脱离了主流文化的本位思想,从异域文化的角度回顾观照,正印证了郭璞所说的"物不自异，待我而后异，异果在我，非物异也"。于是他根据在流放地的亲历亲见，力证《山海经》中一些怪物怪事真实存在的可能性。虽然《补注》只是个读书札记，是个数十页的小册，还算不上专门著作，但可以说是"怪物实证"一派的先导。

《评山海经》的作者刘会孟，时代无考，或疑为宋元之际字会孟号须溪的刘辰翁。该书传本较少，未能寓目，故谨慎起见，对刘会孟其人暂持怀疑态度，但从《山海经广注》等书所引《评山海经》相关条目看，所涉地名均为明代建制，估计是明末人的可能性更大一些。吴任臣《山海经广注》采录七十余条，平实而可喜。本编录其可取者三十余条，多为后代学者所印证。

严格说起来，继郭璞之后为《山海经》作注的，《山海经广注》的作者吴任臣是第一个。所谓"广注"，即广郭璞之注，其中虽然不乏考辨之语，但主要在于注经材料的扩展。其涉猎甚广，甚至吸取了一些来华传教士的著作，可以说是《山海经》与西方世界的最早接触。吴任臣生于明末，《山海经广注》刻成于康熙六年，他撰写此书时也就三十多岁，正处于学术的成长期，明代读书人的炫博习气对他无疑有很大影响，而他征引材料又多用明人编的类书，所以阮元说它"征引虽博而失之芜杂"自是不易之论。但吴任臣广郭璞之注，并不仅是材料的扩充，还对本经及郭注多所发明，不乏真知灼见，这一点虽然多为乾嘉学者郝懿行注意采撷，但一向却为评论者所忽略。

汪绂的《山海经存》脱稿于雍正、乾隆间，但此书的面世却在作者辞世一百多年之后的光绪年间，而且缺了《海外四经》和

《海内四经》。汪氏好博览，不拘门类，善于读书，多有己见。如《山经》诸篇之末多言祭山神，汪绂以为"其神之状，盖祭山之尸为此状"，实为卓识，对后世的神话研究者颇有启发。而谈名山地望，虽少考据，但所言多为后人许可。

在《广注》面世的一百一十年后，毕沅的《山海经新校正》于乾隆四十六年刊行。阮元将此书与《广注》并重，评价为"于山川考校甚精"。相对于此前的《广注》，这评语是不错的，但毕氏坚信《五藏山经》"实是禹书"，而且认为《山经》"东西道里，信而有征，虽今古世殊，未尝大异"，这一主张就不能不误导了他的理解和判断。他对山川的考证虽多为后人所采纳，但被驳正的也不少，特别是在地理学发达的今日，毕氏山川考证的成绩便有些相形黯淡了。至于阮元认为《新校正》"订正文字尚多疏略"，则未免求全责备。从考证的精密来说，后出的《山海经笺疏》自然胜出，但毕氏对经注文字的订正已经有不小的成绩，所以也多为《笺疏》所采纳，其分量不少于对山川的考证。另外需要指出的是，毕沅确认《山海经》的地理书性质是对的，但不认可或者故意忽略《五藏山经》以外的"语怪"内容，则未免失于偏颇。以我的鄙见，毕沅《新校正》在今天的阅读和使用价值上，是不如吴任臣的《广注》的。

郝懿行的《山海经笺疏》代表了清代《山海经》研究的最高成果。其自序云："今世名家则有吴氏、毕氏。吴征引极博，泛滥于群书；毕山水方滋，取证于耳目，二书于此经厥功伟矣。至于辨析异同，刊正讹谬，盖犹未暇以详。今之所述，并采二家所长，作为《笺疏》。笺以补注，疏以证经。"郝氏以其文字训诂之长，特别是对《说文》、《尔雅》及汲冢竹书的深湛研究，同时吸取了《广注》和《新校正》的成果，在文字订正方面取得了前无古人的成就。在名物训诂方面，郝氏或以本经各篇互证，或以《穆天子传》、《吕氏春秋》、《淮南子》等书佐证，颇能服人；即使缺乏佐证，也多有大胆疑设，虽下语谨慎，但并不像一些人说的那么保守。

俞樾《读山海经》为《俞楼杂纂》第二十三种，由于他所用的是毕沅《新校正》，所以驳正的只是《新校正》和郭注，其间多有精解，只是有些已经为吴任臣、汪绂及郝懿行着了先鞭。

神话的故事、人物以及动物、植物在《海经》中占有很大的比例。对这些神怪内容的探讨，自郭璞之后以吴任臣、郝懿行考证最多。而到了二十世纪，以顾颉刚先生为首的古史辨学派多从神话中挖掘古史，《山海经》中的神话内容尤为学者所注目，探讨之深入、成果之丰盛大大超过前人。但这些论述取证广博，本编限于体例，只好割爱。袁珂先生自上世纪四十年代受许寿裳先生之命治神话之学，勤恳耕作半世纪，对中国古代神话传说体系的构建卓有成就。为了把零散的神话片断整合起来，虽然难免有牵强之处，但也多有挖掘发现。像对《大荒西经》"令重献上天，令黎邛下地"一句的考证，解《海外西经》"女丑之尸"为"以女巫饰为旱魃而暴之焚之以禳灾"，解《海外北经》"拘缨之国"为"拘瘿"，解《海内南经》"孟涂"以神判，不但破解了前人的疑问，而且挖掘出中国神话的本来面目；另外在文本的订正中也有不少可取之处。

三

综上所述，如果要做成可为《山海经》入门之阶的注本，最主要的就是把前人的成果用最简便的形式介绍给读者。这个目标对于只不过是《山海经》阅读者的我来说，有些可望而不可及，也只是竭力从事而已。

这个注本的内容大致为文本的订正，名物的训诂，山川的考证，神话的解析。各注以时代前后为序，胪列诸家的义释发明，原原本本，不废异说歧解，使前人的学术贡献自然明了，而读者也能有所甄别取舍。其间略按以鄙见，仅供参考。

《山海经》的文本，学界公认以郝懿行《山海经笺疏》校勘最精，把《笺疏》的几个版本对校后，确定以错误最少的嘉庆十四年（一八〇九）阮元娜嬛仙馆本为底本（《郝氏遗书》用的实际上也是此版），同时参校现存最早的刻本即南宋淳熙间尤袤刻本，以及吴任臣《广注》本、毕沅《新校正》本、汪绂《山海经存》本和袁珂《山海经校注》本。至于各卷的分段，也依《笺疏》为准，只是卷十八的最后一段太长，加注之后不便于读者阅读，才参考其他版本做了拆分。

本编注释除了晋郭璞注基本全收之外，主要引用的著作有如下八种：

明王崇庆《山海经释义》，明万历尧山堂本；

明杨慎《山海经补注》，岳麓书社版《百子全书》；

清吴任臣《山海经广注》，清康熙五十一年刻本；

　　清汪绂《山海经存》，中华书局影印清光绪本；

　　清毕沅《山海经新校正》，清光绪三年浙江书局本；

　　清郝懿行《山海经笺疏》，清嘉庆十四年嫏嬛仙馆本；

　　清俞樾《读山海经》，清光绪三年《春在堂丛书》之《俞楼杂纂》；

　　近人袁珂《山海经校注》，北京联合出版公司本。

　　此外引用的还有一些未成书的，如明刘会孟，由吴氏《广注》中转引；清钱侗、洪颐煊、张澍、臧庸、吴其濬等，见于《笺疏》及所附《订讹》。

　　《山海经》名山大川之地望，前述诸家多有考释，但近代地理学发展迅速，远非古代所能比拟，学者根据新的考察手段，重新审视前贤注释，多有新解。所以于地理一门，本编特别胪列清末吴承志《山海经地理今释》、近人谭其骧《长水粹编》、徐南洲《古巴蜀与山海经》、张春生《山海经研究》、张步天《山海经解》诸家的成果，只是为免烦琐，仅取论断。诸家间有涉及名物考证者，亦择而取之。至于地名的古今变迁，本编也酌加注释说明。

　　以上引用诸家著作，只著人名，不录书名。此外所采，则兼著书名或篇名。

　　郝懿行《笺疏》多用内证之法，以本书证本书，其他诸家注文也多有需前后照应之处，为了读者翻检印证时方便，我按顺序逐段做了编号。

　　另外，本书适当地保留了一些繁体字，比如"彫"不能改为"雕"，因为篇中"彫"是"彤"字的字形之误；"蒐"不能改"搜"，因旧注有"蒐音搜"；"釐"不能作"厘"，因为"釐"同"僖"。

　　本书的插图采用了汪绂及其弟子所绘的《山海经存》图。《山海经》的神怪图最近很是热门，大都采用了变形夸张，着重于装饰性甚至卡通化，观赏性强，很为年轻读者所喜爱，但与本经文字似有距离，与华夏的、蛮荒的远古时代也不能贴合。而中国古代的《山海经》图则采用"写实"一路，过于拘泥于本经的描写，如说赤鱬"如鱼而人面"，就在鱼身上装一张人脸，其弊正如毕沅所说"经说鸥鸟及人鱼，皆云人面，人面者，略似人形，而后世图此，遂作人形"。总体来看，诸种插图都缺乏想象力，不能像日人鸟山石燕那样创造出具有鲜明个性的神怪形象。相比之下，《山海经存》图略有所长，不像部件装配出来似地那么不自然，或者因为汪绂是《山海经》专家，自己又精于绘事，所以对所画形象要比一般的绘者体会较深吧。

栾保群

2018 年 12 月

卷一　南山经

1《南山经》之首^①曰䧿山^②。其首曰招摇之山^③，临于西海之上^④。多桂^⑤，多金、玉。有草焉，其状如韭而青华^⑥，其名曰祝余，食之不饥^⑦。有木焉，其状如榖而黑理^⑧，其华四照^⑨，其名曰迷榖，佩之不迷^⑩。有兽焉，其状如禺而白耳^⑪，伏行人走，其名曰狌狌，食之善走^⑫。丽𪊨之水出焉^⑬，而西流注于海。其中多育沛^⑭，佩之无瘕疾^⑮。

迷榖

狌狌

【注释】

①"首"，首、次之首，做"初"解，与后面之"次二"、"次三"之"次"相对应。故此"首"指《南山经》之首，下文"其首"之"首"方指誰山山系开首之山。

②吴任臣曰："今本作'鹊'。《三才图会》有'鹊山之神'，即此山也。"誰，古"鹊"字。

③王崇庆曰："既曰鹊山，又曰'其首曰招摇之山'，是一山而二名，或两山相并也。"吴任臣曰："任昉《述异记》曰：'招摇山亦名鹊山。'"（汪绂亦以招摇之山为誰山之别名）按：任昉之说为其解经之言，并无根据。经既云"《南山经》之首曰誰山"，或以誰山为《南山经》首列山脉之称，而招摇之山则为誰山山系之首。高诱注《吕氏春秋·本味》云："招摇，山名，在桂阳。"按：汉之桂阳属荆州，治在今郴州。谭其骧赞成高诱招摇在桂阳之说，以招摇山即今广东连县（属桂阳）之方山。而徐南洲以为应是广西兴安（桂林之北）之苗儿山，其山2142米，为广西乃至华南第一高峰，天生地望。其说较胜，张春生亦主此说。又按：毕沅以为即《大荒西经》（692）之"招摇山"，郝懿行曰："《大荒西经》'有招摇山，融水出焉'，非此。"

④郭璞注："在蜀伏山山南之西头，滨西海也。"毕沅、郝懿行均疑"伏"为"汶"字之讹，云为"蜀之汶山"。按：晋时汶山即今四川西北之汶山，与桂阳相距千里，二者至少有一非是。据后面所涉地名，汶山不能与之相接，而蜀地岷山（汶山）已经归于《中山经》（382），不应出现于此。如是，则郭注之"蜀伏山"绝非"蜀汶山"之误，或有他解，尚未可知。按："西海"未必即真实之海，古以夷狄戎蛮化外之地称"四海"（《尔雅·释地》），此处或作是解。谭其骧以此西海指今珠江三角洲一带当时

尚未形成陆地的海面,以合其招摇山为方山之说。

⑤郭璞注:"桂叶似枇杷,长二尺余,广数寸,味辛,白花,丛生山峰,冬夏常青,间无杂木。《吕氏春秋》曰:'招摇之桂。'"吴任臣曰:"《王会解》'自深,桂',注:'自深,南蛮也。'《楚辞》:'嘉南州之炎德兮,丽桂树之冬荣。'"郭璞《山海经图赞》(后简称《图赞》)曰:"桂生南裔,枝华岑岭。广莫熙葩,凌霜津颖。气王百药,森然云挺。"按:树中称桂者有丹桂、月桂、肉桂等多种。据郭注,此桂应是木桂,亦即肉桂。汪绂曰:"(肉桂)今出广西桂林以西,南及云南蒙自及交趾国,其珍贵。"广西漓江一带多生桂木,故秦立桂林郡,而桂阳因桂水得名,与桂木无关,或可为招摇山地望为苗儿山之一证。

⑥郭璞注:"璨曰:韭,音九。《尔雅》云'霍山亦多之'。"毕沅正其误,曰:"《尔雅》:'䔄,山韭。'字作'䔄',为'山韭'名。郭误以为'霍山',做山名,非也。"按:璨,人名,失姓,乃郭璞之前解《山海经》者。"华"即"花"字。

⑦郭璞注:"或作'桂荼'。"吴任臣曰:"《骈雅》曰:'祝余,疗饥草也。'《图赞》云:'祝荼嘉草,食之不饥。'即此。"郝懿行疑郭注"桂"字为"柱"之讹,云"'柱荼'、'祝余'声相近"。徐南洲据其形貌花色,以为祝余即天门冬。

⑧郭璞注:"穀,楮也,皮作纸。璨曰:'穀,亦名构。名穀者,以其实如谷(穀)也。'"郝懿行曰:"陶弘景注《本草经》云'穀,即今构树'是也。'穀'、'构'古同声,故穀亦名构。"

⑨郭璞注:"言有光焰也。若木华赤,其光照地,亦此类也。见《离骚经》。"吴任臣曰:"梁简文帝《相宫寺碑》:'四照吐芬,五衢异色。'《梁元帝集》:'苣乱九衢,花含四照。'庾子山《启》:'花开四照,惟见其荣。'

本此。"郝懿行曰："若木'华赤'见《大荒北经》（797）。"

⑩《图赞》曰："爰有嘉树，产自招摇。厥华流光，上映垂霄。佩之不惑，潜有灵标。"佩，《离骚》"纫秋兰以为佩"之佩，南人佩草，不唯取其装饰，亦有取其香气以祛邪健体之义。不迷，汪绂解为"明目"，似较"不惑"为长。

⑪郭璞注："禺似猕猴而大，赤目长尾，今江南山中多有。说者不了此物名禺，作'牛'字，图亦作牛形，或作猴，皆失之也。禺字音遇。"郝懿行曰："《说文》云：'蝯（即猿字），善援，禺属。'又云：'禺，猴属，兽之愚者也。'郭注凡言'图'者，皆谓此经图象然也。"所谓"此经图象"，即郭璞作《图赞》及注《山海经》所参照之《山海经图》，久已不存。

⑫郭璞注："生生禺兽，状如猿，伏行交足，亦此类也。见京房《易》。"吴任臣曰："《淮南万毕术》曰：'妇终知来，狌狌知往。'《王会解》'州靡费费，都郭生生'，即狌狌也。"毕沅曰："'狌'省文，当为'猩'。《尔雅》作'猩猩'。"《图赞》曰："狌狌似猴，走立行伏。懷木挺力，少辛明目。飞廉迅足，岂食斯肉。"按：狌狌即猩猩。"伏行人走"，言常行则匍伏而爬，疾走则如人而立。《吕氏春秋·本味》："肉之美者，猩猩之唇。"可证古有食猩猩之俗。

⑬丽麜（音机）之水，谭其骧以为即北江支流连江，徐南洲则以为漓江，各与自己的招摇山之说相凑合。

⑭育沛，郭璞注："未详。"徐南洲据陈藏器曰"玳瑁生岭南海畔山水间"，以为育沛即玳瑁。按：玳瑁生于南海中，与育沛生于江水不合。

⑮郭璞注："瘕（音假），虫病也。"毕沅曰："《玉篇》云：'腹中病也。'《史记·扁鹊仓公传》有云'蛲瘕'，是郭义。《正义》引《龙鱼河图》：'犬狗鱼鸟不熟，食之成瘕痛。'"郝懿行同毕氏说，补曰："《列仙传》云

'河间王病瘕,下蛇十余头',与郭义近。"

2　又东三百里^①曰堂庭之山^②。多棪木^③,多白猿^④,多水玉^⑤,多黄金^⑥。

白猿

【注释】

①毕沅曰:"《大戴礼》云'三百步而里',是古里短于今。"今人估算,周秦至汉,一里相当于今里五分之四强。《山海经》所记里数,大多与实际里数不合,相差或有多至数倍十数倍者。

②郭璞注:"(堂)一作'常'。"徐南洲以为堂庭之山为今广西恭城县境之银殿山,位于苗儿山之东南。张春生以为此山为湖南江华县西南之萌诸岭主峰马塘顶,东接广东连县。张步天则云,如以招摇之山为苗儿山,则按地理推之,堂庭之山当在今湖南道县、江水一带都庞岭求之,"都庞"急读与"堂"音近也。

③郭璞注："梇（音炎），别名连其。子似柰而赤，可食。"吴任臣曰："《尔雅》：'梇，速其。'"是郭注"连"为"速"字之讹。柰，今字作"棕"，即林檎果（苹果亦其一种）。徐南洲以为柰为寻常果实，非梇之可贵处，疑梇指黄檀，为珍稀木种，今广西恭城一带尚有。

④郭璞注："今猿似猕猴而大，臂脚长，便捷，色有黑有黄。鸣，其声哀。"《图赞》曰："白猿肆巧，由基抚弓。应昒而号，神有先中。数如循环，其妙无穷。"

⑤郭璞注："水玉，今水精也。相如《上林赋》曰：'水玉磊砢。'赤松子所服，见《列仙传》。"郝懿行曰："《广雅》云：'水精谓之石英。'张揖注《上林赋》云：'水玉，水精也。'《列仙传》云：'赤松子服水玉，以教神农。'并郭所本。"《图赞》曰："水玉沐浴，潜映洞渊。赤松是服，灵蜕乘烟。吐纳六气，升降九天。"按：水精即今之水晶。

⑤吴任臣曰："《说文》：'五[色]金，黄为之长。'"

3　又东三百八十里曰猿翼之山①。其中多怪兽，水多怪鱼②，多白玉，多蝮虫③，多怪蛇，多怪木，不可以上④。

蝮虫

【注释】

　　① 杨慎曰："猿岂有翼哉？言此山之险而难登，猿亦须翼，谚所谓'猢孙愁'也。"吴任臣引之并曰："又《淮南子》云'临猿眩之岸'，亦此义。"郝懿行曰："《初学记》二十七卷引经作'稷翼之山多白玉'。"王念孙曰："《一切经音义》九十三引作'即翼之山'，下文又有'即翼之泽'。"袁珂从王说。徐南洲以为，此山可拟为湖南宁远县九疑山主峰畚箕窝。张春生以为即湖南临武县西南之华阴山。

　　② 郭璞注："凡言怪者，皆谓貌状倔奇不常也。《尸子》曰：'徐偃王好怪，没深水而得怪鱼，入深山而得怪兽者，多列于庭。'"按：此言怪物乃形貌举止之怪，不为人常见，未必定有神性，现代汉语中"怪"字冠于名前，如"怪蛇"、"怪鼠"之类多是。如"怪"字在名后，如"蛇怪"、"鼠怪"，则迹近于精灵，形貌则未必倔奇也。

　　③ 郭璞注："蝮虫，色如绶文，鼻上有针，大者百余斤。一名反鼻。虫，古'虺'字。"吴任臣曰："《楚辞（招魂）》'蝮蛇蓁蓁'是也。蝮大而虺小。"毕沅曰："《说文》云：'虫，一名蝮。''虺，以注鸣。'（'虫'、'虺'）二字不同，郭失之。"郝懿行同毕说，又曰："'色如绶文'，见《北山经》（139）'大咸之山'注。"按：《尔雅翼》："蝮，蝮蛇之最毒者，短形，反鼻，锦文。著足断足，著手断手，不尔合身糜溃。又善伺人，捷取巧噬肆其害。"虺即毒蛇。

　　④ "不可以上"，非因其险陡，因其多蝮虫、怪蛇、怪木也。

4　又东三百七十里曰柢阳之山①。其阳多赤金②，其阴多白金③。有兽焉，其状如马而白首，其文如虎而赤尾，其音如谣④，其名曰鹿蜀，佩之宜子孙⑤。怪水出焉而东流，注于

宪翼之水 ⑥。其中多玄龟，其状如龟而鸟首虺尾 ⑦。其名曰旋龟 ⑧，其音如判木 ⑨。佩之不聋 ⑩，可以为底 ⑪。

鹿蜀　　　　　　　　　　　　旋龟

【注释】

①　杻（音扭）阳之山，徐南洲以为即广东连县（属桂阳）之方山（谭其骧以为即招摇之山者）。张春生以为即连县西北大龙山。

②　郭璞注："铜也。"吴任臣曰："经中铜自名赤铜。赤金者，紫磨金类，《尔雅》谓之'镠'也。"郝懿行曰："《西山经》（52）云：'瑜次之山，其阴多赤铜。'《中次九经》（393）云：'玉山，其阳多铜，其阴多赤金。'明'赤金'与'铜'非一物矣。此经赤金即紫磨金。"

③　郭璞注："银也，见《尔雅》。山南为阳，山北为阴。"按：《尔雅·释器》："白金谓之银。"吴任臣以郭注为误，曰："《说文》：'鋈，白金也。'"郝懿行赞吴说，曰："经内'银'与'白金'叠出分见，如《西山经》'皋涂之山多银、黄金'（58），'槐江之山多黄金、银'（87）。大时之山、数历之山并云'多银'（55、65）。又《北山经》'少阳之山多赤银'，《西山经》（151）'泾谷之山多白金'，《中山经》（354）'役山多白金'。综诸经之文，'白金'与'银'为二物审矣。'白金'即'鋈'也。"

④ 郭璞注："如人歌声。"郝懿行曰："'谣'当为'䂖',见《说文》。"按：䂖,音同谣,徒歌也。

⑤ 郭璞注："佩,谓带其皮尾。"鹿蜀即蜀鹿,观其形如马,即鹿之一种。《图赞》曰："鹿蜀之兽,马质虎文。攘首吟鸣,矫足腾群。佩其皮尾,子孙如云。"郭注及《图赞》之"皮尾",郝本均作"皮毛"。

⑥ 汪绂曰："今贵州有哑泉、毒泉,盖怪水之类。其宪翼、稷翼殆盘江欤？"徐南洲以为水名,云：怪水,即今发源于方山之连江；宪翼之水,即今广东北江之干流及其上游武水。

⑦ 郭璞注："尫锐尾。"

⑧ 吴任臣曰："《本草拾遗》曰：'鹗龟生南海,状如龟,二三尺,两目在侧如鹗。'李时珍释云：'《山海经》旋龟鸟首尫尾,乃此类也。'又《岭南异闻》言'海龟鹰首鹰吻,大者方径丈',其形状亦与此类。"《图赞》云："声如破木,号曰旋龟。修辟似鼋,厥鸣如鸥。人鱼类鳝,出于洛伊。"

⑨ 郭璞注："如破木声。"按：判,剖开。判木,即劈开树木。

⑩ 佩旋龟之甲,可以不聋。

⑪ 郭璞注："底,蹢也。为,犹治也,《外传》曰'疾不可为'。一作'疧',犹病愈也。"郝懿行曰："'底'同'胝',音竹施切（音支）。《文选·难蜀父老》注引郭氏《三苍解诂》云：'胝,蹢也。''一作疧'者,《尔雅·释诂》云：'疧,病也。''为疧'则治病使愈,故云'犹病愈'矣。"俞樾以为郭注之"蹢"字应是"蹢"字之误。蹢即足茧也。袁珂曰："底同胝,足茧也。'可以为底',可以治足茧也。"徐南洲云："底,当训为臀,此处为肛肠疾病之总称。《本草纲目·介部》龟可治鼠瘘、赤白等病,可证。"可备一说。

5　又东三百里柢山^①。多水，无草木^②。有鱼焉，其状如牛^③，陵居^④，蛇尾，有翼，其羽在鮯下^⑤，其音如留牛^⑥，其名曰鯥^⑦，冬死而夏生^⑧，食之无肿疾^⑨。

鯥

【注释】

①柢山，吴任臣曰："一作'祇山'。"郝懿行曰："'柢'上疑脱'曰'字，《明藏经》本有之。"徐南洲以为柢山即《水经注》之浮岳山，邸水所出，在今广东南雄、仁化之间。张春生以为当在广东仁化县东北腊岭一带。

②无草木：山无草木，皆石也。徐南洲引屈大均《广东新语》卷五"韶石"条，言"粤东之北、之西北，皆多石。其所为山，皆石也"。

③毕沅曰："《博物志》云：'牛鱼，目似牛，形如犊子，剥皮悬之，潮水至则毛起去。'又李孚《临海水上记》云：'鱼牛象獭，大如犊子，毛青黄色，其毛似毡，知潮水上下。'"郝懿行曰："郭氏《江赋》'潜鹄鱼牛'，李善注引此经云：'鱼牛，其状如牛。'今本'鱼'下无'牛'字。"

④陵，陵岸。陵居即居于陆岸。

⑤郭璞注："（鮯）亦作'胁'。"鮯（音协），鱼胁，鱼的肋骨部位。

⑥郭璞注："《庄子》曰'执犁之狗'，谓此牛也。《穆天子传》曰：

'天子之狗执虎豹。'"郝懿行曰:"经作'留牛',郭引《庄子》'执犁之狗',谓此牛也,是'留牛'当为'犁牛'。《东山经》(215)首说'鯥鯥之鱼,其状如犁牛',郭云:'牛似虎文者。'然则'留牛'当为'犁牛'审矣。",

⑦ 鯥(音路):吴任臣曰:"《江赋》'鯪鯥踦䟴于垠隒',又曰'潜鹄鱼牛',亦鯥也。"《图赞》云:"鱼号曰鯥,处不在水。厥状如牛,鸟翼蛇尾。随时隐见,倚乎生死。"徐南洲云:此鯥与现在所称之鯥鱼非一物,疑即鯪鲤,俗称穿山甲者。所谓羽,即胁下之绒毛。按:郭璞《江赋》之"鯪鯥",或与"鯪鲤"相关。又按:《楚辞·天问》"鯪鱼何所",王逸注云:"鯪鱼,鲤也。一云:鯪鱼,陵鲤也,有四足,出南方。"又《吴都赋》云"陵鲤若兽",刘逵注云:"陵鲤有四足,状如獭,鳞甲似鲤,居土穴中,性好食蚁。"此"陵鲤"即徐南洲所说之"鯪鲤"。

⑧ 郭璞注:"此亦蛰类也。谓之'死'者,言其蛰无所知,如死耳。"汪绂曰:"冬蛰如死。"

⑨ 吴任臣曰:"《淮南子》云:'下气多肿。'"按:肿疾,应指毒疮之痈肿。

6 又东四百里曰亶爰之山①。多水,无草木,不可以上②。有兽焉,其状如狸而有髦,其名曰类③。自为牝牡④,食者不妒。

类

【注释】

① 郭璞注:"(亶)音蝉。"徐南洲云:

“疑是今福建龙岩县西北的黄连盂。此山为玳瑁山主峰,海拔1807米,为闽南第一高峰。”张春生则以为江西大余西南之大庾岭。

　②郭璞注:“言崇峭也。”

　③郭璞注:“‘类’或作‘沛’,‘髦’或作‘发’。”吴任臣曰:“《列子》曰:‘亶爰之兽,自孕而生,曰类。河泽之鸟,视而生,曰鹢。’”

　④郭璞注:“《庄子》亦曰‘类自为雌雄而化’。今貆猪亦自为雌雄。”杨慎曰:“今云南蒙化有此兽,土人谓之香髦,具两体。《二十八宿真形图》心、房二宿皆具两体。星禽家演房宿为兔,心宿为狐。今之兔有雌无雄,撑目而孕,狐有两体,故能媚惑。亶爰之类,自为牝牡,又何疑焉?再考此兽名类,盖种无异同,雄亦类雌,雌亦类雄,类字之义愈益可明。”吴任臣曰:“陈藏器曰:‘灵猫生南海山谷,状如狸,自为牝牡。’《异物志》云:‘灵狸一体自为阴阳。’刘郁《西域记》云:‘黑阒丹出香狸,文似土豹。’段成式言:‘香狸有四外肾,自能牝牡。’详考诸说,则类为灵狸无疑也。”《图赞》云:“类之为兽,一体兼二。近取诸身,用不假器。窃宛是佩,不知妒忌。”

7　又东三百里曰基山①。其阳多玉,其阴多怪木②。有兽焉,其状如羊,九尾四耳,其目在背,其名曰猼訑③,佩之不畏④。有鸟焉,其状如鸡,而三首六目,六足三翼,其名曰鹃鸺⑤,食之无卧⑥。

猼訑

鹃鹕

【注释】

① 毕沅曰："《吕氏春秋·本味篇》伊尹曰：'箕山之东，青岛之所，有甘栌焉。''基'同'箕'，而'青岛'即下文之'青丘'是也。"按："青岛"今本作"青鸟"。徐南洲云："基山即福建鹫峰山的主峰鸡鸣山，现名仁山。海拔 1882 米。"张春生以为即今之揭岭，又称揭阳岭，在广东揭阳西北。张步天以为或在广东龙川东之岐岭。

② 汪绂本"怪木"作"怪石"。汪绂曰："广之南及闽之澎壶岛中，皆多产异石。"

③ 郭璞注："（猼訑）博、施二音。'訑'一作'陁'。"吴任臣曰："《玄览》作'猼衪'，《字汇》作'猼狏'，《读书考定》作'缚訑'。《骈雅》曰：'羊九尾而四耳，曰猼訑。'又《事物绀珠》云'猼狏似羊，九尾四目'，《汇雅》曰'猼似羊，四耳无尾，目附于背'，互有异同，皆误也。《篇海》又云'狛似羊，四耳九尾，目附于背'，即此兽。"《图赞》曰："猼訑似羊，眼反在背。视之则奇，推之无怪。若欲不恐，厥皮可佩。"

④ 郭璞注："不知恐畏。"

⑤ 郭璞注："鹃鹕急性。敝、孚二音。"郝懿行从毕沅说，据《玉篇》、

《广雅》所引，以为"'鹣'盖'鹠'字之讹，注'敞'亦'敝'字之讹"，是。《图赞》云："鸟首虺尾，其名旋龟。鹠𩾌六足，二翅并羿。"

⑥ 郭璞注："使人少眠。"

8　又东三百里曰青丘之山①。其阳多玉，其阴多青䨼②。有兽焉，其状如狐而九尾③。其音如婴儿，能食人，食者不蛊④。有鸟焉，其状如鸠⑤，其音若呵⑥，名曰灌灌⑦，佩之不惑。英水出焉，南流注于即翼之泽。其中多赤鱬⑧，其状如鱼而人面⑨，其音如鸳鸯，食之不疥⑩。

九尾兽　　　　　　　　　灌灌

赤鱬

【注释】

①郭璞注："亦有青丘国在海外（552）。《水经》云：即《上林赋》云'秋田于青丘'。"吴任臣曰："《淮南子》：'尧缴大风于青丘之泽。'刘峻《辨命论》：'大风立于青丘。'《唐昭仁寺碑》：'大风之作梗青丘，有苗之称乱丹浦。'王勃《九成宫颂》：'命缴青丘桃野，见其亡之兆。'即斯地也。"毕沅曰："此郭所云《水经》，未详也。青丘即《吕氏春秋·本味》之'青岛'。"郝懿行曰："《史记·司马相如传正义》引郭注云：'青丘，山名，上有田。亦有国，出九尾狐，在海外。'又引服虔云：'青丘国在海东三百里。'并见《海外东经》（552），非此也。"张春生据此山"英水出焉"，以为：青丘之山即翁山，一名灵池山，在今广东翁源县东一百二十里。经云此山在基山东，实在西北，盖因今本错简之故。

②郭璞注："䐑，黝属，音孤。"吴任臣曰："《尚书大传》：'青丘出青䐑。'今石青、白青之属。《六书索隐》云：'善丹曰膗，从丹；善青曰䐑，从青。'"郝懿行从毕沅之说，曰："'䐑'当为'膗'。《说文》云：'膗，善丹也。'《初学记》五卷引此经正作'膗'。《文选注·赭白马赋》引此注亦作'膗'。"

③郭璞注："即九尾狐。"吴任臣曰："《孝经援神契》：'德至鸟兽则狐九尾。'孙氏《瑞应图》曰：'王者不倾于色，则九尾狐至。'又曰：'王法修明，三才得所，见九尾狐至。'《吕氏春秋》：'禹行涂山，有白狐九尾，造于禹。'王褒《讲德论》：'昔文王应九尾狐，而东国归。'《春秋元命苞》云：'天命文王以九尾狐。'"毕沅曰："《竹书纪年》云：'帝少康八年，征于东海，及三寿，得一狐九尾。'"郝懿行曰："郭注《大荒东经》（685）'青丘国九尾狐'云：'太平则出而为瑞。'此经云'能食人'，则非瑞应兽也。且此但言'状如狐'，非即真狐，郭云'即九尾狐'，似误。"

④郭璞注："噉其肉，令人不逢妖邪之气。或曰：蛊，蛊毒。"郝懿行曰："《说文》云：'蛊，腹中虫也。'引《春秋传》曰：'皿虫为蛊，淫溺之所生也。枭桀死之鬼亦为蛊。'郭引'或曰蛊，蛊毒'者，《秋官》庶氏掌除毒蛊，又南方造蛊毒有蛇蛊、金蚕蛊也。经云食此兽者不蛊，盖亦秦人'以狗御蛊'之义，见《史记·秦本纪》。"

⑤吴任臣曰："斑鸠一名祝鸠，又名鹁鸠，其小者曰荆鸠，曰楚鸠。鸠之子曰鶟鸠，曰役鸠，曰糠鸠，名类不一。"

⑥郭璞注："如人相呵呼声。"

⑦郭璞注："或作'濩（音护）濩'。"汪绂疑"濩濩"为呵呼声。《图赞》曰："厥声如呵，厥形如鸠。佩之辨惑，出自青丘。"又陶潜《读山海经》诗："青丘有奇鸟，自言独见尔。本为迷者生，不以喻君子。"郝懿行曰："《吕氏春秋·本味篇》云：'肉之美者，獾獾之炙。'高诱注云：'獾獾，鸟名，其形未闻。獾一作获。'今案'獾'与'灌'、'获'与'濩'俱字形相近，即此鸟明矣。"

⑧郭璞注："（鱬）音懦。"毕沅曰："'鱬'当作'鲕'，《吕氏春秋·本味》'鱼之美者，洞庭之鲕'。"按：鲕音儿。

⑨吴任臣曰："《图赞》云：'赤鱬之物，鱼身人头。'刘会孟曰：'磁州亦有孩儿鱼，四足长尾，声如婴儿啼，其膏然之不灭。'据刘所说，乃鲵鱼也。"汪绂曰："曰'如鱼'，则非鱼也。"

⑩郭璞注："（疥）一作'疾'。"食之不疥，食其肉则不生疥疮。明胡世安《异鱼图赞补》："即翼赤鱬，是医疥瘵。人面鸟音，茜质漾渌。比之陵鱼，而无手足。"

9　又东三百五十里曰箕尾之山①。其尾踆于东海②，多沙石。

汸水出焉^③，而南流注于淯^④，其中多白玉。

【注释】

　①箕尾之山，谭其骧以为当指广东潮汕附近滨海某山或福建厦门附近滨海某山。张春生以为即今福建平和县东南大峰山（大枋山）。

　②郭璞注："踆，古'蹲'字，言临海上。"汪绂曰："此南海滨极东之山也。'踆于东海'，临海若蹲踞然也。"郝懿行曰："《说文》云：'蹲，踞也。'又云：'夋，倨也。'无'踆'字。"

　③郭璞注："（汸）音芳。"汸水，汪绂以为潮、惠间水。

　④郭璞注："音育。"吴任臣曰："《水经》：'淯水出弘农卢氏县攻离山。'"毕沅曰："此水未详，非出卢氏之淯。"

10　凡䧿山之首自招摇之山以至箕尾之山，凡十山，二千九百五十里^①。其神状皆鸟身而龙首^②。其祠之礼：毛^③用一璋玉瘞^④，糈用稌米^⑤，一璧，稻米^⑥，白菅为席^⑦。

【注释】

　①郝懿行曰："今才九山，二千七百里。若连䧿山计算，正得十山。但䧿山虽标最目，其文俄空，当有阙脱。"张春生疑经有错简，䧿山或在招摇之山之后，为此山系之第二山，其地望为湘桂交界之

南山神

都庞岭。

②汪绂曰："其神之状，盖祭山之尸为此状，如《周礼·方相氏》'蒙熊皮、黄金、四目，执戈扬盾'，及蔡邕谓'祭蜡，迎猫者为猫尸，迎虎者为虎尸'之类是也。"其说可通。按："鸟身"，郝懿行曰："《北堂书钞》一百三十三卷引此经作'人身'。"

③郭璞注："言择牲取其毛色也。《周官》曰：'阳祀用骍牲之毛。'"郝懿行曰："（郭注）'之毛'当作'毛之'，见《地官》牧人职。"郝说是，"毛之"即择牲之毛也。

④郭璞注："半圭为璋。瘗，埋也。"璋，祭祀所用长形玉制礼器，状如半圭。

⑤郭璞注："糈，祀神之米名。今江东音所，一音谞。稌（音涂），稌稻也。'糈'或作'疏'，非也。"吴任臣曰："《诗》云：'丰年多黍多稌。'《内则》：'牛宜稌。'今之糯稻。"郝懿行曰："《离骚》云：'巫咸将夕降兮，怀椒糈而要之。'故知糈为祀神之米名也。"按：糈，祀神之精米。稌，稻米，或以为今之糯稻。又郝氏疑郭注衍一"稌"字，应是"稌，稻也"。

⑥璧，祭祀所用圆形玉制礼器。汪绂曰："'一璧稻米'四字疑衍。"

⑦郭璞注："菅，茅属也，音间。"郝懿行曰："'席'者，借以依神。《淮南·说山训》'巫之用糈，借'，高诱注云：'糈米所以享神，借菅茅是享神之礼用菅茅为席也。'"按：此句大意是：祭祀䧿山鸟身龙首之神，其礼为：把祭用之鸟兽，伴以一璋玉，埋入土中；祭神用的精米要用糯稻，再加一玉璧，下铺衬以白茅所编之席。

11《南次二经》之首曰柜山①。西临流黄②，北望诸毗，东望长右③。英水出焉，西南流注于赤水，其中多白玉④，多

丹粟^⑤。有兽焉，其状如豚，有距^⑥，其音如狗吠，其名曰狸
力^⑦，见则其县多土功。有鸟焉，其状如鸱而人手^⑧，其音
如痹^⑨，其名曰鴸^⑩，其鸣自号也，见则其县多放士^⑪。

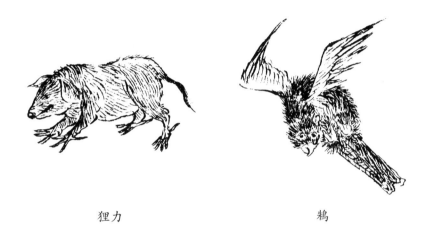

狸力　　　　　　　　　　　　　　鴸

【注释】

①柜（音举），木名，即今之榉木。毕本作"柜"。柜山，不详所在。
张春生以为本节之英水即汨罗江，而柜山则为江西修水之西柏山，即《水
经注·湘水》之"桓山"。张步天则以为英水为贵州思南印江县之印江（古
名邛水），而柜山则可能为思南之梵净山。二说相较，张春生说近是。

②郝懿行曰："即流黄辛氏国也，见《海内经》（812）。"

③郭璞注："（流黄、诸毗、长右）皆山名。"汪绂以为后有诸毗，为
水名，故此亦当为泽名，唯长右为山名。按：《山海经》中多次出现"诸
毗"，见后"浮玉之山"（17）郝懿行注。

④郭璞注："《尸子》曰：'水方折者有玉，员（圆）折者有珠。'"

⑤郭璞注："细丹沙如粟也。"吴任臣曰："雷敩曰'白庭砂如帝珠
子许大'，苏颂曰'辰砂小者如石榴子'，皆丹粟也。张衡《南都赋》：'绿

碧紫英，青雘丹粟。'"毕沅曰："即丹沙。粟、沙音同，借为沙。古无'砂'字。"郝懿行曰："《逸周书·王会篇》云：'卜人以丹沙。'"

⑥郝懿行曰："《说文》云：'距，鸡距也。'"鸡距即鸡爪。

⑦郭璞注："一作'狸刀'。"

⑧郭璞注："其脚如人手。"吴任臣曰："乙酉岁夏六月，有鸟止于杭之庆春门上三日，足如小儿，面若老人形，其鸣曰'鵸'。或以为即鵸鸟也。"

⑨郭璞注："未详。"吴任臣曰："《字汇》：'痹音脾，鸟名，鹌鹑之雌者。'"郝懿行用吴说，曰："《尔雅》云：'鹑之雌者名痹。'"汪绂曰："'其音如痹'者，谓其音如有喉病也，或曰音如鹎鸦也。"

⑩郭璞注："（鵌）音株。"

⑪郭璞注："放，放逐。或作'效'也。"《图赞》曰："彗星横天，鲸鱼死浪。鵌鸣于邑，贤士见放。厥理至微，言之无况。"陶潜《读山海经》诗："鹡鹕见城邑，其国有放士。念彼怀王世，当时数来止。"怀王，楚怀王也，放士则为屈原之属。张春生以英水为汨罗江，亦以此为一证。

12　东南四百五十里曰长右之山 ①。无草木，多水。有兽焉，其状如禺而四耳，其名长右 ②，其音如吟 ③，见则郡县大水 ④。

长右

【注释】

① 长右山，汪绂以为"在长沙、辰、常数郡之间"。张步天从此说，以为地在汉长沙国西境，即今湖南新化县一带。张春生则以此山即江西武功山，山在安福县西百里，为袁、泸、禾三水发源地，与"多水"合。毕本"右"作"舌"，下"右"字同。

② 郭璞注："以山出此兽，因以名之。"郝懿行曰："《广韵》引此经'长右'作'长舌'。"《图赞》曰："长右四耳，厥状如猴。实为水祥，见则横流。彘虎其身，厥尾如牛。"

③ 郭璞注："如人呻吟声。"

④ 吴任臣曰："'郡县'之称非三代前语，此为后人所增。"毕沅曰："《淮南子》云：'夏桀、殷纣之盛也，人迹所至，舟车所通，莫不为郡县。'则郡县之名夏、殷有之，不独周矣，世俗以此疑经，非也。"郝懿行曰："郡县之制起于周，《周书·作洛篇》及《左氏传》具有其文。"意谓毕氏之说非是。

13　又东三百四十里曰尧光之山^①。其阳多玉，其阴多金。有兽焉，其状如人而彘鬣，穴居而冬蛰，其名曰猾褢^②，其音如斫木^③，见则县有大繇^④。

猾褢

【注释】

①　张春生以为即江西玉山县北一百四十里之怀玉山，又称辉山，与"尧光"可相比附。张步天则以为即今江西莲花县西南之景阳山。怀玉山东与浙江相接，景阳山西与湖南相邻，相距甚远。

②　郭璞注："滑、怀两音。"吴任臣曰："褱，古'怀'字，汉隶《苑镇碑》'畏威褱德'是也。"

③　郭璞注："如人斫木声。"

④　郭璞注："谓作役也。或曰'其县是乱'。"繇，繇役也。《图赞》曰："猾褱之兽，见则兴役。膺政而出，匪乱不适。天下有道，幽形匿迹。"

14　又东三百五十里曰羽山①。其下多水，其上多雨，无草木，多蝮虫②。

【注释】

①　郭璞注："今东海祝其县西南有羽山，即鲧所殛处。计此道里不相应，似非也。"汪绂以为羽山在"南安、赣州之间"，张春生以为即今江西南城县西南十里之麻姑山，此山应在尧光山之西，疑今本错简所致。张步天以为在江西玉山，正是张春生认做尧光山之处，如此说，尧光山与羽山相距在两千古里以上，与经里数相差太多。

②　郭璞注："虺也。"吴任臣曰："'蚖'乃'虬'字之误，'虬'即'虺'字，谓虺名虬，非。"郝懿行曰："《本草别录》'蝮蛇'与'蚖'为二物，郭以为蚖即蝮虫，非也。吴氏以'蚖'为'虬'字之误，亦非。"

15　又东三百七十里曰瞿父之山①。无草木，多金、玉。

【注释】

① 瞿父之山，汪绂以为当在"三衢之间"（衢州）。张春生从之，以为即浙江衢县北千里岗。

16　又东四百里曰句余之山 ①。无草木，多金、玉。

【注释】

① 郭璞注："今在会稽余姚县南，句章县北，故此二县因此为名云。见张氏（张晏）《地理志》。"吴任臣曰："《逸周书》有句余，此山以地名也。《亢仓子》言'勾越之余'者，非。《一统志》云：'在慈溪西南四十里。'"汪绂以为或在剡、嵊之间，即今浙江嵊州一带。毕沅曰："山在今浙江归安县（今湖州）。《太平寰宇记》云：'乌程县（今湖州）升山在县东二十里，一名焉山，一名欧余山，一名欧亭山。'"谭其骧以为应指四明山之东北隅。张春生则以为：山即江西余干县东门外余干山，经云在瞿父山东四百里，实则折而向西，疑今本有错简。张步天以为在今浙江余姚境，与汪说、谭说相近。

17　又东五百里曰浮玉之山 ①。北望具区 ②，东望诸毗 ③。有兽焉，其状如虎而牛尾，其音如吠犬，其名曰彘，是食人 ④。苕水出于其阴，北流注于具区 ⑤，其中多觺鱼 ⑥。

觺鱼

彘

【注释】

①杨慎曰："浮玉山即金山也。唐明皇改浮玉为金山。"吴任臣引刘
会孟曰："浮玉之山有二：在归安者为小浮玉；在孝丰者为大浮玉，苕水
出其阴。然经云'北望具区'，则山在具区南，非金山明矣。"吴氏又曰：
"《一统志》：'浮玉山在湖州城南七里玉湖中，巨石如积，波不以水盈缩，
故名。'"汪绂以为浮玉之山在徽（州）、严（州）之南，或曰浮梁（今景
德镇）、玉山二县以此得名。谭其骧以为，浮玉山既能"北望具区"，当是
东天目山。张春生以为是西天目山，在今浙江安吉西南七十五里。

②郭璞注："具区，今吴县西南太湖也。《尚书》谓之'震泽'。"吴
任臣曰："《周礼》职方氏：'扬州，其泽曰具区。'《尔雅》十薮云：'吴
越之间有具区。'《扬州记》云：'太湖一名震泽，一名洞庭。'"

③郭璞注："水名。"毕沅曰："《太平寰宇记》云：'乌程县毗山（按：
《寰宇记》作毗山），在县东北九里。'案浮玉山在安吉，则苕水之发源

也。"郝懿行曰:"诸毗,《广雅·释地》作'诸毗',古字通也。又上文'柜山,北望诸毗',郭云'山名';此云'东望诸毗',郭云'水名';又《西山经》(83)云'北望诸毗之山',又云'北望诸毗'(87),郭云'山名'。《北山经》(125)亦云'西流注于诸毗之水',郭云'水出诸毗山也'。然则'诸毗'盖非一山,其水即非一水也。此经'诸毗'盖在江南,其《西》、《北》二经所说皆与此异者也。"按:"毗"字,宋淳熙本、吴任臣本等均作"毗",是其本字。毗,毗连、毗接也。颇疑"诸毗"均非实指之山名,乃望中诸连毗之山,故所在非一地。而诸毗之水亦即诸连毗之山所出之水。

④ 吴任臣曰:"《事物绀珠》曰:'长𡙡出湖州浮玉山,如猴四耳,虎身牛尾,声如犬吠。'即斯兽也。《异物汇苑》引经亦作'长𡙡'。"

⑤ 郝懿行曰:"《水经注》曰:'山阴西四十里,有二溪:东溪广一丈九尺,冬暖夏冷;西溪广三丈五尺,冬冷夏暖。二溪北出,行三里至徐村,合成一溪,广五丈余,而温凉又杂,盖《山海经》所谓苕水也。北迳罗浮山而下注于太湖,故言出其阴、入于具区也。'案《太平寰宇记》云:'苕溪在乌程县南五十步。'雪水亦苕水之异名。"

⑥ 郭璞注:"鮆(音即)鱼狭薄而长头,大者尺余,太湖中今饶之。一名刀鱼。"吴任臣曰:"《尔雅》'鮤,鱴刀'是也,即鱴鱼。《异物志》云是鱴鸟所化,故腹中有鸟肾二枚。《魏武食制》谓之'望鱼',《本草》谓之'鲚鱼'。"杨慎《异鱼图赞》:"浮玉之山,北望具区。苕水出焉,中多鮆鱼。蝴蝶所化,列蕄长须。"

18　又东五百里曰成山①。四方而三坛②,其上多金、玉,其下多青雘。閿水出焉③,而南流注于④虖勺⑤,其中多黄金⑥。

【注释】

①吴任臣曰："刘凤《吴郡考》云'慈溪县西南十五里有城山渡'，或即此也。"汪绂疑是江西之三清山或林历山。毕沅疑即会稽之重山。张春生以为即浙江萧山西之城山，近是。

②郭璞注："形如人筑坛相累也。成，亦重耳。"郝懿行曰："《尔雅》云'丘一成为敦丘'，郭注云'成，犹重也'，引《周礼》曰'为坛三成'，正与此义相证，故云'成亦重耳'，言此之成山亦因重累如坛而得名也。"

③郭璞注："（闟）音涿。"

④郭璞注："一作'流注于西'。"

⑤郭璞注："虖音呼。'勺'或作'多'，下同。"杨慎曰："虖勺即滹沱也，古今字异耳。况'多'之音与'沱'相近无疑。滹沱有南有北，此南滹沱也。其字古书所载，例无定体。经作'虖勺'，又作'虖多'，乃南也；作'濩池'，北滹沱也。《说文》作'滹池'，而引《诗》'滹池北流'，今误作'滮池'。《水经》作'滹池'，《秦诅楚文》作'亚驼'，《字林》作'淲沱'，《周礼》作'虖池'，《史记》作'嘑池'，《九州记》作'滹沲'，《礼记》作'呼池'，注作'恶池'。"吴任臣曰："据此，则会稽勺水宜从沱音无疑。郦氏以为'夕水'者，岂即'多'字之讹耶？又下虖勺山与此同名，未审何音。"汪绂疑虖勺为鄱阳，张步天从其说。

⑥郭璞注："今永昌郡水出金，如糠在沙中。《尸子》曰：'清水出黄金、玉英。'"吴任臣曰："《异物志》：'黔南遂府吉州水中并产麸金。'《华阳国志》曰：'兰沧水有金沙，洗取融为金。'《本草拾遗》曰：'麸金出水沙中，毡上淘取，或鹅鸭腹中得之。'"

19　又东五百里曰会稽之山 ①。四方，其上多金、玉，其下多砆石^②。勺水出焉，而南流注于湨^③。

【注释】

①郭璞注："今在会稽郡山阴县南，上有禹冢及井。"吴任臣曰："孔灵之《会稽记》：'会稽山在县东南，其上石状似覆釜。禹梦玄夷，会苍水使者，却倚覆釜之山是也。'《周礼》：'扬州之镇山曰会稽。'《尔雅》：'东南之美者，有会稽之竹箭焉。'《水经注》：'会稽之山，古防山也，亦谓之茅山，又曰栋山。'《越绝》曰：'栋犹镇也，故又名镇山。'《吴越春秋》云：'禹巡越，大会计治国之道，更名茅山，为会计，亦曰苗山也。'"《图赞》曰："禹徂会稽，爰朝群臣。不虔是讨，乃戮长人。玉匮表夏，玄石勒秦。"

②郭璞注："砆（音夫），武夫，石似玉。今长沙临湘出之，赤地白文，色茏葱不分明。"

③湨音局。吴任臣曰："'勺水'，《水经注》作'夕水'。'注于湨'，《水经注》作'注于湖'。"按："湨"作"湖"是，张步天云，古时绍兴南有湖，勺水或即柯水，南注于此。

20 又东五百里曰夷山^①。无草木，多沙石。湨水出焉^②，而南流注于列涂^③。

【注释】

① 汪绂以为夷山当是福建之武夷山，张步天从其说。张春生以为即浙江东阳东南一百三十里之大盆山，接天台界。

② 郭璞注："（湨）一作'洤'。"张步天以为湨水为闽江上源支流。

③ 毕沅曰："《大荒南经》（722）'歹涂之山'，'歹'为'列'字之误，

即此。"郝懿行曰："疑即涂山。涂,《说文》作灞,云:'灞,会稽山。'"

21　又东五百里曰仆勾之山^①。其上多金、玉,其下多草木,无鸟兽,无水。

【注释】

　①郭璞注:"(勾)一作'夕'。"郝懿行曰:"'夕'疑'多'字之讹,且此经前有'虖勺',后有'虖勺之山',其字作'勺'或作'多',可证。"张春生以为即浙江余姚南之四明山。

22　又东五百里曰咸阴之山^①。无草木,无水。

【注释】

　①张春生以为此山即浙江象山县南一百二十里之东门山。

23　又东四百里曰洵山^①。其阳多金,其阴多玉。有兽焉,其状如羊而无口,不可杀也^②,其名曰𤟤^③。洵水出焉,而南流注于阏之泽^④,其中多芘蠃^⑤。

𤟤

【注释】

①郭璞注：“（洵）一作‘旬’。”张春生以为此山即浙江仙居东南之安洲山，又名九旬山。

②郭璞注：“禀气自然。”王崇庆曰：“自人而至于物，未有无口者，夫无口何由以食？故必继之曰‘不可杀’，为其不成物也。”而郝懿行曰：“‘不可杀’，言不能死也，无口不食而自生活。”张步天以为，此物被人视为神物，相约不可捕杀。

③郭璞注：“（䘃）音还，或音患。”《图赞》曰：“有兽无口，其名曰䘃。害气不入，厥体无间。至理之尽，出乎自然。”

④郭璞注：“（阙）音遏。”

⑤郭璞注：“紫色螺也。”杨慎曰：“螺色白，磨之则紫文生。余亲见之。”郝懿行曰：“‘芘’当为‘玼’字之讹，古字通以‘玼’为‘紫’。”

24　又东四百里曰虏勺之山①。其上多梓、枏②，其下多荆、杞③。滂水出焉④，而东流注于海。

【注释】

①成山条言閩水南流注于虏勺之水（18），相隔两千余里，此又有虏勺之山。张春生以为：山即今浙江天台县西一百八十里之大盆山；经云山在洵山之东，实则折向西北。张步天以为山在今浙江遂昌西南。

②郭璞注：“梓，山楸也。枏，大木，叶似桑，今作楠，音南。《尔雅》以为梓。”吴任臣曰：“梓有数种，木理白者为梓，赤者为楸，楸之小者为榎，梓之美者为椅。”按：今梓木与楸木虽皆为良木，但终非一种，梓为山楸，言其木质相近也。枏即今之楠木。

③ 郭璞注："杞,枸杞也,子赤。"吴任臣曰："荆有紫荆、白荆、金荆、牡荆、蔓荆之名。苏颂云：'有青、白二种,青者为荆,白者为楛。'杞,一名苦杞,其根名地骨皮。《尔雅》云'杞,枸檵',《小雅》云'集于苞杞',即枸杞也。或曰无刺者为荆杞,有刺者为枸杞。"

④ 郭璞注："音滂沱之滂。"张步天以为滂水即瓯江。

25　又东五百里曰区吴之山^①。无草木,多沙石。鹿水出焉^②,而南流注于滂水。

【注释】

① 张春生以为即浙江天台县北之天台山,张步天以为山在浙江永康境内。

② "鹿水",汪绂本作"丽水",云："处州有丽水,南流入永嘉江。永嘉江东流经温州入海。"

26　又东五百里曰鹿吴之山^①。上无草木,多金、石。泽更之水出焉,而南流注于滂水。水有兽焉,名曰蛊雕^②,其状如雕而有角^③,其音如婴儿之音,是食人。

蛊雕

【注释】

　　① 张春生以为即浙江临海东北之大罗山，张步天说与此近。

　　② 郭璞注："'蛊'或作'纂'。"《图赞》曰："纂雕有角，声若儿号。"

　　③ 郭璞注："雕似鹰而大尾长翅。"吴任臣曰："禽之似兽者，驼蹄鸟、飞生鸟；兽之似禽者，鹰背犬、蛊雕兽，皆物类绝异也。"

27　又东五百里曰漆吴之山 ①。无草木，多博石 ②，无玉。处于东海，望丘山，其光载出载入 ③，是惟日次 ④。

【注释】

　　① 汪绂以为即普陀。谭其骧说相近，以为即舟山群岛之某岛，或即舟山本岛，而所望"丘山"则为本岛之外诸岛。张春生以为此山当在台州湾外，应以黄岩所属之大陈岛当之。

　　② 郭璞注："可以为博棊石。"毕沅曰："郭说非。古'棊'字从木，不以石为之。博石，盖言大石。"郝懿行驳曰："《中次七经》(338)云：'休与之山有石，名曰帝台之棊。'是知博棊古有用石者也。"

　　③ 郭璞注："神光之所潜耀。"汪绂曰："其光载出载入，以海水映日之光照之，若载此山而出没于波涛中也。"

　　④ 郭璞注："是日景之所次舍。"次，停宿之所。此言太阳将升起之前停宿于此山，其光载出载入。故汪绂曰："'是唯日次'，见日出时，似于此山舍止也。"杨慎曰："《山海经》载日月所出入之山凡数十，盖峰峦隐映，壑谷层叠，所见然矣，非必日月出没定在是也。"

28　凡《南次二经》之首自柜山至于漆吴之山，凡十七山，七千二百里^①。其神状皆龙身而鸟首。其祠：毛用一璧瘗，糈用稌^②。

南山神

【注释】

　　①《南次二经》所载之山，据诸说，东端为浙江沿海某岛，西端最远可能在今湖南西部，而十七山地望分布主要在今之江西及浙江。诸家所考十七山地望虽然不同，但山系走向大体一致。

　　②郭璞注："稻穬也。"《诗·周颂·丰年》"丰年多黍多稌"，毛传："稌，稻也。"一说指糯稻。郭注"稻穬"，或兼言稻、穬，穬指有芒之谷物，如大麦之属。郝懿行则疑"穬"为衍字，或为"稉"字之讹。

29《南次三经》之首曰天虞之山^①。其下多水，不可以上。

【注释】

　　① 郝懿行曰："山当在交、广也。《艺文类聚》八卷引顾微《广州记》云：'南海始昌县（南朝时始昌在今广东四会县北）西有夫卢山，高入云霄。世传云：上有湖水，至甲戌日，辄闻山上有鼓角笳箫鸣响。'疑即此山也。'天虞'、'夫卢'字形相近，或传写之讹。"张春生以为即贵州南部贵定县东南苗岭高峰云雾山。张步天以为在今广西百色之北。

30　东五百里曰祷过之山^①。其上多金、玉，其下多犀、兕^②，多象^③。有鸟焉，其状如鹨而白首^④，三足^⑤，人面，其名曰瞿如^⑥，其鸣自号也^⑦。泿水出焉^⑧，而南流注于海，其中有虎蛟^⑨，其状鱼身而蛇尾^⑩，其音如鸳鸯，食者不肿，可以已痔。

犀　　　　　　　　　　　兕

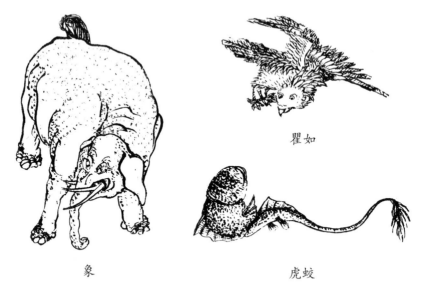

瞿如

象

虎蛟

【注释】

①张春生以为山即今贵州黎平县西北之苗沙山。张步天以为在今广西宜山北，九万大山中段。

②郭璞注："犀似水牛，猪头庳脚，脚似象，有三蹄。大腹黑色。三角，一在顶上，一在领上，一在鼻上。在鼻上者小而不堕，食角也。好嗷棘，口中常洒血沫。兕亦似水牛，青色一角，重三千斤。"郝懿行曰：郭注"三千斤"之"三"字衍。《图赞》云："犀头似猪，形兼牛质。角则并三，分身互出。鼓鼻生风，吐气隘溢。"又云："兕推壮兽，似牛青黑。力无不倾，自焚以革。皮充武备，角助文德。"

③郭璞注："象，兽之最大者，长鼻，大者牙长一丈。性妒，不畜淫子。"吴任臣曰："今荆蛮山中亦有野象，犹马有野马也。又楚、粤象皆青黑，惟拂林、大食国乃多白象。"《图赞》曰："象实魁梧，体巨貌诡。肉兼十牛，目不逾豕。望头如尾，动若丘徙。"

④ 郭璞注："鸩（音交），似凫而小，脚近尾。"《北山经》（134）"蔓联之山"亦有鸩，可参看。

⑤ 郭璞注："（足）或作'手'。"

⑥ 郭璞注："（瞿）音劬。"《图赞》曰："瞿如三手，厥状似鸩。"

⑦ 自号，鸣声如自呼其名，实即人以其鸣叫声而名之也。

⑧ 郭璞注："（浪）音银。"《水经·油水》"浪水出武陵镡城县北界沅水谷"，"又东至南海番禺县西，分为二"，即此水也。镡城或作镡成，在今湖南省西南部之靖县。

⑨ 郭璞注："蛟，似蛇四足，龙属。"郝懿行以为即鲭鱼："《水经注》引裴渊《广州记》云'浪水有鲭鱼'，《博物志》云'东海蛟鲭鱼生子，子惊，还入母肠，寻复出'，与《水经注》合。疑蛟鲭即虎蛟矣。所以谓之虎者，《初学记》三十卷引沈莹《临海水土异物志》云：'虎鲭长五尺，黄黑斑，耳目齿牙有似虎形，唯无毛，或变化成虎。'"

⑩《文选·江赋》"潜鹄鱼牛，虎蛟钩蛇"，注引此经，"蛇尾"下有"有翼"二字。《图赞》曰："鱼身蛇尾，是谓虎蛟。"

31 又东五百里曰丹穴之山①。其上多金、玉。丹水出焉②，而南流注于渤海③。有鸟焉，其状如鸡，五采而文，名曰凤皇，首文曰德，翼文曰义④，背文曰礼，膺文曰仁，腹文曰信。是鸟也，饮食自然，自歌自舞，见则天下安宁⑤。

凤皇

【注释】

①《尔雅·释地》："岠齐州以南，戴日为丹穴。"言去中原而南行，至日在头顶之地（即地近北回归线），则其地为丹穴。汪绂曰："广西南丹州有丹穴之山，绝壁高峭，不可上，谓之凤台。"张春生、张步天皆同此说。南丹州即今广西南丹县，其西北有凤凰山。

②吴任臣曰："《吕氏春秋》：'尧有丹水之战，以服南蛮。'又丹水南有丹崖山，赪壁霞举，若红云、秀天二岫，更为殊观。"按：据《水经注》，尧战之丹水在今豫陕间，与此不合。

③郭璞注："渤海，海岸曲崎头也。"似指陆地突出入海部分。郝懿行曰："渤，俗字也。《说文》云：'郣，海地。一曰地之起者曰郣。'"毕沅本作"勃"字。是皆与今之渤海无关。

④郝懿行曰："《海内经》（816）作'翼文曰顺，背文曰义'。《广雅》与《海内经》同。"

⑤郭璞注："汉时凤鸟数出，高五六尺，五采。庄周说凤文字与此有异。《广雅》曰：'凤，鸡头、燕颔、蛇颈、龟背、鱼尾。雌曰皇，雄曰凤。'"《说文解字》曰："天老曰：凤之象也，鸿前麟后，蛇颈鱼尾，鹳颡鸳思，龙文龟背，燕颔鸡喙，五色备举，出于东方君子之国，翱翔四海之外。过昆仑，饮砥柱，濯羽弱水，暮宿风穴。见则天下大安宁。"吴任臣曰："《乐叶图征》云：'五凤皆五色，为瑞者一，为孽者四。其四皆似凤并为妖，一鹔鷞，二发明，三焦明，四幽昌。'《玄览》云：'凤青曰鹖，赤曰鹑，黄曰焉，白曰鹔，紫曰鹭。'"《图赞》云："凤皇灵鸟，实冠羽群。八象其体，五德其文。附翼来仪，应我圣君。"

32 又东五百里曰发爽之山①。无草木，多水，多白猿②。汜水出焉,而南流注于渤海^③。

【注释】

①郭璞注:"(爽)或作'丧'。"发爽之山,张春生以为即云南文山县西八十里之文弄山,张步天则以为山在广西金秀西南,大瑶山之中段。

②吴任臣曰:"猿似猴而长臂。《列子》:'貐变化为猿。'《抱朴子》:'猴八百岁变为猿。'王济曰:'询记云:猿初生毛黑而雄,老则变黄,转雄为雌,数百岁,黄又为白也。'"

③汪绂曰:"凡南海间水多南流。"

33 又东四百里至于旄山之尾^①。其南有谷,曰育遗^②,多怪鸟^③,凯风自是出^④。

【注释】

①张春生以为旄山之尾当指今哀牢山,东临云南玉溪地区。张步天以为旄山即今九万大山,其尾则为东南端。

②郭璞注:"(遗)或作'隧'。"汪绂以"隧"为是。郝懿行曰:"'遗'、'隧'古音相近。《大雅·桑柔篇》云:'大风有隧。'此经之隧为凯风所出,即风穴也。《说文》云凤皇'莫宿风穴',盖即此。"

③郭璞注:"《广雅》曰:'鹡鹠、鹐明、爰居、鸥雀,皆怪鸟之属也。'"郝懿行曰:"今本《广雅》作'鹡离、延居、鹐雀,怪鸟属也'。'离'、'鹠'古通用,'延'、'爰'声相近,'鹐'与'鸥'、'鹐'与'鹐'并字形之讹。又《广雅》上文已云'鹐明,凤皇属',不应又为'怪鸟',疑郭氏误记尔。"

④ 郭璞注：“凯风自南。”吴任臣曰：“王叔斋《籁记》：‘景风一曰凯风，又曰熏风，亦曰巨风，起自赤天之暑门，从南方来。’”汪绂曰：“凯风，南风也，盖其谷北向而风自谷出也。”《图赞》曰：“育隧之谷，爰含凯风。青阳既谢，气应祝融。炎风是扇，以散郁隆。”

34 又东四百里，至于非山之首①。其上多金、玉，无水，其下多蝮虫。

【注释】

① 张春生以为既称“非山”，当是石林之类，今属曲靖地区，东邻贵州、广西。张步天以为或指广西阳朔地区某山。

35 又东五百里曰阳夹之山①。无草木，多水。

【注释】

① 张春生以为即今广西桂平西北之大藤峡。大藤峡古称阳峡山。

36 又东五百里曰灌湘之山①。上多木，无草。多怪鸟，无兽②。

【注释】

① 郭璞注：“一作‘灌湖射之山’。”汪绂曰：“广西全州之湘山，其水北流者曰湘水，北入洞庭；其南流者曰灌水，南流合洋河。其源一而流分，有龙蟠三十六陡地名，灌口即是灌湘之山。”张春生从此说，以为

因灌、湘二水之间所得名,在今广西兴安、灌阳、灵川等县间湘江和灌水发源地海洋山。

②　王崇庆曰:"兽依草,无草故无兽。鸟依木,多木故多鸟。尧夫谓'鸟羽如木叶,兽毛如草'。"

37　又东五百里曰鸡山①。其上多金,其下多丹雘②。黑水出焉,而南流注于海③。其中有鱄鱼④,其状如鲋而彘毛⑤,其音如豚,见则天下大旱。

鱄

【注释】

①　吴任臣引刘会孟云:"云南鸡山,乃八宝所出。其澜沧江即黑水。"郝懿行曰:"《郡国志》云'永昌郡,博南,南界出金',刘昭注引《华阳国志》云:'西山高三十里,越山得兰沧水,有金沙,洗取,融为金。'今案博南西山,疑即鸡山,兰沧水即黑水矣。"张春生以为黑水指昆明之明湖水,而鸡山则指云南宜良县西南之罗藏山。张步天以为山当在今广西富川县北境。

②　郭璞注:"雘,赤色者。或曰:雘,美丹也,见《尚书》。音尺蠖之

蠵。”《尚书·梓材》：“若作梓材，既勤朴斫，惟其涂丹雘。”吴任臣以为
“盖赤石脂之类”。

③吴任臣曰：“樊绰曰：‘西国之水入南海者四，曰区江，曰西洱河，
曰丽江，曰弥渃江。丽江，古黑水。’”

④郭璞注：“音团扇之团。”吴任臣曰：“《吕氏春秋》：‘鱼之美者，
洞庭之鱄。’或作鳟，《江赋》云：‘蜦鱄鲨鳎。’”《文选·江赋》李善注引
此作“鳟鱼”，郝懿行以为非是。

⑤吴任臣曰：“《集韵》：‘鱄鱼似蛇而豕尾。’与此小异。鲋，鲭
也。”郝懿行曰：“（毳毛）《广韵》作‘豕尾’。”

38　又东四百里曰令丘之山①。无草木，多火②。其南有谷
焉，曰中谷，条风自是出③。有鸟焉，其状如枭，人面四目而
有耳，其名曰颙④，其鸣自号也，见则天下大旱⑤。

颙

【注释】

①张春生引唐刘恂《岭表录异》“梧州对岸西火山，山形高下大小

如桂林独秀山。山下有澄潭，其深无极。火光每三五夜一见于山顶，每至一更初，火起，匝其顶如野烧，甚者广十丈余，食顷而息。以其地热，故谓火山也"，以为令丘之山即此火山。

② 吴任臣曰："即荧台、火井之属。又火山军，其地锄耘深入，则有烈焰，不妨耕植，皆此类也。"按：《水经注·漯水》言有"火山，山上有火井，深不见底，炎势上升，常若微雷发响。以草爨之，则烟腾火发。其山以火从地中出，故亦名荧台"。郝懿行曰："《初学记》二十五卷引《括地图》曰：'神丘有火穴，光照千里。''神丘'、'令丘'声相近。《抱朴子》云'南海萧丘有自生之火'也。"

③ 郭璞注："东北风为条风。记曰：'条风至，出轻系，督逋留。'"郝懿行曰："《淮南·墬形训》云：'东方曰条风。'高诱注：'震气所生。'刘昭注《郡国志》'九真郡，居风'引《交州记》：'山有风门，常有风。'郭引'记曰'者，《淮南·天文训》云：'条风至则出轻系，去稽留。'"按：交州在今广东、广西。

④ 郭璞注："（颙）音娱。"吴任臣曰："朱谋㙔《异林》云：'万历二十年，颙鸟集豫章城永宁寺，高二尺许，燕雀群噪之。是年五月至七月，酷暑异常时。'朱国祯《涌幢小品》亦云：'万历壬辰，颙鸟集豫章，人面四目有耳，其年夏无雨，田禾尽枯。'"

⑤《图赞》曰："颙鸟栖林，鱄鱼处渊。俱为旱征，灾延普天。测之无象，厥数惟玄。"

39　又东三百七十里曰仑者之山①。其上多金、玉，其下多青雘。有木焉，其状如穀而赤理，其汗如漆②，其味如饴，食者不饥，可以释劳③，其名曰白䓘④，可以血玉⑤。

【注释】

①郭璞注："（仑）音论说之论，一音伦。"《太平御览》卷五十引此经作"仑山"。张春生以为即广东新会西北之仑山。

②郝懿行曰："经文'汗'当为'汁'字之讹。《东次四经》（258）云'其汁如血'，可证。《太平御览》五十卷引此经正作'汁'字。"汁，树皮沁出的汁液。漆，此指漆木之汁，初出时为白浆。

③郝懿行曰："高诱注《淮南·精神训》云：'劳，忧也。'"

④郭璞注："（白䓘）或作'罣苏'。罣苏一名白䓘，见《广雅》。音羔。"杨慎曰："罣，古皋字。《春秋繁露》云'皋苏释劳'，即此也。《荀子》亦有'罣芷'之文。罣，皋苏也。芷，白芷也。"郝懿行曰："云'可以释劳'者，《初学记》引王朗《与魏太子书》云：'奉读欢笑，以借饥渴。虽复萱草忘忧，皋苏释劳，无以加也。'"《图赞》曰："白䓘皋苏，其汗如饴。食之辟谷，味有余滋。逍遥忘劳，穷生尽期。"

⑤郭璞注："血，谓可用染玉作光彩。"汪绂以为血玉即"染玉使如血色"。毕沅曰："郭说非也。血，衃也，犹言合玉。今白芨可以合玉，即白䓘也。"郝懿行曰："染玉之说未闻。《大戴礼·少间篇》云：'玉者犹玉，血者犹血。'卢辩注云：'血，忧色也。'与此义合。"

40　又东五百八十里曰禺稾之山①。多怪兽，多大蛇。

【注释】

①张春生以为此山即今广东清远东之飞来峡。

41　又东五百八十里曰南禺之山①。其上多金、玉，其下多水。有穴焉，水出辄入^②，夏乃出，冬则闭。佐水出焉，而东南流注于海。有凤皇、鹓雏^③。

【注释】

　　① 汪绂以为"此盖广东之番山、禺山也，在今番禺"。张春生从之，以为即白云山及其南麓番禺山。

　　② 藏经本、吴任臣本"出"作"春"。

　　③ 郭璞注："亦凤属。"《庄子·秋水》："南方有鸟，其名鹓雏，发于南海而飞于北海。"

42　凡《南次三经》之首自天虞之山以至南禺之山，凡一十四山，六千五百三十里^①。其神皆龙身而人面^②。其祠：皆一白狗祈^③，糈用稌。

南山神

【注释】

① 郝懿行曰："今才一十三山，五千七百三十里。"

② 吴任臣曰："王延寿《梦赋》：'或龙形而似人。'注引此证之。"

③ 郭璞注："祈，请祷也。"毕沅曰："郭说非也。'祈'当为'劓'，《说文》云：'以血有所刉涂祭也。'《周礼》'祈于社稷'，郑注云：'祈或为刉。刉与劓同义。'"

右《南经》之山志^①，大小凡四十山，万六千三百八十里^②。

【注释】

① 郝懿行曰："篇末此语盖校书者所题，故旧本皆亚于经。"

② 郝懿行曰："经当云'凡四十一山，万六千六百八十里'，盖传写之误也。今检才三十九山，万五千六百四十里。"

卷二 西山经

43《西山经》华山之首曰钱来之山^①。其上多松，其下多
洗石^②。有兽焉，其状如羊而马尾，名曰羬羊^③，其脂可以
已腊^④。

羬羊

【注释】

　　①钱来之山，汪绂以为是华山东头别名。毕沅曰："山去松果山
四十五里，当在今河南阌乡县或秦岭。是又古者'钱'、'泉'通字，钱来

之山，以'泉来'得名与？"吴承志曰："山盖今洛南县北黄龙山。其山支干连接太华山，故以为首也。"

②郭璞注："澡洗可以㓻体，去垢圿。"杨慎曰："去垢之石，今南中有之。"洗浴时以此石搓体，可以去宿垢。

③郭璞注："今大月氏国有大羊，如驴而马尾。《尔雅》云'羊六尺为羬'，谓此羊也。羬音针。""羬"为"麘"之俗字。《说文》："麘，山羊也，大面细角。"《图赞》曰："月氏之羊，其类在野。厥高六尺，尾赤如马。何以审之，事见《尔雅》。"

④郭璞注："治体皴。腊音昔。"腊本为干肉，借指为皮肤皴干。羊脂涂体，可以止皴。

44 西四十五里曰松果之山^①。濩水出焉^②，北流注于渭^③。其中多铜。有鸟焉，其名曰螐渠^④，其状如山鸡，黑身赤足，可以已㿜^⑤。

螐渠

【注释】

①毕沅曰："《初学记》及《文选注》引此作'松梁山'。在今陕西华阴县东南二十七里。"按：《太平寰宇记》卷二九言华阴县东南二十七

里有松果山,为毕氏之据。吴承志曰:"松果之山,盖今河南阌乡西南秦山。"张步天以为山在今陕西潼关境,实与毕说同。

②濩水,《水经注》作"灌水",云:"河在关内南流,潼激关山,因谓之潼关。灌水注之,水出松果之山,北流迳通谷,世亦谓之通谷水,东北注于河。"按:灌水即今之潼河。吴承志以为今嵩谷河,西北流入陕西潼关,合潼河。

③郝懿行曰:"《水经》云'河水又南至华阴潼关',注云'灌水注之,水出松果之山,北流径通谷,世亦谓之通谷水,东北注于河。'案《水经注》言'入河',此经言'注渭'者,华阴、潼关之间,河、渭所会,水盖受其通称也。"

④杨慎曰:"螐渠即鵯渠,南中通海县有之,名曰鶢鸡。"毕沅曰:"《尔雅》作'雒渠',《汉书》司马相如赋作'庸渠',《说文》作'雒渠',皆即此鸟。"

⑤膔音暴。郭璞注:"谓皮皱起也。"毕沅以为"膔""依义当为'皰'"。已膔,指以其油脂涂肤,可以止皱裂。

45 又西六十里曰太华之山①。削成而四方②,其高五千仞③,其广十里,鸟兽莫居。有蛇焉,名曰肥𧎮④,六足四翼,见则天下大旱⑤。

肥𧎮蛇

【注释】

①郭璞注:"即西岳华阴山也,今在弘农华阴县西南。"毕沅曰:"山在今陕西华阴

县南十里。"按：太华山即华山主峰。

②郭璞注："今山形上大下小，峭峻也。"按：四方，四面陡峭如壁，未必上大下小也。

③郭璞注："仞，八尺也。上有明星玉女，持玉浆。得上，服之，即成仙。道险僻不通。《诗含神雾》云。"吴任臣曰："达奚珣《华山赋序》：'太华之山，前成四面方直者，五千余仞，盖岳之雄也。'又《辛氏三秦记》：'华山在长安东三百里，不知几千仞，如半天之云。'刘会孟曰：'今华阴县最著者，莲花、明星、玉女三峰，而仙掌崖、日月岩、苍龙岭皆奇境也。'"《图赞》曰："华岳灵峻，削成四方。爰有神女，是挹玉浆。其谁游之，龙驾云裳。"

④肥螝，毕本作"肥遗"。毕氏曰："旧本'遗'作'螝'，非。"按：除此经肥遗之外，《北山经》（144）有一首两身之蛇名肥遗，《西山经》（49）有鸟亦名肥遗。此肥遗或加虫以为别。

⑤郭璞注："汤时此蛇见于阳山下。复有肥遗蛇，疑是同名。"按：郭注之"肥遗蛇"，即《北山经》（144）"浑夕之山，有蛇一首两身"者。吴任臣曰："成汤元祀，肥螝见于阳山，后有七年之旱。《述异记》曰：'肥遗，西华山中有之，见则大旱。'"《图赞》曰："肥遗为物，与灾合契。鼓翼阳山，以表亢厉。乘林既祷，倏忽潜逝。"

46 又西八十里曰小华之山①。其木多荆、杞，其兽多牸牛②。其阴多磬石③，其阳多㻬琈之玉④。鸟多赤鷩⑤，可以御火⑥。其草有萆荔⑦，状如乌韭而生于石上⑧，亦缘木而生，食之已心痛⑨。

㸲牛　　　　　　　　赤鷩

【注释】

①郭璞注：“即少华山。”毕沅曰：“山在今陕西华州南十里。”张步天云，少华山在华阴县西南。

②郭璞注：“今华阴山中多山牛、山羊，肉皆千斤，牛即此牛也。（㸲）音昨。”吴任臣曰：“㸲牛即牦牛。”

③郭璞注：“可以为乐石。”毕沅曰：“郭说非也。秦刻石云：‘刻此乐石。’凡石之有声者皆曰磬石，或曰鸣石。”磬，打击乐器，磬石即制磬之石。

④郭璞注：“璚玗（音与浮），玉名，所未详也。”郝懿行曰：“《说文》引孔子曰：‘美哉玙璠，远而望之奂若也，近而视之瑟若也。一则理胜，一则孚胜。’此经‘璚玗’，古字所无，或即‘玙璠’之字，当由声转；若系‘理孚’之文，又为形变也。”

⑤郭璞注：“赤鷩，山鸡之属。胸腹洞赤，冠金，皆黄头绿尾，中有赤，毛彩鲜明。音作蔽。”郝懿行曰：“郭注‘皆黄’当为‘背黄’字之讹。”

⑥御火，防御火灾。

⑦郭璞注："茒荔，香草也。蔽、戾两音。"杨慎曰："即薜荔也。"吴任臣引《事物绀珠》曰："茒荔如韭而厚，三月开紫碧花，五月结实，生木石上。一名荔挺，一名马蓧，可合香。"

⑧郭璞注："乌韭在屋者曰昔邪，在墙者曰垣衣。"汪绂曰："乌韭，石上苔也。"郝懿行曰："《广雅》云：'昔邪，乌韭也。'《本草》云：'乌韭生山谷石上。'《唐本草》苏恭注谓之'石苔'。然则此物盖与今之石华相类，苍翠茸茸，如花附石，其味清香。"据此注，则乌韭近于苔藓类也。

⑨郝懿行曰："《本草》陶（弘景）注云：'垣衣，主治心烦欬逆。'"

47 又西八十里曰符禺之山①。其阳多铜，其阴多铁。其上有木焉，名曰文茎，其实如枣，可以已聋。其草多条，其状如葵，而赤华黄实，如婴儿舌，食之使人不惑。符禺之水出焉，而北流注于渭。其兽多葱聋，其状如羊而赤鬣②。其鸟多鴖③，其状如翠而赤喙④，可以御火⑤。

葱聋

鴖

【注释】

① 吴任臣曰："《水经注》作'观愚之山'。"按:《水经注·渭水》"灌水又北注于渭,渭水又东合沙沟水,水即符愚之水也,南出观愚之山,北流入于渭",今本已据此经改为"符禺之水"、"符禺之山"。毕沅曰："山在今陕西华州西南四十里。"吴承志曰："符禺之山,今渭南县西南蓝田县北分水岭,亦曰横岭,距少华山八十里。"又以为即《水经注·渭水》之肺浮山,盖"肺浮"即"浮肺",与"符禺"音近。

② 鬣,在马为颈毛,在羊则为胡须。郝懿行曰："此即野羊之一种,今夏羊亦有赤鬣者。"

③ 郭璞注："(鸥)音旻。"

④ 郭璞注："翠似燕而绀色也。"翠,翠鸟。

⑤ 郭璞注："畜之辟火灾也。"《图赞》曰："鳺渠已殃,赤鷩辟火。文茎愈聋,是则嘉果。鸥亦卫灾,厥形唯么。"

48 又西六十里曰石脆之山①。其木多棕②、柟。其草多条③,其状如韭而白华黑实,食之已疥。其阳多㻬琈之玉,其阴多铜。灌水出焉,而北流注于禺水。其中有流赭④,以涂牛马,无病⑤。

【注释】

①《水经注·渭水》:"小赤水,即《山海经》之灌水也,水出石脆之山。"毕本"脆"作"脃",且云"山当在今同州府华州西南"。吴承志以为山即今蓝田县葛牌镇西南秦岭。

② 郭璞注："棕树高三丈许,无枝条,叶大而员,枝生梢头,实皮相

裹,上行,一皮者为一节,可以为绳。一名栟榈。音马鬃之鬃。"按:棕即
棕榈。

③ 条,草茎长条状,即下文之"如韭"也。

④ 郭璞注:"赭,赤土。""流"指为湿泥状。

⑤ 郭璞注:"今人亦以朱涂牛角,云以辟恶。'马'或作'角'。"按:
"流赭"中或有硫黄,故涂牛马牲畜之身可防病。郝懿行曰:"《本草经》
云:'代赭石,主鬼疰蛊毒,杀精物恶鬼邪气。'然则赭辟邪恶,不独施之
牛马矣。"《图赞》曰:"沙则潜流,亦有运赭。于以求铁,趋在其下。蠲
牛之疠,作采于社。"

49 又西七十里曰英山[①]。其上多杻、橿[②]。其阴多铁,其阳
多赤金。禺水出焉,北流注于招水[③]。其中多鲔鱼[④],其状
如鳖,其音如羊。其阳多箭、䉋[⑤]。其兽多㺍牛、羬羊。有
鸟焉,其状如鹑[⑥],黄身而赤喙,其名曰肥遗[⑦],食之已疠[⑧],
可以杀虫。

鲔

【注释】

① 毕沅曰:"山今当在陕西华州及洛南县界,俗失其名。"吴承志以
为英山当作"黄山",即《水经注·渭水》之"魂山"。黄、魂声近字通,
"黄"草书讹为"英"。黄山在蓝田县东南。

②郭璞注："杻，似棣而细叶，一名土橿。音纽。橿，木中车材。音姜。"杻即檍树。《诗·唐风·山有枢》"山有栲，隰有杻"，毛传："杻，檍也。"朱熹《集传》："叶似杏而尖，白色，皮正赤，其理多曲少直，材可为弓弩干者也。"

③招音韶。《水经注·渭水》："灌水出石脆之山，东北流与禺水合。禺水出英山，北流与招水相得，乱流西北注于灌。灌水又北注于渭，渭水又东合沙沟水，水即符禺之水也。"与此经所述正合。

④郭璞注："（鮆）音同蚌蛤之蚌。"张步天以为鮆之命名或因其形扁似蚌，下言"如鳖"，可证。

⑤郭璞注："今汉中郡出箭竹，厚里而长节，根深。笋冬生地中，人掘取食之。箭音媚。"箭，小竹名，细小而劲，可作箭杆。

⑥鹑，即鹌鹑。

⑦汪绂曰："此肥遗与肥遗之蛇异物同名。"

⑧郭璞注："疠，疫病也，或曰恶创。《韩子》曰：'疠人怜主。'"懿行案："《说文》云：'疠，恶疾也。''或曰恶创'者，《韩诗外传》引《战国·楚策》云'疠虽痈肿痂疕'，又云'疠怜王'，此注'人'字衍，'主'又'王'字之讹。所引《韩子》者，《奸劫弑臣篇》文也，与《外传》、《楚策》同。"疠一音赖，即癞病、恶疮。

50　又西五十二里曰竹山①。其上多乔木，其阴多铁。有草焉，其名曰黄雚，其状如樗，其叶如麻，白华而赤实，其状如赭②，浴之已疥③，又可以已胕④。竹水出焉，北流注于渭⑤。其阳多竹箭⑥，多苍玉⑦。丹水出焉⑧，东南流注于洛水⑨，其中多水玉，多人鱼⑩。有兽焉，其状如豚而白毛，大如笄而黑端^⑪，名曰毫彘^⑫。

人鱼

毫彘

【注释】

①汪绂曰："此蓝田间之山也。"毕沅曰："山在今陕西渭南县东南四十里，俗名大秦岭，亦曰箭谷岭。"吴承志曰："竹山，今蓝田县牧护关迤东北至蓝关秦岭。"诸说无异辞。

②言其果实为赤褐色。

③疥，疥疮，一种皮肤病。以此草煮水，浴之可治疥。

④郭璞注："治胕肿也。（胕）音符。"胕肿即浮肿。

⑤《水经注·渭水》："渭水又东与竹水合。（竹）水南出竹山，北迳媚加谷，历广乡原东，俗谓之大赤水，北流注于渭。"

⑥郭璞注："箭，筱也。"《书·禹贡》"筱簜既敷"，注云："筱，竹箭。"是竹箭即筱竹。

⑦苍玉，即青玉类。

⑧丹水在今陕西境内。

⑨洛水即今洛河。

⑩郭璞注："如鯑鱼四脚。"鯑音啼。又《北山经》（168）言："龙侯之山，决决之水出焉，中多人鱼，其状如鯑鱼四足，其音如婴儿，食之

无痴疾。”郭璞注："或曰人鱼即鲵也，似鲇而四足，声如小儿啼。"是因其声如小儿啼，故称鰦鱼也。吴任臣曰："鰦鱼、鲵鱼皆名人鱼。"

⑪ 郭璞注："笄，簪属。"此言毫彘之毛大如笄，而其端黑色。

⑫ 郭注云："狟猪也，夹髀有粗毫，长数尺，能以脊上毫射物。亦自为牝牡。狟或作貒，吴楚呼为鸾猪，亦此类也。"《图赞》曰："刚鬣之族，号曰豪狶。毛如攒锥，中有激矢。厥体兼资，自为牝牡。"似即今之毫猪，然亦不尽同，此毫彘能以毫激射如箭也。

51 又西百二十里曰浮山①。多盼木，枳叶而无伤②，木虫居之③。有草焉，名曰薰草④，麻叶而方茎⑤，赤华而黑实，臭如蘼芜⑥，佩之可以已疠。

【注释】

①《水经注·渭水》："渭水又东，泠水入焉。水南出肺浮山，盖丽山连麓而异名也。"毕沅、郝懿行皆以为即此浮山。郝氏又云："《艺文类聚》七卷引《游名山志》云：'玉溜山，一名地肺山，一名浮山。'即此。山在今陕西临潼县南。"按："肺"即"肺"字。吴承志以为，浮山即《大荒北经》（799）之"章尾山"，在内蒙古旧地尔扈特旗，本条应在此篇之末，因错简而误置于此。可备一说。

② 郭璞注："枳，刺针也，能伤人，故名云。"枳叶，针状叶也。《广雅》："伤，箴也。"箴即针，无伤，言盼木虽叶似枳，而无枳之刺。

③ 木虫，树之蛀虫，居于盼木之中。

④ 熏草，蕙草也，又名零陵香。

⑤ 麻叶，叶如麻。

⑥ 臭,气味。郭璞注:"蘼芜,香草。"吴任臣曰:"古诗'上山采蘼芜',言拾香草也。"

52 又西七十里曰瑜次之山^①。漆水出焉^②,北流注于渭。其上多棫^③、橿,其下多竹箭。其阴多赤铜,其阳多婴垣之玉^④。有兽焉,其状如禺而长臂善投,其名曰嚣^⑤。有鸟焉,其状如枭,人面而一足,曰橐䖝^⑥,冬见夏蛰^⑦,服之不畏雷^⑧。

嚣　　　　橐䖝

【注释】

① 瑜音臾。《通雅》卷一六以为"即榆次山",不知何据。毕沅以为山"在今陕西咸宁县南"。按:此咸宁今属西安市。吴承志以为此山即今陕西盩厔县东南秦岭,亦曰五福山。

② 郭璞注:"今漆水出岐山。"《水经注·渭水》:"漆水出扶风杜阳县之漆溪,谓之漆渠,故徐广曰'漆水出杜阳之岐山者'是也。"

③ 郭璞注："棫，白桵也。音域。"《诗·大雅·绵》"柞棫拔矣"，郑玄《笺》："棫，白桵也。"陆玑《疏》："《三苍》说棫即柞也。其材理全白无赤心者曰桵，直理易破，可为犊车轴，又可为矛戟铩。"

④ 郭璞注："'垣'，或作'短'，或作'根'，或作'埋'，传写谬错，未可得详。"毕沅云："郭云'或作根'者，当为'琅'。《说文》：'琅，石之似玉者。'"郝懿行曰："'垣'，下文'渤山'正作'短'。"江绍原《中国古代旅行之研究》以为"婴垣之玉"应为"婴脰之玉"之误，意为可作颈饰。

⑤ 郭璞注："亦在《畏兽画》中，似猕猴投掷也。"按：郭璞所见除《山海经图》外，另有《畏兽画》，即传说中大禹铸鼎象物，所铸各种可怖可畏、人当防备的禽兽怪物，后人另绘为图，称《畏兽画》。嚣在《畏兽画》中，自属害人之物，"似猕猴投掷"云云，则是画中之形象也。《图赞》曰："浴疾之草，厥子赭赤。肥遗似鹑，其肉已疫。嚣兽长臂，为物好掷。"毕沅以为："嚣"字应是"夒"字，形近而误也。《说文》："夒，母猴似人。"

⑥ 䆉音肥。《图赞》曰："有鸟人面，一脚孤立。性与时反，冬出夏蛰。带其羽毛，迅雷不入。"《骈雅》录人面之鸟，有"橐䆉、瞿如、鹦鹍、凫徯"。

⑦ 与生物蛰伏相反，冬日出现而夏日蛰藏。

⑧ 郭璞注："著其毛羽，令人不畏天雷也。'雷'或作'灾'。"

53 又西百五十里曰时山①。无草木。逐水出焉②，北流注于渭。其中多水玉。

【注释】

　　① 毕沅曰："时，读从秦畤之畤。黄帝立畤于雍，多有其名。山在终南山东，当是陕西长安县正南秦岭矣。"吴承志说同此，曰："时山，今咸宁县（今属西安市）南石鳖谷。北山山脉起县北，曰龙首山，迤逦至此而止。"

　　② 郭璞注："（逐）或作'遂'。"《水经》中无逐水或遂水。

54　又西百七十里曰南山①。上多丹粟。丹水出焉②，北流注于渭。兽多猛豹③，鸟多尸鸠④。

猛豹

【注释】

　　① 汪绂曰："即终南山也。"毕沅曰："山在今陕西鄠（今作"户"）、盩厔二县南。"郝懿行曰："即终南山。《诗》谓之'南山'。在渭水之南。"

　　② 郝懿行曰："丹水即赤水也。"引《水经注·渭水》"耿谷水北与赤水会，又北迳思乡城东"为证。

　　③ 郭璞注："猛豹，似熊而小，毛浅有光泽，能食蛇，食铜铁，出蜀中。

'豹'或作'虎'。"汪绂曰："又名白豹,能食铜铁。又谓之貘,貘即'猛豹'二字合音。"

④郭璞注："尸鸠,布谷类也,或曰鹁鹠也。'鸠'或作'丘'。"《尔雅·释鸟》："鸤鸠,鴶鵴。"今布谷鸟之类也。

55 又西百八十里曰大时之山①。上多穀、柞②,下多杻、橿。阴多银,阳多白玉。涔水出焉③,北流注于渭。清水出焉,南流注于汉水④。

【注释】

①毕沅曰："疑即太白山也,在今陕西郿县东南四十里。"吴承志与毕说相近,以为是太白山东端之老君岭。张步天以为在陕西宝鸡南,今名观音山。

②郭璞注："柞,栎。"属山毛榉科乔木。

③涔音潜。《水经》："(汉水)又东过城固县南,又东,过魏兴安阳县南,涔水出自旱山,北注之。"又"涔水出汉中南郑县东南旱山,北至安阳县,南入于沔"。沔即汉水。

④郭璞注："今河内修武县县北黑山,亦出清水。"

56 又西三百二十里曰嶓冢之山①。汉水出焉②,而东南流注于沔③。嚣水出焉,北流注于汤水。其上多桃枝④、钩端⑤。兽多犀、兕、熊、罴⑥,鸟多白翰⑦、赤鷩。有草焉,其叶如蕙⑧,其本如桔梗⑨,黑华而不实,名曰蓇蓉⑩,食之使人无子。

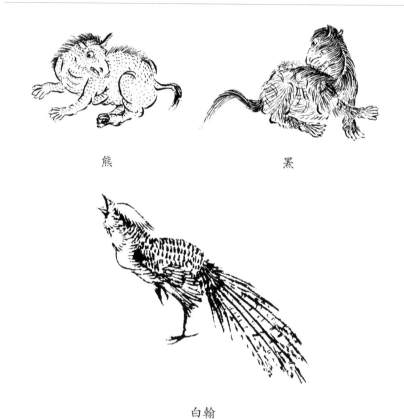

熊　　　　　　　　　　罴

白翰

【注释】

　　① 郭璞注：“今在武都氐道县南。嶓音波。”吴任臣曰：“《汉中记》云：‘嶓冢以东，水皆东流；嶓冢以西，水皆西流。’又嶓冢有二，一在天水，一在汉中宁羌，汉水所出。”汪绂曰：“（山）在今汉中宁羌州西南。”毕沅曰：“山在今甘肃秦州（天水）西南六十里。今相承以为在汉中府宁羌州北者，非。”

　　② 毕沅曰：“汉水上源曰漾水，亦曰西汉水。出嶓冢者为漾，亦为西汉水。”

③郭璞注："至江夏安陆县，江即沔水。"按：沔水即汉水，"江即沔水"不成文。郝懿行以为经文"注于沔"应是"注于江"之误；郭注有脱误，应是"至江夏安陆县入江，汉即沔水"。

④吴任臣曰："桃枝，今名桃竹，实心多节，可以为杖，又可为簟。"《图赞》曰："嶓冢美竹，厥号桃枝。丛薄幽蔼，从容郁猗。簟以安寝，杖以扶危。"

⑤郭璞注："钩端，桃枝属。"吴任臣曰："钩端，藤也，其色红，可以束物。"

⑥郭璞注："罴似熊而黄白色，猛憨能拔树。一云长头高脚。"李时珍《本草纲目》卷五一上曰："熊、罴、魋，三种一类也。如豕色黑者，熊也；大而色黄白者，罴也；小而色黄赤者，魋也。"

⑦郭璞注："白翰，白鹇也，亦名鹎雉，又曰白雉。"

⑧郭璞注："蕙，香草，兰属也。或以为熏叶，失之。"吴任臣曰："蕙草，即零陵香也，亦谓之熏草。《离骚》云：'余既滋兰之九畹兮，又树蕙之百畮。'盖兰为兰草，蕙为熏叶也。郑樵曰：'蕙即零陵香，后人因不识兰草、兰花原为二种，遂以一干一花者为兰，一干数花者为蕙，号曰蕙兰。'郭谓蕙非熏叶，其亦误以蕙兰为蕙草欤？"

⑨本，根也。桔梗，草本植物，根可入药。此言菁蓉之根如桔梗之根也。

⑩郭璞曰："《尔雅·释草》曰：'荣而不实谓之菁。'音骨。"杨慎曰："今名花骨空，凌霄花之类。"汪绂曰："桔梗叶如荠苨，花青碧色，形如铃铎，此菁蓉则黑花也。"

57 又西三百五十里曰天帝之山①。上多棕、枏，下多菅②、蕙。有兽焉，其状如狗，名曰溪边③，席其皮者不蛊④。有鸟焉，其状如鹑，黑文而赤翁⑤，名曰栎，食之已痔⑥。有草焉，其状如葵，其臭如蘼芜，名曰杜衡⑦，可以走马⑧，食之已瘿⑨。

【注释】

①吴承志曰："此经叙嶓冢之山西北支干。天帝之山，今河州南大崎、牛脊诸山。"按：河州，今甘肃临夏。张步天以为当在今甘肃武山县西南。

②菅，茅草之类。

③郭璞注："（溪边）或作'谷遗'。"毕沅以鸟兽之名多双声，"谷遗"为是。

④吴任臣曰："熊氏《冀越集》：'木狗形如黑狗，能登木，其皮可为衣褥，能运动血气。'李时珍《本草》云：'川西有玄豹，大如狗，黑色，尾亦如狗，其皮作裘褥甚暖。'疑即溪边类也。《事物绀珠》云：'溪边如狗，席其皮，辟蛊。蛊，腹病，或云蛇蛊、金蚕蛊之类。'"

⑤毕沅引《说文》："翁，颈毛也。"引伸之，则鸟颈亦云"翁"。

⑥《图赞》曰："有华无实，菁容之树。溪边类狗，皮厌不蛊。黑文赤翁，鸟愈隐痔。"

⑦郭璞注："香草也。"即杜若。《九歌》"采芳洲兮杜若"，即是。

⑧郭璞注："带之令人便马。或曰马得之而健走。"《图赞》曰："狌狌奔人，杜衡走马。理固须因，体亦有假。足骏在感，安事御者。""走马"，马食之能疾行。

⑨瘿，颈瘤。

58　西南三百八十里曰皋涂之山①。蔷水出焉②，西流注于诸资之水。涂水出焉，南流注于集获之水。其阳多丹粟，其阴多银、黄金，其上多桂木。有白石焉，其名曰礜，可以毒鼠③。有草焉，其状如稾茇④，其叶如葵而赤背，名曰无条，可以毒鼠。有兽焉，其状如鹿而白尾，马足人手而四角⑤，名曰玃如⑥。有鸟焉，其状如鸱而人足，名曰数斯，食之已瘿⑦。

玃如　　　　　　　　　　数斯

【注释】

　　①汪绂曰："嶓冢而西七百余里，则西倾、岷山、松潘间矣。"吴承志以为山即"今古浪县（在武威南）北山"。张步天从汪说，以为"此山当在今甘肃岷县、迭都间西倾山求之"。

　　②郭璞注："（蔷）音色。或作'黄'，又作'薔'。"

　　③郭璞注："今礜石杀鼠。音豫。蚕食之而肥。"《淮南子·说林训》："人食礜石而死，蚕食之而不饥。"《图赞》曰："禀气方殊，舛错理微。礜石杀鼠，蚕食而肥。物性虽反，齐之一归。"按：礜，即白矾。

　　④郭璞注："稾茇，香草。"汪绂曰："稾茇，今稾本也，似川芎。无条，

今紫背天葵,小草弱茎,不似藁本。"

　　⑤ 郭璞注:"前两脚似人手。"

　　⑥ 吴任臣曰:"或作'玃如',《广雅》曰:'西方有兽焉,如鹿白尾,马足人手四角,其名曰玃如。'亦作'玃玃',《事物绀珠》曰:'玃玃,状如白鹿,前两脚似人手,后两脚似马蹄。'"郝懿行曰:"经文'玃'当为'玃',注文'玃玃'当为'玃玃',并字形之讹也。"《图赞》曰:"玃如之兽,鹿状四骼。马足人手,其尾则白。貌兼三形,攀木缘石。"

　　⑦ 郭璞注:"(瘿)或作'痫'。"痫,癫痫病。

59 又西百八十里曰黄山①。无草木,多竹箭。盼水出焉,西流注于赤水,其中多玉。有兽焉,其状如牛而苍黑大目,其名曰㸸②。有鸟焉,其状如鸮③,青羽赤喙,人舌能言,名曰鹦鹉④。

㸸　　　　　　　　　鹦鹉

【注释】

　　① 郭璞注:"今始平槐里县有黄山,上故有宫,汉惠帝所起,疑非此。"槐里,汉时属右扶风,与此黄山无关。吴承志曰:"黄山,今敦煌县

东南窟窿山,一曰四蟒山。"张步天以为当在今青海泽库县境。

　　②郭璞注:"(㹀)音敏。"毕沅曰:《汲冢周书·王会》云'数楚每牛。每牛者,牛之小者也'。'㹀'非古字,当为'每'。《广韵》'㹀'音切同'美',是也。"

　　③陆玑《毛诗草木鸟兽虫鱼疏》:"鸮,大如斑鸠,绿色,恶声之鸟也,入人家凶。贾谊所赋鵩鸟是也。"

　　④郭璞注:"鹦䳇,舌似小儿舌,脚指前后各两,扶南徼外出五色者,亦有纯赤白者,大如雁也。"《图赞》曰:"鹦鹉慧鸟,青羽赤喙。四指中分,行则以觜。自贻伊笼,见幽坐趾。"是即鹦鹉。

60 又西二百里曰翠山[①]。其上多棕、枏,其下多竹箭。其阳多黄金、玉,其阴多旄牛[②]、麢[③]、麝[③]。其鸟多鸓[④],其状如鹊,赤黑而两手四足,可以御火[⑤]。

旄牛　　　　　　　　　　　　麢

䳜　　　　　　　　　麝

【注释】

①吴承志以为山即安西州（今瓜州县）渠口台南山。张步天以为此山当在西倾山东南段。

②《北山经》（137）"潘侯之山"条郭璞注："今旄牛背、膝及胡、尾皆有长毛。"即牦牛、牦牛。

③郭璞注："麢（音零）似羊而大角细食，好在山崖间。麝似獐而小，有香。"麢即羚羊。麝之雄者能生麝香。

④郭璞注："（䳜）音垒。"《字汇》："䳜鸟如鹊，两手四足，可御火。音力追切。"吴任臣曰："以䳜为鷝，未识所据。"毕沅、郝懿行皆以为"䳜"当作"鷝"，郭注之"垒"当作"迭"。

⑤《图赞》曰："数斯人脚，厥状似鸥。犫兽大眼，有鸟名䳜。两头四足，翔若合飞。"

61　又西二百五十里曰騩山①，是锌于西海②。无草木，多玉。淒水出焉，西流注于海，其中多采石③、黄金，多丹粟。

【注释】

①郭璞注："（騩）音巍，一音隗嚣之隗（音伟）。"吴承志以为山即玉门县西南巴颜大山。张步天以为西海即今青海湖，故以騩山为青海湖东南日月山南端。

②郭璞注："錞（音纯），犹堤埻也。"汪绂曰："錞，犹蹲也。"又云："西荒去海甚远，而西北凡潴泽皆以海名，所谓西海者，殆如青海、蒲昌海、流沙之类。"郝懿行以为西海即青海湖。

③郭璞注："采石，石有采色者，今雌黄、空青、绿碧之属。"雌黄，半透明矿石，柠檬黄色。《史记·司马相如传》"其土则丹青赭垩，雌黄白坿，锡碧金银"，《正义》："雌黄出武都山谷，与雄黄同山。"空青，孔雀石之一种。绿碧即石青。

62　凡《西经》之首，自钱来之山至于騩山，凡十九山，二千九百五十七里①。华山，冢也②，其祠之礼：太牢③。羭山④，神也，祠之：用烛⑤，斋百日，以百牺⑥，瘗用百瑜⑦，汤其酒百樽⑧，婴以百珪百璧⑨。其余十七山之属，皆毛牷⑩，用一羊祠之。烛者，百草之未灰⑪。白席，采等纯之⑫。

羭山神

【注释】

① "《西经》之首",《西山经》之首经也,"西"字后应漏一"山"字。毕沅曰:"此经之山自陕西潼关西至甘肃西宁也。"郝懿行曰:"今三千一百一十七里。"

② 郭璞注:"冢者,神鬼之所舍也。"《史记·封禅书》:"东北神明之舍,西方神明之墓。"吴任臣引之,以为"冢,犹墓意"。汪绂则曰:"冢犹冢宰、冢子之冢,言以华山为宗也。"义较胜。郝懿行曰:"此皆山也,言'神'与'冢'者,冢大于神。《尔雅·释诂》云:'冢,大也。'《释山》云:'山顶,冢。'是其义也。郭以冢为坟墓,盖失之。"俞樾之说与汪氏较近,以为"华山冢也"与下文"羭山神也"对文:"冢犹君也,神犹臣也,盖言华山为君而羭山为臣。"

③ 祠华山之礼用太牢。郭璞注:"牛、羊、豕为太牢。"

④ 羭山,即羭次之山。

⑤ 郭璞注:"(烛)或作'炀'。"郝懿行曰:"《说文》云:'烛,庭燎火烛也。炀,炙燥也。'"

⑥ 郭璞注:"牲纯色者为牺。"

⑦ 郭璞注:"瑜亦美玉名,音臾。"

⑧ 郭璞注:"温酒令热。"

⑨ 郭璞注:"婴谓陈之以环祭也。或曰'婴'即古'罂'字,谓盂也。徐州云。《穆天子传》曰'黄金之婴'之属也。"以百璧百圭环而陈列之以祭。如是罂,则置圭璧于盂中,盂中不能置百璧百圭,故或疑"百"字为"白"字之讹。吴其濬曰:"《汉书》'婴城固守',《华严经音义》卷下引《汉书集注》云:'婴,绕也,加也。'正与'环之以祭'义合。解作'罂'字似远。"

⑩ 郭璞注:"牷,谓牲体全具也,《左传》曰'牷牲肥腯'者也。"牷音全,即全牲为祭。毛谓供祭之牺牲,毛牷谓牺牲之整体。

⑪ 此言上古祭礼用烛,最初是以百草捆扎成炬。未灰者,言祭时不可使焚尽成灰也。按:毕沅以"烛者"以下十三字,为"祠之用烛"下郭璞注文而误窜为正文者。

⑫ 郭璞注:"纯,缘也。五色纯之,等差其文彩也。"据郭注,祭神时荐以白席,席用不同颜色的彩丝缘其边;以颜色之不同,区分其等差也。而郝懿行曰:"'采等'者,《聘礼》云'缫三采六等'。'等'训'就'也,采一币为一就。"则以丝缠一匝为一等。是等差之等或与丝匝之等相对应,亦无大异也。

63《西次二经》之首曰钤山 ①。其上多铜,其下多玉。其木多杻、橿。

【注释】

① 郭璞注:"音髡钳之钳。或作'冷',又作'涂'。"汪绂曰:"《西山经》之首皆渭南之山,此第二经则渭北之山也。钤山盖荆山,荆、钤音近也。"张步天与汪说较近,以为今陕西韩城县南为古莘国地,莘、钤音近,钤山即莘地之山。莘国国都在今陕西合阳东,钤山当在其附近。吴承志解此经与众家说均相距过远,不具录。

64 西二百里曰泰冒之山 ①。其阳多金,其阴多铁。浴水出焉 ②,东流注于河,其中多藻玉 ③,多白蛇 ④。

【注释】

　　① 郭璞注："（泰）或作'秦'。"毕沅曰："山在今陕西肤施县。"张步天以为此山当在今陕西合阳北。

　　② 汪绂、毕沅、郝懿行皆以为"浴"当作"洛"。而张步天以为非是，以"浴"当为"洽"字之误，洽水即《水经注·河水》在合阳城南之"合水"。

　　③ 郭璞注："藻玉，玉有符彩者。或作'柬'，音练。"符彩，玉之文理图案及色彩。

　　④ 郭璞注："水蛇。"按：指此白蛇生于水中，非泛指水蛇。

65　又西一百七十里曰数历之山①。其上多黄金，其下多银。其木多杻、檀。其鸟多鹦鹉。楚水出焉，而南流注于渭②，其中多白珠③。

【注释】

　　① 毕沅曰："山当在今陕西陇州（今陇县），疑俗称西秦山，在州东南百里者是也。"张步天以为山当在今陕西铜川北。

　　②《水经注·渭水上》："渭水又东南，出石门，度小陇山，迳南由县南，东与楚水合。（楚）水出汧县之数历山，南流迳长蛇戍东。楚水又南流注于渭。"

　　③ 郭璞注："今蜀郡平泽出青珠。《尸子》曰：'水员折者有珠。'"按：白珠、青珠皆宝石而名之以珠者。

66　又西百五十里高山①。其上多银，其下多青碧②、雄黄③。

其木多棕，其草多竹。泾水出焉^④，而东流注于渭^⑤，其中多磬石^⑥、青碧。

【注释】

①汪绂以为高山即平凉泾州（今甘肃泾川）西之笄头山，又名岍山。毕沅以为即桥山，云：“高、桥声相近也。在今甘肃真宁、陕西中部二县界，泾水所经。”张步天以为当在六盘山中段求之，相距亦不甚远。郝懿行曰：“《三国·魏志·张郃传》云‘刘备保高山，不敢战’，疑即此也。”按：此“高山”未必为地名，郝说不确。

②郭璞注：“碧亦玉类也。今越巂会稽县东山出碧。”郝懿行曰：“郭注‘会稽’当为‘会无’字之讹。《地理志》云：‘越巂郡，会无：东山有碧。’”碧，青色玉石。

③郭璞注：“晋太兴三年，高平郡界有山崩，其中出数千斤雄黄。”雄黄，矿物名，橘黄色，可制烟火、染料。

④郭璞注：“（泾）音经。”

⑤郭璞注：“今泾水出安定朝那县西开头山，至京兆高陵县入渭也。”开头山即汪绂所云之“笄头山”。吴任臣引《一统志》云：“泾河自平凉府西南白岩发源，至泾州，又东南至邠州界，又东北至西安府高陵县界，会于渭。”

⑥郭璞注：“《书》曰‘泗滨浮磬’是也。”按：古泗水在淮河流域，郭引《尚书》是指此磬石如泗水之可为磬之石，非注地名也。吴任臣引刘会孟云：“陕西耀州石可为磬，故名磬玉山。”

67 西南三百里曰女床之山^①。其阳多赤铜，其阴多石涅^②。

其兽多虎、豹、犀、兕。有鸟焉，其状如翟而五采文^③，名曰
鸾鸟，见则天下安宁^④。

鸾鸟

【注释】

　　① 张衡《东京赋》"鸣女床之鸾鸟"注："女床，山名，在华阴西六百
里。"毕沅以为即陕西岐山县之岐山。

　　② 郭璞注："即矾石也，楚人名为涅石，秦名为羽涅也。《本草经》
亦名曰石涅也。"吴任臣曰："《本草》：'黑石脂，一名石墨，一名石涅，
南人谓之画眉石。'矾石一名涅石，又名羽泽。二名原自不同。且矾石并
无石涅之名，以涅石为石涅，是郭注之误也。"郝懿行曰："今案吴说是
也，然据《本草经》，矾石一名羽涅，无'石涅'之名。而郭注引《本草经》
'矾石亦名石涅'，盖今《本草》有脱文也。"

　　③ 郭璞注："翟似雉而大，长尾。或作'鶒'。鶒，雕属也。"

　　④ 郭璞注："旧说鸾似鸡，瑞鸟也。周成王时西戎献之。"《说文》："鸾

亦神灵之精也,赤色五采,鸡形,鸣中五音。颂声作则至,周成王时氏羌
献焉。"《图赞》曰:"鸾翔女床,凤出丹穴。拊翼相和,以应圣哲。击石
靡咏,韶音其绝。"按:岐山为周之发祥地,故有鸾鸟之瑞,以兆周兴。

68　又西二百里曰龙首之山①。其阳多黄金,其阴多铁。苕
水出焉②,东南流注于泾水,其中多美玉。

【注释】

　　①《太平御览》卷四四引《辛氏三秦记》曰:"龙首山,长六十里,头
至渭水,尾连樊川,头高二十丈,尾渐下,高五六丈。昔有黑龙从山出饮
水,其行道成土山。"郝懿行以为女床已在华阴西六百里,此又去女床
二百里,似感不妥。毕沅以为"山在今陕西陇州西至甘肃清水县,龙当
读如陇"。张步天以为即陇首山,地在陇山北端,即今陕西陇县与甘肃华
亭之间,位在女床与高山之间。

　　② 苕水,毕沅谓应是"芮水",形近之误。

69　又西二百里曰鹿台之山①。其上多
白玉,其下多银。其兽多𰀁牛、𰀁羊、
白豪②。有鸟焉,其状如雄鸡而人面,
名曰凫徯,其名自叫也,见则有兵③。

凫徯

【注释】

　　①郭璞注:"今在上郡。"吴任臣曰:"今
名麓台山,在平遥县南四十七里。一名蒙山。"郝懿行以为其道里不合,

当在阙疑。张步天以为当在今甘肃静宁一带。郭注"上郡"，郝懿行以为当为"上党郡"。

②郭璞注："豪，貆猪也。"貆猪即豪猪，因其毛白，故称白豪。

③吴任臣曰："刘会孟曰：'鸟人面者，非大美则大恶。其大美者频伽，大恶者凫徯。'黄省曾诗'海内扬戈兵，凫徯下鹿台'，谓此也。"

70　西南二百里曰鸟危之山^①。其阳多磬石，其阴多檀^②、楮^③，其中多女床^④。鸟危之水出焉，西流注于赤水，其中多丹粟。

【注释】

①张步天以为此山当在今甘肃会宁东。

②吴任臣曰："檀有黄、白二种，叶皆如槐，与梓榆荚蒾相似。"

③郭璞注："楮即榖木。"吴任臣引《日华子》曰："皮斑者为楮，皮白者为榖。"

④郝懿行以为即女菀（又叫织女菀）之别名。女菀即白菀，据《名医别录》，生汉中山谷或山阳。

71　又西四百里曰小次之山^①。其上多白玉，其下多赤铜。有兽焉，其状如猿而白首赤足，名曰朱厌^②，见则大兵^③。

朱厌

【注释】

①张步天以为当在今甘肃安西一带。

②朱厌即白首之猿类。

③郭璞注:"一作'见则有兵起焉',一作'见则为兵'。"《图赞》曰:
"凫徯、朱厌,见则有兵。类异感同,理不虚行。推之自然,厥数难明。"

72　又西三百里曰大次之山 ①。其阳多垩 ②,其阴多碧。其
兽多柞牛、麢羊。

【注释】

①张步天以为山在今甘肃榆中县一带。

②郭璞注:"垩似土,色甚白。音恶。"按:垩即白土。

73　又西四百里曰熏吴之山 ①。无草木,多金、玉。

【注释】

①吴承志以为熏吴之山意即"西胡之山"。张承天以为当在今甘肃
永靖县以东。

74　又西四百里曰厎阳之山 ①。其木多榎、枏、豫章 ②。其兽
多犀、兕、虎、豹 ③、柞牛。

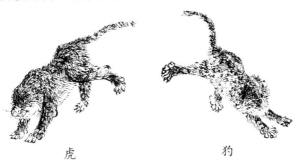

虎　　　　　　　　豹

【注释】

　　① 郭璞注："（厒）音旨。"郝懿行曰："'厒'当为'厎'字之讹,亦如'互人国'为'氐人',皆形近而讹也。"张步天以为山在今甘肃兰州西北。

　　② 郭璞注："櫻似松,有刺,细理。音即。豫章,大木似楸,叶冬夏青,生七年而后复可知也。"司马相如《子虚赋》云"梗、楠、豫章",颜师古注曰："豫即枕木,章即樟木,二木生七年乃可分别。"按:豫章实即樟树。

　　③ 犳,郭注音灼。毕沅以为即"虎豹"之"豹"字。吴任臣曰："《字海》云:'犳皮有虎文。'《字汇》云:'兽豹文。又音腰。状如狗而文首也。'"

75　又西二百五十里曰众兽之山 ^①。其上多琚珋之玉,其下多檀、楮,多黄金。其兽多犀、兕。

【注释】

　　① 张步天以为山在今青海乐都县东。

76　又西五百里曰皇人之山 ^①。其上多金、玉,其下多青雄黄 ^②。皇水出焉,西流注于赤水,其中多丹粟。

【注释】

　　① 张步天以为山在今青海乐都达坂山东南端。

　　② 郭璞注："即雌黄也,或曰空青、曾青之属。"吴任臣曰："雄黄生山阳,故名雄黄;雌黄生山阴,故名雌黄,二义自别。苏颂云:'阶州山中雄黄,有青黑色而坚者,名曰熏黄。'青雄黄意即此也。"

77　又西三百里曰中皇之山①。其上多黄金,其下多蕙、棠②。

【注释】

　　① 张步天以为山为达坂山中段。

　　②郭璞注:"彤棠之属也。'蕙'或作'羔'。" 张步天曰:"棠,木名,有红、白二种,红者木质坚,白者果可食,称杜梨、棠梨。郭注彤棠即红棠。"

78　又西三百五十里曰西皇之山①。其阳多金,其阴多铁。其兽多麋、鹿②、牦牛。

麋　　　　　　　　　　　鹿

【注释】

　　① 张步天以为山在达坂山西北端。

　　②郭璞注:"麋大如小牛,鹿属也。"

79　又西三百五十里曰莱山①。其木多檀、楮。其鸟多罗罗,是食人^②。

【注释】

　　① 张步天以为山在青海湖北岸大通山东部。

　　② 郭璞注："罗罗之鸟,所未详也。"郝懿行曰："《海外北经》(543)

'有青兽,状如虎,名曰罗罗',此鸟与之同名。"张步天以为当地有野葬

风俗,疑"食人"即啄食人尸,应是。

80　凡《西次二经》之首,自钤山至于莱山^①,凡十七山,
四千一百四十里。其十神者,皆人面而马身^②,其七神^③,
皆人面牛身,四足而一臂,操杖以行,是为飞兽之神^④。其
祠之:毛用少牢^⑤,白菅为席。其十辈神者^⑥,其祠之:毛
一雄鸡,钤而不糈^⑦;毛采^⑧。

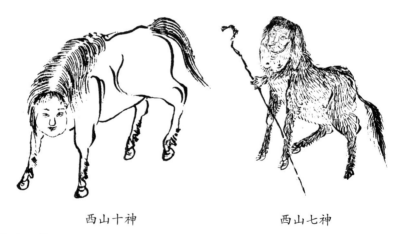

西山十神　　　　　　　　　西山七神

【注释】

　　① 汪绂以为《次二经》十七山,乃自渭北以至湟中之西山。按:湟

中在今青海西宁西南。汪氏虽未指诸山地望，但首尾起止与张步天所定相近。

②汪绂曰：十神指自钤山至大次十山之神。张步天云：陕北迤西多产马，此人头马身之神应是当地保护神。下"人面牛身"之神亦此意。

③汪绂曰：七神指熏吴以下七山之神。

④言其身形如兽而其行疾如飞。

⑤郭璞注："羊、猪为少牢也。"

⑥郝懿行曰："辈犹类也。军发，以车百两为一辈。"

⑦郭璞注："钤，所用祭器名，所未详也。或作'思'，训祈。不糈，祠不以米。"郝懿行曰："钤，疑'祈'之声转耳。经文'祈而不糈'，即'祠不以米'之义。"郝解是。

⑧郭璞注："言用雄色鸡也。""雄色鸡"不通，郝懿行曰"雄"字讹，藏经本作"杂"，"杂色鸡"即不纯色鸡。

81《西次三经》之首曰崇吾之山①，在河之南，北望冢遂②，南望䍃之泽③，西望帝之搏兽之丘④，东望螞渊⑤。有木焉，员叶而白柎⑥，赤华而黑理，其实如枳⑦，食之宜子孙⑧。有兽焉，其状如禺而文臂，豹虎而善投⑨，名曰举父⑩。有鸟焉，其状如凫⑪，而一翼一目，相得乃飞，名曰蛮蛮⑫，见则天下大水。

蛮蛮鸟

举父

【注释】

①汪绂以为此山在河之南，盖今金城、庄浪（皆在甘肃东部）之间，东连河套也。张步天以为山在今青海茶卡之西。二说相距甚远。而吴承志更以为远在新疆和田。

②郭璞注："山名。"张步天以为或指大通山，或更北之祁连山，又以为冢遂或即"大烽燧"，如此则当是祁连山北之西汉长城。

③岙音遥。毕沅曰："即钟山瑶崖。"瑶崖详见此经后文。张步天以为或指今青海省都兰东南之冬给措纳湖。

④郭璞注："'搏'或作'簿'。"张步天以为此指青海西境之山。

⑤蟜音焉。蟜渊，张步天以为应是"盐渊"，即今茶卡盐湖。

⑥郭璞注："今江东人呼草木子房为榯，音府。一曰：榯，华下鄂，音丈夫字。或作'柎'，音符。"汪绂曰："花叶下之蕚也。"

⑦《周礼·考工记》："橘逾淮而北为枳。"枳实小于橘，且味酸苦。

⑧宜于产子也。

⑨ "豹虎"，吴任臣疑字有误。郝懿行曰："（"豹虎"字）或有脱误，然'虎豹'亦为一兽名。《太平御览》九百十三卷载'虎豹'，引《博物志》言'似豹若虎，毛可为笔'，然则兹兽兼有虎、豹之体。"郝说"虎豹"者似与此经无关。张步天以为"豹虎"为"豹尾"之误，近是。

⑩ 郭璞注："或作'夸父'。"吴任臣以为举父即㺟，曰："《本草》：'㺟，音据，建平山有之，大如狗，状如猴，黄黑色，多髯鬣，好奋头，举石掷人。'即举父也。又有玃父，亦㺟类。"按：吴氏所说《本草》指《本草纲目》，引文见卷一一下，而李时珍所引实出郭璞《尔雅注》。

⑪ 凫，野鸭，较鸭小，长尾。

⑫ 郭璞注："比翼鸟也。色青赤，不比不能飞。《尔雅》作'鹣鹣'，鸟也。"按：鹣音兼。《尔雅·释鸟》："鹣鹣，比翼。"吴任臣引《逸周书》曰："成王时，巴人献比翼鸟。"又引《瑞应图》曰："王者德及高远，则比翼鸟至。"是以为瑞鸟也，而下云"见则天下大水"，则非祥瑞矣。《图赞》曰："比翼之鸟，似凫青赤。虽云一形，气同体隔。延颈离鸟，翻飞合翮。"

82 西北三百里曰长沙之山①。泚水出焉②，北流注于泑水③。无草木，多青雄黄。

【注释】

① 汪绂以为"此山逾河而北。或以为鸣沙山，则鸣沙尚在河南"。毕沅引《穆天子传》"天子至于长沙之山"，以为山当在塞外。而张步天以为"长沙"即山前沙漠甚远之意，当在新疆若羌东，位于阿尔金山脉东北端。

② 泚音紫。

③郭璞注："（渤）音黝，水色黑也。"

83 又西北三百七十里曰不周之山^①。北望诸𣲘之山，临彼岳崇之山，东望泑泽，河水所潜也，其源浑浑泡泡^②。爰有嘉果，其实如桃，其叶如枣，黄华而赤柎，食之不劳^③。

【注释】

　　①郭璞注："此山形有缺不周帀处，因名云。西北不周风自此山出。"《淮南子·墬形训》："西北方曰不周之山，曰幽都之门。"又云："昆仑虚旁有四百四十门，其西北隅北门开，以纳不周风。"又曰："共工之力触不周之山，使地东南倾。"即此山。汪绂曰："此不周山当在张掖、酒泉间，尚在玉门之内。"吴承志以为即今哈拉克山东北、克里雅城东南大山，即新疆和田一带。张步天说与吴说相近，云：山形有缺，不周匝，当是一山口，或是今新疆牙不当布拉克兰塔山一山口，在罗布泊西或西北。而北望之"诸𣲘之山"，指重叠横亘之天山，"岳崇之山"则为天山山系之一山。亦成一说。

　　②郭璞注："河南出昆仑，潜行地下，至葱岭出于阗国，复分流歧出，合而东流，注泑泽。已复潜行，南出于积石山，而为中国河也。名泑泽，即蒲泽，一名蒲昌海，广三四百里，其水停，冬夏不增减，去玉门关三百余里，即河之重源，所谓潜行也。""浑浑泡泡"，郭注以为"水溃涌之声也，衮、咆二音"。汪绂则以为"水涌起之貌"。

　　③"其实如桃"至"食之不劳"，《太平御览》卷九六四引经作"其实如桃李，其华赤，食之不饥"。不劳，不觉劳累也。

84　又西北四百二十里曰峚山①。其上多丹木，员叶而赤茎，黄华而赤实，其味如饴②，食之不饥③。丹水出焉，西流注于稷泽④。其中多白玉，是有玉膏，其源沸沸汤汤⑤，黄帝是食是飨⑥。是生玄玉，玉膏所出⑦，以灌丹木⑧。丹木五岁，五色乃清，五味乃馨⑨。黄帝乃取峚山之玉荣⑩，而投之钟山之阳⑪。瑾瑜之玉为良⑫，坚粟精密⑬，浊泽有而光⑭，五色发作⑮，以和柔刚⑯。天地鬼神，是食是飨⑰。君子服之，以御不祥⑱。自峚山至于钟山，四百六十里，其间尽泽也。是多奇鸟、怪兽、奇鱼，皆异物焉。

【注释】

①峚音密。吴任臣曰："他书引此多作'密山'。"郝懿行曰："密、峚古字通。"张步天以为：峚山地望当在今青海省都兰西北。

②吴任臣引刘熙《逸雅》："糖之清者曰饴，稠者曰饧。"

③陶潜《读山海经》诗："丹木生何许，乃在峚山阳。黄华复朱实，食之奉命长。"

④郭璞注："后稷神所凭，因名云。"汪绂以为："稷泽盖《禹贡》雍州潴野，地志名休屠泽，在今凉州镇蕃，古之姑臧也。"毕沅曰："郭说是。《海内西经》（583）云'后稷之葬，山水环之，在氐国西'，《海内经》（807）云'西南黑水之间有都广之野，后稷葬焉'。"张步天以为稷泽即柴达木盆地之达布逊诺尔湖。

⑤郭璞注："玉膏涌出之貌也。《河图玉版》曰：'少室山，其上有白玉膏，一服即仙矣。'亦此类也。"吴任臣曰："玉膏即玉髓，或谓之玉液，又谓之玉脂。"《图赞》曰："丹木炜华，沸沸玉膏。黄轩是服，遂攀龙豪。

渺然升遐,群下乌号。"

　　⑥郭璞注:"所以得登龙于鼎湖而龙蜕也。"言黄帝食飨此玉膏,故能登龙而上仙也。陶渊明《读山海经》诗:"白玉凝素液,瑾瑜发奇光。岂伊君子宝,见重我轩黄。"即此。

　　⑦郭璞注:"言玉膏中又出黑玉也。"吴任臣曰:"于阗国有乌玉河。又高昌人谓玄玉为石璺,今谓之墨玉。"于阗、高昌二国皆在今新疆。

　　⑧以玉液浇灌丹木。

　　⑨丹木经玉液浇灌五年,方现五色光鲜,方生五味芬芳。

　　⑩郭璞注:"(玉荣)谓玉华也。《离骚(远游)》曰'怀琬琰之华英',(《九章》)又曰'登昆仑兮食玉英',《汲冢书》所谓'茖华之玉'。"

　　⑪将玉英投于钟山之阳,以做玉种。

　　⑫瑾、瑜,皆玉之美者。《图赞》曰:"钟山之宝,爰有玉华。光彩流映,气如虹霞。君子是佩,象德闲邪。"

　　⑬郭璞注:"《礼记》曰:'瑱密似粟。'玉有粟文,所谓谷璧也。'粟'或作'栗'。"郝懿行引王引之说:"经文'粟'当为'栗',注文'栗'当为'粟'。郭引《礼记》'似粟'当为'以粟',又'栗'字重文亦然。俱传写之讹也。"按:《礼记·聘义》:"夫昔者君子比德于玉焉。温润而泽,仁也;缜密以栗,知也……"此言瑾瑜质地如栗木之细腻坚密,如依郭注误引,则是玉纹理如粟矣。玉之图案有粟文,但系人工所为,非天然也。

　　⑭郭璞注:"浊谓润厚。"此言玉之润泽。"有而"当作"而有"。

　　⑮郭璞注:"言符彩互映色。王子《灵符应》曰:'赤如鸡冠,黄如蒸栗,白如割肪,黑如醇漆,玉之符彩也。'"按:"王子《灵符应》",应是"王逸《玉部论》"之讹。

⑯郭璞注："言玉协九德也。"协，协和、协调。按：《管子·水地》："夫玉之所贵者，九德出焉。夫玉温润以泽，仁也；邻以理者，知也；坚而不蹙，义也；廉而不刿，行也；鲜而不垢，洁也；折而不挠，勇也；瑕适皆见，精也；茂华光泽，并通而不相陵，容也；叩之，其音清搏彻远，纯而不杀，辞也，是以人主贵之，藏以为室，剖以为符瑞，九德出焉。"

⑰郭璞注："玉所以祈祭者，言能动天地，感鬼神。"

⑱郭璞注："今徼外出金刚石，石属而似金，有光彩，可以刻玉。外国人带之，云辟恶气，亦此类也。"金刚石，即金刚钻。

85　又西北四百二十里曰钟山①。其子曰鼓②，其状如人面而龙身③。是与钦䲹④杀葆江⑤于昆仑之阳。帝乃戮之钟山之东⑥，曰崤崖。钦䲹化为大鹗⑦，其状如雕而黑文，白首赤喙而虎爪，其音如晨鹄⑧，见则有大兵。鼓亦化为鵕鸟⑨，其状如鸱，赤足而直喙，黄文而白首，其音如鹄，见即其邑大旱⑩。

钟山子鼓

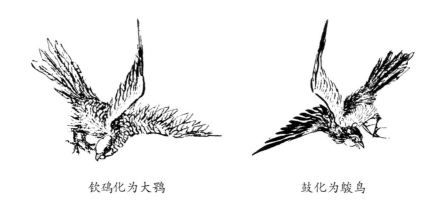

钦䲹化为大鹗　　　　　　　　鼓化为骏鸟

【注释】

① 毕沅曰："《北山经》（525）云'钟山之神，名曰烛阴'，《淮南子》云'烛龙在雁门北'。"又引《水经注》等书，以为"钟山即阴山，今山西朔平府北塞外，西至陕西榆林府北境阴山是也。阴、钟声相近。"郝懿行则以为"钟山即雁门以北大山"。张步天以为钟山"在今阿尔金山脉入新疆古交通线上，当在青海省西北冷湖、芒崖之间求之"。

② 郭璞注："此亦神名，名之为'钟山之子'耳。其类皆见《归藏·启筮》。"按：《归藏·启筮》有"丽山之子，青羽人面马身"、"金水之子，其名曰羽蒙，是生百鸟"句。郭注以为"丽山之子"、"金水之子"皆山水之神名，而加"子"字，是"钟山之子"即钟山之神，非父子之意。

③ 郭璞注："《启筮》曰'丽山之子，青羽人面马身'，亦似此状也。"按：郭注以"钟山之子"为神名，"子"非父子之"子"。汪绂说与郭氏异，曰："盖钟氏之君之子也。"郝懿行亦曰："《海外北经》（525）说'钟山之神，人面蛇身'，《淮南子》说'人面龙身'，是神与其子形状

同。"袁珂进而云："《海外北经》（525）云'钟山之神，名曰烛阴，其
为物人面蛇神'，正与鼓之状合，是知鼓即钟山山神烛阴之子。"

④ 鸮音坯。郝懿行曰："《后汉书·张衡传》注引此经作'钦䲹'，《庄
子·大宗师篇》作'堪坏'，云：'堪坏得之，以袭昆仑。'《释文》云：崔作
'邳'。司马云'堪坏神名，人面兽形'。《淮南子》作'钦负'。是'钦'、
'堪'、'坏'、'负'并声类之字。"

⑤ 郭璞注："'葆'或作'祖'。"张衡《思玄赋》："瞰瑶溪之赤岸兮，
吊祖江之见刘。"陶潜《读山海经》诗："巨猾肆威暴，钦鸮违帝旨。窫窳
强能变，祖江遂独死。"汪绂曰："钦鸮、葆江盖皆当时诸侯，以争夺相杀，
而帝戮之也。"

⑥ 帝，天帝。天帝戮鼓与钦鸮于钟山之东。袁珂以为此"帝"为黄帝。
按：吴承志将此事与前节帝投玉荣事相连，其解亦可作重构神话之一说，
大致云："葆江本为黄帝取玉膏，鼓与钦鸮阻梗其行，故帝既戮鼓、钦鸮，
即以玉荣投之钟山也。"

⑦ 郭璞注："鹗，雕属也。"

⑧ 晨鹄，郭璞注："晨鹄，鹗属，犹云晨凫耳。《说苑》曰：'绁吠犬
比奉晨凫也。'"今《说苑》作"绁北犬、奉晨凫"，无"比"字。按：晨凫
肉肥嫩，故献之庖厨。

⑨ 骏音俊。陶潜《读山海经》诗："长枯固已剧，骏鹗岂足恃。"谓此。
汪绂曰："此二人各化为鸟，如鲧化黄熊之说也。"

⑩ 郭璞注："《穆天子传》云'钟山'作'舂'字，音同耳。'穆天子
北升此山，以望四野，曰：钟山是唯天下之高山也，百兽之所聚，飞鸟之
栖也。爰有赤豹、白虎、白鸟、青雕，执犬羊，食豕鹿。穆王五日观于钟山，
乃为铭迹于县圃之上，以诏后世。'"《图赞》曰："钦鸮及鼓，是杀祖江。

帝乃戮之,昆仑之东。二子皆化,矫翼亦同。"

86　又西百八十里曰泰器之山^①。观水出焉^②,西流注于流沙^③,是多文鳐鱼^④,状如鲤鱼,鱼身而鸟翼,苍文而白首赤喙,常行西海,游于东海^⑤,以夜飞,其音如鸾鸡^⑥,其味酸甘,食之已狂^⑦,见则天下大穰^⑧。

文鳐鱼

【注释】

　　①吴承志以为山即"库克雅尔山西南、回部雅布塔尔东大山",约在今新疆莎车附近。张步天以为此山地望当在今甘肃肃北县东南,位于乌兰达坂山西北。此处清代称鳖盖山,"鳖盖"急读音与"泰"相近。

　　②观水,毕沅曰:"《吕氏春秋》作'藿水',高诱注曰:'藿水在西极。'"

　　③其地之沙如水而流动。

④鳐音遥。吴任臣曰："《吕氏春秋》：'雚水之鱼，名曰鳐，其状若鲤而有翼，常从西海飞游于东海。'《酉阳杂俎》云：'洞庭之鲋，灌水之鳐。'《骈雅》云：'文鳐长尺许，有翼。'《函史·物性志》：'文鳐出南海，名飞鱼，群飞水上则大风。'又《神异经》言'东南海中有温湖，其中有鳐鱼，长八尺'，不言能飞，似别为一种。"

⑤郝懿行曰："'西海'已见上文。'东海'即西海之支流，非东方大海也。《水经·河水》注引释氏《西域记》曰'恒水东流，入东海。盖二水所注，两海所纳，自为东西'，即此是也。"按：郝氏之"西海"即青海湖。见《西山经》（61）"騩山"。

⑥郭璞注："鸾鸡，鸟名，未详也。或作'栾'。"吴任臣曰："鸾亦名鸡趣，疑即鸾也。"汪绂亦曰鸾鸡即鸾。

⑦已狂，使狂躁得到镇定。

⑧郭璞注："丰穰，收熟也。《韩子》曰：'穰岁之秋。'"郝懿行曰："《韩非·五蠹篇》云：'饥岁之春，幼弟不饟；穰岁之秋，疏客必食。'是郭所引也。"《图赞》曰："见则邑穰，厥名曰鳐。经营二海，矫翼闲霄。唯味之奇，寄厥伊庖。"

87 又西三百二十里曰槐江之山①。丘时之水出焉，而北流注于泑水。其中多蠃母②，其上多青雄黄，多藏琅玕、黄金、玉③。其阳多丹粟，其阴多采黄金、银。实惟帝之平圃④，神英招司之⑤，其状马身而人面，虎文而鸟翼，徇于四海⑥，其音如榴⑦。南望昆仑，其光熊熊，其气魂魂⑧。西望大泽，后稷所潜也⑨。其中多玉，其阴多榣木之有若⑩。北望诸毗，槐鬼离仑居之⑪，鹰鹯之所宅也⑫。东望恒山四成⑬，有穷鬼居之，各在一搏^⑭。爰有淫水，其清洛洛^⑮。有天神焉，其状如牛，而八足二首马尾，其音如勃皇^⑯，见则其邑有兵。

蠃母　　　　　　神英招　　　　　　　　天神

【注释】

　　① 毕沅以此山即甘肃张掖北之鸡山。郝懿行曰："《吕氏春秋·本味篇》：'水之美者，沮江之丘，名曰摇水。'疑沮江即槐江。"吴承志以为，槐江之山即首山崇吾山西望之帝之搏兽之山。张步天以为当在今阿尔金山西端，地在今新疆若羌东南与青海省边陲芒崖之间。

　　② 郭璞注："即蠜螺也。"吴任臣曰："螺之属有珠螺、鹦鹉螺、梭子螺，皆蠜螺类。"郝懿行曰："即仆累，字异音同。见《中次三经》（292）'青要之山'。"按：仆累即蜗牛。

　　③ 郭璞注："琅玕，石似珠者。藏，犹隐也。"郝懿行曰："'藏'，古字作'臧'，臧，善也。此言琅玕、黄金、玉之最善者。"与下文"采黄金"释为"金银之有符采者"相对应，亦可通。

　　④ 郭璞注："即玄圃也。《穆天子传》曰：'乃为铭迹于玄圃之上。'谓刊石纪功德，如秦皇汉武之为者也。"帝，天帝。郝懿行曰："《穆天子传》'玄圃'作'县（悬）圃'，此引作'玄圃'，盖'玄'、'县'声同，古通用。"

⑤郭璞注："司，主也。招音韶。"神英招为掌管玄圃之神。

⑥郭璞注："狗，谓周行也。"《图赞》曰："槐江之山，英招是主。巡游四海，抚翼云儵。实唯帝囿，有谓玄圃。"

⑦郭璞注："（榴）或作'籀'。此所未详也。"榴，在此为象声词。

⑧郭璞注："皆光气炎盛相焜耀之貌。"郝懿行曰："'熊熊'犹'雄雄'也，'魂魂'犹'芸芸'也，皆声之同类。"张步天以为"其光熊熊，其气魂魂"为对火山爆发景观的描写。

⑨郭璞注："后稷生而灵智，及其终化形，遁此泽而为之神，亦犹傅说骑箕尾也。"汪绂以为后稷死后为此泽之神。郝懿行曰："'后稷所潜'，即谓所葬也。葬之言藏也。"又云："傅说骑箕尾，见《庄子·大宗师篇》，《释文》崔譔云：'傅说死，其精神乘东维，托龙尾，乃列宿，今尾上有傅说星。'"傅说，商武丁之贤臣，传说死后其神为列宿，即箕星尾部之傅说星。

⑩郭璞注："榣木，大木也，言其上复生若木。大木之奇灵者为若，见《尸子》。《国语》曰'榣木不生花'也。"杨慎曰："凡木大至百围，年历千载，皆有奇灵，不独扶桑得称若木耳。"郝懿行曰："《楚辞·哀时命》云'擥瑶木之橝枝'，王逸注云：'言己既登昆仑，复欲引玉树之枝。'知此经古本或作'瑶木'也。"是。《图赞》曰："榣唯灵树，爰生若木。重根增驾，流光旁烛。食之灵化，荣名仙录。"按："若木"见《大荒北经》（797）。按：郭注《国语》见《晋语》，"花"字为"危"字之讹。

⑪郭璞注："诸毗，山名。离仑，其神名。"按："槐鬼"，槐江山之神也。神亦可称鬼。俞樾曰："槐鬼未详，疑'鬼'为衍字，'槐'当作'魂'，字之误也。《说文》魂即鬼。此经本云'魂离仑居之'，盖用古字耳。习其读者恐人不识魂字，旁记'鬼'字，其后误入正文，遂作'魂鬼'，又误

作'槐鬼'。"

⑫郭璞注：" 鹠亦鸱属也。庄周曰'鸱鸦甘鼠'，《穆天子传》云'钟山上有白鸟、青雕'，皆此族类也。"" 鸱鸦甘鼠"见《庄子·齐物论》。"所宅"，所栖集之处。

⑬成，即重、层。郝懿行曰："'恒山'非北岳，计其道里非瞻望所及也。《淮南·时则训》云：'中央之极，自昆仑东绝两恒山。'是西极别有恒山明矣。"

⑭郭璞注："搏，犹胁也，言群鬼各以类聚，处山四胁，'有穷'其总号耳。'搏'一作'抟'。"按：胁即胁骨，郝懿行曰胁即两膀，而"搏"当是"膀"字之讹。其鬼名"有穷"，或为"有穷氏"之鬼，非后世所称"穷鬼"也。

⑮郭璞注："淫音遥。洛洛，水留下之貌也。"郝懿行曰："郭注'留'，当为'溜'或'流'字。"按：淫无遥音，当是"瑶"字，淫、瑶形近而误。瑶水即西王母觞穆天子之瑶池。陶潜《读山海经》诗："亭亭明玕照，落落清瑶流。"是"洛洛"应作"落落"。

⑯郭璞注："勃皇未详。"郝懿行曰："'勃皇'即'发皇'也。《考工记》'梓人为笋虡，以翼鸣者'，郑注：'翼鸣，发皇属。'"则发皇似蟋蟀之类。则其神鸣声如秋虫。而郝懿行又以为发皇即《尔雅》之"蚚蟥"，郭注蚚蟥"甲虫也，大如虎豆，绿色"，与发皇不似。

88　西南四百里曰昆仑之丘①，是实惟帝之下都②，神陆吾司之③。其神状虎身而九尾，人面而虎爪④。是神也，司天之九部及帝之囿时⑤。有兽焉，其状如羊而四角，名曰土蝼，是食人。有鸟焉，其状如蜂，大如鸳鸯，名曰钦原，蠚鸟兽则死⑥，蠚木则枯。有鸟焉，其名曰鹑鸟，是司帝之百服[7]。有木焉，其状如棠[8]，黄华赤实，其味如李而无核，名曰沙棠，可以御水，食之使人不溺[9]。有草焉，名曰薲草[10]，其状如葵，其味如葱，食之已劳[11]。河水出焉[12]，而南流东注于无达[13]。赤水出焉[14]，而东南流注于汜天之水[15]。洋水出焉[16]，而西南流注于丑涂之水[17]。黑水出焉[18]，而西流于大杅[19]。是多怪鸟兽[20]。

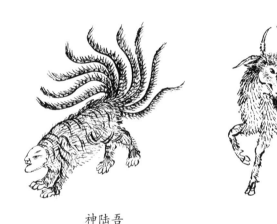

神陆吾　　　　　　　　　土蝼

钦原

【注释】

①《史记·秦本纪正义》引《括地志》："昆仑山在肃州酒泉县南八十里。"吴任臣并引《十六国春秋》马岌之言以证："酒泉南山，即昆仑之体也，周穆王见西王母，乐而忘归，盖谓此山。《禹贡》昆仑在临江之西，即此明矣。"汪绂与吴说同，云：肃州南有山，名昆仑，《晋书·张骏传》言中有西王母所居石室，故此昆仑为肃州之南山，非河源之昆仑也。毕沅亦主此说，言"山在今甘肃肃州南八十里"，"非于阗、吐蕃之山"，考辨更详。郝懿行从诸家说，亦云"昆仑之丘去中邦盖不甚远"。吴承志以为昆仑之丘即"今西宁玉树土司巴颜喀喇山"。张步天独以为即河源之昆仑，位于昆仑山脉之西段。

②郭璞注："天帝都邑之在下者也。《穆天子传》曰：'吉日辛酉，天子升于昆仑之丘，以观黄帝之宫，而封丰隆之葬，以诏后世。'言增封于昆仑山之上。"《淮南子·墬形训》："昆仑之丘，或上倍之，是谓凉风之山，登之而不死。或上倍之，是谓悬圃，登之乃灵，能使风雨。或上倍之，乃维上天，登之乃神，是谓太帝之居。"《图赞》曰："昆仑月精，水之灵府。唯帝下都，西羌之宇。嵘然中峙，号曰天柱。"。

③郭璞注："（神陆吾）即肩吾也。庄周曰'肩吾得之，以处大山'也。"按：引文见《庄子·大宗师》，"处大山"者，为山之神也。《图赞》曰："肩吾得一，以处昆仑。开明是对，司帝之门。吐纳灵气，熊熊魂魂。"

④袁珂以为陆吾"即《海内西经》之开明兽"。详见后《海内西经》（595）注。

⑤郭璞注："主九域之部界、天帝苑圃之时节也。"因地有九州，遂生"天有九部"之说，见纬书《河图括地象》。毕沅疑"圃时"之"时"当读如"峕"，并引《封禅书》"自古以雍州积高，神明之隩，故立峕郊上帝，

诸神祠皆聚云"以证。俞樾以为"囿时"之"时"当为"庤",《说文》"储置屋下也",字通作"跱"。故"囿谓苑囿也,时为储跱也"。

⑥ 蠚,即"蜇"字。《图赞》曰:"土蝼食人,四角似羊。钦原类蜂,大如鸳鸯。触物则毙,其锐难当。"

⑦ 郭璞注:"服,器服也,一曰服事也。或作'藏'。"郝懿行曰:"百藏,百物之所聚也。"又曰:"《埤雅》引师旷《禽经》曰:'赤凤谓之鹑。'"

⑧ 郭璞注:"棠,梨也。"汪绂曰:沙棠为梨之异种。

⑨ 郭璞注:"言体浮轻也。沙棠为木,不可得沉。《吕氏春秋》曰:'果之美者,沙棠之实。'铭曰:'安得沙棠,刻以为舟。泛彼沧海,以遨以游。'"《图赞》曰:"安得沙棠,制为龙舟。泛彼沧海,渺然遐游。聊以逍遥,在彼去留。"沙棠之木,为舟可御水,其果实可使人不溺,不溺水也,但汪绂释为不多便溺。

⑩ 蓣音频。即苹。吴任臣曰:"毛晃曰:'蓣,大苹也,与苹同。'《本草》云:'大者为苹,小者为萍,叶如田字形,有水陆二种。'《左传》:'苹蘩蕰藻之采,可荐于鬼神,可羞于王公。'则蓣有宾之义,故字从宾。"

⑪ 郭璞注:"《吕氏春秋》曰:'菜之美者,昆仑之苹。'"《图赞》曰:"司帝百服,其鸟名鹑。沙棠之实,唯果是珍。爰有奇菜,厥号曰蓣。"

⑫ 郭璞注:"出山东北隅也。"《河图》:"昆山出五色流水,其白水东南流入中国,名为河。"

⑬ 郭璞注:"山名。"汪绂曰:"无达,泽名也。"郝懿行曰:"'无达',即'阿耨达'也。'阿耨',华言'无'也。"《水经注(河水)》云'南河又东,右会阿耨大水'。释氏《西域志》曰:'阿耨达山西北有大水,北流注牢兰海者也。'"

⑭ 郭璞注:"出山东南隅也。"此赤水即昆仑所出五色水之一。《庄

子·天地》：“黄帝游乎赤水之北，登乎昆仑之丘。”即此。

　　⑮郭璞注：“氾天亦山名，赤水所穷也。《穆天子传》曰：‘遂宿于昆仑之侧，赤水之阳。’阳，水北也。”郝懿行曰：“《大荒南经》（705）云‘有氾天之山，赤水穷焉’，为郭注所本。”

　　⑯郭璞注：“出山西北隅。或作‘淯’。”吴任臣曰：“《水经注》引经作‘漾水出昆仑西北隅’。则洋水或一名漾水，未可知也。又案《海内西经》（593），洋当音翔。”

　　⑰郭璞注：“丑涂，亦山名也。皆在南极。《穆天子传》曰‘戊辰济洋水’，又曰‘觞天子洋水’也。”

　　⑱郭璞注：“亦出西北隅也。”黑水亦昆仑五色水之一。

　　⑲郭璞注：“山名也。《穆天子传》曰：‘乃封长肱于黑水之西河，是惟昆仑鸿鹭之上，以为周室主。’杅音于。”郝懿行曰：“《穆天子传》今本无‘昆仑’二字。”

　　⑳郭璞注：“谓有一兽九首，有一鸟六首之属也。”

89　又西三百七十里曰乐游之山^①。桃水出焉^②，西流注于稷泽，是多白玉。其中多鰆鱼^③，其状如蛇而四足，是食鱼。

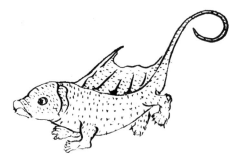

鰆鱼

【注释】

① 毕沅曰："疑即乐都也。《穆天子传》曰：'天子西济于河，爰有温谷乐都。'《元和郡县志》：'湟水亦谓之乐都水，出青海东地乱山中。'据此则青海东乱山即乐都，亦经'乐游之山'也。"张步天以为山在今青海都兰县北。

② 桃水，毕沅疑即洮水。

③ 鳛音滑。毕沅以为"鳛"当作"鳛"，音渭。

90　西水行四百里曰流沙①，二百里至于嬴母之山②，神长乘司之③，是天之九德也④。其神状如人而豹尾⑤。其上多玉，其下多青石而无水。

神长乘

【注释】

①《海内西经》（585）："流沙出钟山，西行，又南行昆仑之墟，西南入海黑水之山。"毕沅引《汉书·地理志》云："居延，居延泽在东北，古文以为流沙。"又引高诱注《吕氏春秋》云："流沙在敦煌郡西八百里。"

按：居延泽在唐称居延海，在今内蒙古额济纳旗北境。

②张步天以为山当在今新疆且末西南之阿克塔格山求之。

③毕沅曰："《水经注》云：'禹治洪水，西至洮水之上，见长人，受黑玉书于斯水上。'疑即此神也。"毕沅又以长乘为《穆天子传》中之"长肱"，"肱"、"乘"、"人"音近也。

④郭璞注："九德，九气所生。"《书·皋陶谟》"行有九德"，即"宽而栗，柔而立，愿而恭，乱而敬，扰而毅，直而温，简而廉，刚而塞，强而义"，似与"天之九德"无关。

⑤《图赞》曰："九德之气，是生长乘。人状豹尾，其神则凝。妙物自潜，世无得称。"

91　又西三百五十里曰玉山①，是西王母所居也②。西王母其状如人，豹尾虎齿而善啸③，蓬发戴胜④，是司天之厉及五残⑤。有兽焉，其状如犬而豹文，其角如牛，其名曰狡⑥，其音如吠犬，见则其国大穰。有鸟焉，其状如翟而赤，名曰胜遇，是食鱼，其音如录⑦，见则其国大水。

西王母　　　　　　狡

胜遇

【注释】

①郭璞注："此山多玉石，因以名云。《穆天子传》谓之'群玉之山'，'见其山河无险，四彻中绳，先王之所谓策府，寡草木，无鸟兽。穆王于是攻其玉石，取玉石版三乘，玉器服物，载玉万只以归'。双玉为瑴，半瑴为只。"汪绂以为山当在于阗国境，即今新疆和田，以产玉闻名。诸家多从此说。

②吴任臣引阚骃《十三州志》："赤水西有白玉山，山有西王母堂室。"吴氏又曰："《老君中经》、《集仙传》、《诺皋记》、《书记洞诠》诸书云：'西王母，九灵太妙龟山金母也，姓缑氏，名婉姈，一云姓杨名回，与东王公共理二气，乃西华之至妙，洞阴之极尊。'其说甚诞，不足据也。"陶潜《读山海经》诗："玉台凌霞秀，王母妙怡颜。"

③汪绂曰："案西北地寒，人多戴貂皮于首，因以为饰，此豹尾或亦此类，未必人而生尾也。"

④郭璞注："蓬头乱发。胜，玉胜也，音庞。"吴任臣曰："今戴鵀鸟以头上有毛花成胜，故亦名戴胜，明此知戴胜之义。"《淮南子·览冥训》："西老折胜，黄神啸吟。"毕沅以为即西王母戴胜。西王母，地名，戴胜则其地之民尚此俗也。

⑤郭璞注：“主知灾厉、五刑残杀之气也。”郝懿行曰：“‘厉’及‘五残’皆星名。《月令》云‘季春之月，命国傩’，郑注云：‘此月之中，日行历昴。昴有大陵积尸之气，气佚则厉鬼随而出行’，是大陵主厉鬼，昴为西方宿，故西王母司之。‘五残’者，《史记·天官书》云‘五残星出正东东方之野，其星状类辰星，去地可六七丈’，《正义》云：‘五残一名五锋，出则见五方毁败之征，大臣诛亡之象。’西王母主刑杀，故又司此也。”

⑥郭璞注：“晋太康七年，邵陵扶夷县槛得一兽，状如豹文，有二角，无前两脚，时人谓之狡。疑非此。”郝懿行曰：“《周书·王会篇》云‘匈奴狡犬。狡犬者，巨身，四足果’，疑即此。”

⑦郭璞注：“音录，义未详。”吴任臣曰：“《字义总略》：碌碌，古作‘录录’，或作‘鹿鹿’。是录、鹿古相通也，疑为‘鹿’之借字。”

92　又西四百八十里曰轩辕之丘^①。无草木。洵水出焉，南流注于黑水，其中多丹粟，多青雄黄。

【注释】

①郭璞注：“黄帝居此丘，娶西陵氏女，因号轩辕丘。”毕沅曰：“《穆天子传》云：‘天子升于昆仑之丘，以观黄帝之宫。’《淮南子》云：‘轩辕丘在西方。’”郝懿行曰：“《大戴礼·帝系篇》云：‘黄帝居轩辕之丘，娶于西陵氏之子，谓之嫘祖氏。’”张步天以为，轩辕之丘或在帕米尔河上源之巴什拱伯孜山隘，此地处葱岭位于东亚、中亚、南亚交通要冲。

93　又西三百里曰积石之山^①。其下有石门^②，河水冒以西

流③。是山也，万物无不有焉④。

【注释】

①郭璞注："积石山，今在金城河门关西南境中，河水行塞外，东入塞内。"吴任臣引夏允彝《禹贡合注》云："积石有二，河水经大积石山，又东北流至小积石山，一名唐述山。土人以鬼为唐述，盖传其山有神人往还也。"郝懿行以此经积石山为《括地志》之"大积石山"，非《禹贡》之积石。毕沅以为积石山在今甘肃西宁县东南一百七十里。按：《禹贡》"导河积石"之积石山在今甘肃南部。又，郭注"今在金城河门关"。郝懿行《订讹》以为"门"字衍。张澍则云："门"字不衍，宜移"今在"字上，原释经文"石门"字也。

②毕沅曰："石门山在今甘肃河州西南积石山之南麓。"按：经仅言石门，未言为山，且下文言河水能覆没石门，亦不似是山也。

③郭璞注："冒，犹覆也。"此前河水潜流，至石门方冒出于地。

④郭璞注："《水经》引《山海经》云：'积石山在邓林山东，河所入也。'"《图赞》曰："积石之中，实生重河。夏后氏导，石门涌波。珍物斯备，比奇昆阿。"

94　又西二百里曰长留之山，其神白帝少昊居之①。其兽皆文尾②，其鸟皆文首③。是多文玉石。实惟员神磈氏之宫④。是神也，主司反景⑤。

神魂氏

【注释】

①郭璞注："少昊金天氏,帝挚之号也。""长留"或作"长流",《颜氏家训》引《帝王世纪》:"帝少昊崩,其神降长流之山,于祀主秋。"吴任臣曰:"少昊之主西也久矣。又传称少昊为西皇,亦以帝居西方故耳。"汪绂曰:"少昊安得远居于此,盖少昊以金德王,号金天氏,或后世祭四方,以少昊配,乃祭之于此山。"张步天定此山在葱岭之西侧。

②郭璞注:"(文)或作'长'。"

③郭璞注:"'文'或作'长'。"

④魂音隗。吴任臣以此神为少昊之妃,曰:"《冠编》云:'少昊青阳氏偕妃隗氏,降神于长流之山。'"郝懿行以"员神"即少昊。《图赞》曰:"少昊之帝,号曰金天。魂氏之宫,亦在此山。是司日入,其景则圆。"

⑤郭璞注:"日西入则景反东照,主司察之。"景,日光也。此言日将没于西方,则日光反照于东。杨慎曰:"日西入则景反东照,故曰反景,扬雄赋所谓'倒景'也。《山海经》'司反景',亦居之白帝,盖倒景反

照,在秋为多,其变千状,有作胭脂红者,有如金缕穿射者,凡乍雨乍霁,载霞载阴,云气斑驳,日光穿漏其中,必有蛟龙隐见,是则所谓'神司反景'也。"

95　又西二百八十里曰章莪之山^①。无草木,多瑶、碧^②,所为甚怪^③。有兽焉,其状如赤豹^④,五尾一角,其音如击石,其名如狰^⑤。有鸟焉,其状如鹤,一足,赤文青质而白喙,名曰毕方^⑥,其鸣自叫也,见则其邑有讹火^⑦。

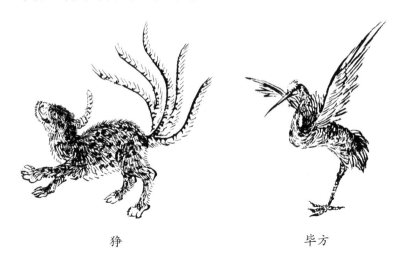

狰　　　　　　　　　毕方

【注释】

①　张步天以为,章峨之山当上承阴山,在今甘肃乌兰达坂山中段。

②　郭璞注:"碧,亦玉属。"

③　郭璞注:"多有非常之物。"

④　吴任臣曰:"《穆天子传》:'钟山爰有赤豹、白虎。'"

⑤　郭璞注:"京氏《易义》曰:'音如石相击。'音静也。"吴任

臣曰："狰又音争。一曰似狐有翼，见《广韵》。"郝懿行曰："经文
'如狰'之'如'当为'曰'字之讹。注文'音静'之上当脱'狰'字
也。《广韵》云：'狰，兽名，音争，又音净。'所说形状与此经同。又
'㹱'字注云：'兽如赤豹，五尾。'然则㹱亦狰类，或一物二名也。"
《图赞》曰："章莪之山，奇怪所宅。有兽似豹，厥色惟赤。五尾一角，
鸣如击石。"

　　⑥吴任臣曰："《淮南子》（氾论训）'木生毕方'，注云：'状如鸟，
青色赤脚，一足，不食五谷。'又《白泽图》：'火之精曰必方，状如鸟，一
足，以其名呼之则去。'即毕方也。"又言："薛综《文选注（东京赋）》：
'毕方如鸟，两足一翼，常衔火作怪灾。'与经文小有异同，未可据也。"
袁珂曰："《韩非子·十过》云：'昔者黄帝合鬼神于泰山之上，驾象车而
六蛟龙，毕方并辖，蚩尤居前，风伯进扫，雨师洒道。'则毕方又是黄帝随
车之神鸟。"《图赞》曰："毕方赤文，离精是炳。旱则高翔，鼓翼阳景。
集乃流灾，火不炎正。"郝懿行据《匡谬正俗》引《图赞》，以为末句当作
"火不炎上"，"上"与"炳"、"景"韵。

　　⑦郝懿行曰："薛综注《（文选）东京赋》云'毕方，老父神，如鸟，
两足一翼，常衔火在人家作怪灾'，即此经云'讹火'是也。'讹'，盖以言
语相恐喝。"

96　又西三百里曰阴山①。浊浴之水出焉②，而南流注于
蕃泽，其中多文贝③。有兽焉，其状如狸而白首④，名曰天
狗⑤，其音如榴榴⑥，可以御凶⑦。

天狗

【注释】

①郝懿行曰："张揖注《汉书·司马相如传》云'阴山在昆仑西二千七百里'，谓此也。《地理志》云西河郡有阴山，非此。"张步天以为山在今乌兰达坂山东南段，即今甘肃玉门之南甘青边境。

②郝懿行曰："《太平御览》八百七卷、九百十三卷并引此经，'浴'作'谷'。"

③郭璞注："余泉、蚳（音迟）之类也，见《尔雅》。"郝懿行曰："《尔雅·说贝》云：'余貾，黄，白文。余泉，白，黄文。'"古以贝为货币，花纹美丽者价值为高。《图赞》曰："先民有作，龟贝为货。贵以文彩，贾以小大。简则易资，犯而不过。"

④郭璞注："（狸）或作'豹'。"《说文》"狸，伏兽，似貙"，段玉裁注："伏兽，谓善伏之兽，即俗所谓野猫。"

⑤吴任臣曰："《大荒》（754）'有赤犬，曰天犬'；又太白化妖星，名天狗；穷奇兽亦名天狗，皆非此。"郝懿行以为，此天狗及《大荒西经》（754）"赤犬名曰天犬"者，皆兽名，与天狗星为二物。

⑥郭璞注："（榴榴）或作'猫猫'。"

⑦《图赞》曰："干麻不长，天狗不大。厥质虽小，禳灾除害。气之相旺，在乎食带。"

97　又西二百里曰符惕之山①。其上多棕、枏，下多金、玉。神江疑居之。是山也，多怪雨，风云之所出也②。

神江疑

【注释】

①惕音阳。张步天以为在今甘肃张掖以南祁连山主峰东南。

②郝懿行曰："《礼记·祭法》：'山林、川谷、丘陵能出云为风雨，见怪物，皆曰神。'即斯类也。"

98　又西二百二十里曰三危之山①。三青鸟居之②。是山也，广员百里。其上有兽焉，其状如牛，白身四角，其豪如披蓑^③，其名曰徼狠^④，是食人。有鸟焉，一首而三身，其状如鹨^⑤，其名曰鸱^⑥。

三青鸟　　　　　　　徼狠　　　　　　　　　　鸱

【注释】

①郭璞注："今在敦煌郡，《尚书》云'窜三苗于三危'是也。"吴任臣曰："三危，在陕西沙州城东南二十里，其山三峰峭绝，因名。"汪绂亦以为在敦煌；窜三苗之三危当在川西、云南之北、洮岷之西南，非此。毕沅曰："在今甘肃肃州北塞外。"

②郭璞注："三青鸟主为西王母取食者，别自栖息于此山也。《竹书》曰：'穆王西征，至于青鸟所解。'"《图赞》曰："山名三危，青鸟所憩。往来昆仑，王母是隶。穆王西征，旋轸斯地。"陶潜《读山海经》诗："翩翩三青鸟，毛色实可怜。朝为王母使，暮归三危山。"即此。

③郭璞注："蓑，辟雨之衣也。音梭。"

④郭璞注："傲、喭两音。"吴任臣曰："一作'獥狠'，《骈雅》曰：'牛四角而白曰獥狠。'《字汇》引此作'㹇狠'，《古音略》又作'傲狠'。"

⑤郭璞注："鹨似雕，黑文赤颈，音洛。下句或云'扶兽则死，扶木

则枯'，应在上'钦原'（88）下，脱错在此耳。"

⑤《图赞》曰："江疑所居，风云是潜。兽有猰㺄，毛如披蓑。鹦鸟一头，厥身则兼。"

99 又西一百九十里曰騩山^①。其上多玉而无石。神耆童居之^②，其音常如钟磬^③。其下多积蛇^④。

神耆童

【注释】

①张步天以为此山在今甘肃、新疆边境，或即今敦煌西北之白山，騩、白音近。

②郭璞注："耆童，老童，颛顼之子。"既为颛顼之子，则为黄帝玄孙。

③《图赞》曰："颛顼之子，嗣作火正。铿锵其鸣，声如钟磬。处于騩山，唯灵之盛。"张步天以为此地风起则沙鸣，敦煌鸣沙山可证，或即如钟磬之声。

④郝懿行曰："其蛇委积，不知所来，不知所去，谓之'蛇媒'也。"

100　又西三百五十里曰天山^①。多金、玉,有青雄黄。英水出焉,而西南流注于汤谷。有神焉^②,其状如黄囊,赤如丹火^③,六足四翼,浑敦无面目^④,是识歌舞,实惟帝江也^⑤。

帝江

【注释】

①　即今甘肃之祁连山。顾起元《说略》曰:"天山、雪山、祁连山、白山四名,其实一也。"汪绂曰:"天山又名祁连山,在凉州之北。凡此大概皆河西四郡间之山川,非必昆仑之西数千里也。"毕沅以为在今甘肃张掖县西南二百里。

②　"神焉",毕沅本、汪绂本皆作"神鸟"。郝懿行曰:"《初学记》《文选注》引此经,并作'神鸟'。今本作'焉'字,盖讹。"

③　郭璞注:"体色黄而精光赤也。"

④　吴任臣曰:"浑敦,与'混沌'同。《神异经》言:'昆仑西有兽,两目不见,两耳不闻,有腹而无五脏,有肠直而不旋,名曰浑沌。'"

⑤　郭璞注:"夫形无全者则神自然灵照,精无见者则闇与理会,其帝江之谓乎?庄生所云中央之帝混沌,为儵忽所凿七窍而死者,盖假此以寓言也。"《图赞》曰:"质则浑沌,神则旁通。自然灵照,听不以聪。强之为名,曰惟帝江。"浑沌凿七窍事,见《庄子·应帝王》。毕沅云:

"'江'读如'鸿',《春秋传》(文十八年)云:'帝鸿氏有不才子,掩义隐贼,好行凶慝,天下谓之浑沌。'是此云'帝江',犹言帝江氏之子也。"袁珂遂据《左传》文十八年杜注"帝鸿,黄帝也"云:"此经帝江即帝鸿,亦即黄帝也。"是毕沅以帝江为黄帝之子,而袁珂则径以为即黄帝,毕说较近。

101　又西二百九十里曰泑山^①。神蓐收居之^②。其上多婴短之玉^③,其阳多瑾瑜之玉,其阴多青雄黄。是山也,西望日之所入,其气员^④,神红光之所司也^⑤。

神红光

【注释】

　　① 郭璞注:"泑,音黝黑之黝(音有)。"《尚书大传》云:"宅西曰柳

谷。"毕沅以为山在今甘肃陇西境。郝懿行疑泑山即柳谷，在陇西。张步天以为即吐鲁番盆地之火焰山。

②郭璞注："亦金神也，人面虎爪白尾，执钺。见《外传》云。"按：《外传》指《国语》。《晋语》曰："虢公梦在庙，有神人面白毛虎爪，执钺立于西阿。召史嚚占之，对曰：'如君之言，则蓐收也，天之刑神也。'"郭注"尾"字为"毛"字之讹。

③郭璞注："未详。"吴任臣曰："鹼次山有婴垣玉。'短'疑'垣'字之讹。"

④郭璞注："日形员（圆），故其气象亦然也。"汪绂曰："'员'下当重一字，谓'其气员员'焉，浑圆之状也。"俞樾同此说。

⑤郭璞注："未闻其状。"郝懿行曰："红光盖即蓐收也。"

102　西水行百里，至于翼望之山①。无草木，多金、玉。有兽焉，其状如狸，一目而三尾，名曰讙②，其音如夺百声③，是可以御凶，服之已瘅④。有鸟焉，其状如乌，三首六尾而善笑，名曰鵸鵨⑤，服之使人不厌⑥，又可以御凶。

鵸鵨

【注释】

①　郭璞注："或作'土翠山'。"郝懿行曰："《中次十一经》（409）'首曰翼望之山'，与此同名。"张步天以为此山在今新疆吐鲁番西天山山脉中段。

②　郭璞注："灌音欢。或作'原'。"郝懿行曰："《太平御览》九百十三卷引此经，'灌'作'灌灌'，疑郭注'灌'字本在经文，传写者误入郭注耳。"

③　郭璞注："言其能作百种物声也。或曰：'夺百，物名。'亦所未详。"

④　郭璞注："黄瘅病也。音旦。"郝懿行曰："《说文》云：'瘅，劳病也。''疸，黄病也。'与郭异。"

⑤　郭璞注："猗、余两音。"吴任臣曰："《北山经》（126）带山有鸟，自为牝牡，亦名鹠鹒。"

⑥　郭璞注："不厌梦也。《周书》曰'服者不昧'，或曰'眯'，眯目也。"厌即魇字，梦魇也。《图赞》曰："鹠鹒三头，猻兽三尾。俱御不祥，消凶辟眯。君子服之，不逢不疐。"

103　凡《西次三经》之首崇吾之山至于翼望之山，凡二十三山，六千七百四十四里①。其神状皆羊身人面，其祠之礼：用一吉玉瘗②，糈用稷米③。

西山神

【注释】

　　① 汪绂曰："此三经之山,大略在金城以西,张掖、酒泉、敦煌以极于回纥、土番之境之山也。"毕沅曰："此经之山皆在甘肃。"张步天以《西次三经》自崇吾之山始,分南北两线。南线西行,为乐游山、钟山至不周山,折向西南为槐江山、玉山等至长留山。北线由崇吾山向西北,为积石山、阴山、天山等至翼望山。

　　② 郭璞注："玉加采色者也。《尸子》曰:'吉玉大龟。'"

　　③ 吴任臣曰："稷,穄也,黍之不粘者。"

104 《西次四经》之首曰阴山 ①。上多穀,无石,其草多茆、蕃 ②。阴水出焉,西流注于洛 ③。

【注释】

　　① 吴任臣以为阴山在今宁夏。汪绂以为当在上郡、延绥之间,非汉逐匈奴所得之阴山。毕沅以为"在今陕西甘泉县南二十里,《汉书·地理志》谓之彫阴山"。按:《地理志》"上郡"有"彫阴县",下有应劭注曰:"彫山在西南。"无"阴山",且无"彫阴山",毕沅误。张步天以为当在今陕西洛川东北。

　　② 郭璞注："茆,凫葵也。蕃,青蕃,似莎而大。"《诗·鲁颂》"薄采其茆",陆玑《疏》:"江南人谓之莼菜。"郝懿行曰:"蕃"应作"蘋"。

　　③ 汪绂曰："此河西上郡之洛,今在延安府洛川是也,非河南伊洛之洛。"毕沅曰："此渭、洛之洛,出白於山也。"张步天以为"此水即《水经注》卷一六所称'辽川、兔川西南流注洛水'之辽川,或是今介子河"。

105　北五十里曰劳山^①，多茈草^②。弱水出焉^③，而西流注于洛^④。

【注释】

　　① 毕沅曰："疑即陕西保安县西九吾山，在阴山之北。"张步天云："今陕西甘泉县北有大劳山，此山当在其处。"

　　② 郭璞注："一名茈莫，中染紫也。"吴任臣曰："即紫草。《尔雅》云：'藐，茈草。'《唐本草》：'一名紫丹。'"

　　③ 郝懿行曰："《晋书·苻坚载记》：'坚遣安北将军、幽州刺史苻洛讨代王涉翼犍。翼犍战败，遁于弱水，苻洛追之，退还阴山。'此经上有'阴山'，下有'弱水'，当即是也。"

　　④ 毕沅曰："弱水即吃莫川，出陕西靖边县，东南流，至保安县西入洛。"

106　西五十里曰罢父之山^①。洱水出焉^②，而西流注于洛，其中多茈、碧^③。

【注释】

　　① 毕沅曰："山当在今陕西安定、安塞二县界。《玉篇》云：'洱出罢谷山。'父、谷字形相近，当为谷。"

　　② 毕沅曰："《隋书·地理志》云'洛原有洱水'，即此，今甘肃庆阳府是。"

　　③ 吴任臣以为"紫石华、玄石英之类"。郝懿行曰："茈即茈石。"

107　北百七十里曰申山 ^①。其上多榖、柞，其下多杻、橿，其阳多金、玉。区水出焉 ^②，而东流注于河。

【注释】

①毕沅以为申山即陕西安塞县北之芦关岭。张步天从之，云："西周时，今陕西安塞、米脂一带称西申，此申山及下文之上申山之名当与之有关。"

②《水经注·河水》："区水出焉，而东流注于河，世谓之清水。"

108　北二百里曰鸟山 ^①。其上多桑，其下多楮。其阴多铁，其阳多玉。辱水出焉 ^②，而东流注于河。

【注释】

①毕沅曰："疑即陕西安定县西南泰重岭，辱水迳其北也。又县南四十里有鸦鸽山，或即古之鸟山钦？"郝懿行则疑为《穆天子传》之"鹓鸟之山"。吴承志以为此山即陕西清涧县北石嘴驿东山。

②郝懿行曰："《穆天子传》云：'天子饮于溽水之上。'疑即是水也。"

109　又北百二十里曰上申之山 ^①。上无草木而多硌石 ^②，下多榛、楛 ^③。兽多白鹿。其鸟多当扈 ^④，其状如雉，以其髯飞 ^⑤，食之不眴目 ^⑥。汤水出焉，东流注于河 ^⑦。

白鹿　　　　　　　　　当扈

【注释】

　　① 毕沅曰："疑即陕西米脂县北诸山,俗名曰云山、冯家山,汤水所出也。"吴承志以为"宜是米脂县北、葭州西、榆林县东诸山"。张步天以为山在今陕西绥德西北。

　　② 郭璞注："硌,磊硌,大石貌也。音洛。"

　　③ 郭璞注："榛子似栗而小,味美。楛木可以为箭。《诗》云:'榛楛济济。'"

　　④ 郭璞注："(扈)或作'户'。"

　　⑤ 郭璞注："髯,咽下须毛。"或飞时飘扬,遂以为髯飞。《图赞》曰:"鸟飞以翼,当扈则须。废多任少,沛然有余。轮运于毂,至用在无。"

　　⑥ 郭璞注："(晌)音眩。"目眩昏也。

　　⑦ 吴任臣曰："《水经》:'河水又南,汤水注之。'《一统志》:'汤水在卢氏县西南一百二十里,源出恶峪岭。'"

110 又北百八十里曰诸次之山①。诸次之水出焉,而东流注于河②。是山也,多木无草,鸟兽莫居,是多众蛇。

【注释】

①毕沅曰："案《水经注》，山当在今陕西榆林府北塞外。"吴承志以为即今内蒙古鄂尔多斯左翼中旗东北诸山，张步天从之。

②《水经注·河水》云："河水又南，诸次之水入焉。水出上郡诸次山。其水东迳榆林塞，世又谓之榆林山，即《汉书》所谓'榆溪旧塞'者也。"

111　又北百八十里曰号山 ①。其木多漆 ②、棕，其草多药、虈、芎䓖 ③。多泠石 ④。端水出焉，而东流注于河 ⑤。

【注释】

①毕沅以为山在陕西葭州，即今陕西佳县、神木一带。吴承志以为即今内蒙古鄂尔多斯右翼后旗西阿尔坦山，张步天从之。

②郭璞注："漆树似樗也。"韩保升《本草图经》曰："漆树高二三丈，皮白，叶似槐，子似牛李子，木心黄，六七月刻取滋汁。又一种似小榎而大，取汁漆物，黄泽如金，《唐书》所谓黄漆者也。"

③郭璞注："药，白芷别名。虈，香草也。芎䓖，一名江蓠。"吴任臣曰："药、虈皆白芷也。案《别录》：'蘼芜一名江蓠，芎䓖苗也。'郭以芎䓖名江蓠，非是。李时珍云：'大叶似芹者为江蓠，细叶似蛇床者为蘼芜。'"

④郭璞注："泠或音金，未详。"毕沅曰："疑为涅石。"郝懿行云："盖石质柔软如泥者，今水中土中俱有此石。"

⑤吴任臣曰："《水经》：'河水又东，端水入焉。'"毕沅曰："端水即宁河水。宁、端声相近。"

112 又北二百二十里曰盂山 ^①。其阴多铁，其阳多铜。其兽多白狼、白虎 ^②，其鸟多白雉、白翟 ^③。生水出焉 ^④，而东流注于河。

白狼　　　　　　　　　　　白虎

【注释】

　　① 郭璞注：“（盂）音于。”吴任臣曰：“《水经注》引郭注云：‘盂或作明。’今本无此文。”郝懿行据此曰：“‘盂’当作‘盂’。”毕沅以为山在陕西靖边。吴承志以为此山即契吴山，在内蒙古鄂尔多斯后翼前旗。

　　② 郭璞注：“《外传》曰：‘周穆王伐犬戎，得四白狼。白虎，虎名魋麒。’”按：《外传》即《国语》，文见《周语》。吴任臣曰：“《瑞应图》曰：‘白狼，王者仁德则见。周宣王时，白狼见，西国灭。’《田俅子》曰：‘商汤为天子，有神手牵白狼，口衔金钩，而入汤庭。’《图赞》曰：‘矫矫白狼，有道则游。应符变质，乃御灵钩。惟德是适，出殷见周。’”又曰：“《孝经援神契》曰：‘德至鸟兽，白虎见。’《春秋演义图》曰：‘汤地七十，内怀圣明，白虎戏朝。’《图赞》曰：‘魋麒之虎，仁而有猛。其质载皓，其文载炳。应德而扰，止我交境。’”

　　③ 郭璞注：“或作‘白翠’。”郝懿行曰：“雉、翟一物二种，经‘白翟’当为‘白翠’。”

④ 生水，吴任臣曰："即奢延水也。水西出奢延县西南赤沙阜，东北流。"

113 西二百五十里曰白於之山①。上多松、柏，下多栎②、檀。其兽多㸲牛、羬羊，其鸟多鸮③。洛水出于其阳④，而东流注于渭。夹水出于其阴，东流注于生水⑤。

鸮

【注释】

① 吴任臣曰："《括地志》：'白於山在庆州洛源县。'《水经注》曰：'白於山，今名女郎山，指张鲁女也。'"汪绂曰："此山当在上郡、北地之间，入庆阳府界。"即今甘肃庆阳。毕沅云"山在甘肃安化县"。安化亦即庆阳。吴承志以为在靖边县宁塞堡南，更在庆阳之北。

② 郭璞注："栎即柞。"

③ 郭璞注："鸮似鸠而青色。"鸮即枭，又谓之鹏鸟，今称猫头鹰。

④ 吴任臣曰："洛水非一，此秦中洛水也。伊洛之洛，其源出熊耳。"《太平寰宇记》卷二三："洛水源出县北白於山，经上郡雕阴县秦望山。"秦望山即《西次二经》（64）之"秦冒山"（"泰冒山"）。

⑤ 毕沅曰："夹水，疑即甘肃靖边县东莜麦河。其水合红柳河迳塞外，又东至县入于奢延水。水即生水也。"

114 西北三百里曰申首之山①。无草木，冬夏有雪②。申水出于其上，潜于其下，是多白玉。

【注释】

　　① 汪绂以为"申山、上申山、申首山大抵山脉相连，而此申山之首也"。

　　② 郝懿行曰："山当在今陕西榆林府北塞外，地极高寒，故不生草木，冬夏有雪。"张步天亦以为山在今陕西榆林界。

115 又西五十五里曰泾谷之山①。泾水出焉②，东南流注于渭，是多白金、白玉。

【注释】

　　① 郭璞注："或无'之山'二字。"汪绂曰："泾水出平凉泾州南岍头山，然则此泾谷即郁郅长垣也。"按："郁郅长垣"即宁夏固原长城。毕沅以为山在甘肃秦州（天水）东南。张步天以为其地当在陕西定边县西南环江上游东川之发源地。

　　② 郭璞注："或以此为今泾水，未详。"郝懿行曰："此则泾谷水也。《水经注》云：'渭水迳绵诸道东，又东南，合泾谷水。水出西南泾谷之山。'"毕沅曰："其水在今甘肃秦州东三十里，俗曰永川河。"

116 又西百二十里曰刚山①。多柒木②，多㻬琈之玉。刚水出焉，北流注于渭。是多神𩳁③，其状人面兽身，一足一手④，其音如钦⑤。

神魂

【注释】

① 张步天以为刚山在甘肃六盘山之南端。

② 毕沅曰：“（柒）当为桼。”郝懿行曰：“柒，木名，《广韵》以‘柒’为‘漆’之俗字，俗又以代纪数之‘七’字，并非。”

③ 郭璞注：“魂（音垂）亦魑魅之类也。或作‘傀’。”毕沅曰：“《说文》：‘魅，厉鬼也。’郭注作傀，误。”郝懿行曰：“傀，疑为‘魖’（音垂）之或体。《说文》云：‘魖，神兽也。从鬼，隹声。’与郭音义俱合。”

④ 郝懿行曰：“《说文》云：‘夔，神魖也。如龙，一足。’正与此经合。再证以魖字解，则知‘神魂’当为‘神魖’，字之讹也。”

⑤ 郭璞注：“‘钦’亦‘吟’字假音。”郝懿行曰：“《说文》云：‘钦，欠貌。’盖呵欠则有音声也。”

117　又西二百里至刚山之尾。洛水出焉 ①，而北流注于河。

其中多蛮蛮，其状鼠身而鳖首，其音如吠犬^②。

蛮蛮

【注释】

　　① 汪绂曰："此又别一洛水，盖今固原、灵州之间，北流入河者。"张步天以为今北流经宁夏中卫入黄河之清水河。

　　② 郝懿行曰："蛮蛮之兽与比翼鸟（蛮蛮鸟）同名，疑即'猵'也。猵、蛮声相近。《说文》：'猵，或作獱，獭属。'"

118　又西三百五十里曰英鞮之山^①。上多漆木，下多金、玉，鸟兽尽白。涴水出焉^②，而北注于陵羊之泽。是多冉遗之鱼，鱼身蛇首六足，其目如马耳，食之使人不眯^③，可以御凶。

冉遗鱼

【注释】

　　① 吴承志以为山在今鄂尔多斯右翼中旗北马阴山，

②郭璞注："'浼'或作'浼'，音冤枉之冤。"

③吴任臣曰："目不明曰眯。《庄子》云：'簸糠眯目。'"张步天曰："《庄子·天运》'彼不得梦，必且数眯焉'，《释文》引司马彪云：'眯，厌也。'厌又作魇，即魇梦也。此鱼有'不眯'即'不魇梦'药效，与'可以御凶'相对应。"义较胜。

119 又西三百里曰中曲之山①。其阳多玉，其阴多雄黄、白玉及金。有兽焉，其状如马而白身黑尾，一角，虎牙爪，音如鼓音，其名曰䮝，是食虎豹②，可以御兵③。有木焉，其状如棠，而员叶赤实，实大如木瓜④，名曰櫰木⑤，食之多力⑥。

䮝

【注释】

①张步天以为此山在今内蒙古海渤湾以北。

②郭璞注："《尔雅》说'䮝'，不道有角及虎爪。䮝亦在《畏兽画》中。"吴任臣曰："晋平公猎，遇虎，虎伏于道。问师旷，旷曰：'臣闻䮝马伏虎豹，意君所乘者䮝马乎？'又《宋史》载顺州山中有异兽，如马而食

虎豹,北人不能识,问刘歆。歆曰:'此驳也。'为说其状,且诵《山海经》、《管子》书晓之。"按:晋平公事见《通鉴外纪》,常为书所引者则是齐桓公、管仲事,见《管子·小问》,唯管仲对以"驳象",非"驳马"。《图赞》曰:"驳惟马类,实畜之英。腾髦骧首,嘘天雷鸣。气无不凌,吞虎辟兵。"

　　③郭璞注:"养之辟兵刃也。"

　　④郭璞注:"木瓜如小瓜。"《诗·卫风》云:"投我以木瓜。"即此。

　　⑤櫰音怀。一名续断,又称续骨木。

　　⑥郭璞注:"《尸子》曰:'木食之人,多为仁者,名为若木。'此之类。"郝懿行曰:"《大戴礼·易本命》云:'食木者多力而拂。'"《图赞》曰:"櫰之为木,厥形似梗。若能长服,拔树排山。力则有之,寿亦宜然。"

120　又西二百六十里曰邽山①。其上有兽焉,其状如牛,猬毛,名曰穷奇,音如獆狗,是食人②。蒙水出焉③,南流注于洋水。其中多黄贝④、赢鱼⑤,鱼身而鸟翼,音如鸳鸯,见则其邑大水⑥。

穷奇

赢鱼

【注释】

①邦音圭。汪绂曰："此即秦州上邦地也。"秦州，今天水。毕沅曰："山在今甘肃秦州西北三十里。"

②郭璞注："或云似虎，猬毛有翼。铭曰：'穷奇之兽，厥形甚丑，驰逐妖邪，莫不奔走。是以一名，号曰神狗。'"吴任臣曰："《纬略》云：'穷奇闻人斗，乃助不直者。'《神异经》云：'穷奇状如牛而色狸，长尾曳地，其声如狗，狗头人形，钩爪锯牙，逢忠信之人则啮而食之，逢奸邪则捕禽兽而饲之。'《宛委余编》云'穷奇逐妖，一名神狗'，又逐疫神亦名穷奇，《后汉志》云'穷奇、腾根共食蛊'；北方天神亦名穷奇，《淮南子》云'穷奇，广莫风之所生也'，《抱朴子》云：'前道十二穷奇，后从三十六辟邪。'皆非此穷奇。"

③《水经注·渭水》："蒙水注焉。（蒙）水出县西北邦山。东流南屈，迳上邦县故城西，侧城南出。"

④郭璞注："贝，甲虫，肉如科斗，但有头尾耳。"

⑤蠃音螺。

⑥此言蠃鱼。

121　又西二百二十里曰鸟鼠同穴之山①。其上多白虎、白玉。渭水出焉，而东流注于河②。其中多鰠鱼③，其状如鳣鱼④，动则其邑有大兵⑤。滥水出于其西⑥，西流注于汉水。多𩽾𩾌之鱼⑦，其状如覆铫⑧，鸟首而鱼翼鱼尾，音如磬石之声，是生珠、玉⑨。

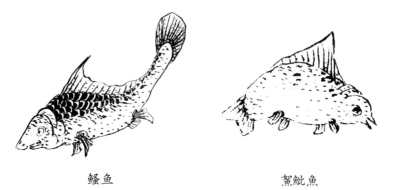

鳋鱼　　　　　　　　䰷鮻鱼

【注释】

① 郭璞注："今在陇西首阳县西南,山有鸟鼠同穴,鸟名曰鵌,鼠名曰鼵。鼵如人家鼠而短尾。鵌似燕而黄色,穿地入数尺。鼠在内,鸟在外而共处。孔氏《尚书传》曰'共为雌雄',张氏《地理记》云'不为牝牡'也。"汪绂曰："山在今临洮府渭源县西南。"毕沅曰："二山在今甘肃渭源县西二十里。"《图赞》曰："鵌鼵二虫,殊类同归。聚不以方,或走或飞。不然之然,难以理推。"

② 郭璞注："出山东,至弘农华阴县入河。"《水经注·渭水》："渭水出首阳县首阳山渭首亭南谷,山在鸟鼠山西北。"

③ 鳋音骚。吴任臣曰："《字汇》云:'鳋鱼似鳣。'"

④ 郭璞注："鳣鱼,大鱼也,口在额下,体有连甲也。或作'鲇鱼'。"《图赞》曰："物以感应,亦不数动。壮士挺剑,气激白虹。鳋鱼潜渊,出则邑悚。"

⑤ 郭璞注："或脱'无从动则'以下语者。"今本仅有"动则"二字,袁珂疑郭注有误。

⑥ 滥音槛。《水经注·河水》："洮水在城西北下,又北,陇水注之,即《山海经》所谓滥水也。水出鸟鼠山西北高城岭,西迳陇坻。"

⑦ 鳖鲐音如鈚。郝懿行以为，"鳖鲐"，古本应作"文鲐"。

⑧ 铫，带柄的小锅；覆，倒扣。此言其鱼形状如此。

⑨ 郭璞注："亦珠母蚌类而能生出之。"言此鱼能孕生珠玉如珠蚌也。《图赞》曰："形如覆铫，苞玉含珠。有而不积，泄以尾间。闇与道会，可谓奇鱼。"

122　西南三百六十里曰崦嵫之山①。其上多丹木，其叶如榖，其实大如瓜，赤符而黑理②，食之已瘅③，可以御火④。其阳多龟，其阴多玉。苕水出焉⑤，而西流注于海⑥，其中多砥、砺⑦。有兽焉，其状马身而鸟翼，人面蛇尾，是好举人⑧，名曰孰湖⑨。有鸟焉，其状如鸮而人面，蜼身犬尾⑩，其名自号也⑪，见则其邑大旱。

孰湖　　　　　　　　　　其名自号鸟

【注释】

① 崦嵫音奄兹。郭璞注："日没所入山也，见《离骚》。"《离骚》"吾

令羲和弭节兮,望崦嵫而勿迫",王逸注:"崦嵫,日所入山也。下有蒙水,水中有虞渊。"《穆天子传》谓之"弇山",郭璞注:"弇兹山,日所入也。"毕沅以为山在甘肃秦州(天水)西五十里,张步天以为在甘肃迭部县以西之甘川边境。

②郝懿行曰:"符,疑借为'柎'字。"

③吴任臣曰:"瘅音旦,恶创也。又黄病,与疸同,医家有五疸症。"

④《图赞》曰:"爰有丹木,生彼洧盘。厥实如瓜,其味甘酸。瘯病辟火,用奇桂兰。"张步天以中医"去火解表"释"御火",颇新。

⑤郭璞注:"(苕)或作'若'。"郝懿行曰:"若水疑即蒙水也。"

⑥郭璞注:"《禹大传》曰:'洧盘之水,出崦嵫山。'"郝懿行曰:"《离骚》云'朝濯发乎洧盘',王逸注云:'洧盘,水名也。'引《禹大传》与此注同,是郭以洧盘即苕水也。"此称"海",或是湿地沼泽之类。

⑦郭璞注:"磨石也。精为砥,粗为砺也。"

⑧郭璞注:"喜抱举人。"

⑨《图赞》曰:"穷奇如牛,猬毛自表。蒙水之羸,匪鱼伊鸟。孰湖之兽,见人则抱。"

⑩郭璞注:"蜼,猕猴属也。音赠遗之遗,一音诔。见《中山经》(346)。'尾'又作'眦'。"按:"蜼"见《中次九经》(388)。

⑪郭璞注:"(号)或作'设','设'亦'呼'耳,疑此脱误。"郝懿行曰:"注'设亦呼耳','设'无'呼'义,是知'设'盖'詨'字之讹也。郭云'疑此脱误'者,既云'其名自号',而经无其名,故知是脱。"

123 凡《西次四经》自阴山以下至于崦嵫之山,凡十九山,三千六百八十里①。其神祠礼:皆用一白鸡祈,糈以稻米,白菅为席。

【注释】

① 毕沅曰：“此经之山自陕西榆林府、延安府西南至甘肃秦州也。”
张步天云：“此经错简多，十九山次序应为：一阴山，二劳山，三罢父，
四申山，五鸟山，六上申，七申首，八孟山，九诸次，十号山，十一英鞮，
十二中曲，十三白於，十四泾谷，十五刚山尾，十六刚山，十七邽山，十八
鸟鼠同穴山。”

右《西经》之山凡七十七山 ①，一万七千五百一十七里 ②。

【注释】

① 郝懿行曰：“当云‘七十八山’。”

② 郝懿行曰：“经当有一万七千五百二十一里，今则一万八千
一十二里。”

卷三　北山经

124《北山经》之首曰单狐之山①，多机木②，其上多华草③。
滢水出焉④，而西流注于泑水⑤，其中多芘石、文石⑥。

【注释】

　　① 吴任臣曰："'单狐'一作'罳狐'，在洛一百五十里，秦迁西周公于单狐聚，即此。"汪绂以为此西北之山，近崇吾、长沙二山。吴承志以为在新疆哈喇沙尔厅（今焉耆）西北。

　　② 郭璞注："机木似榆，可烧以粪稻田，出蜀中。"杨慎曰："机，今之桤也。"

　　③ 郝懿行曰："'华草'未详。《吕氏春秋·别类篇》云'夫草有莘有藟'，《太平御览》九百九十四卷引'莘'作'华'，然则'华草'岂是与？《吕氏春秋》说此草云：'独食之则杀人，合而食之则益寿。'存以俟考。"

　　④ 郭璞注："（滢）音逢。"

　　⑤ 毕沅曰："《说文》云：泑泽在昆仑下。《汉书·西域传》云盐泽。"张步天以为即今塔里木河或其支流。

　　⑥ 吴任臣曰："文石即玛瑙。又《周礼·秋官》注'嘉石，文石也'，盖指石之有文理者。"郝懿行曰："疑'芘'当为'茈'，'茈'古字，假借

为'紫'也。"是此石或即紫石英。

125　又北二百五十里曰求如之山^①。其上多铜,其下多玉,无草木。滑水出焉,而西流注于诸毗之水^②。其中多滑鱼,其状如鳝^③,赤背,其音如梧^④,食之已疣^⑤。其中多水马,其状如马,文臂牛尾^⑥,其音如呼^⑦。

滑鱼　　　　　　　　　　水马

【注释】

　　① 求如之山,吴承志以为在"今喀喇沙尔(焉耆)西北"。

　　② 郭璞注:"水出诸毗山也。"郝懿行曰:"《西次三经》(87)云'槐江之山,北望诸毗',即此山也。"

　　③ 郭璞注:"鳝鱼似蛇,音善。"

　　④ 郭璞注:"如人相枝梧声,音吾子之吾。"郝懿行曰:"义当如'据梧'之'梧'。"按:《庄子·齐物论》"惠子之据梧也",《释文》引司马彪云"梧,琴也",崔譔云"琴瑟也"。

　　⑤ 郭璞注:"疣,赘也。"吴任臣曰:"字书疣音由,结肉也。"

⑥郭璞注："臂,前脚也。《周礼》曰:'马黑脊而斑臂膝。'汉武元狩四年,炖煌渥洼水出马,以为灵瑞者,即此类也。"吴任臣曰:"汉马出于余吾之水。魏黄初间,于上党得泽马。晋孝武太元十四年,镇池县河水有神马二匹。唐明皇时,灵昌郡得异马于河,皆'水马'也。"《图赞》曰:"马实龙精,爰出水类。渥洼之骏,是灵是瑞。昔在夏后,亦有何驷。"

⑦郭璞注:"如人叫呼。"

126 又北三百里曰带山①。其上多玉,其下多青碧。有兽焉,其状如马,一角有错②,其名曰䑏疏,可以辟火③。有鸟焉,其状如乌,五采而赤文,名曰鵸鵌④,是自为牝牡⑤,食之不疽⑥。彭水出焉,而西流注于芘湖之水。其中多鯈鱼⑦,其状如鸡而赤毛三尾,六足四首⑧,其音如鹊,食之可以已忧⑨。

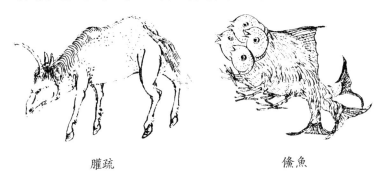

䑏疏　　　　　鯈鱼

【注释】

①张步天以为在天山之一段。

②郭璞注:"言角有甲错也。或作'厝'。"郝懿行曰:"'错',依字正当为'厝'。《说文》云:'厝,厉石也。'"

③《图赞》曰:"厌火之兽,厥惟䑏疏。有鸟自化,号曰鵸鵌。一头

十身,何罗之鱼。"

④ 郭璞注:"上已有此鸟,疑同名。"按:已见《西次三经》(102)。

⑤ 吴任臣曰:"《唐韵》注云'有鸟名鹢鹢,能自为牝牡',疑即此鸟也。"

⑥ 郭璞注:"无痈疽病也。"

⑦ 鯈音由。

⑧ 吴任臣曰:"《引书晶钝》云:'鯈,似鸡赤毛,六足四目也,从鱼。'"郝懿行曰:"'首'当为'目'字之讹也,今图正作四目,可证。今粤东人说:'海中有鱼名鯈,形如鸡而有软壳,多尾足,尾如八带鱼。宜盐藏,炙食之甚美,可以饷远。'疑即此也。"

⑨《图赞》曰:"汩和损平,莫惨于忧。诗咏萱草,《山经》则鯈。窫焉遗岱,聊以盘游。"

127 又北四百里曰谯明之山 ①。谯水出焉,西流注于河 ②。其中多何罗之鱼,一首而十身 ③,其音如吠犬,食之已痈。有兽焉,其状如貆而赤豪 ④,其音如榴榴 ⑤,名曰孟槐,可以御凶 ⑥。是山也,无草木,多青雄黄 ⑦。

何罗鱼　　　　　　孟槐

【注释】

①吴任臣曰："《荒史·循蜚纪》有谯明氏，盖居于此山也。《冠编》云：'谯明氏显治谯明之山。'罗泌云：'伯益之书有谯明之山、涿光之山，而俱载于《北经》。谯明、涿光，信其为继治者，乃知邃古之事，非必无据。'"吴承志以为谯明之山在库车东北，张步天以为在哈尔克山东段。

②吴任臣曰："《一统志》：'谯水在陕州城南三里涌出入河，俗呼三里涧。'"

③王崇庆曰："何罗之鱼，鬼车之鸟，可以并观。"杨慎曰："何罗鱼，今名八带鱼。"杨慎《异鱼图赞》曰："何罗之鱼，十身一首。化而为鸟，其名休旧。窃糈于舂，伤陨在臼。夜飞曳音，闻舂疾走。"袁珂曰：杨慎《异鱼图赞》为关于此鱼之异闻。意十首一身之姑获鸟（即休旧），其此鱼之所化乎？

④郭璞注："貆，豪猪也，音丸。"

⑤榴榴，已见《西次三经》（96）"阴山"条，天狗叫声。

⑥郭璞注："辟凶邪气也。亦在《畏兽画》中也。"《图赞》曰："孟槐似貆，其豪则赤。列象《畏兽》，凶邪是辟。气之相胜，莫见其迹。"

⑦郭璞注："一作'多青碧'。"

128 又北三百五十里曰涿光之山[①]。嚣水出焉，而西流注于河。其中多鳛鳛之鱼[②]，其状如鹊而十翼，鳞皆在羽端，其音如鹊[③]，可以御火[④]，食之不瘅。其上多松、柏，其下多棕、橿。其兽多麢羊，其鸟多蕃[⑤]。

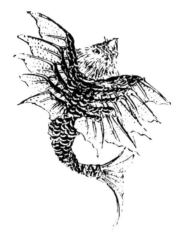

鳎鳎鱼

【注释】

　　① 吴任臣曰：“《荒史·循蜚纪》有涿光氏，盖居于此山也。《冠编》云：‘涿光氏显治涿光之山。’”吴承志以此山为拜城县北山。拜城县在今新疆阿克苏地区。

　　② 郭璞注：“（鳎）音袴褶之褶。”

　　③《图赞》曰：“鼓翮一运，十翼翩翻。厥鸣如鹊，鳞在羽端。是谓怪鱼，食之辟煸。”

　　④ 王崇庆曰：“鳎鱼御火，意其得水气居多，气有相制故也。”

　　⑤ 郭璞注：“未详，或云即鸦，音烦。”郝懿行曰：“‘蕃’通作‘繁’。《天问》‘繁鸟萃棘’，王逸注引‘有鸦萃止’为释。《广雅》亦以鷩鸟为鸦。‘鷩’、‘繁’于‘蕃’并同声假借字，皆郭所本。”俞樾曰：“按‘蕃’乃‘番’之假字。《说文》兽足谓之番。此山之鸟多似兽足者，故曰‘其鸟多番’。”

129　又北三百八十里曰虢山①。其上多漆，其下多桐、椐②。

其阳多玉，其阴多铁。伊水出焉，西流注于河。其兽多橐驼^③。其鸟多寓^④，状如鼠而鸟翼，其音如羊，可以御兵。

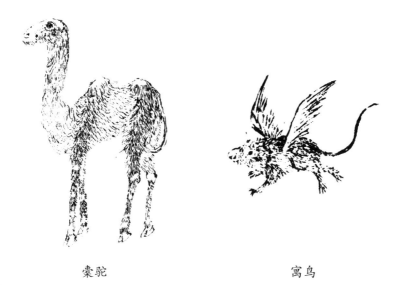

橐驼　　　　　　　　　　寓鸟

【注释】

①张步天云："虢山与虢山之尾当为连麓，地在今新疆阿克苏北直汗腾格里山之处。"

②郭璞注："桐，梧桐也。椐，樻木，肿节中杖。椐音祛。"

③郭璞注："有肉鞍，善行流沙中，日行三百里，其负千斤，知水泉所在也。"《图赞》曰："驼惟奇畜，肉鞍是被。迅景流沙，显功绝地。潜识泉源，微乎其智。"又《南史》"滑国出两脚驼"，亦异种。

④毕沅曰："《尔雅》所谓'寓属'也。"郝懿行曰："《尔雅》有'寓属'，又有'寓鼠曰嗛'。此经寓鸟盖蝙蝠之类，唯蝙蝠肉翅为异。"按：《尔雅》"寓属"有阙泄、多狙。俞樾曰："寓"从"禺"，"禺"从"内"，《说文》："内，兽足蹂地也。"是"其鸟多寓"与前文"其鸟多蕃"皆取鸟而兽足之义。

130　又北四百里至于虢山之尾^①，其上多玉而无石。鱼水出焉，西流注于河，其中多文贝。

【注释】

　　① 张步天以为地在今新疆阿克苏东北。

131　又北二百里曰丹熏之山^①。其上多樗^②、柏，其草多韭、薤^③，多丹雘。熏水出焉，而西流注于棠水。有兽焉，其状如鼠而菟首麋身^④，其音如獋犬，以其尾飞^⑤，名曰耳鼠^⑥，食之不𫝆^⑦，又可以御百毒。

耳鼠

【注释】

　　① 吴承志称丹熏之山即"今毕底尔卡外西伯利亚界中萨尔巴噶什部布鲁特牧地"，张步天云其地今属吉尔吉斯坦。

　　② 吴任臣曰："苏恭曰：'椿、樗二树形相似，但樗木疏、椿木实为别。'又山樗名栲，《诗》云'山有栲'是也。"

　　③ 郭璞注："皆山菜，《尔雅》有其名。"吴任臣曰："《说文》云：'一种而久，故谓之韭，生山中者名藿。'苏颂云：'形性亦与家韭类，但根白，

叶如灯心苗也。'薤,《尔雅》作'韰',叶似韭,一名蕌子,一名火葱,生山中者名藠。"

④ "身"字,王念孙曰:"《御览·兽二二》作'麋耳',《初学记》卷一九同,《白帖》九八作'鹿耳'。当系'耳'字。"

⑤ 郭璞注:"或作'髇飞'。嘷音豪。"

⑥ 吴任臣曰:"即鼺鼠,飞生鸟也,状如蝙蝠,暗夜行飞,其形翅联四足及尾,与蝠同,故曰'以尾飞'。《尔雅注》言'鼺鼠状如小狐',经称'耳鼠,菟首麋身',虽所喻不同,其实一也。"

⑦ 郭璞注:"脒,大腹也,见《裨仓》,音采。"郝懿行曰:"《本草经》云:'鼺鼠主堕胎,令产易。'陶(弘景)注:'鼺即鼺鼠,飞生鸟也。人取其皮毛,以与产妇持之,令儿易生。'义与此近。"《图赞》曰:"跳实以足,排虚以羽。翘尾翻飞,奇哉耳鼠。厥皮惟良,百毒是御。"又《艺文类聚》卷九五有《飞鼠赞》曰:"或以尾翔,或以髇凌。飞鼠鼓翰,儵然皆腾。用无常所,唯神斯凭。"

132　又北二百八十里曰石者之山。其上无草木,多瑶碧。泚水出焉,西流注于河①。有兽焉,其状如豹而文题白身②,名曰孟极,是善伏③,其鸣自呼。

孟极

【注释】

　　① 毕沅曰：“《史记正义》（《司马相如传》）云：《山海经》‘紫渊水出根耆之山，西流注河’。今经无此山。疑‘石者’‘者’字与‘耆’字相近，紫渊即洮水，当即是也。”张步天以为此山当在河源敦薨山之北，地望为今新疆叶城北。

　　② 郭璞注：“题，额也。”

　　③ 伏，藏伏。

133　又北百一十里曰边春之山 ①。多葱 ②、葵、韭、桃 ③、李。杠水出焉，而西流注于泑泽。有兽焉，其状如禺而文身 ④，善笑，见人则卧 ⑤，名曰幽頞 ⑥，其鸣自呼。

幽頞

【注释】

　　① 郭璞注：“或作‘春山’。”汪绂以为似即葱岭。毕沅曰：“疑此即葱岭，亦《穆天子传》所谓春山也。”郝懿行曰：“《穆天子传》有春山，即钟山也。”又曰：“山上多葱，疑即葱岭。”吴承志以为“今疏勒州西北喀尔提锦部布鲁特牧地东南通布仑岭”。

②郭璞注："山葱名茖,大叶。"

③郭璞注："山桃,樜桃,子小,不解核也。"

④吴任臣曰："大者为禺,小者为狨。"禺、狨皆为猿类。

⑤郭璞注："言佯眠也。"应是伏地作驯服状。

⑥郭璞注："或作'嬑嬒'。颇音遏。"《图赞》曰："幽颇似猴,俾愚作智。触物则笑,见人佯睡。好用小慧,终是婴累。"

134　又北二百里曰蔓联之山①,其上无草木。有兽焉,其状如禺而有鬣,牛尾、文臂、马蹄,见人则呼,名曰足訾②,其鸣自呼。有鸟焉,群居而朋飞③,其毛如雌雉,名曰鹒④,其鸣自呼,食之已风⑤。

足訾　　　　　　　　　鹒

【注释】

①张步天以为山在今蒙古海尔汗都兰附近。

②郝懿行曰："《楚辞·卜居》'将呢訾慄斯'。'呢訾'即'足訾',其音同。'慄斯'即'竦斯',声之转,鸟名。"《图赞》曰："鼠而傅翼,厥声如羊。孟极似豹,或倚无良。见人则呼,号曰足訾。"

③郭璞注："朋,犹辈也。"朋飞即群起齐飞。

④ 郭璞注："（鹎）音交，或作'渴'也。"吴任臣曰："鹎，疑即鹎鹃
也。鹎鹃一名鹛，顶有红毛如冠，翠鬣丹臂，颇似雉。"

⑤《图赞》曰："毛如雌雉，朋翔群下。飞则笼日，集则蔽野。肉验
针石，不劳补写。"

135 又北百八十里曰单张之山 ①，其上无草木。有兽焉，其
状如豹而长尾，人首而牛耳，一目，名曰诸犍。善吒 ②，行
则衔其尾，居则蟠其尾。有鸟焉，其状如雉而文首，白翼黄
足，名曰白鵺 ③，食之已嗌痛 ④，可以已痸 ⑤。栎水出焉，而
南流注于杠水。

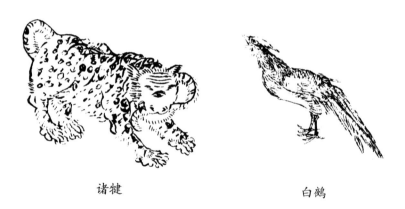

诸犍　　　　　　　　　　白鵺

【注释】

① 吴承志以为此山当在今新疆疏勒西北。

② 吒，怒叫。

③ 鵺音夜。毕沅曰："此即《尔雅》'鷨雉'，郭云'今白鷨也，江东
呼为白鵫，亦名白雉'是也。"

④ 郭璞注："嗌，咽也。《穀梁传》曰：'嗌不容粒。'今吴人呼咽为嗌。

音隘。"

　　⑤郭璞注："瘌（音斥），痴病也。"瘌即白痴。

136 又北三百二十里曰灌题之山^①。其上多樗、柘^②，其下多流沙，多砥。有兽焉，其状如牛而白尾，其音如訆^③，名曰那父。有鸟焉，其状如雌雉而人面，见人则跃^④，名曰竦斯，其鸣自呼也^⑤。匠韩之水出焉，而西流注于泑泽，其中多磁石^⑥。

那父

竦斯

【注释】

　　①张步天以为此山在今甘肃西北境，或即今疏勒河发源之山。

　　②柘木坚致，宜作弓。《考工记》："弓人取材，以柘为上。"

　　③郭璞注："如人呼唤。訆音叫。"

　　④郭璞注："跃，跳。"

　　⑤郝懿行以为"竦斯"即《楚辞·卜居》"将呢訾慄斯"之"慄斯"。《图赞》曰："诸犍善咤，行则衔尾。白鹣竦斯，厥状如雉。见人则跳，头文如绣。"

　　⑥郭璞注："可以取铁。《管子》曰：'山上有磁石者，下必有铜。'"《图赞》曰："磁石吸铁，琥珀拾芥。气有潜通，数亦冥会。物之相感，出乎意外。"

137　又北二百里曰潘侯之山[1]。其上多松、柏，其下多榛、楛。其阳多玉，其阴多铁。有兽焉，其状如牛而四节生毛，名曰旄牛[2]。边水出焉，而南流注于栎泽。

【注释】

[1] 吴承志以为即"今疏勒州西乌帕喇特山，亦曰乌帕勒山"。

[2] 郭璞注："今旄牛背、膝及胡、尾皆有长毛。"《图赞》曰："牛充兵机，兼之者旄。冠于旌鼓，为军之标。匪肉致灾，亦毛之招。"

138　又北二百三十里曰小咸之山[1]。无草木，冬夏有雪。

【注释】

[1] 吴承志以为小咸、大咸二山均在今新疆巴里坤、哈密一带。

139　北二百八十里曰大咸之山。无草木，其下多玉。是山也，四方，不可以上。有蛇名曰长蛇[1]，其毛如彘豪，其音如鼓柝[2]。

长蛇

【注释】

① 郭璞注："说者云长百寻,今蝮蛇色似艾,绶文,文间有毛如猪鬐,此其类也。常山亦有长蛇,与此形不同。"《图赞》曰："长蛇百寻,厥鬣如彘。飞群走类,靡不吞噬。极物之恶,尽毒之厉。"

② 郭璞注："如人行夜敲木柝声。(柝)音托。"鼓,敲打;柝,更木。

140　又北三百二十里曰敦薨之山^①。其上多棕、柟,其下多茈草。敦薨之水出焉,而西流注于泑泽,出于昆仑之东北隅,实惟河源^②,其中多赤鲑^③。其兽多兕、旄牛^④,其鸟多鸤鸠^⑤。

赤鲑

【注释】

①《水经注·河水》："大河又东,左会敦薨之水。其水出焉耆之北敦薨之山,在匈奴之西,乌孙之东。"汪绂疑此山"即匈奴之燕支山,今在山丹西北"。张步天以为即昆仑山。

② 郭璞注："即河水,出昆仑之虚。"

③ 郭璞注："今名鮷鲐为鲑鱼。(鲑)音圭。"郝懿行以为鮷鲐即河豚。

④ 郭璞注："或作'朴牛'。朴牛见《天问》，所未详。"按:《天问》"恒秉季德，焉得夫朴牛"，王逸注："朴，大也。"与此经无关。

⑤ 郝懿行曰："'鸤'当为'尸'。"

141　又北二百里曰少咸之山①。无草木，多青碧。有兽焉，其状如牛而赤身，人面马足，名曰窫窳②，其音如婴儿，是食人。敦水出焉③，东流注于雁门之水④。其中多鮨鮨之鱼⑤，食之杀人。

窫窳

【注释】

① 毕沅曰："此山当在汉代郡东南，今代州。"张步天以为此山在今内蒙古集宁之南。

② 郭璞注："《尔雅》云'窫窳似貙，虎爪'，与此错。轧、愈二音。"吴任臣曰："或为'貐㺄'，或为'猰窳'，形状不同，所传亦异，实未详也。"又《淮南子·本经》："猰㺄、凿齿、九婴、大风、封豨、修蛇皆为民害。尧乃使羿诛凿齿于畴华之野，杀九婴于凶水之上，缴大风于青丘之泽，上射十日而下杀猰㺄，断修蛇于洞庭。"按:《尔雅·释兽》作"貚㺄"，云："貚㺄，类貙，虎爪，食人，迅走。"《海内经》(811)："窫窳龙首，是食人。"

此为食人之窫窳。而窫窳或为天神，如《海内西经》（598）"蛇身人面"为贰负臣所杀之窫窳。依袁珂说，"龙首食人"之窫窳，乃天神之窫窳死后所化。

③《水经注·灅水》："敦水注之。其水导源西北少咸之山南麓，东流迳参合县故城南。"

④郭璞注："水出雁门山间。"张步天以为此水即山西境内之南洋河。

⑤郭璞注："（魳）音沛，未详。或作'鯆'。"吴任臣曰："李时珍《本草纲目》以为即'鯸鲐'也，与鲑同物异名。又江豚别名鯆鱼，《魏武食制》谓之'鲟魳'，未知孰是。"按：据"食之杀人"，似以江豚为近是。

142　又北二百里曰狱法之山①。瀤泽之水出焉②，而东北流注于泰泽。其中多鲩鱼，其状如鲤而鸡足，食之已疣③。有兽焉，其状如犬而人面，善投④，见人则笑，其名山𤟤⑤，其行如风⑥，见则天下大风⑦。

鲩鱼

山𤟤

【注释】

　①张步天云："狱法之山当在杭爱山东端,今蒙古土谢图汗旗一带求之。"

　②濼音怀。毕沅曰："《说文》云:'濼,北方水也。'出此。"

　③鰠音藻。《图赞》曰:"鰠之为状,半鸟半鳞。形如鸡鲤,食之已疣。"

　④毕沅曰:"投,读如举,言善举人。"

　⑤獂音晖。罗愿《尔雅翼》"狒狒"条:"一名獂獂,一名枭羊,一名山獂,俗谓之山都,北方谓之土蝼。周成王时,州糜国尝献之。"吴任臣曰:"窃谓狒狒者,枭羊也;山獂者,山都、山丈类。又狒狒人形,山獂兽状,故有差别,罗氏误矣。郭璞注'枭阳国',以山都即狒狒,亦非是。"毕沅曰:"《说文》:'獂,兽名。'刘渊林注《吴都赋》云:'獂子,猿类,猿身人面,见人则笑。'(按:《文选注》作"啸")《异物志》云:庐陵大山之间,山都似人,裸身,见人便走。有男女,可长四五尺,能丛明相唤,常在幽昧之中,似魑魅鬼物。见《初学记》。"

　⑥郭璞注:"言疾。"

　⑦《图赞》曰:"山獂之兽,见人欢谑。厥性善投,行如矢激。是惟气精,出则风作。"

143　又北二百里曰北岳之山①。多枳、棘、刚木②。有兽焉,其状如牛而四角,人目彘耳,其名曰诸怀③,其音如鸣雁,是食人。诸怀之水出焉⑤,而西流注于嚣水。其中多鮨鱼⑥,鱼身而犬首⑦,其音如婴儿,食之已狂。

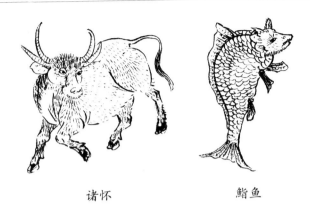

诸怀　　　　　　　　鲐鱼

【注释】

　　① 汪绂曰："此非恒山北岳。"郝懿行曰："即恒山也。在今山西大同浑源州。"张步天从之。

　　② 刚木，硬木。郭璞注："檀、柘之属。"

　　③ 怀，《玉篇》、《字汇》作"㺌"。

　　④ 吴任臣引《兽经》曰："穷奇之音嗥狗，诸怀之音鸣雁。"

　　⑤ 吴任臣曰："水以兽名，犹蚘山、赣水之义。"

　　⑥ 鲐音诣。

　　⑦ 郭璞注："今海中有虎、鹿鱼及海狶，体皆如鱼，而头似虎、鹿、猪，此其类也。"郝懿行曰："此经'鲐鱼'盖鱼身鱼尾而狗头，极似今海狗。登州海中有之，其状非狗非鱼，《本草》家谓之'骨肭兽'是也。"

144　又北百八十里曰浑夕之山^①。无草木，多铜、玉。嚣水出焉^②，而西北流注于海。有蛇，一首两身，名曰肥遗，见则其国大旱^③。

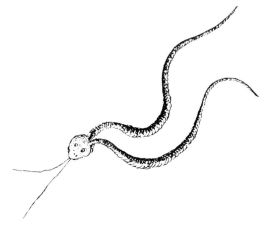

肥遗

【注释】

　　① 张步天以为"夕""勺"二字形近,勺即虖夕,即滹沱河。浑夕之名当取自浑、勺二水名,故此山当在浑水、滹沱水之间,地当在今山西代县北。

　　② 嚣水,《尔雅翼》引经作"嚻水"。

　　③ 郭璞注:"《管子》曰'涸水之精名曰蟡,一头而两身,其状如蛇,长八尺,以其名呼之,可使取鱼龟',亦此类。"吴任臣曰:"《搜神记》曰:'涸小水精生蚔,蚔者一头而两身,其状若蛇。'即《管子》之所记也。"郝懿行曰:"《说文》'蟡'即'逶'字或体,'逶迤'即'委蛇'也,与'肥遗'声相近,岂即是与?"钱侗曰:"经云'一首两身',即《管子》所称'一头两身'之蟡。'蟡'字缓言之则为'肥遗',其为同物无疑。'涸水'、'嚣水'亦一声之转。"《图赞》曰:"窦窳诸怀,是则害人。鱳之为状,羊鳞黑文。肥遗之蛇,一头两身。"

145　又北五十里曰北单之山^①。无草木，多葱、韭。

【注释】

　　① 张步天以为北单之山即北单于之山，此山当在今内蒙古四子王旗境，即阴山东端。

146　又北百里曰罴差之山^①。无草木，多马^②。

【注释】

　　① 张步天以为此山在今内蒙古乌兰察布盟西部。

　　② 郭璞注："野马也，似马而小。"

147　又北百八十里曰北鲜之山^①，是多马。鲜水出焉，而西北流注于涂吾之水^②。

【注释】

　　① 张步天以为此山即蒙古乌兰巴托东之姑衍山。

　　② 郭璞注："汉元狩二年，马出涂吾水中。"毕沅曰："其水在今陕西怀远县北河套外。"郝懿行曰："《汉书·地理志》云'上党郡，余吾'，疑县因水为名。"

148　又北百七十里曰堤山^①，多马。有兽焉，其状如豹而文首，名曰狕^②。堤水出焉，而东流注于泰泽，其中多龙龟^③。

狣　　　　　　　　　　　龙龟

【注释】

①　郭璞注："（堤）或作'陡'，古字耳。"张步天以为山当在蒙古境内库苏泊之东。

②　狣音妖。

③　王崇庆曰："龙龟，盖龟之大者。亦谓既有龙而又有龟也。"郝懿行曰："龙、龟二物也。或是一物，疑即吉吊也，龙种龟身，故曰龙龟。裴渊《广州记》：'吉吊生岭南，蛇头龟身，水宿木栖。其膏至轻利，铜及瓦器盛之皆浸出，置鸡卵壳中则不漏，其透物甚于醍醐也。'"

149　凡《北山经》之首自单狐之山至于堤山①，凡二十五山，五千四百九十里。其神皆人面蛇身。其祠之：毛用一雄鸡、彘，瘗，吉玉用一珪，瘗，而不糈②。其山北人，皆生食不火之物③。

北山神

【注释】

①　汪绂曰："大约皆宁夏以北之山。自单狐至敦薨

十七山并西山而西，自少咸至堤山八山，并北而东者之山。"毕沅曰："此经之山当是西域塞外，东至于山西，多不定其所在也。"张步天所说更有不同。

②郭璞注："言祭不用米，皆埋其所用牲玉。"

③郭璞注："或作'皆生食而不火'。"

150《北次二经》之首在河之东，其首枕汾①，其名曰管涔之山②。其上无木而多草，其下多玉。汾水出焉③，而西流注于河④。

【注释】

①郭璞注："临汾水上也。"汪绂曰："枕，枕之也，其山临汾水上也。"

②郭璞注："今在太原郡故汾阳县北秀容山。涔音岑。"吴任臣曰："管涔山，土人亦曰箕管山。又为'菅'字，见多菅草，或以为名。刘会孟云：'管涔山，今属静乐县。'"汪绂曰："此《北次二经》之首，大抵冀州以北之山川也。管涔山在今太原府汾阳县北，又名秀容山，故曰在河之东。"今静乐县在太原西北百里。毕沅以为山在静乐县北。张步天以为山在五寨县东。按：五寨县东为宁武县，宁武有地名涔山。

③吴任臣曰："《十三州记》：'汾水出武州燕京山，亦管涔之异名也。'李维祯《五台山记》云：'燕京山一名管涔，即五台之一。'"

④郭璞注："至汾阳县北西入河。"郝懿行曰："《地理志》云：'汾水出汾阳，至汾阴入河。'郭注'阳'盖'阴'之讹。"

151　又西二百五十里曰少阳之山①。其上多玉，其下多赤银^②。酸水出焉,而东流注于汾水^③。其中多美赭^④。

【注释】

①吴任臣引《名胜志》:"少阳山在交城县西北四十里。"毕沅曰:"少阳山在今管涔山东南可三百里。"张步天以为山在今山西交城县西。

②郭璞注:"银之精也。"吴任臣引《宝藏论》云:"银牙生银坑内石缝中,状如乱丝,红色者上,即赤银也。"郝懿行曰:"《穆天子传》有'烛银',郭注云'银有精光如烛',疑即此。"

③《水经注·汾水》:"又南迳秀容城东。东去汾水六十里,南与酸水合,水源西出少阳之山,东南流注于汾水。"

④郭璞注:"《管子》曰:'山上有赭者,其下有铁。'"吴任臣曰:"赭,赤土。晋张华尝以赤土拭宝剑。《本草别录》曰:'出代郡者名代赭,出姑幕者名须丸,一名血师。'"

152　又北五十里曰县雍之山^①。其上多玉,其下多铜。其兽多闾麋^②,其鸟多白翟、白䳛^③。晋水出焉,而东南流注于汾水^④。其中多鮆鱼,其状如鯈而赤鳞^⑤,其音如叱,食之不骄^⑥。

闾麋

鲮鱼

【注释】

①郭璞注："今在晋阳县西，名汲瓮。雍音瓮。"吴任臣曰："《郡国志》曰：'悬瓮山，一名龙山。'《一统志》云：'因山腹有巨石如瓮，故名。'"按：晋阳即今山西太原，其西有悬瓮山。

②郭璞注："闾即羭也，似驴而岐蹄，角如麢羊，一名山驴。《周书》曰：'北唐以闾。'亦见《乡射礼》。"按：《仪礼·乡射礼》云："君，国中射，则皮树中；于郊，则闾中。"注："闾，兽名，如驴一角，或曰如驴岐蹄。"

③郭璞注："即白鹏也。"鹬音柚。郝懿行曰："白鹬即白雗，雉也。"

④郭璞注："东过晋阳南，又东入汾。"《水经》："晋水出晋阳县西悬瓮山，东过其县南，又东入于汾水。"

⑤郭璞注："小鱼曰鯈。"

⑥郭璞注："（骄）或作'骚'。骚，臭也。"吴任臣曰："即蕴羝之疾。"所谓狐臭也。《图赞》曰："微哉鮆鱼，食则不骄。物在所感，其用无标。"

153 又北二百里曰狐岐之山①。无草木，多青碧。胜水出焉，而东北流注于汾水，其中多苍玉。

【注释】

　　① 吴任臣曰："在汾州介休县东南二十五里,孝义县西八十里,胜水所出。又名洪山。"汪绂云山在介休,毕沅云山在孝义县西六十里,总为一地也,唯张步天以为在中阳与孝义间。

154 又北三百五十里曰白沙山 ①。广员三百里,尽沙也,无草木鸟兽。鲔水出于其上,潜于其下 ②,是多白玉。

【注释】

　　① 吴承志以为山在今内蒙古苏尼特左旗南。此处为沙漠。

　　② 郭璞注:"出山之顶,停其底也。"潜,没入地下也。汪绂曰:"潜于其下,盖以其皆沙故也。"

155 又北四百里曰尔是之山 ①,无草木,无水。

【注释】

　　① 张步天以为此山在今二连浩特附近,至认为"二"与"尔"有语音联系,则想象太过了。

156 又北三百八十里曰狂山 ①,无草木。是山也,冬夏有雪。狂水出焉,而西流注于浮水 ②,其中多美玉。

【注释】

　　① 汪绂以为此山在山西大同以北。张步天以为山在杭爱山东端,地

在今蒙古三音诺颜中部。

②吴任臣引《国名记》云："狂水迳纶氏城,在阳城。"张步天以为狂水即扎布汗河上源西支,浮水则即扎布汗河。

157　又北三百八十里曰诸余之山①。其上多铜、玉,其下多松、柏。诸余之水出焉,而东流注于㕎水。

【注释】

①张步天以为此山当在辽河南源老哈河源头即克会克腾旗南虾蟆岭求之。㕎水即今辽河。

158　又北三百五十里曰敦头之山①。其上多金、玉,无草木。㕎水出焉,而东流注于印泽②。其中多𫘝马③,牛尾而白身,一角④,其音如呼。

𫘝马

【注释】

①张步天以为此山即辽河正源,地在今内蒙古克什克腾旗南。

② 郝懿行曰："'印泽',下文北嚣山（160）作'邛泽'。"

③ 驒音勃。

④ 吴任臣曰："马一角者名驒。元康八年，九真郡曾猎得之。《王会解》云：'俞人虽马。'虽马亦一角，皆斯类也。"《图赞》曰："有兽如豹，厥文惟缛。间善跃崄，驒马一角。"俞樾以为：张骏《山海经图画赞》曰："敦山有兽，其名为教，麟形一角。"此即《后汉书·班超传》所谓"符拔"也，李贤注："符拔形似麟而无角。"虽一角无角两书不同，然驒、拔音近，又皆似麟，其为一兽无疑。按：符拔又见《汉书·西域传》"乌弋山离国有桃拔"孟康注："桃拔一名符拔，似鹿，长尾，一角者或为天鹿，两角者或为辟邪。"

159　又北三百五十里曰钩吾之山①。其上多玉，其下多铜。有兽焉，其状如羊身人面，其目在腋下，虎齿人爪，其音如婴儿，名曰狍鸮②，是食人③。

狍鸮

【注释】

　　① 张步天以为钩吾山即句注山，在今山西省朔县南。

　　② 吴任臣引《玉芝堂谈荟》云："猼訑目在背上，狍鸮目在腋下。"
汪绂曰："狍鸮犹咆然，气健貌。"咆然即咆哮。

　　③ 郭璞注："为物贪惏，食人未尽，还害其身，像在夏鼎，《左传》所
谓'饕餮'是也。狍音咆。"黄伯思《东观余论》曰："饕餮之为物，食人
未尽，还啮其躯，又其目在腋下，《山经》所谓狍鸮者，故多以饰器之腋
腹，象其本形，示为食戒。"彭俨《五侯鲭》云："钩吾山兽名饕餮，能食
人。"《图赞》曰："狍鸮贪惏，其目在腋。食人未尽，还自龈割。图形妙
鼎，是谓不若。"

160　又北三百里曰北嚻之山^①，无石。其阳多碧，其阴多玉。
有兽焉，其状如虎而白身犬首，马尾彘鬣，名曰独𤢚^②。有
鸟焉，其状如乌，人面，名曰𪆻𪃑^③，宵飞而昼伏^④，食之已
暍^⑤。涔水出焉，而东流注于邛泽^⑥。

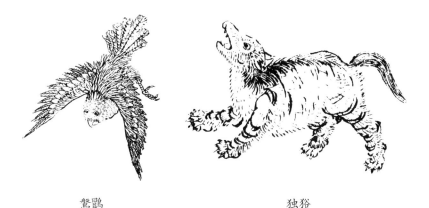

　　　　𪆻𪃑　　　　　　　　　　　　独𤢚

【注释】

① 张步天以为北嚣山即北恒山，其主峰在河北曲阳县西北。

② 猲音谷。《图赞》曰："虎状马尾，号曰独猲。"《说文》云："北嚣山有独猲兽，如虎白身，豕鬣，尾如马。"《骈雅》曰："独猲如虎而马尾，猾裹如人而鬵鬣。"《事物绀珠》云："独猲如虎白身，犬首，马足，豕鬣。"

③ 鸳鶋，音般冒。王崇庆云："鸳鶋一作斑猫。"

④ 郭璞注："鵂鹠之属。"鵂鹠即猫头鹰。

⑤ 郭璞注："中热也。音谒。"中热即中暑。

⑥ 郝懿行曰："《说文》云：'浲水出北嚣山，入邙泽。'是经文'涔'当为'浲'，'邛'当为'邙'。上文作'印泽'（158），形近而讹。"

161　又北三百五十里曰梁渠之山①，无草木，多金、玉。修水出焉，而东流注于雁门②。其兽多居暨，其状如彙而赤毛③，其音如豚。有鸟焉，其状如夸父④，四翼一目犬尾，名曰嚣，其音如鹊，食之已腹痛，可以止衕⑤。

居暨　　　　　　　　　嚣

【注释】

① 毕沅曰："其山当在汉代郡且如县北塞外。"张步天以为当在内蒙古兴和县境。

② 郭璞注："水名。"吴任臣曰："修水即于延水也。《水经注》云：'《地理志》有于延水而无雁门、修水之名，《山海经》有雁门之目而无说，于延河自下亦通谓之于延水矣。'"郝懿行曰："雁门水即㶟水。"

③ 郭璞注："彙似鼠，赤毛如刺猬也。彙音渭。"

④ 郭璞注："（夸父）或作'举父'。"毕沅曰："夸、举音相近，即玃父也。"

⑤ 郭璞注："治洞下也。音洞。"即今之痔漏。汪绂以为是泻泄，则为痢疾矣，似是。

162　又北四百里曰姑灌之山①，无草木。是山也，冬夏有雪。

【注释】

① 山在漠北。张步天以为即今车臣达尔汗山，则未必然。

163　又北三百八十里曰湖灌之山①。其阳多玉，其阴多碧，多马。湖灌之水出焉，而东流注于海，其中多䱻②。有木焉，其叶如柳而赤理③。

【注释】

① 张步天以为山在今河北沽源县南。

② 䱻，郭璞注："亦鳝鱼字。"

③ 吴任臣曰："今柽柳似柳而赤色，未审是非。"郝懿行曰："柳有一

种赤者,名赤柳。"

164 又北水行五百里,流沙三百里,至于洹山^①。其上多金、玉。三桑生之,其树皆无枝,其高百仞^②。百果树生之,其下多怪蛇。

【注释】

① 汪绂以为山在大漠北。毕沅疑"洹"当为"恒"。张步天以为洹山当在今色楞格河中下游一带。

② 郝懿行曰:"《海外北经》(539)云'三桑无枝在欧丝东,其木长百仞。'即此。"《图赞》曰:"居暨豚鸣,如彙赤毛。四翼一目,其名曰鸮。三桑无枝,厥树惟高。"

165 又北三百里曰敦题之山^①,无草木,多金、玉,是錞于北海^②。

【注释】

① 毕沅曰:"疑即雁门阴馆累头山。敦题、累头皆音之转。"郝懿行曰:"今案上文有'敦头山',与'累头'之声尤相近,未审谁是。"张步天以为下文"北海"即贝加尔湖,敦题之山当在今俄罗斯境内雅布洛夫山一带。

② 郝懿行曰:"《西山经》(61)曰'錞于西海',此云'錞于北海',其义同。"

166 凡《北次二经》之首,自管涔之山至于敦题之山^①,凡十七山^②,五千六百九十里。其神皆蛇身人面^③。其祠:毛用一雄鸡、彘,瘗^④,用一璧一珪,投^⑤而不糈^⑥。

北山神

【注释】

① 毕沅曰:"此经之山自山西太原府东北至忻、代诸州也。"

② 细数实十六山。或有脱误。张步天云:《北次三经》多出一山,疑其中乾山应入《次二经》。

③ 毕沅曰:"言身有鳞。"

④ 郭璞注:"埋之。"

⑤ 郭璞注:"擿玉于山中以礼神,不埋之也。"

⑥ 不糈,祭不用米也。

167 《北次三经》之首曰太行之山,其首曰归山^①。其上有金、玉,其下有碧。有兽焉,其状如羚羊而四角^②,马尾而有距,其名曰𩢴,善还^③,其鸣自叫。有鸟焉,其状如鹊,白身赤尾六足,其名曰鵸^④,是善惊,其鸣自詨^⑤。

騨　　　　　　　　　　　鵸

【注释】

① 郭璞注：“今在河内野王县西北。行音户刚反。”在今河南辉县。吴任臣引《丹铅录》曰：“太行山一名五行山,《列子》作‘太形’,则行本音也。”又引《一统志》云：“山势绵亘数千里,虽各因地立名,其实皆名太行山。”按：此句起例与其他首、次经起句不同,先言“首曰太行之山”,又曰“其首曰归山”,是前者言本山系之首为太行山,此太行山应指太行山脉,而下言归山为太行山脉中之一山,全句可解为：《北次三经》之首为太行山之归山。汪绂以归山在河南怀庆府河内县（今沁阳）西北,毕沅以为在河南辉县西北,均与郭注相近。吴承志以为归山在河南济源县境,太行八陉之首轵关陉,亦相距不远。

② 郝懿行曰：“刘昭注《郡国志》引此经,‘麢’作‘麇’,无‘羊’字。”

③ 郭璞注：“还,旋；旋,舞也。騨音晖。”李时珍《本草纲目》卷五一上：騨,山驴之类。《图赞》曰：“騨兽四角,马尾有距。涉历归山,腾岭跃岨。厥貌惟奇,如是旋舞。”

④ 鵸音奔。

⑤郭璞注："今吴人谓呼为詨。"詨音叫。

168　又东北二百里曰龙侯之山①。无草木，多金、玉。决决之水出焉，而东流注于河。其中多人鱼②，其状如鯑鱼四足，其音如婴儿③，食之无痴疾④。

人鱼

【注释】

　　①张步天云：卫挺生以为此山在今河南济源县，可从。

　　②吴任臣曰："《史记》：'始皇之葬也，以人鱼为烛。'又《稽神录》言：'人鱼上身如妇人，腰以下皆鱼。'"

　　③郭璞注："鯑见《中山经》（346）。或曰人鱼即鲵也，似鲇而四足，声如小儿啼，今亦呼鲇为鯑，音啼。"吴任臣曰："鯑鱼、鲵鱼皆名人鱼，此则鲵鱼也。李时珍谓'鯑声如小儿，故名'，盖即鯑鱼之能上树者，与海中鲸同名。陈藏器云：'鲵生溪中，似鲇，有四足长尾，能上树。'又一名'孩儿鱼'。秦人名'鰯'，蜀人名'魶'，《益部方物略》记'魶鱼出溪谷及雅江，有足能缘木，其声如儿啼'是也。"

　　④《酉阳杂俎》卷一七："鲵鱼，峡中人食之，先缚于树鞭之，身上白

汗出如构汁,此方可食,不尔有毒。"与此说异趣。

169　又东北二百里曰马成之山①。其上多文石,其阴多金、玉。有兽焉,其状如白犬而黑头,见人则飞②,其名曰天马③,其鸣自訆。有鸟焉,其状如乌,首白而身青足黄,是名曰鶌鶋④,其鸣自詨,食之不饥,可以已寓④。

鶌鶋

【注释】

　　① 张步天以为山在今山西横川县境。

　　② 郭璞注:"言肉翅飞行自在。"

　　③ 吴任臣曰:"《韵宝》云:'飞虞,天上神兽,鹿头龙身,在天为勾陈,在地为天马,即其兽也。'文人用'天马行空'之语,亦指此尔。"《图赞》曰:"龙凭云游,螣蛇假雾。未若天马,自然凌鷔。有理悬运,天机潜御。"

　　④ 鶌鶋音屈居。

　　⑤ 郭璞注:"未详。或曰:寓,犹误也。"郝懿行曰:"误,疑昏忘之病也。"《图赞》曰:"鶌鶋如乌,青身黄足。食之不饥,可以辟谷。内厥惟珍,配彼丹木。"

170　又东北七十里曰咸山①。其上有玉,其下多铜,是多松、柏,草多茈草。条菅之水出焉,而西南流注于长泽。其中多器酸,三岁一成^②,食之已疠。

【注释】

①张步天以为在山西夏县东,其地古时为解州盐池之一部分,此"咸"与盐有关也。

②郭璞注:"所未详也。"王崇庆曰:"器酸,疑物之可食而酸者,如解州盐池出盐之类。盖泽水止而不流,积久或酸,理所有也,故曰三年一成。"器酸为物名,张步天以为或即池盐之衍生物,如秋石之类,其味苦酸,亦可通。

171 又东北二百里曰天池之山^①。其上无草木,多文石。有兽焉,其状如兔而鼠首,以其背飞^②,其名曰飞鼠^③。渑水出焉,潜于其下^④,其中多黄垩^⑤。

飞鼠

【注释】

①毕沅曰:"山在今山西静乐县东北。《水经注》:'桑乾水潜承太原汾阳县北燕京山之大池。池在山原之上。世谓之天池。'《隋书·地理志》云:'静乐有天池。'"张步天以为当是山西阳城县西南之析城山,其山顶亦有湖。

②郭璞注:"用其背上毛飞,飞则仰也。"

③ 杨慎曰："此即《文选》所谓飞蠝,云南姚安、蒙化有之,余所亲见也。其肉可食,其皮治难产。"《图赞》曰："或以尾翔,或以髯凌。飞鼠鼓翰,倏然皆腾。固无常所,惟神所凭。"毕沅本作"飞兔"。郝懿行曰："《初学记》引此经,云'以其背飞,名飞兔',又引《括地图》,亦作'飞兔',与今经文异。"

④ 郭璞注："停山底也。"吴任臣曰："河南渑池县与此近,战国渑池之会是其地也。"

⑤ 郭璞注："垩,土也。"

172 又东三百里曰阳山 ①。其上多玉,其下多金、铜。有兽焉,其状如牛而赤尾,其颈𩑡 ②,其状如句瞿,其名曰领胡 ③,其鸣自詨,食之已狂。有鸟焉,其状如雌雉而五采以文,是自为牝牡,名曰象蛇,其鸣自詨。留水出焉,而南流注于河。其中有鮯父之鱼 ④,其状如鲋鱼 ⑤,鱼首而彘身,食之已呕。

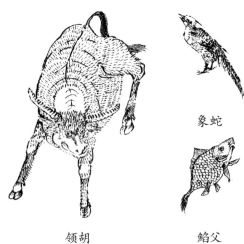

象蛇

领胡　　　　　鮯父

【注释】

①汪绂以为即"泽州之阳城山"。按：泽州今属晋城市，其西即阳城县。郝懿行曰："《水经注》有'大阳之山'，亦'通谓之薄山'，疑即此。"按：大阳故城在今山西平陆东北，即夏县之西南。

②郭璞注："言颈上有肉臀。"臀音坚。毕沅曰："《广雅》云：'肾，坚也。'郭云'肉臀'，犹云肉坚。"

③郭璞注："句瞿，斗也，音劬。"郝懿行曰："《元和郡县志》云：'海康县多牛，项上有骨，大如覆斗，日行三百里，即《尔雅》所谓犤牛。'疑此是也。"按：此兽名"领胡"，或即因其颈领有如斗斛之肉。

④鮯音陷。《图赞》曰："有鸟善惊，名曰鶜鵋。象蛇似雉，自生子孙。鮯父鱼首，厥体如豚。"

⑤鮒音附，即鲫鱼。按：《易·井》"井谷射鲋"，孔颖达疏："《子夏传》曰：井下虾蟆呼为鲋鱼也。"则此鮯父之鱼或身形似虾蟆，故下云"彘身"。

173 又东三百五十里曰贲闻之山①。其上多苍玉，其下多黄垩，多涅石②。

【注释】

①汪绂曰："以上山大抵皆太行之属。"张步天以为"贲闻之山"即"天门之山"，山西晋城南有先秦古塞天门，今仍名天井关，山或即在此。

②吴任臣曰："涅石，矾石也。与石涅不同，辨见《西次二经》(67)'女床山'注。"

174 又北百里曰王屋之山^①，是多石。灑水出焉^②，而西北流注于泰泽^③。

【注释】

①郭璞注："今在河东东垣县北，《书》曰'至于王屋'也。"郝懿行曰："汉、晋《地理志》并云：'河东郡，垣：《禹贡》王屋山在东北。'今在山西垣曲县也。注'东垣''东'字衍。"吴任臣曰："王屋山有二，一在山西之垣曲，一在河南之济源，实一山也。"汪绂曰："王屋山在绛州垣曲县，山形如屋，沇水所出。"毕沅说同。张步天亦从之。

②灑音辇。

③郭璞注："《地理志》：'王屋山，沇水所出。'灑、沇声相近，殆一水耳。沇则济也。"吴任臣曰："《水经注》引经'灑水'作'联水'，'泰泽'作'秦泽'。"郝懿行曰："秦泽，疑即荥泽也。荥泽在荥阳北。"

175 又东北三百里曰教山^①，其上多玉而无石。教水出焉，西流注于河。是水冬干而夏流，实惟干河^②。其中有两山。是山也，广员三百步，其名曰发丸之山，其上有金、玉。

【注释】

①吴任臣引《名胜志》云："教山今名效山，亦名罩山，在绛县东南八十里，入垣曲界。"毕沅以为在山西垣曲县北，郝懿行亦以为在山西垣曲县。

②郭璞注："今河东闻喜县东北有干河口，因名干河里，但有故沟处，无复水，即是也。"《水经注·河水》："今闻喜县东北谷口，犹有干河

里故沟存焉，今无复有水。世人犹谓之为干涧矣。"

176　又南三百里曰景山^①，南望盐贩之泽^②，北望少泽。其
上多草藷藇^③，其草多秦椒^④。其阴多赭，其阳多玉。有鸟
焉，其状如蛇，而四翼六目三足，名曰酸与^⑤，其鸣自詨，见
则其邑有恐^⑥。

酸与

【注释】

　　① 郭璞注："《外传》曰：'景、霍以为城。'" 按：郭注引文见《国
语·晋语》。吴任臣引《太平寰宇记》："山在闻喜县东南十八里。" 毕沅曰：
"山在今山西闻喜县南。" 张步天以为在山西夏县东，实与吴、毕之说同。

　　② 郭璞注："即盐池也，今在河南猗氏县。或无'贩'字。"《水经注》
曰："河东盐池谓之盬。今池水东西七十里，南北十七里，紫色澄渟，潭
而不流，水出石盐，自然印成，朝取夕复，终无减损。《山海经》谓之'盐
贩之泽'也。" 盐池在今山西解州。

③ 郭璞注："根似羊蹄，可食。"吴任臣曰："藷萸有二种，此草藷萸也。《中山经》（320）'其木多藷萸'，盖木藷萸也。"藷萸音曙豫，今字作"薯芋"，但非红薯，是今称"山药"而以怀庆所产为佳者。

④ 郭璞注："子似椒而细叶，草也。"

⑤《图赞》曰："景山有鸟，禀形殊类。厥状如蛇，脚三翼四。见则邑恐，食之不醉。"

⑥ 郭璞注："或曰'食之不醉'。"恐，惊惶。

177 又东南三百二十里曰孟门之山 ①。其上多苍玉，多金，其下多黄垩，多涅石。

【注释】

① 郭璞注："《尸子》曰：'龙门未辟，吕梁未凿，河出于孟门之上，大溢逆流，无有丘陵高阜灭之，名曰洪水。'《穆天子传》曰：'北升孟门、九河之隥。'"吴任臣引《辛氏三秦记》曰："河津一名龙门，巨灵迹犹在，去长安九百里。孟门与龙门相对，即龙门之上口也，实为河巨阨，兼孟门津之门也。"汪绂曰："在今怀庆孟县南。"张步天与汪绂说近，以为在河南辉县。而毕沅曰："山在今山西吉州西。"吉州今为吉县，西则至黄河壶口，而孟门在壶口下游，龙门在壶口上游，应是。

178 又东南三百二十里曰平山 ①。平水出于其上，潜于其下，是多美玉。

【注释】

　　① 吴任臣引《隋图经》曰："平山在平阳,一名壶口山,《尚书》'既载壶口'是也。今名姑射山,平水出其下。"所说在今山西临汾西。而毕沅以为在山西垣曲县东北。

179 又东二百里曰京山^①。有美玉,多漆木,多竹。其阳有赤铜,其阴有玄礵^②。高水出焉,南流注于河。

【注释】

　　① 张步天以为即霍山,在山西霍县东南。

　　② 郭璞注:"黑砥石也。《尸子》曰'如玄黄砥',明色非一也。"礵音小。

180 又东二百里曰虫尾之山^①。其上多金、玉,其下多竹,多青碧。丹水出焉,南流注于河。薄水出焉^②,而东南流注于黄泽^③。

【注释】

　　① 张步天云:"卫挺生以为此山在今山西省陵川县南,可从。"

　　② 郭璞注:"《淮南子》曰:'薄水出鲜于山。'"郝懿行曰:"《淮南·墬形训》云'镐出鲜于',郭引作'薄',或所见本异。"

　　③ 汪绂曰:"自景山以下,皆沿河东流,大抵怀、卫间山川也。"是以为在河南。郝懿行曰:"《穆天子传》云'东游于黄泽',盖即此。又《地理志》'魏郡,内黄',应劭注:'黄泽在西。'"

181　又东三百里曰彭𣲵之山 ①。其上无草木，多金、玉，其下多水。蚤林之水出焉，东南流注于河。肥水出焉 ②，而南流注于床水，其中多肥遗之蛇。

【注释】

① 徐显之以为即大伾山，在河南浚县境。

② 吴任臣曰："今镇原县西北有肥水，疑即此。"并引刘会孟曰："昔黄帝诛百魅，膏流成泉，故有肥泉之水。"郝懿行以为即《诗·邶风·泉水》之"肥泉"。

182　又东百八十里曰小侯之山 ①。明漳之水出焉，南流注于黄泽。有鸟焉，其状如乌而白文，名曰鸹鷱 ②，食之不灂 ③。

鸹鷱

【注释】

① 吴承志以为山即河南汤阴西山。

② 鸹鷱音姑习。

③ 郭璞注："不瞧目也。或作'瞷'。"灂音醮。《玉篇》以瞷为"目冥"，疑即今之所谓"雀蒙眼"，夜盲也。

183　又东三百七十里曰泰头之山 ①。共水出焉 ②，南注于虖池^③。其上多金、玉，其下多竹箭。

【注释】

　　① 吴承志以此经泰头之山即太行山，地望为今山西省寿阳县新兴镇南山。

　　② 共音恭。

　　③ 郭璞注："（虖池）呼、佗二音，下同。"即滹沱河。汪绂曰："此盖又背河而东北行矣。卫有共邑，又其地多竹，然虖沱犹远在其北，此共水不得云'南注'也。"吴承志以为共水"即今桃河，东北流入河北井陉西长城，折东合沾河，曰沾河（按：今称绵河），屈北至平山县西北入滹沱河"。

184　又东北二百里曰轩辕之山^①。其上多铜，其下多竹。有鸟焉，其状如枭而白首，其名曰黄鸟^②，其鸣自詨，食之不妒^③。

黄鸟

【注释】

　　① 吴任臣曰："《路史·禅通纪》有'轩辕氏作于空桑之北'，注引此

为据，非黄帝轩辕也。"吴承志以为即今河北献县东南之云台山，张步天从之。按：献县云台山不过数丈高之土丘，与经文"多铜多竹"皆不合。疑此山仍在晋东南一带。

②吴任臣曰："仓庚亦名黄鸟，仓庚即莺也。李时珍《本草纲目》于'莺'条下云'食之不妒'，且引经文为证，明以此鸟为仓庚矣。然经云'状如枭，白首'，与仓庚不甚类，疑亦同名异物者也。"郝懿行亦以为非黄莺，云《周书·王会篇》"方扬以皇鸟"及《尔雅》"皇，黄鸟"，方是此处之"黄鸟"。

③《图赞》曰："鸹鹖之鸟，食之不瞧。爰有黄鸟，其鸣自叫。妇人是服，矫情易操。"

185　又北二百里曰谒戾之山①。其上多松、柏，有金、玉。沁水出焉，南流注于河②。其东有林焉，名曰丹林，丹林之水出焉③，南流注于河。婴侯之水出焉，北流注于泛水④。

【注释】

①郭璞注："今在上党郡涅县。"即今山西东南部之高平。汪绂以为是山西沁源县羊头山。毕沅以为在山西乐平县。谭其骧以为在山西平遥东南，与汪说较近。

②郭璞注："至荥阳县东北入河，或出谷述县羊头山也。"郝懿行曰："'谷述'当为'谷远'，字之讹也。"又曰："今沁水至河南济源县入河。"

③《水经注》云："丹水出上党高都县故城东北阜下，俗谓之源源水。"下引此经云云，即此丹林之水。杨慎曰："丹林，今之怀庆清化镇，柿林百里，故曰丹林，实北地之上腴、太行之秩秀也。丹水在怀庆，实带

府城。”

　　④《水经注》:"湡水又会婴侯之水,北流注于祀水。"是此经"汜水"
乃"祀水"之误。

186　东三百里曰沮洳之山 ①。无草木,有金、玉。濝水出
焉 ②,南流注于河 ③。

【注释】

　　①郭璞注:"《诗》云:'彼汾沮洳。'"汪绂以为山即卫辉(今属河
南新乡)之大号山,古隆虑山也。毕沅以为山在河南辉县,实与汪说同。
张步天以为山在山西陵川东北,亦与河南辉县相接。

　　②濝音其。濝水即淇水。

　　③郭璞注:"今淇水出汲郡隆虑县大号山,东过河内县南,为白
沟。"隆虑即林虑,今河南林县。

187　又北三百里曰神囷之山 ①。其上有文石,其下有白蛇,
有飞虫。黄水出焉 ②,而东流注于洹 ③。滏水出焉 ④,而东
流注于欧水 ⑤。

白蛇

【注释】

① 毕沅曰："山在林虑，即今河南林县。"

② 吴任臣引刘凤《杂俎》云："隆虑县黄水出于神囷之山黄华谷。山高十七里，水出木门带直泻岩下，状若鸡翅，故谓之鸡翅洪。"按：隆虑即林虑。

③ 郭璞注："洹水出汲郡林虑县东北，至魏郡长乐入清水。洹音丸。"吴任臣引《隋图经》云："洹水出隆虑县西北，俗谓安阳河。"

④ 杨慎曰："滏水在今磁州。"磁州为今河北磁县。

⑤ 郭璞注："滏水今出临水县西釜口山，经邺西北，至列人县入于漳，其水热。"《太平御览》卷六四引《水经注》："滏水发源出石鼓山南岩下，泉奋涌，滚滚如汤，其水冬温夏冷。水上有祠，能兴云雨，又东流注于漳，谓之合河。"郝懿行疑欧水为漳水之异名。

188　又北二百里曰发鸠之山 ①，其上多柘木。有鸟焉，其状如乌，文首白喙赤足，名曰精卫，其鸣自詨。是炎帝之少女 ②，名曰女娃。女娃游于东海，溺而不返，故为精卫，常衔西山之木石，以堙于东海 ③。漳水出焉 ④，东流注于河 ⑤。

精卫

【注释】

① 郭璞注："今在上党郡长子县西。"吴任臣引《律学新说》曰："伞盖山西北三十里曰发鸠山，山下有泉，泉上有庙，浊漳水之源也。庙有像，神女三人，女侍手擎白鸠。俗言漳水欲涨则白鸠先见，盖以精卫之事而傅会之也。"汪绂、毕沅亦皆以为在长子县西。钱侗曰："《淮南子》'发包山'当是'发勾'之讹，即此发鸠山也。"

② 郭璞注："炎帝，神农也。"

③ 郭璞注："堙，塞也，音因。"任昉《述异记》："炎帝女溺死东海中，化为精卫，一名誓鸟，一名宛禽，一名志鸟，俗名帝女雀。"《图赞》曰："炎帝之女，化为精卫。沉形东海，灵爽西迈。乃衔木石，以填攸害。"陶潜《读山海经》诗："精卫衔微木，将以填沧海。刑天舞干戚，猛志故常在。同物既无虑，化去不复悔。徒设在昔心，良晨讵可待。"

④ 郭璞注："浊漳。"吴任臣引《名胜志》曰："发鸠山上有灵湫泉，即浊漳之源。"

⑤ 郭璞注："或曰出长子县鹿谷山，而东至邺入清漳。"

189　又东北百二十里曰少山^①。其上有金、玉，其下有铜。清漳之水出焉，东流于浊漳之水^②。

【注释】

① 郭璞注："今在乐平郡沾县。沾县故属上党。"吴任臣引《晋地记》云："少山即太谷也，在太谷县西南十里，有咸阳故城，亦名咸阳谷。"汪绂、毕沅皆以为在山西平定州乐平县。乐平即今昔阳。张步天以为在山西和顺县北，亦即昔阳。

②郭璞注："清漳出少山大绳谷,至武安县南暴宫邑入于浊漳,或曰东北至邑城入于大河也。"吴任臣引《禹贡合注》："漳水有二,出大黾谷为清漳,出鹿谷山为浊漳。"

190　又东北二百里曰锡山①。其上多玉,其下有砥。牛首之水出焉②,而东流注于滏水。

【注释】

①毕沅曰:"山在今河南武安县。"按:武安今属河北邯郸。

②毕沅曰:"《地理志》:'邯郸,堵山,牛首水所出。'"

191　又北二百里曰景山①,有美玉。景水出焉,东南流注于海泽。

【注释】

①毕沅曰:"《淮南子·墬形训》高诱注:'景山在邯郸西南。'"谭其骧以为在河北武安县南鼓山,与毕说同。

192　又北百里曰题首之山①。有玉焉,多石,无水。

【注释】

①张步天以为山在河北武安境内。

193　又北百里曰绣山①,其上有玉、青碧。其木多枸②,其草多芍药③、芎䓖。洧水出焉④，而东流注于河。其中有鳠⑤、黾⑥。

黾

【注释】

①张步天以为山在河北内丘县西。

②郭璞注："（枸）木中杖也，音荀。"郝懿行曰："《说文》：'杖，干也，可为杖。'"

③郭璞注："芍药一名辛夷，亦香草属。"吴任臣以为辛怡乃辛雉，今谓之木笔，非芍药。郝懿行以《广雅》"挛夷，芍药也"证郭注为是。

④吴任臣引《水经》云："洧水出河南密县马领山。"郝懿行以为非此洧水。

⑤郭璞注："鳠（音护）似鲇而大，白色也。"

⑥郭璞注："鼋黾似虾蟆，小而青，或曰蝼黾一物名耳。"郝懿行曰："鼋当为'耿'字之讹。'耿黾'见《周礼·秋官·蝈氏》注及《尔雅》。"按：《尔雅疏》："蟾诸在水者名黾，一名耿黾，一名土鸭。"

194　又北百二十里曰松山①。阳水出焉②，东北流注于河。

【注释】

　　① 毕沅曰："疑即今山西襄垣县好松山。"谭其骧以为即河北沙河县之汤山。

　　② 毕沅曰："《地形志》云：'上党屯留有阳水，原出三想山，东流合平台水，东南入绛水。'"

195　又北百二十里曰敦与之山 ①。其上无草木，有金、玉。㴲水出于其阳 ②，而东流注于泰陆之水 ③。㳟水出于其阴 ④，而东流注于彭水。槐水出焉，而东流注于㳟泽 ⑤。

【注释】

　　① 毕沅曰："山在今直隶临城县西南。"

　　② 㴲音索。吴任臣曰："今索水源出荥阳小陉山，北流入京水。"

　　③ 郭璞注："大陆水，今巨鹿北广平泽，即其水。"郝懿行以为"广平"为"广阿"之误，是。汪绂以为此泽即今之深泽。

　　④ 㳟音痴。郭璞注："今㳟水出中丘县西穷泉谷，东注于堂阳县，入于漳水。"吴任臣引《一统志》："㳟水在临城县西北，源发元氏县。"

　　⑤ 王崇庆曰："此谓'㳟水出于其阴'，指泰陆之南而言。曰'东流注于彭水'，亦㳟水也。曰'槐水出焉'，则出于彭水也。三水委折，必分别始悉。"

196　又北百七十里曰柘山 ①。其阳有金、玉，其阴有铁。历聚之水出焉，而北流注于洧水。

【注释】

　　① 张步天以为在河北沙河县西境。

197　又北三百里曰维龙之山^①。其上有碧玉，其阳有金，其阴有铁。肥水出焉，而东流注于皋泽，其中多礨石^②。敞铁之水出焉，而北流注于大泽。

【注释】

　　① 谭其骧以为此山即飞龙山，即今河北石家庄西南之封龙山。

　　② 郭璞注："未详也。（礨）音雷。或作'垒'，磈垒，大石貌，或曰石名。"

198　又北百八十里曰白马之山^①。其阳多石、玉，其阴多铁，多赤铜。木马之水出焉^②，而东北流注于虖沱。

【注释】

　　① 汪绂曰："自泰头至此绕太行之东而北行也，至此则疑近北岳恒山之境矣。"毕沅曰："山在今山西盂县北。"张步天以为山在今山西忻县西南六十里处。

　　② 吴任臣引曹学佺《名胜志》："白马山在盂县东北四十里，有白马关，相传后魏时筑。其水俗谓之牧马河，源有二，一出当县，一出忻州，俱名白马山。至三交村之牛尾庄合流，经城南七里，东北入定襄界，注于滹沱。"

199　又北二百里曰空桑之山^①。无草木，冬夏有雪。空桑之
水出焉，东流注于虖沱。

【注释】

①郭璞注："上已有此山，疑同名也。"按："空桑之山"又见于此后
之《东次二经》（228），此上不见。郝懿行曰：《北次二经》言十七山，"今
才得十六山，疑经正脱此一山。经内'空桑'有三：上文脱去之'空桑'
盖在莘、虢间；此经'空桑'盖在赵、代间；兖地亦有空桑，见《东山经》
（228）"。张步天以为郝说不确，空桑山在《次二经》中无误，郭璞注"上
已有此山"，或是"下"字之误。此山即山西原平县西之云中山。

200　又北三百里曰泰戏之山^①。无草木，多金、玉。有兽焉，
其状如羊，一角一目，目在耳后，其名曰辣辣^②，其鸣自詷。
虖沱之水出焉^③，而东流注于溇水^④。液女之水出于其阳，
南流注于沁水^⑤。

辣辣

【注释】

①吴任臣引《一统志》云："泰戏山在繁畤县东北，俗名小孤山。"即武夫山。毕沅以为在繁畤县西，谭其骧以为在山西五台县北，实为一地。

②辣音栋。吴任臣引杨慎《奇字韵》云："辣辣今产于代州雁门谷口，俗呼为構子，见则岁丰。"

③郭璞注："今虖沱水出雁门卤成县南武夫山。"吴任臣引《地理通释》云："虖沱在今代州繁畤县，东流经定州深泽县东南，即光武所渡处，俗谓之危渡口。"毕沅曰："《周礼》作'呼沱'，《礼记》作'恶池'，呼、恶、虖三音同也。或曰徒骇河，音亦相近也。水出今山西繁畤，北迤直隶，至沧县入于海。"

④溇音楼。

⑤郭璞注："液音悦怿之怿。"毕沅曰："今泰戏山在繁畤，沁水在沁源，南北相去甚远，无由有注沁之水。经所云未详也。"

201　又北三百里曰石山①，多藏金、玉。濩濩之水出焉②，而东流注于虖沱。鲜于之水出焉，而南流注于虖沱。

【注释】

①谭其骧以为山在山西繁畤县东百里。

②濩音或。

202　又北二百里曰童戎之山①。皋涂之水出焉，而东流注于溇液水②。

【注释】

① 张步天以为山在山西灵丘县南。

② 汪绂曰："前漻水、液水两分（200），此又合言漻液水,岂此皋涂之水分入于二水而约言之耶？"

203 又北三百里曰高是之山 ①。滋水出焉 ②,而南流注于虖沱。其木多棕,其草多条。滱水出焉 ③,东流注于河 ④。

【注释】

① 郭璞注："今在北地灵丘县。"吴任臣引《一统志》："高是山在蔚州西北七十里。"毕沅曰在灵丘西北。

② 郭璞注："（滋）音慈。"吴任臣曰:《一统志》云："在灵丘西南枚回岭,悬流五丈,湍激之声震动山谷。"又引《名胜志》云："滋水在蔚州西南三十里之南马庄,名流水泉。"

③ 滱音寇。吴任臣曰："滱水今在浑源州恒山南。《水经》'滱水出代州灵丘县高氏山',注云:'即温彝之水也。'今名缠河,亦名温彝河。"

④ 郭璞注："过博陵县南,又东北入于易水。"

204 又北三百里曰陆山 ①,多美玉。鄈水出焉 ②,而东流注于河。

【注释】

① 谭其骧以为此山在河北唐县或望都县境内。

② 郭璞注："（鄈水）或作'郲水'。"

205 又北二百里曰沂山 [①] 。般水出焉 [②] ，而东流注于河。

【注释】

①沂音祈。谭其骧以为此山在河北唐县东北。

②般音盘。毕沅曰："此疑九河之钩盘。《地形志》云盘有故般河。"

206 北百二十里曰燕山 [①] ，多婴石 [②] 。燕水出焉，东流注于河。

【注释】

①吴任臣引《一统志》："燕山在玉田县西北，自西山一带迤逦东，其延袤数百里。北平立燕山三卫，因此山而名。"汪绂曰："燕山，今京师也。"张步天以为此经燕山在河北易县西南。

②郭璞注："言石似玉，有符彩婴带，所谓燕石者。"吴任臣引刘会孟云："今此石出保定满城县。语云：'鱼目混珠，燕石乱玉。'"洪颐煊曰："《西山经》（52）'瑜次之山，多婴垣之玉'，即此婴石。"

207 又北山行五百里，水行五百里，至于饶山 [①] 。是无草木，多瑶碧。其兽多橐驼，其鸟多鹠 [②] 。历虢之水出焉，而东流注于河。其中有师鱼 [③] ，食之杀人。

鹠

【注释】

①谭其骧以为此饶山即尧山，在今河北完县西。"又北山行五百里，水行五百里"，张步天以为

应上承少山（189），自少山沿太行山北行至古恒山，再沿古呕夷水顺流东南而下，至河北安新境转入其支流易水，而至此山。

②郭璞注："未详。或曰'鹖，鸺鹖也'。"吴任臣曰："《广雅》曰：'鹖鸭，飞鸓也。'疑即是。"

③郭璞注："未详。或作'鲵'。"吴任臣曰："《本草纲目》有'鱼师'之名。陈藏器《本草拾遗》云：'鱼师大者有毒杀人。'疑即此鱼也。《唐韵》云：'鰤，老鱼。'《事物绀珠》云：'鰤鱼，青黄色，腮下有横骨如锯。'"郝懿行曰："鲵、师一声之转，鲵即人鱼，与此经'食之杀人'合。"

208 又北四百里曰乾山①，无草木。其阳有金、玉，其阴有铁而无水。有兽焉，其状如牛而三足，其名曰獂②，其鸣自詨。

獂

【注释】

①汪绂据下文"无水"，云"乾当音干"。吴承志以为此山在内蒙古，不详述。

②獂音元。郝懿行曰："'獂'当作'豲'。见《说文》。"按：《说文》：

"逸也。从豕原声。《周书》曰：'貆有爪而不敢以攕。'读若桓。"按：貆即豪猪，但此则非是。

209 又北五百里曰伦山①。伦水出焉，而东流注于河。有兽焉，其状如麋，其川在尾上②，其名曰罴③。

罴

【注释】

　①谭其骧以为即《水经》巨马河所出之涞山，在今河北涞源县西冀晋边境。

　②郭璞注："川，窍也。"即肛门。

　③吴任臣曰："《图赞》本作'罴九兽'。"《赞》曰："辣辣似羊，眼在耳后。窍生尾上，号曰罴九。幽都之山，大蛇牛响。"汪绂曰："此非熊罴之罴。"

210 又北五百里曰碣石之山①。绳水出焉②，而东流注于河③。其中多蒲夷之鱼④。其上有玉，其下多青碧。

【注释】

① 郭璞注:"《水经》曰'碣石山',今在辽西临渝县南水中。或曰在右北平骊城县,海边山。"《水经注·濡水》:"大碣石山在右北平骊成县西南,王莽改曰碣石也。汉武帝亦尝登之,以望巨海,而勒其石于此。"汪绂曰:"永平府之南,莱州之北,河间、天津之东,渤海中有过沙焉,盖古碣石也。"据所指,当即今河北秦皇岛一带。张步天云:"碣石山地望有多说:右北平骊城西南,辽西累县,常山九门县,辽西临渝县南水中山,乐浪遂城县,营州柳城县,右北平卢龙。据《北次三经》路线,此山当在今河北省昌黎县西北。"

② 绳水,郝懿行疑即碣石水。

③ 张步天以为"河"应是"海"之误。

④ 郝懿行曰:"蒲夷鱼,疑即冉遗鱼,已见《西次四经》(118)。"

211　又北水行五百里至于雁门之山 ①,无草木。

【注释】

① 郭璞注:"雁门山即'北陵西隃',雁之所出,因以名云。在高柳北。"《尔雅》"北陵西隃,雁门是也",注:"即雁门山也。"王崇庆曰:"今三晋代州有雁门山,遂以是名关,岂即此与?然其上草木多生,此曰无草木,又曰水行五百里,恐当别为一山矣。"张步天亦以为此山非山西代县或阳高之雁门,"雁门"二字或为"鸟闻"之误。自碣石向北水行五百里,疑是一荒石小山或海岸岬山。

212　又北水行四百里,至于泰泽 ①。其中有山焉,曰帝都之

山^②，广员百里，无草木，有金、玉。

【注释】

① 王崇庆曰："凡此皆在晋地。夫环晋皆山也，恐无水行四百里之理。然雁门山亦曰水行五百里，岂禹治水时事与？"郝懿行曰："《北次二经》（161）'梁渠之山'有修水'东流注于雁门'，《北山经》（141）'少咸之山'有敦水'东流注于雁门之水'，是此山有水明矣。"张步天以为泰泽当指鸭绿江口水面。

② 郝懿行曰："山疑即委羽之山。崇巘参云，日月亏蔽，在雁门北。"按：《淮南子·墬形训》云："烛龙在雁门北，蔽于委羽之山。"

213 又北五百里曰𬯎于毋逢之山。北望鸡号之山^①，其风如飚^②。西望幽都之山^③，浴水出焉^④。是有大蛇，赤首白身，其音如牛，见则其邑大旱。

大蛇

【注释】

①《说文》、《玉篇》、《通志略》引此俱作"惟号之山"。张步天以为

鸡号之山当指大小兴安岭。

　　② 郭璞注："飂，急风貌也，音戾。或云飘风也。"

　　③ 吴任臣引《一统志》："山在昌平县西北，古幽州盖因山为名。"郝
懿行曰："幽都之山在北海之内，见《海内经》（822）。"

　　④ 郭璞注："浴，即黑水也。"吴任臣曰："今黑水在定州界，未审是
非。"汪绂曰："此盖东极于辽左矣。幽都，燕也。浴水，黑水也。永平有
卢水入海，长白山有黑龙江，皆黑水也。"

214　凡《北次三经》之首自太行之山以至于无逢之山，凡
四十六山[①]，万二千三百五十里。其神状皆马身而人面者
二十神，其祠之：皆用一藻、茝[②]，瘗之。其十四神状皆彘
身而载玉，其祠之：皆玉，不瘗[③]。其十神状皆彘身而八足
蛇尾，其祠之：皆用一璧，瘗之。大凡四十四神，皆用稌糈
米祠之，此皆不火食[④]。

北山二十神

北山十神　　　　　　　　北山十四神

【注释】

　①汪绂曰："此北之东条,自太行而西南,又循河而东,又循太行而北至恒岳,乃自恒岳而又东历山前,燕、平以北,大约极于辽左而止。"毕沅曰："此经之山自河南、北至山西也。"

　②郭璞注："藻,聚藻。茝,香草,兰之类,音昌代反。"藻为藻类植物,茝即白芷。

　③郭璞注："不埋所用玉也。"

　④汪绂以为前二十神是太行以下至少山二十二山,主太行。中十四神是自山以下至高是十四山,主恒岳。下十神是自陆山以下至母逢十山。四十六神中四十四神不火食,二火食者,汪氏以为太行、恒山高是,张步天以为海上岛山雁门、帝都。

右北经之山志凡八十七山,二万三千二百三十里 ①。

【注释】

　①郝懿行曰："今八十八山。当二万三千五百三十里,今则二万四千二百六十里。"张步天云:山数无误,唯《次二经》少一山,《次三经》多一山,将多出之乾山补入后山数正合。

卷四　东山经

215《东山经》之首曰樕螽之山 ①，北临乾昧 ②。食水出焉，而东北流注于海 ③。其中多鱅鱅之鱼 ④，其状如犁牛 ⑤，其音如彘鸣。

鱅鱅

【注释】

　　① 樕螽音速株。张步天以为当在临淄附近。

　　② 郭璞注："亦山名也。"张步天以为乾（音干）昧即《左传》庄九年"战于乾时"之乾时，而乾时为水名，在临淄西。

　　③ 毕沅曰："疑食水即时水。"郝懿行曰："'《东次四经》（256）之首曰北号之山，食水出焉，而东北流注于海。'与此互证，是'北号'即'乾昧'矣。"

④鳙音容。毕沅曰："鳙鳙之鱼即禺禺鱼。《史记》司马相如赋有'禺禺'，注云'鱼牛'。"郝懿行曰："《艺文类聚》九卷引《博物志》曰：'东海中有牛鱼，其形如牛，剥其皮悬之，潮水至则毛起，潮去则伏。'即是鱼也。"

⑤郭璞注："牛似虎文者。""犁牛"即"留牛"，见《南山经》(5)"柢山"。

216 又南三百里曰藟山①。其上有玉，其下有金。湖水出焉，东流注于食水②。其中多活师③。

活师

【注释】

①藟音诔。张步天以为此山当在"湖水"之南偏东，"湖水"见下注。

②郝懿行曰："《地理志》云：'右北平郡，俊靡：灅水南至无终东入庚。'疑藟山因灅水为名。灅水即湖水，庚水即食水矣，俟考。"张步天云，此经湖水与湖泊有关，山东博兴县南，清代有麻大泊，可推知古代曾为湖。

③郭璞注："科斗也。《尔雅》谓之'活东'。"汪绂曰："或曰：东海之滨有鱼焉，似蝌蚪而味美，其名曰跳鱼。"郝懿行曰："虾蟇叫而生子，其声聒聒，谓之'聒子'。'活师'、'聒子'声相近，'科斗'、'活东'亦

音相转也。"按：其说可疑，蝌蚪常见之物，四方多有，不应特意注明。张
步天则以为即《北次三经》（207）之"师鱼"。

217　又南三百里曰枸状之山①。其上多金、玉，其下多青碧
石。有兽焉，其状如犬六足，其名曰从从，其鸣自詨。有鸟
焉，其状如鸡而鼠毛②，其名曰蚩鼠③，见则其邑大旱。沢
水出焉④，而北流注于湖水。其中多箴鱼，其状如儵，其喙
如箴⑤，食之无疫疾。

从从　　　　　　　蚩鼠　　　　　　箴鱼

【注释】

①毕沅曰："《广韵》云：'沢水出拘扶山。'疑此当为拘扶。"郝懿
行曰："字形相似，不审谁是。"张步天以为山在今山东博山南。

②郝懿行曰："'毛'，《说文》作'尾'。"按：《事物绀珠》亦作"尾"。
似以"鼠尾"为是。

③郭璞注："（蚩）音咨。"《骈雅》曰："蚩鼠，鸡属也。"《图赞》曰：
"鱼号鱅鱅，如牛虎驳。从从之状，似狗六脚。蚩鼠如鸡，见则旱涸。"

④沢音枳。毕沅曰："以声求之，疑即淄水。"

⑤郭璞注："出东海。今江东水中亦有之。"郝懿行曰："今登、莱海

中有箴梁鱼,碧色而长,其骨亦碧,其喙如箴,以此得名。"按:"箴"即
"针"字。

218 又南三百里曰勃㸤之山^①。无草木,无水。

【注释】

　　① 毕沅曰:"此(㸤)即'齐'字异文。"郝懿行曰:"'㸤',篆文
'齐'字。见《说文》。"张步天以为山当在今江苏邳县之北。

219 又南三百里曰番条之山^①。无草木,多沙。减水出焉^②,
北流注于海。其中多鱥鱼^②。

鱥鱼

【注释】

　　① 卫挺生以为即今山东沂山。

　　②郭璞注:"音同'减损'之'减'。"懿行案:"'减'即'减损'之字,
何须用音? 知经文必不作'减'。未审何字之讹。"

③ 郭璞注："一名黄颊。（鳡）音感。"吴任臣以为鳡鱼即鲻鱼，一名鳏鱼。郝懿行以为即鲸，引陆玑《毛诗草木鸟兽虫鱼疏》曰："今黄颊鱼也，似燕头鱼，身形厚而长大，颊骨正黄，鱼之大而有力解飞者。"郝说是。

220 又南四百里曰姑儿之山①。其上多漆，其下多桑、柘。姑儿之水出焉，北流注于海，其中多鳡鱼。

【注释】

① 汪绂曰："或曰：此即齐东姑尤也。"张步天以为汪说近是，地在今山东诸城东南。

221 又南四百里曰高氏之山①。其上多玉，其下多箴石②。诸绳之水出焉③，东流注于泽，其中多金、玉。

【注释】

① 张步天以为地当在今安徽凤阳一带。

② 郭璞注："可以为砥针，治痈肿者。"吴任臣引《素问》云："东方之域，其病为疮疡，其治宜砭石，故砭石亦从东方来。"郝懿行曰："'砥'，当为'砭'字之讹。《南史·王僧孺传》引此注作'可以为砭针'是也。"

③《水经注·淄水》云："时水又东北流，渑水注之，水出营城东。"汪绂以为或是渑水在青州者，毕氏、郝氏亦疑即此渑水。张步天以为"诸绳之水"或即"诸淮之水"，此水当是淮水一支流，下文之"泽"即今洪

泽湖。按："淄渑"之"渑"读如"绳"。

222 又南三百里曰岳山[①]。其上多桑，其下多樗。泺水出焉[②]，东流注于泽，其中多金、玉。

【注释】

① 毕沅曰"疑即泰山"，但于又南九百里之"泰山"略无分辨，其说不足取。张步天以为此岳应为霍山，在今安徽霍山境。

② 泺音落。《水经注·济水》："济水又东北，泺水入焉。水出历城县故城西南。"张步天以下文之"泽"为安徽巢湖，而泺水则为注湖之水。

223 又南三百里曰犲山[①]。其上无草木，其下多水。其中多堪孖之鱼[②]。有兽焉，其状如夸父而彘毛[③]，其音如呼，见则天下大水[④]。

夸父

【注释】

　　① 犲音柴，即"豺"字。张步天以为犲、羽形近，犲山疑即殛鲧之羽山，在今江苏连云港西。

　　② 𧎢音序。吴任臣引《字汇》云："堪𧎢，一本作'𧎢'。"毕沅以为"𧎢"字从二"予"。郝懿行曰："《玉篇》'𧎢'从'子'从'予'，不从二'予'。"汪绂以为即鲦鱼。

　　③ 夸父即举父，已见《西山经》(81)"崇吾之山"《北山经》(161)"梁渠之山"。

　　④ 张步天案云："经文或与鲧之神话有某种关系。相传鲧被殛于羽山，其尸三年不腐，入羽渊而化为黄熊，或曰玄鱼。经文'其下多水'者，羽渊也。'堪𧎢'急读如'玄'，堪𧎢之鱼即玄鱼。'见则天下大水'，言鲧治水未成而被殛，心怀愤懑，出则振滔洪水也。"

224　又南三百里曰独山①。其上多金、玉，其下多美石。末涂之水出焉，而东南流注于沔。其中多𩽎鳙②，其状如黄蛇，鱼翼，出入有光，见则其邑大旱③。

𩽎鳙

【注释】

① 张步天以为独山在今安徽合肥东。

② 儵蠵音条容。张步天云："儵蠵"二字未用鱼偏旁，为虫字，知此物非鱼类，或是两栖及爬虫类。

③《图赞》曰："儵蠵蛇状，振翼洒光。凭波腾逝，出入江湘。见则岁旱，是惟火祥。"

225　又南三百里曰泰山①。其上多玉，其下多金。有兽焉，其状如豚而有珠，名曰狪狪②，其名自訆。环水出焉③，东流注于江④，其中多水玉。

狪狪

【注释】

① 郭璞注："即东岳岱宗也，今在泰山奉高县西北。从山下至顶四十八里三百步也。"泰山即今山东泰山，诸家无异议。

② 狪音通。《图赞》曰："蚌则含珠，兽何不可？狪狪如豚，被褐怀祸。患难无由，招之自我。"

③《水经注·汶水》："（汶）水又合环水。水出泰山南溪，南流历中下两庙间。"又云："古引水为辟雝处，基渎存焉，世谓此水为石汶。《山海经》曰'环水出泰山，东流注于汶'，即此水也。"

④ 郭璞注："（江）一作'海'。"郝懿行曰："（江）当作'汶'。"见上注引《水经注》。

226　又南三百里曰竹山，錞于江①。无草木，多瑶碧②。激水出焉，而东南流注于娶檀之水，其中多茈蠃③。

【注释】

① 郭璞注："（江）一作'涯'。"郝懿行曰："'江'亦当作'汶'。竹山当即蜀山，在今汶上县，独立波心，故名曰'蜀'。"张步天以为江即长江，"錞于江"即临于江北，竹山应在湖北黄冈。

② 吴任臣曰："瑶，美玉。《卫风》：'报之以琼瑶。'《说文》云：'碧石之青美者。'"

③ 吴任臣曰："即茈蠃也，误作'蠃'。"蠃即螺，茈蠃，紫色之螺也。

227　凡《东山经》之首自樕螽之山以至于竹山，凡十二山，三千六百里①。其神状皆人身龙首，祠：毛用一犬祈，聊用鱼②。

东山神

【注释】

① 郝懿行曰："今才三千五百里。"汪绂曰："此经大约自东北海上迤西而南，沿沇至东岳以南也。然渤海、青、兖之境，海水多所沦昧，今皆不可考矣。"毕沅曰："其山多未详，案其道里，当是今山东兖州东北抵于海也。"张步天则以为自齐之临淄至楚之洙地（湖北黄冈），联结泰、霍，地跨齐、楚。

② 郭璞注："以血涂祭为聃也。《公羊传》云：'盖叩其鼻，以聃社。'音钓饵之饵。"郝懿行引《玉篇》云："以牲告神，欲神听之，曰聃。"郭注实误。郝氏又曰："据郭注，'聃'疑当为'衈'。郭引《公羊传》者，僖十九年文，然《传》云'盖叩其鼻，以血社'，不作'衈'字。而《穀梁传》正作'叩其鼻以衈社'，范宁注云：'衈者，衅也。'是郭此注当由误记，故竟以《穀梁》为《公羊》耳。"

228《东次二经》之首曰空桑之山①，北临食水②，东望沮吴③，南望沙陵④，西望湣泽⑤。有兽焉，其状如牛而虎文，其音如钦⑥，其名曰軨軨⑦，其鸣自叫，见则天下大水⑧。

軨軨

【注释】

①郭璞注："此山出琴瑟材,见《周礼》也。"《周礼·春官》"大司乐"
有"孙竹之管,空桑之琴瑟"。吴任臣以为空桑有二,一在莘陕之间,为
伊尹产于空桑之空桑;一在鲁地,为"孔子生于空桑"之空桑。此为鲁之
空桑。《太平寰宇记》卷二一:"干宝云:徵在生孔子于空桑之地,今名
孔窦,在鲁南山之阳。"汪绂以为在楸蟲之山之东,应是鲁地。按:《北次
三经》(199)有"空桑之山",非此。

②吴任臣曰:"即楸蟲山食水。"

③汪绂曰:"沮吴,犹沮洳,斥卤下湿也。"

④吴任臣曰:"即下流沙界。"

⑤潭音旻。汪绂曰:"潭泽,盖即湡渌之水所注泽也。"毕沅曰:"疑
'潭'即'汶'也,音同。"郝懿行从之。张步天以为汶泽即汶水所注之泽,
亦即大野泽,在今山东巨野北,曲阜之正西。

⑥郭璞注:"(钦)或作'吟'。"作"吟"是。

⑦輅音灵。

⑧《图赞》曰:"堪孖、輅輅,殊气同占。见则洪水,天下昏垫。岂伊
妄降,亦应图谶。"

229　又南六百里曰曹夕之山①。其下多榖而无水,多鸟兽。

【注释】

①张步天以为在今山东日照南岚山头附近。

230　又西南四百里曰嶧皋之山①。其上多金、玉,其下多白

垩。峄皋之水出焉，东流注于激女之水^②，其中多蜃、珧^③。

【注释】

　　① 峄音亦。汪绂曰："或曰此即邹之峄山也，在邹县北。"张步天从之。

　　② 吴任臣曰："《尔雅疏》引经作'激汝之水'。"

　　③ 郭璞注："蜃（音肾），蚌也。珧（音遥），玉珧，亦蚌属。"吴任臣曰："蜃，大蛤也，一名蚌，一名含浆。小者名珧，可饰佩刀鞘。"又云珧即江瑶柱，"今登、莱、闽、广皆有之"。

231　又南水行五百里，流沙三百里^①，至于葛山之尾^②。无草木，多砥、砺。

【注释】

　　① 张步天曰：此流沙非沙漠，乃岸外沙洲。

　　② 张步天以为葛山山脉当是今千里冈山一段，千里冈山起自浙西，东北延伸为杭州西湖群山，西湖之葛岭或为葛山之尾所近。按：葛岭之"葛"似与此葛山之"葛"无关。

232　又南三百八十里曰葛山之首^①，无草木。澧水出焉，东流注于余泽。其中多珠蟞鱼，其状如肺而有目，六足有珠^②，其味酸甘，食之无疠^③。

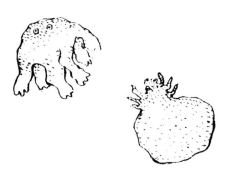

珠蟞鱼

【注释】

① 张步天以为葛山之首当在浙江开化县南。

② 蟞音鳖。郭璞注："无时气病也。《吕氏春秋》曰：'澧水之鱼名曰朱蟞，六足有珠，鱼之美也。'"吴任臣曰："'蟞'通作'鳖'。传曰：'舜摄天子，有钹耳贯胸之民来献珠虾、珠蟞。'《一统志》：'珠蟞生高州海中，状如肺，四目，六足吐珠。'《寰宇记》云：'高州府海中出珠蟞，六眼，四脚而吐珠。'谓此也。"郝懿行曰："此物图作四目。《初学记》八卷引《南越志》云'海中多朱蟞，状如肺，有四眼六脚而吐珠'，正与图合。疑此经'有目'当为'四目'，字之讹也。"《图赞》曰："澧水之鳞，状如浮肺。体兼三才，以货贾害。厥用既多，何以自卫。"

③ "无疠"，郭璞注："无时气病也。"时气病即流行性传染病。

233 又南三百八十里曰余峨之山①。其上多梓、枏，其下多荆、芑。杂余之水出焉，东流注于黄水。有兽焉，其状如菟而鸟喙，鸱目蛇尾，见人则眠②，名曰犰狳③，其鸣自詨，见则螽蝗为败④。

犰狳

【注释】

　　① 毕沅曰："《广韵》引此'峨'作'我'。"张步天以为山在葛山之尾与葛山之首之间,疑在浙江余杭境内。

　　② 郭璞注："言佯死也。"郝懿行曰："眠,依字当为'瞑'。"

　　③ 犰狳音仇余。《图赞》曰："犰狳之兽,见人佯眠。与灾协气,出则无年。此岂能为,归之于天。"按:此犰狳非今天所见之犰狳,今之犰狳产自南美洲,不过借用其名而已。

　　④ 郭璞注："蠚,蝗类也,言伤败田苗。音终。""蠚蝗为败",即蠚蝗为害也。吴任臣曰："《春秋》书'蠚',《传》云'蝗也'。《诗经》'蠚斯羽',严粲注云:'蠚即蝗。斯,助语也。'是蠚、蝗明为一物。"

234 又南三百里曰杜父之山 ①。无草木,多水。

【注释】

　　① 张步天以为此山上承峄皋山而来,地在今峄山西南。

235 又南三百里曰耿山 ①。无草木,多水碧 ②,多大蛇。有兽焉,其状如狐而鱼翼,其名曰朱獳 ③,其鸣自詨,见则其国有恐 ④。

朱獳

【注释】

① 张步天以为在浙江丽水南。

② 郭璞注："亦水玉类。"吴任臣曰："即青腰、石绿之属。今画家染采，犹有'天水碧'之色。"

③ 獳音儒。

④《图赞》曰："朱獳无奇，见则邑骇。通感靡诚，维数所在。因事而作，未始无待。"

236 又南三百里曰卢其之山^①。无草木，多沙石。沙水出焉^②，南流注于涔水。其中多鵹鹕^③，其状如鸳鸯而人足，其鸣自訆，见则其国多土功^④。

鵹鹕

【注释】

① 张步天以为此山上承空桑山而来，应在曲阜东南。

② 吴任臣以为即《水经注》之渠水，云："逢泽，其水东北流为新沟，新沟又东北流，迳牛首乡北。又东北注渠，即沙水也。"按：渠水在今河南境。

③ 鵹鹕音黎胡。

④ 郭璞注："今鹈胡足颇有似人脚形状也。"吴任臣曰："鹈鹕一名鴮鸅，又名淘河，江南甚多。俗以夏至前来谓之'犁湖'，主水，夏至后来谓之'犁涂'，主旱。以其嘴之形状似犁，故云犁湖，转声为鹈鹕，又讹为'驼鹤'。"《图赞》曰："狸力、鵹鹕，或飞或伏。是惟土祥，出其功筑。长城之役，同集秦域。"

237 又南三百八十里曰姑射之山^①。无草木，多水。

【注释】

①《庄子·逍遥游》："尧治天下之民，平海内之政，往见四子藐姑射之山，汾水之阳。"吴任臣曰："山在平阳城西，有姑射、莲花二洞，神人所居。"平阳即今山西临汾。郝懿行曰："已下三山俱名'姑射'，但分南北耳，皆山在中国者。《海内北经》（625、626）有'列姑射'，有'姑射国'，俱地在远裔者。"吴承志、卫挺生以为三姑射山均在辽东朝鲜，张步天则以为此山为三姑射山之中，地在今福建霞浦海外。

238 又南水行三百里，流沙百里，曰北姑射之山^①。无草木，多石。

【注释】

①张步天以为在浙江黄岩东台州湾海岛之上。

239　又南三百里曰南姑射之山①。无草木，多水。

【注释】

①张步天以为在今福建省福州附近。

240　又南三百里曰碧山①。无草木，多大蛇，多碧水玉②。

【注释】

①张步天以为在今福建省福安、宁德间太姥山南段。

②吴任臣曰："《本草拾遗》'玻璃一名水玉，与水精同名'，《梁四公记》'扶南人来卖碧颇黎镜、碧水玉'，疑即是也。然玻璃今出南番西国，内地绝少，此非。一云靛子石类，或曰碧、水玉为二物。"

241　又南五百里曰缑氏之山①。无草木，多金、玉。原水出焉，东流注于沙泽。

【注释】

①郭璞注："一曰'侠氏之山'。"吴任臣曰："即偃师地也。道书七十二福地有缑氏。"偃师在今河南洛阳东。毕沅、郝懿行亦以为即缑氏之缑氏山。吴承志以此山即朝鲜境内之单单大山，张步天以为在今山东巨野西南。

242 又南三百里曰姑逢之山①。无草木，多金、玉。有兽焉，其状如狐而有翼，其音如鸿雁，其名曰獙獙②，见则天下大旱。

獙獙

【注释】

①　张步天以为即浙江金华西之如蒬，以蒬、逢形近也。其说过于牵强。

②　獙音毙。毕沅曰："'獙'即'獘'字异文。"

243 又南五百里曰凫丽之山①。其上多金、玉，其下多箴石。有兽焉，其状如狐而九尾九首，虎爪，名曰蠪侄②，其音如婴儿，是食人。

蠪侄

【注释】

　　① 张步天以为在浙江丽水一带。

　　② 蠪音龙。吴任臣曰："或作'蠪蛭'，《唐韵》云：'蠪蛭如狐，九尾虎爪，呼如小儿，食人。一名蛫蛭。'《广博物志》又作'龚侄'。"

244　又南五百里曰硬山^①，南临硬水，东望湖泽。有兽焉，其状如马而羊目，四角牛尾，其音如嗥狗，其名曰峳峳^②，见则其国多狡客^③。有鸟焉，其状如凫而鼠尾，善登木，其名曰絜钩，见则其国多疫^④。

峳峳　　　　　　　　　　絜钩

【注释】

　　① 硬音真。张步天以为地当在福建永泰县境。

　　② 峳音攸。

　　③ 郭璞注："狡，狡猾也。"狡客当指奸狡游说之客。吴任臣曰："狡客，奸人也。《麟书》曰：'狡客用，乃有攸攸。'《五侯鲭》云：'峳峳见，其国多狡猾。'"《图赞》曰："治则得贤，亡由失人。峳峳之来，乃致狡宾。归之冥应，谁见其津。"

④《图赞》曰："獙獙如狐,有翼不飞。九尾虎爪,号曰龙蚳。絜钩
似凫,见则民悲。"

245　凡《东次二经》之首自空桑之山至于碇山,凡十七
山^①,六千六百四十里。其神状皆兽身人面载觡^②。其祠:
毛用一鸡祈,婴用一璧瘗。

东山神

【注释】

①毕沅曰:"此经之山疑自山东南至于山西、河南也。"张步天以
为:此经错简亦多,序次有误,全经路线分海路、陆路两大系列,而以
海路为干线,陆路为支线。海路:起自鲁国之空桑,经卢其至曹夕,换
作海行,经葛山、北姑射等至闽中,最后止于碇山。陆路有两条:一由
空桑经峄皋至杜父、猴氏;一由葛山尾经余峨、姑逢等,最后合于碇山。

张说论据欠充分,而仅十七山却分做三条线路自鲁而至闽,亦太跳跃,仅供参考。

②郭璞注:"麇,鹿属,角为觡(音格)。"郝懿行曰:"郑玄注《乐记》曰:'无鰓曰觡。'《说文》曰:'鰓,角中骨也。'"是觡即鹿角而去其中骨者。

246 又《东次三经》之首曰尸胡之山[①],北望㺄山[②]。其上多金、玉,其下多棘。有兽焉,其状如麋而鱼目,名曰妠胡[③],其鸣自訆。

妠胡

【注释】

①吴承志、卫挺生以为《东次三经》为燕昭王时海上探险记录,故张步天亦以尸胡之山在渤海海岸北部。

②㺄音详。毕沅曰:"《玉篇》:'女鬼也。'山则未详。"张步天以为是燕山余脉,在今河北卢龙县北。

③妠音婉。鱼目,目圆如鱼睛。

247 又南水行八百里曰岐山①。其木多桃、李，其兽多虎。

虎

【注释】

　　① 吴承志以为即日本山阳道长门国北山，卫挺生以为即三神山之方丈山，又有以岐山为日本长崎者。

248 又南水行五百里曰诸钩之山①。无草木，多沙石。是山也，广员百里，多寐鱼②。

【注释】

　　① 张步天以为此山上承尸胡之山，当在今庙岛群岛附近或辽东半岛南端。

　　② 郭璞注："即鮢（音味）鱼。"吴任臣曰："鮢鱼，嘉鱼也，一名拙鱼，一名丙穴鱼。"

249 又南水行七百里曰中父之山①。无草木，多沙。

【注释】

　　① 张步天以为或即朝鲜江华湾之白翎岛。

250　又东水行千里曰胡射之山^①。无草木，多沙石。

【注释】

　　① 张步天以为此山当在日本濑户内海北端荒岛。

251　又南水行七百里曰孟子之山^①。其木多梓、桐，多桃、李，其草多菌、蒲^②，其兽多麋鹿。是山也，广员百里。其上有水出焉，名曰碧阳，其中多鳣、鲔^③。

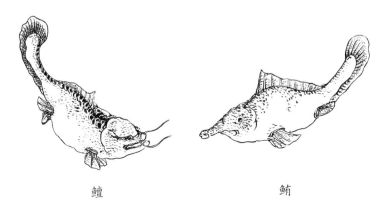

鳣　　　　　　　　　　　　鲔

【注释】

　　① 张步天以为此山上承中父之山，当在韩国济州岛上。

　　② 吴任臣曰："菌、蒲或曰二种：菌，地菌；蒲，蒲草。"

　　③ 郭璞注："鲔即鳣也，似鳣而长鼻，体无鳞甲，别名鮥鳣，一名鳡也。"吴任臣曰："鳣即鳣，似鳣而短鼻，口在颔下，大者长二三尺，江南

呼为黄鱼, 俗亦谓之玉板。鮪形似鱣而色青黑, 头小而尖, 似铁兜鍪, 口亦在颔下, 今谓之鱏鱼, 一作鮥鱼, 一名王鮪。小者名鮥子。郭谓鮪 '一名鳡', 误矣。"

252 又南水行五百里曰流沙, 行五百里, 有山焉, 曰跂踵之山①。广员二百里, 无草木, 有大蛇, 其上多玉。有水焉, 广员四十里皆涌②, 其名曰深泽, 其中多蠵龟③。有鱼焉, 其状如鲤而六足鸟尾, 名曰鮯鮯之鱼④, 其名自叫⑤。

鮯鮯　　　　　　　　　　蠵龟

【注释】

①跂音企。张步天以为此山上承胡射山, 其曰 "流沙" 者, 为日本四国岛东北海岸, 此山则为临海岛山。

②郭璞注: "今河东汾阴县有瀵水, 源在地底, 濆沸涌出, 其深无限, 即此类也。" 吴任臣曰: "神瀵是也。宋宝鼎县瀵泉有光如烛焰, 其声如雷。" 瀵, 自地下喷涌之水也。

③郭璞注: "蠵 (音希), 觜蠵, 大龟也, 甲有文彩, 似瑇瑁而薄。"

蠵，即海龟之一种。汪绂曰："今广中亦有之，或曰雄曰玳瑁，雌曰觜蠵。"
《图赞》曰："水圆三方，潜源溢沸。灵龟爰处，掉尾养气。庄生是感，
挥竿傲贵。"

　　④ 鲐音格。《图赞》曰："娑胡之状，似麋之眼。精精似牛，以尾自
辨。鲐鲐所潜，厥深无限。"郝懿行曰："《广雅·释地》本此经云：'东方
有鱼焉，如鲤，六足鸟尾，其名曰鲐。'不作重文。《玉篇》亦然。"另杨慎
《异鱼赞》亦不重文，云："东方有鱼，其形如鲤。其名为鲐，六足鸟尾。
鳝为之母，胎育厥子。"

　　⑤ 郝懿行曰："'名'，《藏经》本作'鸣'，是。"

253　又南水行九百里曰蹲隅之山[①]。其上多草木，多金、玉，
多赭。有兽焉，其状如牛而马尾，名曰精精[②]，其鸣自叫。

精精

【注释】

　　① 蹲音敏。张步天以为此山当在日本九州岛南端。

　　② 吴任臣曰："《骈雅》曰：'兽似牛而马尾，曰精精。'万历二十五

年,括苍得异兽,其角双,身作鹿文,马尾牛蹄。董斯张《吹景录》引此经为证。或又云:乃辟邪也。"

254 又南水行五百里,流沙三百里,至于无皋之山 ①。南望幼海 ②,东望榑木 ③,无草木,多风 ④。是山也,广员百里。

【注释】

① 张步天以为此山当是琉球群岛最北端海岛岬山。

② 郭璞注:"即少海也。《淮南子》曰:'东方大渚曰少海。'"郝懿行曰:"少海,即裨海也。《史记·邹衍传》云'裨海环之',《索隐》云:'裨海,小海也。'"

③ 郭璞注:"(榑)扶、桑二音。"吴任臣曰:"《吕览》云:'夏禹东至榑木之地。'即此也。"毕沅以为经文"木"字有误,郝懿行则曰:"榑木即扶桑,但不当读'木'为'桑',注有脱误。"又引《洪范五行传》云:"东方之极,自碣石东至日出榑木之野。"

④ 郝懿行曰:"东极多风。爰有神人,'来风曰俊,处东极以出入风'也。见《大荒东经》(690)。"

255 凡《东次三经》之首自尸胡之山至于无皋之山,凡九山,六千九百里 ①。其神状皆人身而羊角。其祠:用一牡羊,米用黍。是神也,见则风,雨水为败 ②。

东山神

【注释】

　　① 郝懿行曰："今才六千四百里。"张步天以为此经有错简,序次应为:尸胡山、诸钩山、中父山、孟子山、岐山、胡射山、跂踵山、蹄隅山、无皋山。按:《五臧山经》只限海内山川,此经内容已脱离海内,疑非《东山经》本文,或由《海经》、《荒经》窜入者。

　　② 此神现则起风,而雨水遂退。

256　又《东次四经》之首曰北号之山,临于北海①。有木焉,其状如杨,赤华,其实如枣而无核,其味酸甘,食之不疟②。食水出焉,而东北流注于海。有兽焉,其状如狼,赤首鼠目,其音如豚,名曰猲狙③,是食人。有鸟焉,其状如鸡而白首,鼠足而虎爪,其名曰鬿雀④,亦食人⑤。

猲狙　　　　　　　　　　　　　䍺雀

【注释】

① 吴承志、卫挺生以为北海即鄂霍次克海，而北号山在黑龙江口。张步天以为北号之山当在燕长城中段，今辽宁省北票北，而北海即渤海。

② "不疟"或作"已疟"。郝懿行以为即《本草》之"腐婢"，引陶弘景注云："今海边有小树，状似栀子，茎条多曲，气作腐臭，土人呼为腐婢，用疗疟有效。"

③ 郭璞注："（猲狙）葛、且二音。"郝懿行曰："经文'猲狙'当为'猲狙'，注文'葛且'当为'葛旦'，俱字形之讹也。"又曰："《庄子·齐物论释文》引司马彪云：'狙，一名猲牂，似猿而狗头，喜与雌猿交。'所说形状与此经异，非一物也。"王念孙亦校"狙"为"狙"。

④ 䍺音祈。吴任臣曰："《天问》云'䍺堆焉处'，王逸注：'䍺堆，奇兽也。'柳子《天对》云：'䍺雀在北号，惟人是食。'杨万里注：'堆当为雀，王、柳注误也。'"既云为鸟，似以"䍺雀"为是。

⑤《图赞》曰："猲狙狡兽，䍺雀恶鸟。或狼其体，或虎其爪。安用甲兵，扰之以道。"

257　又南三百里曰旄山①，无草木。苍体之水出焉，而西流注于展水。其中多鳝鱼②，其状如鲤而大首，食者不疣③。

鱣魚

【注释】

① 张步天以为山在河北张家口东北。

② 郭璞注："今虾鳅字亦作'鳝'，音秋。"吴任臣曰："鳝鱼，《本草拾遗》以为即'鳙鱼'。李时珍曰：'此鱼中之下品，盖鱼之庸常，以供馐食者，故曰鳙曰鳝。'"

③ 郝懿行曰："'疣'当作'肬'。"即所谓"肬子"。按：肬、疣字通，肉瘤也。

258　又南三百二十里曰东始之山①，上多苍玉。有木焉，其状如杨而赤理，其汁如血，不实，其名曰芑②，可以服马③。泚水出焉，而东北流注于海，其中多美贝。多茈鱼，其状如鲋，一首而十身④，其臭如麋芜，食之不糟⑤。

茈鱼

【注释】

　　① 张步天以为山当在河北阜平县西。

　　② 苢音起。吴任臣引《玄览》曰："苢木之汁如血。"

　　③ 郭璞注："以汁涂之则马调良。"以树汁涂马,则马易驯服。《图赞》曰："马惟刚峻,涂之苢汁。不劳孙阳,自然闲习。厥术无方,理有潜执。"

　　④ 吴任臣曰："与何罗鱼（127）类。"

　　⑤ 郭璞注："（䐓）,止失气也。"䐓音费。郝懿行引《广韵》曰："䐓同屁,气下泄也。"《图赞》曰："有鱼十身,麋芜其臭。食之和体,气不下溜。薄之跃渊,是惟灾候。"

259　又东南三百里曰女烝之山^①,其上无草木。石膏水出焉,而西注于鬲水。其中多薄鱼,其状如鳣鱼而一目,其音如欧^②,见则天下大旱^③。

薄鱼

【注释】

① 张步天以为山当在今河北大名县一带。

② 郭璞注：“如人呕吐声也。”吴任臣曰：“‘欧’与‘呕’同。”

③ 吴任臣曰：“《物异志》作‘见则天下大水’。”郝懿行曰：“《初学记》引此经，作‘见则天下反’。”

260　又东南二百里曰钦山①，多金、玉而无石。师水出焉，而北流注于皋泽②。其中多鱤鱼，多文贝。有兽焉，其状如豚而有牙，其名曰当康③，其鸣自叫，见则天下大穰④。

当康

【注释】

① 张步天以为山当在今江苏徐州附近。

② 吴任臣曰："今信阳县有浉水，疑即此水。"徐显之以为皋泽当今昭阳湖、微山湖，师水即注入此泽之水。

③ 郝懿行曰："《太平御览》九百十三卷引《神异经》云：'南方有兽，似鹿而豕首，有牙，善依人求五谷，名无损之兽。'所说形状与此兽近，当即此。"按：《神异经·南荒经》又云无损之兽"纵割取其肉不病，肉复自复"，与当康不类。

④ 郝懿行曰："'当康'、'大穰'声转义近。"

261　又东南二百里曰子桐之山①。子桐之水出焉，而西流注于余如之泽。其中多鳝鱼②，其状如鱼而鸟翼，出入有光，其音如鸳鸯，见则天下大旱③。

鳝鱼

【注释】

① 郝懿行曰："《玉篇》引司马相如《梓桐山赋》云'礨硊'，疑即斯山也。'梓'、'子'声同。"按：司马相如赋今不传，不详所指为何地之梓桐山，但相如蜀人，所赋当是四川梓潼山，显然与此经不合。张步天以为

在山西晋阳境。按：晋阳即今太原。

②鳛音滑。

③《图赞》曰："当康如豚，见则岁穰。鳛鱼鸟翼，飞乃流光。同出殊应，或灾或祥。"

262 又东北二百里曰剡山①，多金、玉。有兽焉，其状如彘而人面，黄身而赤尾，其名曰合窳②，其音如婴儿。是兽也，食人，亦食虫蛇，见则天下大水③。

合窳

【注释】

①张步天以为战国时齐有剡县，疑山即在此。按：齐之剡县地不详。

②窳音庾。

③《图赞》曰："猪身人面，号曰合窳。厥性贪残，物为不咀。至阴之精，见则水雨。"

263 又东二百里曰太山①，上多金、玉、桢木②。有兽焉，其状如牛而白首，一目而蛇尾，其名曰蜚③，行水则竭，行草则死，见则天下大疫④。钩水出焉，而北流注于劳水，其中多鳙鱼。

蜚

【注释】

①　张步天以为太山即泰山。按：《东山经》（225）已有泰山，此固不妨重记，但所记物产动植何以不同？

②　郭璞注："女桢也，叶冬不凋。"吴任臣曰："女贞亦名冬青，负霜葱翠，振柯凌风。"

③　蜚音翡。郝懿行曰：此蜚与《春秋》"有蜚，不为灾"之"蜚"同名异物。

④　郭璞注："言其体含灾气也。其铭曰：'蜚之为名，体似无害。所经枯竭，甚于鸩厉。万物斯惧，思尔遐逝。'"《图赞》曰："蜚则灾兽，跂踵厉深。会所经涉，竭水槁林。禀气自然，体此殃淫。"

264　凡《东次四经》之首自北号之山至于太山，凡八山，一千七百二十里。①

【注释】

　　① 郝懿行曰："此经不言神状及祠物所宜，疑有阙脱。"

右《东经》之山志凡四十六山，万八千八百六十里 ^①。

【注释】

　　① 郝懿行按："今才万八千二百六十里。"

卷五　中山经

265《中山经》薄山之首^①曰甘枣之山^②。共水出焉^③，而西流注于河。其上多枏木。其下有草焉，葵本而杏叶^④，黄华而荚实^⑤，名曰箨^⑥，可以已瞢^⑦。有兽焉，其状如𪕏鼠而文题^⑧，其名曰䶌^⑨，食之已瘿^⑩。

䶌

【注释】

①吴任臣曰："《封禅书》'华山以西名山七'，薄山其一焉。薄山即襄山也。徐广曰：'蒲坂县有襄山。'应劭云：'在潼关北十余里。'"毕沅曰："《史记》注云：皇甫谧曰：'禹都平阳，或在安邑，或在晋阳。'故以山西薄山为中，山起薄山也。"郝懿行以为"山在今山西蒲州府南"。

②吴任臣曰："《括地志》云：'蒲州河东县雷首山，一名中条，一

名历山,亦名首阳山,亦名蒲山,亦名襄山,一名甘枣山,亦名猪山。'又
《水经注》引经,'薄山'作'蒲山','甘枣'作'甘桑'。"汪绂曰:"薄
山非一山,以历儿山为主,余相连者皆薄山,而甘枣其西首也。"毕沅亦
云薄山在今山西蒲州府南,是薄山即中条山,而甘枣之山为中条山西首
之山也。

　　③共音恭。

　　④郭璞注:"(杏叶)或作'梏叶'。"

　　⑤吴任臣曰:"如荚荠之实,《周礼》'荚物'是也。"按:"荚物"见《地
官·大司徒》。凡草木之实,有果皮包裹,熟时皮裂籽出者,皆称"荚物"。

　　⑥箨音拓。

　　⑦瞢音盲。吴任臣曰:"瞢,目不明也,瞀瞍号'天瞢'。"

　　⑧郭璞注:"獻鼠所未详。音匙,字亦或作'匙'。"题,额也。文题
即头有花斑。

　　⑨郭璞注:"(䖟)音那,或作'熊'也。"吴任臣曰:"《群书钩玄》
云:'古熊字作䖟,与䖟字相近。'"

　　⑩吴任臣曰:"《集韵》曰:'䖟兽似鼠斑头,食之明目。'与此略异。"

266　又东二十里曰历儿之山 ①。其上多橿,多櫔木 ②,是木
也,方茎而员叶,黄华而毛,其实如拣 ③,服之不忘。

【注释】

　　①毕沅以为"即历山,在今蒲州府南"。张步天以为当在今山西永
济县境。

　　②櫔音厉。

③郭璞注："拣,木名,子如指头,白而粘,可以浣衣也。音练,或作'简'。"王念孙、郝懿行等均校作"楝",是。

267　又东十五里曰渠猪之山①,其上多竹。渠猪之水出焉②,而南流注于河。其中是多豪鱼,状如鲔③,赤喙尾,赤羽,可以已白癣。

豪鱼

【注释】

①毕沅曰："即渠山。《括地志》云'雷首山亦名渠山',又云'薄山亦名猪山'。"张步天以为当在山西芮城县北。

②毕沅以为即山西永乐县涧水,今名百丈涧。

③郭璞注："鲔似鳣也。"

268　又东三十五里曰葱聋之山①,其中多大谷。是多白垩②,黑、青、黄垩②。

【注释】

　　① 郝懿行曰："自此以下七山，亦皆与薄山连麓而异名。"张步天以为此山当在山西芮城县东北。

　　② 吴任臣引《本草》："白垩，白善土也，邯郸者为上。"

　　② 郭璞注："言有杂色垩也。"

269　又东十五里曰渨山 ①。其上多赤铜，其阴多铁。

【注释】

　　① 渨音倭。张步天以为当在山西平陆县北。

270　又东七十里曰脱扈之山 ①。有草焉，其状如葵叶而赤华、荚实，实如棕荚 ②，名曰植楮，可以已癙 ③，食之不眯。

【注释】

　　① 张步天以为当在山西夏县北。

　　② 郭璞注："今棕木，荚似皂荚也。"

　　③ 癙音鼠。郭璞注："癙，病也。《淮南子》曰：'狸头已癙也。'"吴任臣曰："《正韵》云：'癙，忧病。'《诗》云：'癙忧以痒。'"郝懿行曰："引《淮南子》者，《说山训》文，本作'狸头愈鼠'，今人正以狸头疗鼠疡。鼠疡即瘘。"

271　又东二十里曰金星之山 ①。多天婴，其状如龙骨 ②，可以已痤 ③。

【注释】

① 张步天以为当在山西夏县东北。

②《本草别录》:"龙骨出晋地川谷及太山岩水岸土穴中死龙处。"所谓死龙,未必即是龙也。

③ 郭璞注:"痈痤也。"吴任臣曰:"《说文》云:'小肿也。'一曰疖也。"

272 又东七十里曰泰威之山 ①。其中有谷,曰枭谷 ②,其中多铁。

【注释】

① 张步天以为当在山西垣曲县境。

② 郭璞注:"或无'谷'字。"

273 又东十五里曰橿谷之山 ①,其中多赤铜。

【注释】

① 郭璞注:"或作'檀谷之山'。"张步天以为当在山西垣曲县境。

274 又东百二十里曰吴林之山 ①,其中多葌草 ②。

【注释】

① 毕沅曰:"雷首山一名吴山,在今山西平陆县。"张步天以为当在山西垣曲县东北。

②郭璞注："（薞）亦'营'字。"吴任臣曰："《尔雅》：'白华，野菅。'《说文》云：'菅，茅也。'薞、菅古字通。"郝懿行以薞为香草，即兰草。郭注恐非也。

275　又北三十里曰牛首之山①。有草焉，名曰鬼草，其叶如葵而赤茎，其秀如禾，服之不忧②。劳水出焉③，而西流注于潏水④。是多飞鱼，其状如鲋鱼，食之已痔衕⑤。

飞鱼

【注释】

①郭璞注："今长安西南有牛首山，上有馆，下有水，未知此是非。"毕沅曰："山当在今山西浮山县境，霍太山之南。非鄠县之牛首山。"张步天从之。

②《图赞》曰："焉得鬼草，是树是艺。服之不忧，乐天傲世。如彼浪舟，任波流滞。"

③吴任臣曰："《一统志》：'涝水源出浮山县，西入汾河。'"

④郭璞注："（潏）音如谲诈之谲。"吴任臣引《水经注·汾水》："潏水即巢山之水也，水源东南，出巢山东谷，北径浮山东，又西北流与劳水合。"

⑤吴任臣曰："屠本峻《海错疏》：'飞鱼头大尾小，有肉翅，一跃十余丈。'《林邑图记》曰：'飞鱼身圆，长丈余，羽重沓，翼如山蝉，出入群飞，游翔翳会。'张骏《飞鱼赞》：'飞鱼如鲋，登云游波。'杨慎《异鱼赞》

曰：'飞鱼身圆长丈余，登云游波形如鲋，翼如轻蝉翔泳俱，仙人宁封曾饵诸，着藻灼灼千载舒。'"痔衕，即痔漏。

276　又北四十里曰霍山^①，其木多榖。有兽焉，其状如狸而白尾有鬣，名曰朏朏^②，养之可以已忧^③。

朏朏

【注释】

①郭璞注："今平阳永安县、庐江灊县、晋安罗江县、河南巩县皆有霍山，明山以霍为名者非一矣。按《尔雅》大山绕小山为霍。"吴任臣引刘会孟云："山西霍州霍山，今为中镇。"吴氏又曰："《尔雅》'北方之美，有霍山之珠玉焉'，平阳之霍山也，经所纪疑是此山。"毕沅亦以为即山西之霍山，云：洪洞县东北之霍山，霍邑县东之霍山，沁源县西之霍山，实皆一山。

②朏音苗。

③郭璞注："谓畜养之也。"如今之养宠物也。

277　又北五十二里曰合谷之山^①，是多薝棘^②。

【注释】

　　① 张步天以为当在山西翼城县西北。

　　② 蓍音瞻。吴任臣曰："蓍棘，木名，一音胆。《说文》云：'金谷多蓍棘。'"蓍棘或即天门冬。

278　又北三十五里曰阴山^①，多砺石^②、文石。少水出焉^③，其中多彫棠^④，其叶如榆叶而方，其实如赤菽^⑤，食之已聋。

【注释】

　　① 郭璞注："亦曰'险山'。"毕沅曰："案其道里及所出水，疑即绵山。山在山西祁县、沁源二县界。"张步天以为当在山西离石县东南。

　　② 郭璞注："砺石，石中磨者。"

　　③ 郝懿行曰："《水经注》云：'沁水又迳沁水县故城北，《春秋》之少水也。'又云：'少水，今沁水。'郦氏此说，盖言沁水随地异名耳，不云即此经之少水也。且沁水出谒戾山，少水出阴山，非一水明矣。"

　　④ 郝懿行曰："《西次二经》(77)云'中皇之山多蕙、棠'，郭注云：'彫棠之属。'此作'彫棠'，疑形近而讹。"

　　⑤ 郭璞注："菽，豆。"吴任臣曰："赤菽，赤小豆。"

279　又东北四百里曰鼓镫之山^①，多赤铜^②。有草焉，名曰荣草^③，其叶如柳，其本如鸡卵，食之已风。

【注释】

　　① 毕沅曰："即鼓钟山，在今山西垣曲县。钟、镫声形皆相近。《水

经注》云：‘平水南流，历鼓钟上峡，水广一十许步，南流历鼓钟川，分为二涧。一水历冶官西，世人谓之鼓钟城。城之左右，犹有遗铜及铜钱也。’即此山，而引《中次七经》（339）鼓钟山，盖郦道元之疏也。”张步天从之。

②毕沅曰："详《水经注》有冶官遗铜，则知古者冶铜于此，言多赤铜，信也。"

③吴任臣曰："扬雄《解嘲》云：‘四皓采荣于南山。’"郝懿行疑即《本草经》"除大风"之"蔄茹"。

280　凡薄山之首自甘枣之山至于鼓镫之山，凡十五山，六千六百七十里①。历儿，冢也，其祠礼：毛，太牢之具，县以吉玉②。其余十三山者③，毛用一羊，县婴用桑封，瘗而不糈。桑封者，桑主也，方其下而锐其上，而中穿之，加金④。

【注释】

①毕沅曰："此自山西蒲州西北至平阳太原府也，其山多可考。"郝懿行曰："今才九百三十七里。经有误。"

②郭璞注："县，祭山之名也，见《尔雅》。"《尔雅·释天》："祭山曰庪县，祭川曰浮沉，祭星曰布，祭风曰磔。"吴任臣曰："祭山曰庪、县，或庪或县，置之于山。"按：庪，谓埋藏之。县，即悬。

③十五山除去历儿一山，应是十四山，张步天疑所漏一山当是霍山，霍山亦当为冢也。

④郭璞注："言作神主而祭，以金银饰之也。《公羊传》曰：‘虞主用桑。’或作‘玉’。"汪绂曰："凡祠山皆言其神状，此不言者，惟以主依神，

故无异状也。"毕沅以为自"桑封者"以下十九字,皆后人释经之语而乱入经文者。江绍原以为"桑封"乃"藻珪"之误,"桑主"为"藻玉"之误。

281《中次二经》济山之首曰辉诸之山①,其上多桑。其兽多闾、麋,其鸟多鹖②。

鹖

【注释】

　　①汪绂曰:"济山非一山也,其山之首别名辉诸山也。大约在伊、洛之东,河、沵之会。"郝懿行曰:"山在上党。"卫挺生以为辉诸之山在今河南登封境,张步天从之。

　　②郭璞注:"鹖似雉而大,青色有毛,勇健,斗死乃止。音曷,出上党也。"吴任臣曰:"鹖似雉而大,或以为黄黑色,鸷鸟之暴疏者也。每所攫撮,应爪摧衄。同类有被侵者,辄往赴救之,一死乃止,曹植赋'双战不只僵'是也。"《图赞》曰:"鹖之为鸟,同群相为。畴类被侵,虽死不避。毛饰武士,兼厉以义。"

282　又西南二百里曰发视之山[①]。其上多金、玉,其下多砥、砺。即鱼之水出焉,而西流注于伊水。

【注释】

①张步天以为山在河南临汝县西北。

283　又西三百里曰豪山[①],其上多金、玉而无草木。

【注释】

①张步天以为当是河南嵩县东北之鸣皋山或九皋山。

284　又西三百里曰鲜山[①],多金、玉,无草木。鲜水出焉,而北流注于伊水。其中多鸣蛇,其状如蛇而四翼,其音如磬,见则其邑大旱[②]。

鸣蛇

【注释】

①毕沅曰："《尔雅》云：'小山别，大山鲜。'是其义。《水经》云'伊水东北过郭落山'，注：'有鲜水出鲜山。'山当在今河南嵩县。"卫挺生以为是伊川县南之山。

②《图赞》曰："鸣、化二蛇，同类异状。拂翼俱游，腾波漂浪。见则并灾，或淫或亢。"

285　又西三百里曰阳山^①，多石，无草木。阳水出焉，而北流注于伊水^②。其中多化蛇，其状如人面而豺身^③，鸟翼而蛇行，其音如叱呼，见则其邑大水。

化蛇

【注释】

①毕沅曰："此'三百里'当为'三十里'。《水经》'伊水又东北过郭落山'，注有'阳山'。《隋书·地理志》云'陆浑有阳山'。当在今河南嵩县。"张步天从之。

②《水经注·伊水》："阳水出阳山阳溪，世人谓之太阳谷，水亦取名

焉。东流入伊水。"

　　③ 吴任臣曰："豺,狼属。《尔雅》:'豺,狗足。'"

286　又西二百里曰昆吾之山 ①,其上多赤铜 ②。有兽焉,其状如彘而有角,其音如号 ③,名曰蠪蚳 ④,食之不眯。

蠪蚳

【注释】

　　① 张步天云:"'昆吾'一名见《淮南子·天文训》一日十五时段,云'至于昆吾,是谓正中',言日至此山则时为正午,此与周人视伊洛为天下之中观念正合。山在河南嵩县境。"

　　② 郭璞注:"此山出名铜,色赤如火,以之作刀,切玉如割泥也。周穆王时西戎献之,《尸子》所谓'昆吾之剑'也。《越绝书》曰:'赤堇之山破而出锡,若邪之谷涸而出铜,欧冶子因以为纯钩之剑。'汲郡冢中得铜剑一枝,长三尺五寸,乃今所名为干将剑。汲郡亦皆非铁也,明古者通以锡杂铜为兵器也。"吴任臣曰:《十洲记》、《列子》、《六帖》皆言周穆王征西土,得昆吾剑,"疑所称非内地。郭以为即斯山,所未

详也"。按:《大荒南经》(723)、《大荒西经》(744)、《海内经》(810)均言及"昆吾",可参看。《图赞》曰:"昆吾之山,名铜所在。切玉如泥,炙有光彩。尸子所叹,验之彼宰。"

③郭璞注:"如人号哭。"

④郭璞注:"上已有此兽,疑同名。"所指即《东次二经》(243)之"蠪侄"。

287　又西百二十里曰蔽山①。蔽水出焉,而北流注于伊水②。其上多金、玉,其下多青雄黄。有木焉,其状如棠而赤叶③,名曰芒草④,可以毒鱼。

【注释】

①蔽音间。毕沅曰:"山当在今河南卢氏县西南。"张步生以为在河南栾川县北。

②《水经注·伊水》:"伊水自熊耳东北,迳鸾川亭北。蔽水出蔽山,北流,际其城东,而北入伊水,世人谓伊水为鸾水,蔽水为交水,故名斯川为鸾川也。"

③《尔雅》:"杜,赤棠,白者棠。"

④芒音忘。吴任臣以为即莽草,俗名蒳草。

288　又西一百五十里曰独苏之山①,无草木而多水。

【注释】

①张步生以为在河南栾川县西北。

289 又西二百里曰蔓渠之山^①。其上多金、玉，其下多竹箭。伊水出焉，而东流注于洛^②。有兽焉，其名曰马腹，其状如人面虎身，其音如婴儿，是食人^③。

马腹

【注释】

　　①《水经·伊水》："伊水出南阳鲁阳县西蔓渠山。"毕沅曰："即闷顿山，在今河南卢氏县东南百六十里。"张步天从之。

　　②郭璞注："今伊水出上洛卢氏县熊耳山，东北至河南洛阳县入洛。"吴任臣引《一统志》曰："伊水源出卢氏县闷顿岭，流经嵩县、洛阳、偃师县界入于洛。"

　　③吴任臣以马腹即水虎之类，曰："陶弘景《刀剑录》：'汉章帝建初八年铸一金剑，投伊水中，厌人膝之怪。'《水经注》：'中庐县疏水中有物，如三四岁小儿，鳞甲如鲮鲤，膝头似虎掌爪，常没水中，出膝头，小儿不知，欲取戏弄，便杀人，名为水唐。'形状与马腹颇类。又《襄沔记》：'中庐有涑水，注于沔。此水有物啮人，名水虎。'又《睽车志》言'峡江水中有物，头似猕猴而无足，自颈以下如匹练，喜食马，土人谓之马皮

婆’，名与此小类，附记之。”汪绂曰：“此即俗所称‘马虎’也。其面略似
人面，其毛长，足高如马，实虎类也，腹、虎音近而名耳。”汪说非是，但
所述之物未见于它书，特录之备考。

290　凡济山经之首自辉诸之山至于蔓渠之山 [①]，凡九山，
一千六百七十里。其神皆人面而鸟身，祠用毛 [②]，用一吉玉，
投而不糈。

中山神

【注释】

　　① “济山经”，袁珂以为“经”是衍字，是。毕沅曰：“此经之山在河
南府东南。”清河南府治为洛阳。

　　② 郭璞注：“择用毛色。”言用牲择其毛色。

291《中次三经》萯山[①]之首曰敖岸之山[②]。其阳多㻬琈之玉，其阴多赭、黄金。神熏池居之[③]。是常出美玉[④]。北望河林[⑤]，其状如蒨如举[⑥]。有兽焉，其状如白鹿而四角，名曰夫诸，见则其邑大水。

神熏池

夫诸

【注释】

① 萯音倍。毕沅曰："《国语》云'主芣隗而食溱洧'，隗即新安县隗山，芣、萯古音通，疑此。"按：新安县在洛阳西。郝懿行曰："《竹书》云'夏帝孔甲三年，畋于萯山'，即此。《帝王世纪》以为'即东首阳山'也。"

② 郭璞注："（敖）或作'献'。"毕沅曰："《春秋传》云'敖、鄗之间'，疑即此山，音相近。"按：见《左传》宣十二年，杜注："荥阳京县东北有管城，敖、鄗二山在荥阳县西北。"张步天以为在今河南渑池县西。

③《图赞》曰："泰逢虎尾，武罗人面。熏池之神，厥状不见。爰有美玉，河林如蒨。"

④ 郭璞注："（玉）或作'石'。"

⑤ 吴任臣曰："张衡《思玄赋》'倨河林之蓁蓁兮'，即此。"按：《文

选》注即引《中山经》此文。

⑥郭璞注："说者云蒮、举皆木名也,未详。蒮音倩。"吴任臣曰："蒮,染绛草也,紫赤色。举,榉柳,大者连抱数仞。如蒮如举,言其一望蔚葱,有如丹青树然。"

292 又东十里曰青要之山①,实维帝之密都②。北望河曲③,是多驾鸟④。南望墠渚⑤,禹父之所化⑥,是多仆累、蒲卢⑦。魁武罗司之⑧,其状人面而豹文,小腰而白齿⑨,而穿耳以鐻⑩,其鸣如鸣玉⑪。是山也,宜女子⑫。畛水出焉⑬,而北流注于河。其中有鸟焉,名曰鴢⑭,其状如凫,青身而朱目赤尾,食之宜子⑮。有草焉,其状如葌而方茎⑯,黄华赤实,其本如蒿本⑰,名曰荀草⑱,服之美人色⑲。

驾鸟　　　　　仆累　　　　　蒲卢

魁武罗　　　　　鴢

【注释】

　　① 吴任臣曰："《十道志》：'青要山名强山。'刘会孟云：'在河南府新安县西北二十里。'"新安县在今洛阳西。

　　② 郭璞注："天帝曲密之邑。"《尔雅·释山》曰："山如堂者，密；如防者，盛。"

　　③ 郭璞注："河千里一曲一直也。"毕沅曰："河到函谷一小曲也。"按：秦函谷关位于今河南灵宝北，汉函谷关东移至洛阳西新安县。

　　④ 郭璞注："未详也。或曰'驾'宜为'䴅'，䴅，鹅也，音加。"顾炎武《日知录》亦以为当作"䴅"，云："其从'马'者，传写之误尔。"䴅即野鹅。

　　⑤ 郭璞注："水中小洲名渚。埻音填。"《水经注·伊水》云："渚水上承陆浑县东禅渚，渚在原上，陂方十里，佳饶鱼草，世谓此泽为慎望陂。"毕沅以为"渚在今河南嵩县"。

　　⑥ 郭璞注："鲧化于羽渊，为黄熊。今复云在此，然则一已有变怪之性者，亦无往而不化也。"吴任臣曰："《瘴凡》云：'人之化者，鲧化黄熊，望帝化杜鹃，褒君化龙，牛哀化虎，黄母化鼋，徐君化鱼。'《路史》注云：'今陆浑东有禅渚，即鲧化之所。河南密县亦有羽山，鲧化羽渊，一或在此，神则无不在也。'"俞樾曰："此'化'字非变化之化，化者治也。'禹父之所化'，犹言'禹父之所治'耳。《国语·周语》有'崇伯鲧'，韦注曰：'崇，鲧国。'不详崇在何地。今按'崇'古'嵩'字，疑崇伯之国即在中岳嵩高山。"

　　⑦ 郭璞注："仆累，蜗牛也。《尔雅》曰：'蒲卢者，螟蛉也。'"吴任臣曰："蜗牛一名蚹蠃，一名蜾蠃，形似蛄蝓，但头皆负壳尔。蒲卢，细腰虫，俗呼蠮螉，取桑上之螟蛉为子，《尔雅》故分二种，非即螟蛉也。郑玄注《中庸》，复以为土蜂，更非。"郝懿行以为蒲卢乃蜃蛤之属，非水虫，

更非蜈蚣。

⑧郭璞注："武罗，神名也。'䰢'即'神'字。"

⑨郭璞注："（齿）或作'首'。"

⑩郭璞注："鐻，金银器之名，未详也，音渠。"吴任臣引《五音集韵》云："鐻，耳环，与璩同。"

⑪郭璞注："如人鸣玉佩声。"《图赞》曰："有神武罗，细腰白齿。声如鸣佩，以鐻贯耳。司帝密都，是宜女子。"张步天云：据经文神武罗形象，疑此神乃祭山时女巫装扮者。小腰皓齿，穿耳以鐻，出声如玉磬，皆女性装扮，"是山也，宜女子"亦为注脚。按：此说可取，但也可考虑武罗即为女性之神，而"青要玉女"或与之有关。

⑫任臣曰："《淮南子》：'青要玉女，降霜神也。'本此傅会之。"郝懿行曰："《淮南·天文训》虽有'青女乃出，以降霜雪'之文，而无'青要玉女'之说。"按："青要玉女"见《淮南子》高诱注，云："青女天神，乃青要玉女，司霜雪者。"

⑬畛音轸。吴任臣曰："《水经注》'畛水出新安县青要山'，今谓之强山。"

⑭鸰音窈。吴任臣曰："《尔雅》'鸰，头鸡。一作投鸡'，即此也。江东谓之'鱼鸡'。张萱《汇雅》曰：'鸰鸟类鸭而有文彩，不能行，多溷野鸭群中浮游。'"

⑮郭璞注："朱，浅赤也。"《图赞》曰："鸰鸟似凫，翠羽朱目。既丽其形，亦奇其肉。妇女是食，子孙繁育。"

⑯郭璞注："菅，似茅也。"吴任臣曰："《诗》'露彼菅茅'，即菼。"

⑰郭璞注："根似藁本，亦香草。"吴任臣曰："藁本似芎䓖。《淮南》云：'乱人者若藁本之于芎䓖。'"郝懿行曰："《广雅》云：'山茝、蔚香，

藁本也。'"

⑱郭璞注："（荀草）或曰'苞草'。"

⑲郭璞注："令人更美艳。"吴任臣曰："《一统志》：'青要山有草，黄华赤实，服之益人色。'徐炬《事物原始》云：'美颜多食青要草。'即此也。"郝懿行据《本草别录》云："旋花一名金沸，一名美草，生豫州平泽。荀、旋声近。"《图赞》曰："荀草赤实，厥状如营。妇人服之，练色易颜。夏姬是艳，厥媚三迁。"

293　又东十里曰騩山①。其上有美枣②，其阴有琈瑜之玉。正回之水出焉③，而北流注于河。其中多飞鱼，其状如豚而赤文，服之不畏雷④，可以御兵⑤。

飞鱼

【注释】

①騩音巍。《水经注·河水》："正回之水出騩山，（騩山即）强山东阜也。"毕沅以为山在河南新安西北，即青要山东阜。张步天从之。

②吴任臣曰："《尔雅》纪'壶枣'以下十一种。又郭义恭《广志》

有狗牙、鸡心、羊角、猕猴、赤心、三星、骈白诸名,复有氏枣、夕枣、虚枣、棠枣之类,不能悉举。"

③《水经注·河水》:"河水又东,正回之水入焉。水出騩山,东流,俗谓之强川水。"

④吴任臣引刘会孟云:"雷之形亦如螺形。"按:《酉阳杂俎》言雷公"猪首",《广异记》言"状类熊猪",《投荒杂录》言"豕首鳞身",应是刘会孟所本。

⑤《图赞》曰:"马腹之物,人面似虎。飞鱼如豚,赤文无羽。食之辟兵,不畏雷鼓。"御兵,言飞鱼之革服之可以抵御兵刃。

294 又东四十里曰宜苏之山①。其上多金、玉,其下多蔓居之木②。潏潏之水出焉③,而北流注于河,是多黄贝。

【注释】

①毕沅曰:"山在今河南孟津县界。"张步天以为山在今河南新安县。

②郭璞注:"未详。"吴任臣曰:"木居蔓草之中,非木名也。"而郝懿行以为蔓居即"蔓荆",声之转也。

③潏音容。吴任臣曰:"《水经》作'庸庸',出河南垣县,俗谓之长泉水。"毕沅曰:"垣,当为东垣。今为孟津县。"

295 又东二十里曰和山①。其上无草木而多瑶碧,实惟河之九都②。是山也五曲③,九水出焉,合而北流注于河④。其中多苍玉。吉神泰逢司之⑤,其状如人而虎尾⑥,是好居于萯山之阳,出入有光。泰逢神动天地气也⑦。

神泰逢

【注释】

① 毕沅曰："山当在今河南孟津县界。"张步天从之。

② 郭璞注："九水所潜，故曰九都。"郝懿行曰："都者，潴也。水聚会之义。郭注为潜，误。"

③ 郭璞注："曲回五重。"吴任臣曰："《帝王世纪》云：'即东首阳山也。'"

④ 吴任臣引《水经注·河水》云："今首阳东山，无水以应之，当是今古世悬，川域改状。"

⑤ 郭璞注："吉犹善也。"泰逢或作"泰禣"，吴任臣曰："《三才图会》作'泰禣'。《事物绀珠》云：'泰禣，司吉善之神。'纬书云：'禣黄，蒉山之神，能动天地。'"

⑥ 郭璞注："（虎尾）或作'雀尾'。"

⑦ 郭璞注："言其有灵爽，能兴云雨也。夏后孔甲田于蒉山之下，天

大风晦冥,孔甲迷惑,入于民室。见《吕氏春秋》。"郝懿行曰:"《广韵》
'禈'字云:'大黄蓍山神,能动天地气,昔孔甲遇之。'《广韵》此言,盖
以大风晦冥即是神所为也。"《遁甲开山图》:"郑有不毛山,上有无为
之君,分布云雨于九州之内。"郝氏以为和山当即不毛山,无为之君即泰
逢。《图赞》曰:"神号泰逢,好游山阳。濯足九州,出入流光。天气是动,
孔甲迷惶。"吴任臣引纬书云:"禈黄,蓍山之神,能动天地。"按:吴所
引见《春秋内事》,原文作:"太黄负山,能动天地气者,孔甲遇之,是为
天禈。"

296　凡蓍山之首自敖岸之山至于和山 ①,凡五山,四百四十
里 ②。其祠泰逢、熏池、武罗,皆一牡羊,副 ③,婴用吉玉。
其二神用一雄鸡 ④,瘗之,糈用稌。

【注释】

① 毕沅曰:"其山当在今河南、新安、孟津三县界。"

② 郝懿行曰:"今才八十里。"

③ 郭璞注:"副谓破羊骨,磔之以祭也,见《周礼》。音愐愊之愊。"
吴任臣曰:"《周礼·大宗伯》'以疈辜祭四方',何注云:'披牲胸中分曰
疈。'《诗经》'不坼不副',副训劈。副、疈古字通也。"

④ "其二神",指"泰逢、熏池、武罗"之外騩山、宜苏山二神。

297　《中次四经》釐山之首曰鹿蹄之山 ①。其上多玉,其下
多金。甘水出焉 ②,而北流注于洛,其中多泠石 ③。

【注释】

　①吴任臣曰："《寰宇记》云：'鹿蹄山在宜阳县西南三十里,俗名非山,亦名纵山。'《水经注》云：'其山阴则峻绝百仞,阳则原阜隆平。'"毕沅曰："山在今河南宜阳县东南。"张步天以为山在河南伊川、宜阳之间。

　②《水经·甘水》："甘水出弘农宜阳县鹿蹄山。"

　③郭璞注："泠石未闻也。'泠'或作'涂'。"吴任臣曰："'泠'当作'冷',滑石小青黄者也。"郝懿行曰："'泠'当作'泠'。《西次四经》（111）'号山多泠石'是也。"

298　西五十里曰扶猪之山①。其上多礝石②。有兽焉,其状如貉而人目,其名曰䝋③。虢水出焉,而北流注于洛④,其中多瓀石⑤。

䝋

【注释】

　①毕沅曰："山在今河南宜阳县鹿蹄山北。"张步天以为在宜阳西南。

　②郭璞注："今雁门山中出礝石,白者如冰,水中有赤色者。"礝音软。毕沅曰："礝当为碝。"

③郭璞注：“（麔）音银。或作‘麋’。”

④吴任臣曰：“《水经注》：‘洛水又与虢水会，水出林褚之山。’疑此‘扶猪’之讹。”按：今本《水经注》正作“扶猪之山”。

⑤郭璞注：“言亦出水中。”郝懿行曰：“‘瑞’亦当为‘硬’。”

299 又西一百二十里曰求鼇山①。其阳多玉，其阴多䓲②。有兽焉，其状如牛，苍身，其音如婴儿，是食人，其名曰犀渠③。潏潏之水出焉，而南流注于伊水④。有兽焉，名曰獭⑤，其状如獳犬而有鳞，其毛如彘鬣⑥。

犀渠　　　　　　　　　　獭

【注释】

①吴任臣引《名胜志》：“鼇山在嵩县西。”诸家说同。

②郭璞注：“（䓲）音搜。茅䓲，今之蒨草也。”吴任臣曰：“《尔雅》‘茹藘，茅蒐’，李巡云：‘一名茜，可以染绛。’”

③郝懿行曰：“犀渠盖犀牛之属。《吴语》云‘奉文犀之渠’，《吴都赋》云‘户有犀渠’。疑古用此兽皮蒙楯，故因名楯为‘犀渠’矣。”

④郝懿行曰：“《水经》云‘伊水东北过陆浑县南’，注引此经云云，

'今水出陆浑县之西南王母涧，涧北山上有王母祠，故世因以名溪。东流注于伊水，即潇潇之水也。'是郦氏所称王母涧当即釐山。"

⑤ 郭璞注："（獂）音苍颉之颉。"

⑥ 郭璞注："生鳞间也。"

300　又西二百里曰箕尾之山①。多榖，多涂石②，其上多琈琈之玉。

【注释】

① 毕沅曰："疑即箕山。在今河南登封县东南。"张步天以为在今河南洛宁县南。按：洛宁在宜阳西。

② 毕沅曰："上'鹿蹄山'云'多泠石'，注云'或作涂'（297）。《说文》'淦'或作'泠'。此云'多涂石'，疑'涂'当为'淦'，亦涅石也。"

301　又西二百五十里曰柄山①。其上多玉，其下多铜。滔雕之水出焉，而北流注于洛②。其中多羬羊。有木焉，其状如樗，其叶如桐而荚实，其名曰苃③，可以毒鱼。

【注释】

① 张步天以为在洛宁县西南。

② 毕沅曰："此山此水及下白边山，案其道里，只在宜阳、永宁、卢氏之境。"

③ 郭璞注："'苃'一作'艾'。"郝懿行曰："《尔雅》云'杬，鱼毒'，《说文》'杬'从艹作'芫'。疑（郭注）作'艾'者，因字形近'芫'而讹。"

302 又西二百里曰白边之山^①。其上多金、玉，其下多青雄黄。

【注释】

① 张步天以为山当在河南卢氏县东，属熊耳山中段。

303 又西二百里曰熊耳之山^①。其上多漆，其下多棕。浮濠之水出焉，而西流注于洛。其中多水玉，多人鱼。有草焉，其状如苏而赤华^②，名曰葶苧^③，可以毒鱼^④。

【注释】

① 郭璞注："今在上洛县南。"毕沅曰："山在今陕西洛南县东南，河南卢氏县西南，洛水所经也。"张步天以为山当在今河南卢氏县东南。

② 吴任臣曰："苏一名桂荏，生池中者为水苏，一名鸡苏，无紫色不香者名野苏。"

③ 郭璞注："（葶苧）亭宁、盯貯二音。"

④ 吴任臣曰："南方有醉鱼草，茎如黄荆，七八月开花成穗，红紫色，渔人采以毒鱼，亦葶苧类也。一名搣木。"

304 又西三百里曰牡山^①。其上多文石，其下多竹箭、竹䉶。其兽多柞牛、羬羊，鸟多赤鷩^②。

【注释】

① 毕沅曰："《尔雅疏》引此作'牝山'，《藏经》本作'壮山'。"张

步天以为此山当在河南卢氏县西偏南。

　　②郭璞注："（鷩）音闭，即鷩雉也。"吴任臣曰："《周礼》注音鳖。"

305　又西三百五十里曰讙举之山①。洛水出焉②，而东北流注于玄扈之水③，其中多马肠之物④。此二山者，洛间也⑤。

【注释】

　　①吴任臣曰："冢岭即讙举。"冢领山在陕西洛南县西北。毕沅、张步天皆从之。

　　②毕沅曰："洛水出今山。"今山指冢领山也。

　　③《水经注·洛水》："洛水又东，至阳虚山，合玄扈之水。"吴任臣曰："颛顼得《河图》于玄扈之水。《一统志》：'玄扈水在永宁县西五十里。'"

　　④吴任臣曰："蔓渠山马腹，一本作'马肠'，又《事物绀珠》云：'马肠人面虎身，音如婴儿。'岂即一物耶？又马肠亦草名，叶似桑，但非在水者，疑非是。"汪绂曰："即马腹也。"马腹见《中次二经》（289）。

　　⑤郭璞注："洛水今出上洛县冢岭山。《河图》曰'玄扈洛汭'，谓此间也。"汪绂曰："又云'此二山者，洛间'，言牡山、讙举夹洛水间也。"

306　凡釐山之首自鹿蹄之山至于玄扈之山①，凡九山，千六百七十里。其神状皆人面兽身，其祠之：毛用一白鸡，祈而不糈②，以采衣之③。

中山神

【注释】

① 毕沅曰："此经之山自河南河南府西至陕西商州也。"

② 郭璞注："言直祈祷。"

③ 郭璞注："以彩饰鸡。"

307《中次五经》薄山^①之首曰苟床之山^②。无草木，多怪石^③。

【注释】

① 汪绂以为此薄山非甘枣之薄山。而毕沅以为"此薄山即山西蒲州山"，与《中山首经》（265）之"甘枣之山"皆起于同一薄山。

② 郭璞注："或作'苟林山'。"张步天以为此山当在今山西永济县西南。

③ 郭璞注："怪石似玉也。《书》曰'铅、松、怪石'也。"

308 东三百里曰首山^①。其阴多榖、柞,草多荼、芫^②。其阳多䂁琈之玉,木多槐,其阴有谷曰机谷。多䮝鸟^③,其状如枭而三目有耳,其音如录^④,食之已垫^⑤。

䮝鸟

【注释】

①吴任臣曰:"山在襄城县南五里。《史记》申公曰:'天下名山八,而三在蛮夷,五在中国,皆黄帝所游,首山其一也。'《名胜志》云:'县西诸山,直接嵩华,而实起于此,故名首山。有圣泉出山上。'"按:襄城在河南许昌。而毕沅曰:"疑即蒲州首山。黄帝采首山之铜,铸鼎于荆山之下。"二说不同,而均以为黄帝之首山。郝懿行折衷二说,曰:"盖山起蒲州蒲坂,与嵩、华连接而为首,故山因取名与?"与嵩华相接者只能是襄城之山,郝说亦不确。郝氏又曰:"《吕氏春秋·有始览》亦以首山与太华并称,高诱注云:'首山在蒲坂之南,河曲之中,伯夷所隐也。'"张步天遂以为首山即伯夷、叔齐首阳山之别名,在今山西永济县南。

②郭璞注:"荼,山蓟也。芫,花中药。"吴任臣曰:"《本草》:'术,一名山姜,一名山连。'陶隐居云:'有两种,白术叶大有毛,赤术叶细小苦。其生平地而肥大者名杨抱蓟,今呼为马蓟。'芫花一名赤芫,一名杜

芜,根名黄大戟,《玉篇》谓之'杭木'。"

　③ 吴任臣曰:"《字汇》引经云:'欸鸟状如兔,音地,以犬从鸟。'"

　④ 郝懿行曰:"'录'盖'鹿'字假音。""音如录"即"音如鹿"。

　⑤ 郝懿行曰:"垫乃下湿之疾。"下湿之疾即湿疹。

309　又东三百里曰县斸之山 ①。无草木,多文石。

【注释】

　① 斸音拙。张步天以为山在今山西绛县境。

310　又东三百里曰葱聋之山 ①。无草木,多�石 ②。

【注释】

　① 吴任臣曰:"《中山经》岐山、騩山、丰山、女几山、葱聋山各二,皆异地同名。"另一葱聋山在《中山首经》(268)。张步天以为此山在山西芮城东北,与首经之葱聋为连麓。

　② 郭璞注:"未详。"毕沅曰:"㻬当为珇,《说文》云:'石之次玉者。'"

311　东北五百里曰条谷之山 ①。其木多槐、桐,其草多芍药、虋冬 ②。

【注释】

　① 张步天以为此山在山西高平县境。

　② 郭璞注:"《本草经》曰:'虋(音门)冬一名满冬。'今作'门',

俗作'耳'。"吴任臣曰："《尔雅》：'蘠蘼，虋冬。'"是"虋"当作"虋"。
吴氏又曰："《抱朴子》云：'或名地门冬，或名筵门冬，在东岳名淫羊藿，
在中岳名天门冬，在西岳名菅松，在北岳名无不愈，在南岳名百部。'又
麦门冬，秦名羊韭，齐名爱韭，楚名马韭，越名羊蓍，一名忍冬。二种无
名满冬者，景纯不知何据而云。"

312 又北十里曰超山^①。其阴多苍玉，其阳有井，冬有水而
夏竭^②。

【注释】

①张步天以为此山在山西高平县境。

② 郝懿行曰："视山有井，'夏有水，冬竭'，与此相反。见《中次
一十一经》（412）。"

313 又东五百里曰成侯之山^①。其上多櫄木^②，其草多芃^③。

【注释】

① 张步天以为此山在山西凌川县东晋豫交界处。

② 櫄音春。郭璞注："似樗树，材中车辕。吴人呼櫄音辁，车或曰辁
车。"吴任臣曰："《集韵》：'櫄即椿也。'《禹贡》作'杶'，《左传》作'櫄'。"

③ 芃音朋。吴任臣曰："《诗》'芃芃其麦'，'芃芃其苗'，注：'长
大也。'又《正韵》：'芃，草盛貌。'都不言为草名。考《本草》雷敩云'秦
艽，取左文列为秦治疾，右文列为芃发足气'，则'芃'疑'艽'字之讹也，
未详是非。芃音交。"

314　又东五百里曰朝歌之山^①,谷多美垩。

【注释】

①毕沅曰:"山疑在今河南淇县,古朝歌地也。"诸家无异说。

315　又东五百里曰槐山^①,谷多金、锡。

【注释】

①毕沅以为"槐"字当作"稷",稷山在今山西稷山县。

316　又东十里曰历山^①。其木多槐,其阳多玉。

【注释】

①毕沅曰:"即蒲州府南历山。"郝懿行曰:"即上文'历儿山'(266)。《水经注》云:'河东郡南有历山,舜所耕处也。'"张步天云今山西阳城县西有历山,未言是非。

317　又东十里曰尸山^①。多苍玉。其兽多麖^②。尸水出焉,南流注于洛水^③,其中多美玉。

【注释】

①《水经注·洛水》:"洛水又东,尸水注之。尸水北出尸山,南流入洛。"毕沅曰:"此云'东十里',当错简也。山当在今陕西洛南县北。"

②麖音京。郭璞注:"似鹿而小,黑色。"吴任臣引苏颂曰:"类麇而

大者名麋。"毕沅曰："凡言京，皆大也。"

③毕沅曰："水当在今洛南县界。"

318　又东十里曰良余之山^①。其上多榖、柞，无石。余水出于其阴，而北流注于河。乳水出于其阳，而东南流注于洛。

【注释】

①《水经》"洛水又东得乳水"，注云："水北出良余山南，南注于洛。"毕沅曰："山在今陕西华阴县西南二十里。"

319　又东南十里曰蛊尾之山^①，多砺石、赤铜。龙余之水出焉，而东南流注于洛。

【注释】

①《水经注·洛水》："洛水又东，会于龙余之水。水出蛊尾之山，东南流入洛。"毕沅曰："山当在今陕西洛南县南。"

320　又东北二十里曰升山^①。其木多榖、柞、棘，其草多藷萸^②、蕙^③，多寇脱^④。黄酸之水出焉，而北流注于河，其中多璇玉^⑤。

【注释】

①毕沅曰："山当在今陕西华阴县西南，即《太平寰宇记》之车箱谷。"

②吴任臣曰:"即薯蓣。吴普《本草》云:'一名藷署,一名儿草,一名修脆,齐、鲁曰山芋,郑、越曰土藷,秦、楚曰玉延。'苏颂云:'江闽人单呼为藷,音若殊,亦曰山藷,称名不同,语有轻重耳。后以唐代宗名预,改为署药,又以宋英宗讳曙,更名山药。'"即今之山药,非红薯。

③郭璞注:"蕙,香草也。"

④郭璞注:"寇脱草,生南方,高丈许,似荷叶,而茎中有瓤正白。零、桂人植而日灌之,以为树也。"吴任臣以为即"通脱木"。苏颂云:"《尔雅》'离南,活莌',即通脱也。又名倚商。"

⑤郭璞注:"石次玉者也。荀卿曰:'琁玉瑶珠不知佩。'音旋。"吴任臣引《韵谱本义》曰:"'琁'与'璿'同,美玉也。"郝懿行曰:"'璇'当为'璿',美玉也。"俱与郭说异。

321　又东十二里曰阳虚之山①,多金,临于玄扈之水②。

【注释】

①吴任臣曰:"《一统志》:'阳虚山在河南永宁县西五十里,一名阳峪。'曹学佺《名胜志》云:'玄扈水出永宁之阳虚山。'"毕沅曰:"山在今陕西洛南县。"按:一说豫西,一说陕东,两地隔卢氏一县。张步天从毕说。

②郭璞注:"《河图》曰:'苍颉为帝,巡狩登阳虚之山,临于玄扈洛汭,灵龟负书,丹甲青文,以授之,出此水中也。'"

322　凡薄山之首自苟林之山至于阳虚之山,凡十六山①,二千九百八十二里。升山冢也,其祠礼:太牢,婴用吉玉。

首山魈也，其祠：用稌，黑牺，太牢之具，蘖酿②，干儛③，置鼓④，婴用一璧。尸水，合天也⑤，肥牲祠之，用一黑犬于上，用一雌鸡于下，刉一牝羊，献血⑥。婴用吉玉，采之⑦，饎之⑧。

【注释】

　　① 毕沅曰："此经之山自山西蒲州府西南至于陕西商州也。"郝懿行曰："今才十五山。"里数无误，疑"六"为"五"之讹。

　　② 郭璞注："以蘖作醴酒也。"

　　③ 郭璞注："干儛，万儛。干，楯也。"儛即"舞"字。汪绂以为用干楯为"武舞"。

　　④ 郭璞注："击之以儛。"汪绂曰：鼓，"建鼓也"。

　　⑤ 郭璞注："天，神之所凭也。"俞樾曰："'尸水合天也'，犹云'尸水帝也'。成八年《公羊传》注曰：'德合天者称帝。'此必古义相传如此。"

　　⑥ 郭璞注："以血祭也。刉犹刲也。《周礼》曰：'刉珥，奉犬牲。'"

　　⑦ 郭璞注："又加以缯彩之饰也。"

　　⑧ 郭璞注："劝强之也。《特牲馈食礼》曰'执奠、祝饎'是也。"郝懿行曰："'劝强之'者，《考工记》云：'祭侯之礼，以酒、脯、醢，其辞曰：强饮强食，诒汝曾孙，诸侯百福。'"按："执奠"即手执祭品，"祝饎"即劝神饎祭。

323《中次六经》缟羝山之首曰平逢之山①，南望伊、洛，东望谷城之山②。无草木，无水，多沙石。有神焉，其状如人而二首，名曰骄虫，是为螫虫③，实惟蜂蜜之庐④。其祠之：

用一雄鸡,禳而勿杀⑤。

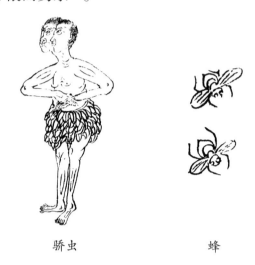

骄虫　　　　　　　　蜂

【注释】

　　① 吴任臣引《图经》曰:"郏山在河南郡西南,逶迤至城北二里,曰芒山,一名北邙,一名平逢山。"平逢山即北邙山,在洛阳西北,诸家无异说。

　　② 郭璞注:"在济北谷城县西,黄石公石在此山下,张良取以合葬耳。"吴任臣曰:"《一统志》:'谷城山在河南府西北五十里,连孟津县界,旧名替亭山,瀍水出此。'"按:河南府治在洛阳。此谷城山在洛阳北,非济北之谷城,郭注误。

　　③ 郭璞注:"为螫虫之长。"螫虫,螫人之虫,如蜂之类。

　　④ 郭璞注:"言群蜂之所舍集。蜜,赤蜂名。"吴任臣曰:"蜜,蜡蜂。《礼记》谓之'蜜'。最小者为石蜜,凡三种。"庐,窠室也。此言骄虫为蜂蜜之庐,是言其为诸蜂之主,亦即蜂神。

　　⑤ 郭璞注:"禳亦祭名,谓禳却恶气也。"

324 西十里曰缟羝之山^①。无草木，多金、玉。

【注释】

① 张步天以为此山应在洛阳西。

325 又西十里曰廆山^①。其阴多㻬琈之玉。其西有谷焉，名曰雚谷^②，其木多柳、楮。其中有鸟焉，状如山鸡而长尾，赤如丹火而青喙，名曰鸰鹉^③，其鸣自呼，服之不眯。交觞之水出于其阳^④，而南流注于洛。俞随之水出于其阴，而北流注于谷水^⑤。

鸰鹉

【注释】

① 廆音瑰。毕沅曰："当在今河南河南县西。"河南县治即洛阳。

② 郝懿行曰："《左传》昭二十六年'王次于雚谷'，杜预注：'雚谷，周地。'即此经'雚谷'也，其地当去河南洛阳为近。"

③ 鸰鹦音铃要。毕沅曰："即脊令（鹡鸰）。《诗传》云：'飞则鸣，行则摇。'摇、鹦声相近,俗写为此字。"其说牵强。

④ 郝懿行曰："'觞',《水经·洛水》注作'触',云：'惠水又东南,谢水北出瞻诸之山。东南流,又有交触之水,北出庬山,南流,俱合惠水。惠水又南流,入于洛水。'"

⑤ 吴任臣曰："俞随水,世谓之孝水。郦道元云：'是水在河南城西十余里,故吕忱曰孝水在河南也。'"按：俞随水见《水经注·谷水》："谷水又东,俞随之水注之。"

326 又西三十里曰瞻诸之山①。其阳多金,其阴多文石。谢水出焉②,而东南流注于洛。少水出其阴,而东流注于谷水③。

【注释】

① 毕沅曰："山当在今河南县西。"即今洛阳西南。

② 谢音谢。吴任臣曰："《水经注》作'谢水'。"

③ 郭璞注："世谓之慈涧。"《水经注·谷水》："谷水又东,少水注之。"吴任臣曰："少水今在河南新安县东一十二里,东流入涧水。"

327 又西三十里曰娄涿之山①。无草木,多金、玉。瞻水出于其阳②,而东流注于洛。陂水出于其阴③,而北流注于谷水。其中多茈石、文石。

【注释】

① 毕沅曰："山当在今河南永宁县。"永宁即今洛宁。

②吴任臣曰："《水经注》'惠水东南流,与瞻水合',即此水也。"

③郭璞注:"世谓之百荅水。"吴任臣曰："《水经注》及蔡沈《书传》引此作'波水'。《周礼》:'豫州,其浸波溠。'《禹贡》:'荥波既猪。'"

328　又西四十里曰白石之山①。惠水出于其阳②,而南流注于洛,其中多水玉。涧水出于其阴,西北流注于谷水③,其中多麋石、栌丹④。

【注释】

①吴任臣曰："《一统志》:'白石山在渑池县东北二十三里龟山。'"汪绂以为在"今渑池县东之新安城北",即今渑池县南。

②吴任臣曰："《水经注》:'洛水自枝渎又东出关,惠水右注之,世谓之八关水。'"毕沅曰:"核其水在今河南新安县东北。"

③郭璞注:"《书》曰'伊、洛、瀍、涧'。"吴任臣曰："《水经》:'涧水出新安县白石山。'蔡氏《书传》云:'新安之东,涧水出焉,至南而入于洛。'"经言"注于谷水"者,盖合谷水而入洛也。

④郭璞注:"皆未闻。"吴任臣曰:"眉、麋古字通。麋石,疑石之列文如眉者,犹婴石以婴带文而名也。栌丹,亦疑丹膌、丹粟类。"郝懿行曰:"栌丹,疑即黑丹,'栌'、'卢'字通也。"又疑栌丹即"宅栌木",《说文》:"宅栌木,出弘农山。"

329　又西五十里曰谷山①。其上多穀,其下多桑。爽水出焉②,而西北流注于谷水,其下多碧绿③。

【注释】

①毕沅以为山在河南渑池县南。

②郭璞注："世谓之纻麻涧。"《水经注·谷水》："谷水又东北,径函谷关城东,右合爽水。"下引《山海经》,又云："世谓之纻麻涧,北流,注于谷,其中多碧绿。"

③吴任臣曰："亦石绿类。"

330　又西七十二里曰密山①。其阳多玉,其阴多铁。豪水出焉,而南流注于洛。其中多旋龟,其状鸟首而鳖尾,其音如判木②。无草木。

旋龟

【注释】

①郭璞注："今荥阳密县亦有密山,疑非也。"《水经注·洛水》："洛水又东与豪水会。(豪)水出新安县密山,南流,历九曲东,而南流,入于洛。"毕沅曰："山在今河南新安县。"

②《图赞》曰："声如破木,号曰旋龟。修辟似黾,厥鸣如鸼。人鱼类䱤,出于洛伊。"旋龟又见《南山经》(4)。

331　又西百里曰长石之山①。无草木,多金、玉。其西有谷

焉，名曰共谷，多竹。共水出焉^②，西南流注于洛，其中多
鸣石^③。

【注释】

①毕沅曰："山在今河南新安县。《新唐书·地理志》：'新安有长石
山。'"

②《水经注·洛水》："洛水又东，共水入焉。"

③郭璞注："晋永康元年，襄阳郡上鸣石，似玉色青，撞之声闻七八
里。今零陵泉陵县永正乡有鸣石二所，其一状如鼓，俗因名为石鼓，即此
类也。"吴任臣曰："刘会孟曰：'归德有鼓山，鼓鸣则起兵。'《齐地记》
云：'城东祠山有石鼓，将有寇难则鸣。'《后秦记》曰：'天水冀地，石鼓
鸣野。'《吴兴记》曰：'长城有夏架山石鼓，盘石为足，声如金鼓，鸣则
三吴有兵。'《一统志》：'城固县有石鼓，在褒水中，击之有声'；又'成
都石磬山，击之声闻数里'；'东昌高唐山岩，高百余仞，扣之声甚清越，
号鸣石山'。《述异记》曰：'洞庭山东有石楼，楼下有两石，扣之清越，
所谓神钲者。'凡此皆鸣石之属也。"吴任臣所引皆自鸣之石，汪绂以为
应是磬石之类。郝懿行曰："《初学记》十六卷引王韶之《始兴记》云：'县
下流有石室，内有悬石，扣之声若磬，响十余里。'亦此类也。"《图赞》
曰："金石同类，潜响是韫。击之雷骇，厥声远闻。苟以数通，气无不运。"

332　又西一百四十里曰傅山^①。无草木，多瑶、碧。厌染之
水出于其阳，而南流注于洛^②，其中多人鱼^③。其西有林焉，
名曰墦冢^④。谷水出焉，而东流注于洛^⑤，其中多珚玉^⑥。

【注释】

① 毕沅曰："山在今河南宜阳县西。"

②《水经注·洛水》："洛水又东，与厌染之水合，水出县北傅山大陂。"

③ 吴任臣曰："《水经注》：'伊水又东北流，注于洛水。鲵鱼有四足，出伊水也。司马迁谓之人鱼。'徐广曰：'人鱼似鱼而四足，即鲵鱼。'朱谋㙔笺云：'《山海经》厌染之水多人鱼，不云伊水，岂古今相沿，并厌染之水名伊水乎？'"

④ 墦音番。

⑤ 郭璞注："今谷水出谷阳谷，东北至谷城县入洛河。"吴任臣曰："《水经·谷水》：'谷水出弘农黾池县南墦冢林、谷阳谷。'《一统志》：'谷水在永宁县北七十里。'"毕沅曰："水今在河南永宁县北七十里。"

⑥ 郭璞注："未闻也。珚音堙。"吴任臣曰："《水经注》作'珉玉'，《一统志》引经作'瑚玉'。"毕沅曰："《太平御览》卷六二引此经作'瑚'。"

333　又西五十里曰橐山^①，其木多樗，多楠木^②。其阳多金、玉，其阴多铁多萧^③。橐水出焉，而北流注于河^④。其中多修辟之鱼，状如黾而白喙^⑤，其音如鸱，食之已白癣。

修辟

【注释】

① 吴任臣曰："今在（河南）陕州东五十里。"毕沅从之。即今三门峡境内。

②楈音备。郭璞注："今蜀中有楈木,七八月中吐穗,穗成,如有盐粉着状,可以酢羹。"吴任臣曰："楈木即肤木,木状如椿,叶两两对生,七月结子如细豆,其核淡绿,核外皮有薄盐,其叶上虫结成五楈子,今讹为'五倍'。"郝懿行曰："郭注'酢'盖'作'字之讹也。"

③郭璞注："萧,蒿。见《尔雅》。"吴任臣引陆玑云："今人所谓荻蒿是也。可作烛,有香气。"

④吴任臣引《一统志》："橐水在(河南)陕州城南,一名永定涧,水漫流,故又名漫涧。"

⑤郭璞注："黾,蛙属也。"

334　又西九十里曰常烝之山①。无草木,多垩。潐水出焉②,而东北流注于河,其中多苍玉。菑水出焉,而北流注于河③。

【注释】

①毕沅曰："山在今河南陕州。"在今河南灵宝县东。

②潐音谯。吴任臣曰："《名胜志》曰:'谯水在陕州城南三里,平地涌出,与橐水并流入河,俗呼三里涧。'焦水、谯水即潐水也。"

③《水经注·河水》："菑水出常烝之山,西北迳曲沃城南,又屈迳其城西,西北入河。"毕沅曰："菑水亦曹水也。"

335　又西九十里曰夸父之山①。其木多棕、枏,多竹箭。其兽多㸲牛、羬羊,其鸟多鷩。其阳多玉,其阴多铁。其北有林焉,名曰桃林②。是广员三百里,其中多马③。湖水出焉,而北流注于河④,其中多珚玉。

【注释】

①吴任臣曰："《寰宇记》：'夸父山，一名秦山，在阌乡县东南二十五里。'谚云：'秦为头，虢为尾。'与太华山相连。"毕沅曰："山在今河南灵宝县东南。"

②郭璞注："桃林，今弘农湖县阌乡南谷中是也。饶野马、山羊、山牛也。"吴任臣曰："《三秦记》：'桃林塞在长安东四百里。'《名胜志》云：'自阌乡已西至潼关皆是也。'程大昌《雍录》曰：'桃林一以为潼关，一以为阌乡，一以为灵宝，《元和志》则又该为之说曰：灵宝县西至潼关俱为桃林塞。'"《图赞》曰："桃林之谷，实惟塞野。武王克商，休牛风马。陂越三涂，作崄西夏。"

③吴任臣曰："《史记·赵世家》'造父取桃林盗骊、骅骝、騄耳，献之缪王'，此以知桃林多马也。"

④吴任臣曰："《括地志》：'湖水出湖城县南夸父山。'又乐史云：'大谷关在夸父山谷中，湖水所出，与盘涧水、百姆水、玉涧水同流入河。'"毕沅曰："湖水在今阌乡县西。"

336 又西九十里曰阳华之山①。其阳多金、玉，其阴多青雄黄。其草多薯蓣，多苦辛，其状如橚②，其实如瓜，其味酸甘，食之已疟。杨水出焉，而西南流注于洛，其中多人鱼。门水出焉，而东北流注于河③，其中多玄䃉④。錯姑之水出于其阴⑤，而东流注于门水，其上多铜。门水出于河，七百九十里入洛水⑥。

【注释】

①毕沅曰："今名阳华薮，在陕西华阴县东南至潼关是也。"山在今陕西潼关东南。山名"阳华"，似有"华山之阳"义。

②郭璞注："（檴）即'楸'字也。"

③吴任臣曰："《一统志》：'门水在灵宝县西南。'《水经注》：'门水即洛水之枝流者也。洛水出自上洛县东北，于拒阳城之西北分为二水，枝渠东北出为门水也，门水又东北历阳华之山。'"

④郭璞注："黑砥石，生水中。"

⑤绪音借。吴任臣曰："《水经注》引此经作'绪茹之水'，即今烛水。"

⑥王念孙以为"门水出于河，七百九十里入洛水"十三字，乃"郭注误入正文"者。"水无出河出江之理"，"出于"乃"至于"之误。

337　凡缟羝山之首，自平逢之山至于阳华之山①，凡十四山，七百九十里。岳在其中②，以六月祭之③，如诸岳之祠法，则天下安宁。

【注释】

①毕沅曰："此经之山自河南西至陕州，又西至陕西华阴。"

②郝懿行曰："岳当谓华山也。郭以为中岳，盖失之，中岳在下文。"

③郭璞注："六月亦岁之中。"

338　《中次七经》苦山之首曰休与之山①。其上有石焉，名曰帝台之棋②，五色而文，其状如鹑卵③。帝台之石，所以祷百神者也④，服之不蛊⑤。有草焉，其状如蓍⑥，赤叶，而本丛生，名曰夙条，可以为箤^⑦。

【注释】

①郭璞注：“‘与’或作‘舆’，下同。”毕沅曰：“山在今河南灵宝县。”

②郭璞注：“帝台，神人名。棋，谓博棋也。”吴任臣曰：“《仙传拾遗》曰‘玉女投壶，天帝为之醫嘘’，说与‘帝台棋’类。”郝懿行曰：“《南次二经》（27）‘漆吴之山多博石’。郭云‘可以为博碁石’，亦此类。”按：郭注“帝台，神人名”，详见《中山经》（424）张步天说。

③吴任臣曰：“《博物志》曰：‘桃林休牛之山，有石焉，曰帝台之棋也，五色而文，状如鹑卵。’《事物绀珠》云：‘帝台棋出湖城县休马山，如鸡卵，五色文。’”《图赞》曰：“茫茫帝台，维灵之贵。爰有石棋，五采焕蔚。觞祷百神，以和天气。”

④郭璞注：“祷祀百神，则用此石。”

⑤郝懿行曰：“《本草经》云：‘石胆主诸邪毒气。’《别录》云‘一名綦石’，苏恭注云‘有块如鸡卵者为真’，并与此经义合。”

⑥吴任臣引苏颂曰：“蓍草生如蒿，作丛，高五六尺，一本一二十茎，多者五十茎，生便条直，异于众蒿。”

⑦郭璞注：“中箭笴也。”箭笴即箭杆。

339　东三百里曰鼓钟之山^①，帝台之所以觞百神也^②。有草焉，方茎而黄华，员叶而三成^③，其名曰焉酸，可以为毒^④。其上多砺，其下多砥。

【注释】

①吴任臣曰："今名钟山，在陆浑县西南三十里，有鼓钟上峡、鼓钟下峡。"毕沅从之。在今河南嵩县境。

②郭璞注："举觞燕会，则于此山，因名为鼓钟也。"毕沅曰："郭注下应有'今案其山在伊阙西南'九字，诸本皆脱。《初学记》引郭注有。"

③郭璞注："三重也。"如今称花之"重楼"。

④郭璞注："为，治。"吴任臣引《骈雅》曰："蔫酸可以疗毒，嘉荣令人不霆。"《图赞》曰："疗虐之草，厥实如瓜。乌酸之叶，三成黄华。可以为毒，不畏蚖蛇。"

340　又东二百里曰姑媱之山①。帝女死焉，其名曰女尸，化为䔄草②，其叶胥成③，其华黄，其实如菟丘④，服之媚于人⑤。

【注释】

①媱音遥。毕沅曰："《穆天子传》'天子至于重璧之台，乃休，天子乃周姑繇之水，以圈丧车'，疑即此。"案地理，姑繇之水不应在此。张步天以为山在今河南伊川县境。

②䔄音遥。吴任臣曰："《楚国先贤传》云'帝之季女，名曰瑶姬，精魂化草，实为灵芝'，亦此类也。"郝懿行曰："'䔄'通作'瑶'。《文选·别赋》李善注引宋玉《高唐赋》曰：'我帝之季女，名曰瑶姬，未行而亡，封于巫山之台。精魂为草，实为灵芝。'（今《高唐赋》无此文。）是帝女即天帝之女。"帝女既化为瑶草，亦可解为其名先是瑶姬，是此帝女即瑶姬也。

③郭璞注："言叶相重也。"郝懿行曰："《博物志》作'奢草,其叶郁茂'。"

④郭璞注："菟丘,菟丝也,见《尔雅》。"按："菟丘,菟丝也"应见于《广雅》,郭注小误。一说菟丝即女萝。《广雅》以为两物:"女萝,松萝也;菟丘,菟丝也。"

⑤郭璞注："为人所爱也。传曰:'人服媚之如是。'一名荒夫草。"吴任臣曰："《搜神记》曰:'舌堙山,帝之女死,化为怪草,其叶郁茂,其华黄色,其实如菟丝,故服怪草者,恒媚于人焉。'"《图赞》曰:"䔄草黄华,实如菟丝。君子是佩,人服媚之。帝女所化,其理难思。"

341 又东二十里曰苦山①。有兽焉,名曰山膏,其状如逐②,赤若丹火,善詈③。其上有木焉,名曰黄棘,黄华而员叶,其实如兰,服之不字④。有草焉,员叶而无茎,赤华而不实,名曰无条,服之不瘿。

山膏

【注释】

①汪绂曰："南阳古有苦邑。"张步天从卫挺生说,以为此山在今河南伊川县西北。

②郭璞注："(逐)即'豚'字。"

③郭璞注："好骂人。"

④郭璞注："字，生也。"女子服之不能生育。《图赞》曰："山膏如豚，厥性好骂。华棘是食，匪子匪化。虽无贞操，理同不嫁。"

342　又东二十七里曰堵山^①。神天愚居之，是多怪风雨。其上有木焉，名曰天楄^②，方茎而葵状，服者不哽^③。

神天愚

【注释】

①堵山，汪绂本作"楮山"。郝懿行曰："《地理志》云'南阳郡，堵阳'，疑县因山为名。"汪绂本作"楮山"。张步天以为在今洛阳东南。

②楄音鞭。

③郭璞注："食不噎也。"吴任臣曰："即'咽'字。"

343　又东五十二里曰放皋之山^①。明水出焉，南流注于伊水^②,其中多苍玉。有木焉,其叶如槐,黄华而不实,其名曰蒙木,服之不惑。有兽焉,其状如蜂,枝尾而反舌^③,善呼^④,其名曰文文。

文文

【注释】

①郭璞注:"'放'或作'效',又作'牧'。"毕沅曰:"山在今河南鲁山县北。"张步天以为在河南宜阳县境。

②《水经注·洛水》:"又有明水,出梁县西狼皋山,俗谓之石涧水也。西北流迳杨亮垒南,西北合康水。东北流,迳范坞北,与明水合。又西南流,入于伊。"

③汪绂曰:"枝尾,尾两歧也。反舌,舌善翻弄如百舌鸟也。"

④郭璞注:"好呼唤也。"王崇庆曰:"今岭海深山有异蛇,亦善呼人之名。"

344 又东五十七里曰大䓎之山^①。多琈玗之玉,多麇玉^②。有草焉,其状叶如榆^③,方茎而苍伤^④,其名曰牛伤^⑤,其根苍文,服者不厥^⑥,可以御兵。其阳狂水出焉,西南流注于伊水^⑦。其中多三足龟^⑧,食者无大疾,可以已肿。

【注释】

①吴任臣曰："'蓍'同'苦'。《寰宇记》云：'大苦山、倚箔山、太谷山，俱在旧颍阳境。'"毕沅本作"大苦"，曰："山在今河南登封县北。"

②毕沅曰："疑'麋'当为'麋'，即珸玉。古字少，借'麋'为之。作'麋'非。"而郝懿行以为是"瑂"之假借字，引《说文》云："瑂，石之似玉者。"读若眉。

③"状叶"，郝懿行以为当是"叶状"，或本无"叶"字。

④郝懿行注下文"牛伤"曰："郭注《方言》云：'《山海经》谓刺为伤也。'即指此。"而此处"苍伤"之"伤"亦可同解，即其物色苍而有刺也。

⑤郭璞注："犹言牛棘。"郝懿行曰："牛棘见《尔雅》。"郝氏以为即《本草经》之"续断"，《本草注》云续断即虎蓟，能疗血，叶似傍翁菜而小厚，两边有刺，刺人。《图赞》曰："牛伤镇气，天楄弭噎。文兽如蜂，枝尾反舌。滕鱼赤斑，处于逵穴。"

⑥郭璞注："厥，逆气病。"

⑦《水经注·洛水》略云："伊水又北，迳当阶城西，大狂水入焉。水东出阳城县之大苦山。狂水又西，迳纶氏县故城南，右与倚薄山水合。狂水又西，八风溪水注之。又西，得三交水口。又西，与湮水合。又西，迳湮阳城南。又西，迳当阶城南，而西流注于伊。"狂水所经纶氏城，在南阳。

⑧郭璞注："今吴兴阳羡县有君山，山上有池，水中有三足六眼龟。鳖、龟三足者名贲，出《尔雅》。"按：《尔雅》："鳖三足，能。龟三足，贲。"郭注"鳖"字属上则不成文，属下则应为衍字。

345 又东七十里曰半石之山[①]。其上有草焉，生而秀，其高丈余，赤叶赤华，华而不实[②]，其名曰嘉荣，服之者不霆[③]。来需之水出于其阳，而西流注于伊水[④]。其中多鯩鱼[⑤]，黑文，其状如鲋，食者不睡[⑥]。合水出于其阴，而北流注于洛[⑦]。多腾鱼[⑧]，状如鳜，居逵[⑧]，苍文赤尾，食者不痈，可以为瘘[⑨]。

鯩鱼

腾鱼

【注释】

① 吴任臣曰："《御览》：'半石山在缑氏南十五里。'今之偃师县地也。"毕沅曰："山在今河南偃师县东。"

② 郭璞注："初生先作穗，却着叶，花生穗间。"郝懿行曰："《尔雅》云：'草谓之荣，不荣而实者谓之秀。'此草既谓之秀，又名为荣，却又不实，所以异也。"

③ 郭璞注："不畏雷霆霹雳也。"吴任臣曰："《御览》作'服者不迁怒'。刘凤《玄览篇》云'服之不畏霆'。"郝懿行曰："《北堂书钞》一百五十二卷引此经'霆'上有'畏'字，注无'雷霆'二字，今本脱衍也。"《图赞》曰："霆惟天精，动心骇目。曷以御之，嘉荣是服。所正者神，用口肠腹。"

④ "来需"，《水经注·伊水》作"来儒"，曰："来儒之水，出于半石之山，西南流。又西南径赤眉城南，又西至高都城东，西入伊水，谓之曲

水也。"

⑤鯩音伦。

⑥王崇庆曰："夫鱼目不闭，故谓无妻曰鰥。食之不睡，或取此也。"

⑦《水经注·伊水》："洛水又东，合水南出半石之山，北迳合水坞，而东北流，注于公路涧。合水北与刘水合，又北流，注于洛水也。"

⑧滕音腾。吴任臣曰："《本草》：'滕形状居止功用与鳜略同。'《日华子》谓鳜为'水豚'者，意即滕也。"

⑧郭璞注："鳜鱼大口大目，细鳞有斑彩。逮，水中之穴道交通者。"鳜音桂。

⑨郭璞注："瘿，痈属也，中多有虫。《淮南子》曰：'鸡头已瘿。'音漏。"瘿即颈部肿大，所谓瘰疬者。

346　又东五十里曰少室之山①。百草木成囷②。其上有木焉，其名曰帝休，叶状如杨，其枝五衢③，黄华黑实，服者不怒④。其上多玉⑤，其下多铁。休水出焉，而北流注于洛⑥。其中多鯑鱼，状如盭蜼而长距⑦，足白而对⑧，食者无蛊疾，可以御兵⑨。

鯑鱼

【注释】

①郭璞注：“今在河南阳城西，俗名泰室。”吴任臣引刘会孟曰：“少室在河南怀庆府登封县嵩山，乃中岳也，东曰泰室，西曰少室，有三华。”毕沅曰：“山在今河南登封县西。”

②郭璞注：“未详。”吴任臣曰：“困如仓囷之囷，言草木屯聚也。”郝懿行曰：“言草木屯聚如仓囷之形也。”

③郭璞注：“言树枝交错，相重五出，有象衢路也。《离骚》曰：‘靡萍九衢。’”按：“靡萍九衢”见《天问》。

④服之而不生怒。“不怒”或有作“不愁”者，吴任臣曰：“《宛委余编》曰：‘屈轶指佞，帝休不愁。’陈藏器曰：‘主带之愁自销，生少室山嵩高山，亦如萱草之忘忧也。’《事物绀珠》云：‘帝休服之不愁，又名不愁木。’”《图赞》曰：“帝休之树，厥枝交对。竦本少室，曾阴云霭。君子服之，匪怒伊爱。”

⑤郭璞注：“此山巅亦有白玉膏，得服之，即得仙道，世人不能上也。《诗含神雾》云。”

⑥《水经·洛水》“洛水又东过偃师县南”，注：“洛水又直偃师故县南，与缑氏分水。又东，休水自南注之。其水导源少室山，西流迳穴山南，而北与少室山水合。”

⑦螯音周。吴任臣曰：“蜼最小者名蒙颂，紫黑色。说者以鰤鱼类獭而紫色，意螯蜼之为物，即蒙颂异名也。未审是非。”按：蜼即猴。郝懿行曰：“《广雅》云：‘狖，蜼也。’狖（音又）、螯声相近。”是“螯蜼”即“狖蜼”。

⑧郭璞注：“未详。”王崇庆曰：“言其足色白且（脚趾）相向也。”

⑨吴任臣曰：“鰤鱼一名人鱼。陶隐居云：‘人鱼，荆州临沮青溪多

有之，其膏然之不消耗，《史记》始皇以人鱼膏为烛是也。'寇宗奭曰：'鳛鱼似獭，四足腹重坠如囊，身微紫色，无鳞，与鲇鲍类，剖视之，尝有小蟹、小鱼、小石数枚也。'又《本草》与鲵鱼同名'孩儿鱼'，然鳛生江湖，鲵生溪涧，能上树，此所以异也。"郝懿行曰："《北次三经》（168）云'人鱼如鳛鱼，四足，食之无痴疾'，此言'食者无蛊疾'。'蛊'，疑惑也；'痴'，不慧也。"

347 又东三十里曰泰室之山 ①。其上有木焉，叶状如梨而赤理，其名曰栯木 ②，服者不妒 ③。有草焉，其状如荣 ④，白华黑实，泽如蘡薁 ⑤，其名曰䔄草，服之不昧。上多美石 ⑥。

【注释】

　　① 郭璞注："即中岳嵩高山也，今在阳城县西。"吴任臣曰："戴延之《西征记》曰：'中岳东谓之泰室，西谓之少室，相去十七里，嵩其总名也。以其下各有室焉，故谓之室。'"毕沅曰："今在河南登封县北。"《图赞》曰："嵩维岳宗，华岱恒衡。气通天汉，神洞幽明。巍然中立，众山之英。"

　　② 栯音郁。吴任臣曰："栯木，李时珍谓即郁李，其注《本草》云：'郁，《山海经》作栯，馥郁也，花实俱香，故名之。'又案韩保升云'郁李，树叶似大李'，又苏子容言'汴洛一种，枝茎作长条，花极繁密而多叶者，亦谓之郁李'。二说无所谓'梨叶赤理'者，李时珍以为即栯木，未审何据也。"

　　③《图赞》曰："爰有嘉树，厥名曰栯。薄言采之，窈窕是服。君子维欢，家无反目。"

④ 郭璞注：“茮似茱也。”

⑤ 郭璞注：“言子滑泽。”郝懿行曰：“蘡薁即今之山葡萄。”

⑥ 郭璞注：“次玉者也。启母化为石而生启，在此山，见《淮南子》。”郝懿行曰：“（启母事）今《淮南子》无之，盖有阙脱也。郭注《穆天子传》云：‘太室之丘嵩高山，启母在此山化为石，而子启亦登仙，故其上有启石也。’”按：《路史》卷四六引《淮南子》：“禹通轘辕，涂山欲饷，闻鼓乃来。禹跳石误中鼓，涂山忽至，见禹为熊，惭而去，至嵩山下化为石。禹曰：‘归我子。’石破北方而生启。”

348 又北三十里曰讲山①。其上多玉，多柘，多柏。有木焉，名曰帝屋，叶状如椒②，反伤赤实③，可以御凶。

【注释】

① 张步天以为山在今河南巩县南。

② 吴任臣曰：“《尔雅》：‘檓，大椒。’《唐风》云‘椒聊之实’，盖今秦椒也。又櫰子亦名越椒，外此有吴茱萸、昧履支、蜀椒、崖椒、蔓椒、地檓，其类不一。”此经言椒，多指秦椒，即今之花椒。《图赞》曰：“椒之灌植，实繁有伦。拂颐沾霜，朱实芬辛。服之不已，洞见通神。”

③ 郭璞注：“反伤，刺下勾也。”今谓之倒钩刺。

349 又北三十里曰婴梁之山①。上多苍玉，镎于玄石②。

【注释】

① 张步天以为山在今河南巩县南。

②郭璞注："言苍玉依黑石而生也。或曰：錞于，乐器名，形似椎头。"吴任臣曰："郑康成云：'錞于，圆如碓头。'杜佑云：'圆若筒。''錞于玄石'者，一云玄石之形类錞于也。但经中'錞于'之文凡数见，作'依附'解者，似亦为允。"按：《西山经》（61）"騩山"言"錞于西海"，郭璞注："錞，犹堤埻也。"汪绂曰："錞，犹蹲也。"又有"錞于北海"（165）、"錞于江"（226），义同此，皆非作依附解。

350　又东三十里曰浮戏之山①。有木焉，叶状如樗而赤实，名曰亢木，食之不蛊②。汜水出焉③，而北流注于河。其东有谷，因名曰蛇谷④，上多少辛⑤。

【注释】

①吴任臣曰："《水经注》：'绥水出方山绥溪，绥溪亦浮戏山之异名也。'是斯山所出不止汜水。"毕沅曰："山当在今河南汜水县东。"

②郝懿行曰："《本草经》：'卫矛，一名鬼箭，主除邪杀蛊。叶状如野茶，实赤如冬青。'即此也。"

③吴任臣曰："《史记正义》：'汜音似。汜水在成皋故城东。'《水经注》：'汜水南出浮戏山，世谓之方山。'"

④郭璞注："因此中出蛇，故以名之。"

⑤郭璞注："细辛也。"吴任臣曰："少辛盖细辛，根细而味极辛，故名细辛。又名小辛、少辛，亦此义也。"

351　又东四十里曰少陉之山①。有草焉，名曰蒵草②，叶状如葵③，而赤茎白华，实如蘡薁，食之不愚④。器难之水出焉⑤,而北流注于役水⑥。

【注释】

①吴任臣曰:"《名胜志》:'荥阳县嵩渚山,一名小陉山,俗名周山。'即斯山。"毕沅曰:"山在今河南荥阳县东南。"

②蔺音刚。

③吴任臣曰:"葵有戎葵、露葵、龙葵、菟葵、终葵之异名,皆葵属。"

④郭璞注:"言益人智。"《图赞》曰:"蔺草赤茎,实如蘡薁。食之益智,忽不自觉。殆齐生知,功奇于学。"

⑤郭璞注:"(器)或作'嚣'。"

⑥郭璞注:"(役)一作'侵'。"《水经注》引经"役水"作"侵水",云:"济水又东,索水注之。水出京县西南嵩渚山,与东关水同源分流,即古旃然水也。其水东北流,器难之水注之。《山海经》曰:'小陉之山,器难之水出焉,而北流,注于侵水。'即此水也。"

352　又东南十里曰太山①。有草焉,名曰梨,其叶状如荻而赤华②,可以已疽。太水出于其阳③,而东南流注于役水④。承水出于其阴,而东北流注于役⑤。

【注释】

①郭璞注:"别有东小太山,今在朱虚县,汶水所出,疑此非也。"张步天以为山当在今河南郑州东。

②郭璞注:"荻亦蒿也。"

③《水经注·渠水》:"承水又东北流,太水注之。水出太山东平

地。《山海经》曰：'太水出于太山之阳，而东南流注于役水。'世谓之礼水也。"

④郭璞注："世谓之礼水。"

⑤郭璞注："世谓之靖涧水。"《水经注·渠水》："白沟水有二源：北水出密之梅山东南，而东迳靖城南，与南水合；南水出太山，西北流至靖城南，左注北水，即承水也。《山海经》曰'承水出太山之阴，东北流注于役水'者也。世亦谓之靖涧水也。"

353　又东二十里曰末山^①，上多赤金。末水出焉^②，北流注于役。

【注释】

①毕沅曰："山在今河南中牟县。"

②郭璞注："(末)《水经》作'沫'。"《水经注》曰："是水出中牟城西南。"

354　又东二十五里曰役山^①，上多白金，多铁。役水出焉，北注于河^②。

【注释】

①毕沅曰："沫山（末山）、役山，当即今河南中牟县北牟山也。"张步天以为在今河南密县北。

②《水经注·渠水》："役水出宛陵县西隙候亭东中平陂，世名之湮泉也。"

355　又东三十五里曰敏山[①]。上有木焉，其状如荆，白华而赤实，名曰葪柏[②]，服者不寒[③]。其阳多琈珗之玉。

【注释】

①毕沅曰："此山在大騩山西三十五里，则是今河南郑州梅山矣。'敏'、'梅'皆以'每'谐声。"张步天以为在今河南密县北。

②郭璞注："（葪）音计。"毕沅曰："此'蓟'字之坏。"郝懿行以为即计柏。

③郭璞注："令人耐寒。"《图赞》曰："葪柏白华，厥子如丹。实肥变气，食之忘寒。物随所染，墨子所叹。"

356　又东三十里曰大騩之山[①]。其阴多铁、美玉、青垩。有草焉，其状如蓍而毛，青华而白实，其名曰㯺[②]，服之不夭[③]，可以为腹病[④]。

【注释】

①郭璞注："今荥阳密县有大騩山。騩，固沟水所出，音归。"吴任臣曰："即具茨山也，在新郑县西南四十里。"毕沅曰："此山在役山之西南。"郝懿行曰："《庄子·徐无鬼篇》云'黄帝将见大隗乎具茨之山'，《释文》引司马彪云：'在荥阳密县东，今名泰隗山。'"张步天以为在今河南密县南。

②㯺音狼。

③郭璞注："言尽寿也。或作'芺'。"郝懿行曰："'尽寿'盖'益寿'之讹也。'芺'即'夭'字。"《图赞》曰："大騩之山，爰有苹草。青华白实，

食之无夭。虽不增龄，可以穷老。"

　　④郭璞注："为，治也，一作'已'。"

357　凡苦山之首自休与之山至于大騩之山^①，凡十有九山，千一百八十四里^②。其十六神者皆豕身而人面，其祠：毛牷，用一羊羞^③，婴用一藻玉，瘗^④。苦山、少室、太室皆冢也，其祠之：太牢之具，婴以吉玉。其神状皆人面而三首，其余属皆豕身人面也。

中山十六神

苦山石室神

【注释】

　　①毕沅曰："此经之山自河南阌乡东至河南开封府也。"

　　②郝懿行曰："今才一千有五十六里。"

　　③郭璞注："言以羊为荐羞。"

　　④郭璞注："藻玉，玉有五采者也。或曰所以盛玉。藻，借也。"

358《中次八经》荆山之首曰景山^①。其上多金、玉，其木多杻^②、檀。雎水出焉^③，东南流注于江^④，其中多丹粟，多文鱼^⑤。

文鱼

【注释】

①郭璞注："今在南郡界中。"吴任臣引《一统志》云："在房县西南二百里，又名马塞山。"房县在今湖北。毕沅从吴说，又曰："《初学记》引《荆州图记》云：'沮县西北半里有雁浮山，是《山海经》所谓景山，沮水之所出也。'"

②杻音柱。吴任臣曰："《尔雅》：'栁，杻。'《疏》云：'栁一名杻也。'《诗·唐风》'集于苞栩'，陆玑云：'今柞栎也，其子为皂，或言皂斗。'"

③雎音疽。雎水即沮水。《水经·沮水》："沮水出汉中房陵县景山。"

④郭璞注："今雎水出新城魏昌县东南发阿山，东南至南郡枝江县入江也。"《水经·沮水》："沮水东南过临沮县界，又东南过枝江县，东南入于江。"

⑤郭璞注："有斑彩也。"

359 东北百里曰荆山^①。其阴多铁，其阳多赤金。其中多犛牛^②，多豹、虎。其木多松、柏，其草多竹，多橘、柚^③。漳水出焉，而东南流注于雎^④，其中多黄金，多鲛鱼^⑤，其兽多闾、麋⑥。

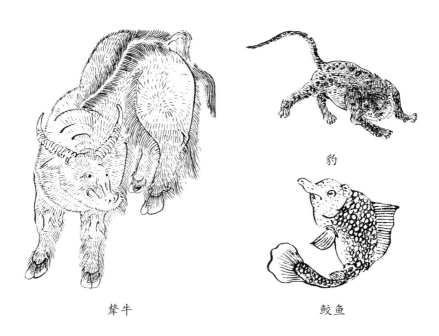

犛牛　　　　　　　　　　豹

鲛鱼

【注释】

①郭璞注："今在新城沐乡县南。"吴任臣曰："荆山在荆门、南漳二县青溪之北，卞璞所出，三面绝险，惟西南一隅通人行。"毕沅曰："山在今湖北南漳县西北。"郭注"沐乡"，毕本改"狝乡"，是。

②郭璞注："旄牛属也，黑色，出西南徼外也。音狸，一音来。"郝懿行曰："旄牛见《北次二经》（137）'潘侯之山'。旄、髦、牦实一字。郭意以犛牛非即旄牛，故云'旄牛属也'。"

③郭璞注："柚，似橘而大也，皮厚味酸。"《图赞》曰："厥苞橘柚，奇者维甘。朱实金鲜，叶蒨翠蓝。灵均是咏，以为美谈。"

④郭璞注："（漳水）出荆山，至南郡当阳县入沮水。"吴任臣引《一

统志》："漳江在当阳县北，源出临沮县，南至当阳与沮水合，流入大江。"

⑤郭璞注："鲛，鲋鱼类也，皮有珠文而坚，尾长三四尺，末有毒螫人，皮可饰刀剑口，错治材角。今临海郡亦有之。音交。"吴任臣以为即"沙鱼"（鲨鱼），云："鲛皮有沙，古曰鲛，今曰沙，其实一也。其类数种，有鹿沙、虎沙之别。《述异记》云：'鱼虎老变为鲛鱼，虎沙者鱼虎所化也。'"杨慎《异鱼赞》曰："天渊鱼虎，老化为鲛。其皮朱文，可饰弓刀。"《图赞》曰："鱼之别属，厥号曰鲛。珠皮毒尾，匪鳞匪毛。可以错角，兼饰剑刀。"

⑥麋，郭璞注："似鹿而大也。"郝懿行曰："'麋'当为'麈'字之讹。张揖注《上林赋》云'麈似鹿而大'，《埤雅》亦云'麈似鹿大'，并与郭注合。"是。

360　又东北百五十里曰骄山①。其上多玉，其下多青䨼。其木多松、柏，多桃枝、钩端。神䨽围处之②，其状如人面，羊角虎爪，恒游于雎、漳之渊，出入有光③。

神䨽

【注释】

　　① 张步天以为山在今湖北江陵西。

　　② 郭璞注："鼍音鼍鱼之鼍。"

　　③ 郭璞注："渊,水之府奥也。"按:此神常出入于渊潭,似是水神。

361　又东北百二十里曰女几之山①。其上多玉,其下多黄金。其兽多豹、虎,多闾、麋、麖、麂②,其鸟多白鷮③,多翟,多鸩④。

麂　　　　　　　　　鸩

【注释】

　　① 吴任臣曰："《枕中书》曰:'左仙公治盖竹山,又在女几山,常驾乘虎骑。'疑即此山也。今宜阳亦有女几山。《前凉录》张轨与皇甫谧初隐宜阳女几山。刘会孟云:'神女上升遗几处也。'"毕沅曰："山在今河南宜阳县西。"张步天则以为在湖北宜城。

　　② 郭璞注："麂似獐而大,倀毛豹脚,音几。"郝懿行以为此注"倀"当为"獶","豹"当为"狗",皆字形之讹也。

　　③ 郭璞注："鷮似雉而长尾,走且鸣。音骄。"吴任臣曰："鷮,鷮鸡也。

《说文》云：'长尾雉，乘舆以鹬尾为防鋞，着马头上。'"

　　④ 郭璞注："鸩大如雕，紫绿色，长颈赤喙，食蝮蛇头。雄名运日，雌名阴谐也。"吴任臣引《尔雅翼》曰："鸩似鹰而大，食蛇及橡实，知木石有蛇，即为禹步以禁之，须臾木倒石崩而蛇出也。"吴氏又云："其雄者运日，运日鸣则晴；雌者阴谐，阴谐鸣则雨。"《图赞》曰："蝮维毒魁，鸩鸟是噉。拂翼鸣林，草瘁木惨。羽行隐戮，厥罚难犯。"

362　又东北二百里曰宜诸之山 ①。其上多金、玉，其下多青雘。㳂水出焉 ②，而南流注于漳 ③，其中多白玉。

【注释】

　　① 郝懿行曰："即㳂山，因水得名。"在今湖北松滋县西南。张步天以为在湖北宜城西南。

　　② 㳂音诡。

　　③ 郭璞注："今㳂水出南郡东㳂山，至华容县入江也。"《水经注·漳水》："漳水又南迳当阳县，又南迳麦城东。漳水又南，㳂水注之。"

363　又东北三百五十里曰纶山 ①。其木多梓、楠，多桃枝，多柤 ②、栗 ③、橘、柚。其兽多闾、麈 ④、麢、臭 ⑤。

臭

麈

【注释】

　　① 张步天以为在湖北随县境。

　　② 郭璞注："柤似梨而酢滑。"吴任臣曰："柤，棃楂也，《诗》谓之'木李'，《通志略》谓之'蛮楂'，《埤雅》谓之'木梨'。"

　　③ 吴任臣曰："今有吴栗、板栗、西栗、天师栗、莘栗诸名。"

　　④ 吴任臣引《名苑》云："鹿大者曰麈，小鹿随之，视其尾为准，其尾能辟尘，拂毡则不蠹。"今或有以"四不像"为麈者。

　　⑤ 郭璞注："奠似菟而鹿脚，青色。音绰。"吴任臣曰："《六书正讹》'奠'作'毚'，注云：'青色，似兔而大，头足似鹿。'《说文》曰：'毚，兽也，似兔，青色而大，头与兔同，足与鹿同。'"

364　又东北二百里曰陆郇之山^①。其上多㻬琈之玉，其下多垩。其木多杻、橿。

【注释】

　　① 郇音跪。张步天以为其地在河南信阳南、湖北应山北之豫鄂边

界处。

365　又东百三十里曰光山 ①。其上多碧,其下多木 ②。神计蒙
处之,其状人身而龙首,恒游于漳渊,出入必有飘风暴雨 ③。

神计蒙

【注释】

　　① 汪绂曰:"今河南光州光山县。"张步天从之。

　　② 郝懿行曰:"'木'疑'水'之讹。"

　　③ 此亦似水神。张步天云:光山近潢水,"漳渊"疑为"潢渊"之讹。
按:前"宜诸之山"一节有漳水(362),"漳渊"或指此漳。《图赞》曰:
"涉蠱三脚,蠱围虎爪。计蒙之神,独禀异表。升降风雨,茫茫渺渺。"

366　又东百五十里曰岐山 ①。其阳多赤金,其阴多白珉 ②。
其上多金、玉,其下多青雘,其木多樗。神涉蠱处之,其状
人身而方面、三足。

神涉蟲

【注释】

　　① 岐山，张步天以为当在安徽枞阳县一带求之。

　　② 郭璞注："石似玉者。音旻。"

367　又东百三十里曰铜山^①。其上多金、银、铁，其木多穀、柞、柤、栗、橘、柚，其兽多犳^②。

【注释】

　　① 张步天以为当在今安徽铜陵一带。

　　② 吴任臣本作"豹"，宋本、汪绂本、郝懿行本均作"犳"。郝曰："作'豹'者非。犳音灼，豹文兽也。"

368　又东北一百里曰美山^①。其兽多兕牛，多闾、麈，多豕、鹿。其上多金，其下多青雘。

【注释】

　　① 张步天以为在光山、衡山间,安徽金寨旧称梅山,美山或在此处。

369　又东北百里曰大尧之山①。其木多松、柏,多梓、桑,多机,其草多竹。其兽多豹、虎、麢、㕙。

【注释】

　　① 张步天以为或在大别山西北麓。

370　又东北三百里曰灵山①。其上多金、玉,其下多青雘。其木多桃、李、梅②、杏。

【注释】

　　① 张步天引《水经·江水注》"江水左则巴水注之,水出零娄县之下灵山,即大别山也",以为下灵山即此灵山,地在今湖北罗山县北。

　　② 郭璞注:"梅似杏而酢也。"酢,酸。

371　又东北七十里曰龙山①。上多寓木②。其上多碧,其下多赤锡③。其草多桃枝、钩端。

【注释】

　　① 张步天从徐显之说,疑此山即今安徽金寨县东南龙井沟之山。

　　② 郭璞注:"寄生也,一名宛童,见《尔雅》。"按:《尔雅·释木》:"寓木,宛童。"郭璞注:"寄生树,一名茑。"吴任臣曰:"陆玑《草木疏》:'叶

似当卢,子如覆盆。'一名茑,《小雅》云'茑与女萝'是也。"

　　③ 吴任臣曰:"赤锡,疑即铅丹、炒锡之属。"

372　又东南五十里曰衡山^①。上多寓木、穀、柞,多黄垩、白垩。

【注释】

　　① 汪绂曰:"此当是颍州之霍山,一名天柱山。若湖南衡州之衡山,则不在中山之南列矣。然天柱山去光山已不远,此乃相悬千里。此书道里之远近多难据也。"张步天亦以为山在安徽霍山县南。

373　又东南七十里曰石山^①。其上多金,其下多青腴,多寓木。

【注释】

　　① 张步天以为山在今安徽岳西县境。

374　又南百二十里曰若山^①。其上多琚珸之玉,多赭^②,多邽石^③,多寓木,多柘。

【注释】

　　① 郭璞注:"'若'或作'前'。"郝懿行曰:"《地理志》云:'南郡,若:楚昭王畏吴,自郢徙此。'疑县因山为名。"按:南郡之"若"即鄀县,张步天云在安徽潜山县境。

　② 郭璞注：“赤土。”

　③ 郭璞注：“未详。”毕沅曰：“疑即‘封石’，正字当为‘玤’，石之次玉者。”王念孙、郝懿行亦校作“封石”。

375　又东南一百二十里曰巀山 ^①。多美石，多柘。

【注释】

　① 张步天从卫挺生说，以为即安徽黄山。

376　又东南一百五十里曰玉山 ^①。其上多金、玉，其下多碧、铁，其木多柏 ^②。

【注释】

　① 郝懿行曰：“《艺文类聚》七卷引王韶之《始兴记》云：‘郡东有玉山，草木滋茂，泉石澄润。’当即此山也，俟考。”按：始兴在广东北部，位置似不应在此。张步天从卫挺生说，以为即安徽绩溪东之玉山，此山又名大鄣山，又别称三天子鄣山。

　② 郭璞注：“（柏）一作‘楢’。”

377　又东南七十里曰谨山 ^①。其木多檀。多邽石，多白锡 ^②。郁水出于其上，潜于其下，其中多砥、砺。

【注释】

　① 张步天以为山即古灌水发源地，属大别山脉西北麓。

② 郭璞注："今白镴也。"

378　又东北百五十里曰仁举之山^①。其木多榖、柞。其阳多赤金,其阴多赭。

【注释】

① 张步天以为即举水源头小界岭,在光山东南。

379　又东五十里曰师每之山^①。其阳多砥、砺,其阴多青雘。其木多柏,多檀,多柘,其草多竹。

【注释】

① 张步天以为在安徽青阳九华山之梅街,以"梅"、"每"音近故也。

380　又东南二百里曰琴鼓之山^①。其木多榖、柞、椒^②、柘。其上多白珉,其下多洗石。其兽多豕^③、鹿,多白犀^④,其鸟多鸩。

【注释】

① 张步天从卫挺生说,以为即安徽歙县之问政山。

② 郭璞注："椒为树小而丛生,下有草木则蠚死。"

③ 吴任臣曰："野豕,形似猪而大,牙出口外如象牙,能与虎斗。"

④ 吴任臣曰："犀有山犀、水犀、兕犀三种,白者绝少,此与辟寒、触怂、辟尘、辟暑诸犀皆异种也。"

381 凡荆山之首自景山至琴鼓之山，凡二十三山，二千八百九十里[①]。其神状皆鸟身而人面[②]，其祠：用一雄鸡祈、瘗[③]，用一藻圭，糈用稌。骄山冢也，其祠：用羞酒、少牢祈、瘗，婴毛一璧。

中山神

【注释】

　　①汪绂曰："此楚之北境，淮南、汉北以东行，衡、霍、庐、皖之间之山也。"毕沅曰："此经之山自湖北襄阳府至河南府，其后十余山多不详也。"郝懿行曰："今三千有一十里。"

　　②张步天云：此鸟神人面之神实止二十山神，骄山、光山、岐山三神形状已见经中。

　　③郭璞注："祷请已，埋之也。"

382《中次九经》岷山之首曰女几之山^①。其上多石涅,其木多杻、橿,其草多菊、术^②。洛水出焉,东注于江^③,其中多雄黄^④。其兽多虎、豹^⑤。

【注释】

① 此岷山为山脉名,下条岷山为山名。女几山,汪绂曰:"曰'岷山之首',则女几亦岷山也。"毕沅曰:"山在今四川双流县。《淮南子·天文训》云'日回于女纪,是谓大迁',《隋书·地理志》云'蜀郡双流有女伎山'。纪、伎、几三音同也。"吴承志以为在四川省什邡县西北,张步天从之。

② 吴任臣曰:"菊,苦薏也,茎如马兰花。术,山蓟也,有赤白二种。"毕沅曰:"菊是大菊,瞿麦。"

③ 毕沅曰:"《地理志》'广汉':'洛:章山,洛水所出,南至新都谷入湔。'《水经·江水》:'江水又东过江阳县南。洛水从三危山,东过广魏洛县南,东南注之。'"按:此洛水即沱江。

④ 郭璞注:"雄黄亦出水中。"吴任臣引苏颂曰:"阶州出水窟雄黄,生于山岩中有水流处。"

⑤ 吴任臣曰:"豹有金钱、艾叶、金线文之异。又本经有'玄豹',《诗经》有'赤豹',《尔雅》有'白豹',种类不同。"

383 又东北三百里曰岷山^①。江水出焉,东北流注于海^②。其中多良龟^③,多鼍^④。其上多金、玉,其下多白珉。其木多梅、棠^⑤。其兽多犀、象,多夔牛^⑥。其鸟多翰、鷩^⑦。

鼍　　　　　　　　　　夔牛

【注释】

① 郭璞注："岷山,今在汶山郡广阳县西,大江所出。"毕沅曰："山在今四川茂州东南。"吴任臣曰："岷山即渎山也,亦谓之汶阜山。刘会孟云:'岷山,今四川茂州,即陇山之南。'《四川总志》曰:'岷山在茂州之列鹅村,一名鸿蒙,为陇山之南首,又名沃焦山,江水所出也。'"毕沅曰："岷山今在汶山郡广阳县西,大江所出。"郝懿行曰:"'汶'即'岷',古字通。"张步天云在今四川茂汶县境。《图赞》曰："岷山之精,上络东井。始出一勺,终致森溟。作纪南夏,天清地静。"

② 郭璞注："至广阳县入海。"汪绂曰："江聚众源,至松潘江源镇而始大,乃称大江。其始出实东南流,至嘉定始析而东,至泸州始析而东北,至重庆合州始析而东,经湖广洞庭又稍迤东北,合汉水,然后东流,至江南通州入海。此言'东北流注于海',举其大略也。"郝懿行曰:"《海内东经》(644)注云:'至广陵郡入海。'此注'广阳县',当为'广陵郡'或'广陵县',字之讹也。"

③ 郭璞注："良,善。"

④ 郭璞注："似蜥蜴,大者长二丈,有鳞,彩皮可以冒鼓。"按:即江

鳄也。

⑤棠有赤、白二种，以实为别。赤棠实涩无味，白棠亦称甘棠、棠梨，实似梨而小，可食，味甜酸。

⑥郭璞注："今蜀山中有大牛，重数千斤，名为夔牛。晋太兴元年，此牛出上庸，郡人弩射杀，得三十八担肉，即《尔雅》所谓'魏'。"吴任臣曰："《本草纲目》云：'即犩牛也。'《韵会》引此经作'犪牛'。"毕沅曰："今本《尔雅》注引此经文作'犪'，非'魏'字。"郝懿行曰："今本《尔雅》正文曰'犪'。"《图赞》曰："西南巨牛，出自江岷。体若垂云，肉盈千钧。虽有逸力，难以挥轮。"

⑦郭璞注："白翰、赤鷩。"吴任臣曰："鷻雉，白鷴也，今谓之白鹇。鷩，雉，华虫也，今谓之锦鸡。"

384 又东北一百四十里曰崃山①。江水出焉，东流注大江②。其阳多黄金，其阴多麋、麈。其木多檀、柘，其草多薤、韭，多药③、空夺④。

【注释】

①吴任臣曰："《华阳国志》：'崃山，邛崃山也，一曰新道山。南有九折坂，夏则凝冰，冬则毒寒，王阳按辔处也。'《水经注》：'崃山，中江所出。'刘会孟云：'崃山，崌山，今属四川眉州彭山县。'"毕沅曰："山今在雅州荥经县西。"张步天云在今四川邛崃县西北。

②郭璞注："邛来山，今在汉嘉严道县，南江水所自出也。山有九折坂，出貊，貊似熊而黑白驳，亦食铜铁也。"吴任臣曰："貊即貘，亦作膜，兽之食铜铁者。"详见第443条吴注。

③郭璞注："（药）即藭。"郝懿行以为《西次四经》（111）"号山，草多药、藭"，郭既分释于下，此注不应又谓一草。

④郭璞注："即蛇皮脱也。"蛇皮脱即蛇蜕。汪绂以为即"窛脱"，见《中次五经》（320）。洪颐煊亦以为蛇皮脱非草。空夺即窛脱，形声皆相近。

385 又东一百五十里曰崌山①。江水出焉②，东流注于大江，其中多怪蛇③，多䰷鱼④。其木多楢、杻⑤，多梅、梓。其兽多夔牛、麢、臭、犀、兕。有鸟焉，状如鸮而赤身白首，其名曰窃脂⑥，可以御火。

怪蛇　　　　　　　　　　　窃脂

【注释】

①崌音居。毕沅曰："案其道里，疑即四川名山县西蒙山也。"

②郭璞注："北江。"《水经注》："崌山，北江所出。"郭璞《江赋》云："流二江于崌嵫。"毕沅曰："《海内东经》（644）云'北江出曼山'，今四川名山县有蒙山，曼、蒙音相近，疑是也。沫水经此，或即郭所云北江与？"郝懿行引《华阳国志》云："有沫水从西来出岷江，又从岷山

西来入江,合郡下青衣江入大江。"

③ 郭璞注:"今永昌郡有钩蛇,长数丈,尾歧,在水中钩取岸上人牛马啖之,又呼马绊蛇,谓此类也。"吴任臣引张文仲云:"钩蛇,尾如钩,能钩人兽入水食之。"

④ 郭璞注:"(鷔)音贽,未闻。"

⑤ 郭璞注:"楢,刚木也,中车材。音秋。"

⑥ 郭璞注:"今呼小青雀曲觜肉食者为窃脂,疑此非也。"吴任臣曰:"窃脂有三种,九鳸中窃玄、窃黄、窃脂。'窃'训浅,言浅白色也。《小雅》'交交桑扈',乃今青雀好窃脂肉者。若此之赤身白首,自与二种迥别,不得以名之偶同混为一也。"按:吴注"九鳸"即"九扈",《春秋左传》昭公十七年注:"春扈鸼鶞,夏扈窃玄,秋扈窃蓝,冬扈窃黄,棘扈窃丹,行扈唶唶,宵扈啧啧,桑扈窃脂,老扈鷃鷃。"

386　又东三百里曰高梁之山①。其上多垩,其下多砥、砺。其木多桃枝、钩端。有草焉,状如葵而赤华,荚实白柎,可以走马。

【注释】

① 毕沅曰:"山在今四川剑州北。《太平寰宇记》云:'剑门县大剑山亦曰梁山,《山海经》高梁之山西接岷、崌,东引荆、衡。'"剑州即今剑阁县。

387　又东四百里曰蛇山①。其上多黄金,其下多垩。其木多枸,多豫章,其草多嘉荣、少辛。有兽焉,其状如狐而白尾长耳，名狚狼^②，见则国内有兵^③。

狚狼

【注释】

①　张步天以为山在四川南江县北。

②　郭璞注："（狚）音巴。"

③　郭璞注："（有兵）一作'国有乱'。"《图赞》曰："狚狼之出，兵不外击。雍和作恐，猴乃流疫。同恶殊灾，气各有适。"

388　又东五百里曰崌山^①。其阳多金，其阴多白珉。蒲鸏之水出焉^②，而东流注于江，其中多白玉。其兽多犀、象、熊、罴，多猿、蜼^③。

蜼

【注释】

①　张步天从温少峰说，以为在今陕西镇巴县与四川万源县之间。

②鶪音蔑。

③郭璞注："蜼似猕猴,鼻露上向,尾四五尺,头有岐,苍黄色,雨则自悬树,以尾塞鼻孔,或以两指塞之。"《图赞》曰："禺属之才,莫过于蜼。雨则自悬,塞鼻以尾。厥形虽随,列象宗彝。"

389　又东北三百里曰隅阳之山①。其上多金、玉,其下多青䨼。其木多梓、桑,其草多茈。徐之水出焉,东流注于江,其中多丹粟。

【注释】

　①张步天从温少峰说,以为即今四川万源县北之大横山。

390　又东二百五十里曰岐山①。其上多白金,其下多铁。其木多梅、梓,多杻、楢。减水出焉②,东南流注于江。

【注释】

　①郭璞注："今在扶风美阳县西。"毕沅曰："郭注非也。山当在四川,俗失其名。"张步天从温少峰说,以为在四川巫溪县北。

　②毕沅曰："疑即黔水也。《地理志》云:'犍为,符,黔水,南至鳖入江。'"

391　又东三百里曰勾檷之山①。其上多玉,其下多黄金。其木多栎、柘,其草多芍药。

【注释】

①郭璞注："（欋）音络椐之'椐'。"郝懿行曰："'络椐'不成语，'椐'当为'杞'字之讹。"按：欋音你。此山张步天以为当在巫山县西北。

392　又东一百五十里曰风雨之山①。其上多白金，其下多白涅。其木多椒、樿②，多杨。宣余之水出焉，东流注于江，其中多蛇③。其兽多闾、麋，多麈、豹、虎，其鸟多白鹢。

【注释】

①张步天从温少峰说，以为山在四川南江县东北。

②郭璞注："椒木未详也。樿木，白理中节。驹、善二音。"吴任臣曰："《说文》：'椒，木薪也。'《博雅》：'校椒，柴也。'樿，白木之有文理者。"郝懿行以为此处之椒非指木薪。

③郝懿行曰："水蛇也，一名公蛎蛇。"

393　又东北二百里曰玉山①。其阳多铜，其阴多赤金②。其木多豫章、楢、杻，其兽多豕、鹿、麚、臭，其鸟多鸩。

【注释】

①张步天以为山在巫山县与巴东县之间。

②吴任臣曰："郭以赤金为铜，则一物何以迭见？即此足证前注之谬。"按："前注"见《南山经》（4）"杻阳之山"。

394　又东一百五十里曰熊山①。有穴焉，熊之穴，恒出神人，

夏启而冬闭[②]。是穴也,冬启乃必有兵[③]。其上多白玉,其
下多白金。其木多樗、柳,其草多寇脱。

熊山神

【注释】

① 张步天从温少峰说,以为在湖北神农架。

② 吴任臣曰:"《天问》云:'焉有虬龙,负熊以游。'周拱辰注:'虬
龙与熊绝不相类,而相负以游,盖神熊也。《山海经》"熊穴恒出神人",
即此也。'《说文》云:'熊似豕,山居冬蛰。'"《图赞》曰:"熊山有穴,
神人是出。与彼石鼓,象殊应一。祥虽先见,厥事非吉。"

③ 郭璞注:"今邺西北有鼓山,下有石鼓象悬着山旁,鸣则有军事,
与此穴殊象而同应。"

395　又东一百四十里曰騩山[①]。其阳多美玉、赤金,其阴多
铁。其木多桃枝、荆、芭[②]。

【注释】

① 张步天从温少峰说，以为在湖北秭归县境。

② 吴任臣曰："荆，牡荆也。或谓之'楚'。'芭'，疑'芑'字之讹。卷中多以'荆芭'连文。"郝懿行亦以"芭"为"芑"字之讹，并以"芑"为"杞"之假借字。荆、芭不可连文。

396 又东二百里曰葛山^①。其上多赤金，其下多瑊石^②。其木多柤、栗、橘、柚、楢、杻，其兽多㺋、羬，其草多嘉荣^③。

【注释】

① 张步天从卫挺生说，以为山在湖北兴山县境。

② 郭璞注："瑊石，劲石似玉也。音缄。"郝懿行曰：郭注"劲石"，疑"劲"为"玒"字之讹。玒音落，石之次玉者。

③ 嘉荣，美花也。

397 又东一百七十里曰贾超之山^①。其阳多黄垩，其阴多美赭。其木多柤、栗、橘、柚，其中多龙修^②。

【注释】

① 张步天从卫挺生说，以为山在湖北远安县境。

② 郭璞注："龙须也，似莞而细，生山石穴中，茎倒垂，可以为席。"吴任臣曰："郑缉之《东阳记》'仙姥岩下尽出龙须'，即此草也。《广志》云：'龙修一名西王母簪。'《述异记》：'周穆王东海岛中养八骏处，有草名龙刍，龙刍亦龙修也。'古语云：'一束龙刍，化为龙驹。'谓此耳。"

郝懿行曰："龙修、龙须，声转耳。"

398　凡岷山之首自女几山至于贾超之山，凡十六山，三千五百里^①。其神状皆马身而龙首，其祠：毛用一雄鸡，瘗，糈用稌。文山^②、勾㱩、风雨、騩之山，是皆冢也，其祠之：羞酒^③，少牢具，婴毛一吉玉。熊山，席也^④，其祠之：羞酒，太牢具，婴毛一璧。干儛，用兵以禳^⑤；祈，璆冕舞^⑥。

中山神

【注释】

　　① 汪绂曰："此条大抵自岷、嶓之间东行蜀北、汉南、东西川间，达于上庸、襄、郧而东接荆山也。"毕沅曰："此经之山自四川成都府东至忠州也。"郝懿行曰："今三千六百五十里。"

　　②吴任臣曰："文山即岷山。《史记》汶、岷通。"此经十六山中无"文山"，故吴氏云云。

　　③郭璞注："先进酒以酹神。"

④郭璞注："席者,神之所凭止也。"郝懿行曰："'席'当为'帝',字形之讹也。上下经文皆以'帝''冢'为对。此讹作'席',郭氏意为之说,盖失之。"俞樾同郝说,又曰："冢也神也,则冢尊于神。冢也帝也,则帝又尊于冢。冢不过君之通称,而帝则天帝也。"按:《中次十经》(408)有"骐山,帝也",《中次十一经》(457)有"禾山,帝也",皆此例。

⑤郭璞注："禳,被除之祭名。儛者,持盾武儛也。"汪绂曰："以熊山恒出神人,且冬启则必有兵,故隆其礼而干舞,用兵以禳之。"郝氏引《周礼·地官》云："舞师掌教兵舞。帅而舞山川之祭祀。"郑注云："兵舞,执干戚以舞。"

⑥璆音球。郭璞注："祈,求福祥也。祭用玉,舞者冕服也。美玉曰璆。"

399《中次十经》之首曰首阳之山①。其上多金、玉,无草木。

【注释】

①吴任臣引刘会孟曰："首阳山有二,一属山西蒲州,一属河南偃师。"郝懿行曰："《地理志》云:'陇西郡,首阳:《禹贡》鸟鼠同穴山在西南。'盖县因山为名也。此云首阳,下文又称首山。《史记·封禅书》说'天下名山八',首山其一,又云'黄帝采首山铜,铸鼎于荆山下',盖皆不谓此山也。"张步天以为此山应在河南偃师县北。

400 又西五十里曰虎尾之山①。其木多椒、柜,多封石②。其阳多赤金,其阴多铁。

【注释】

　　① 张步天以为此山或在河南偃师东北。

　　② 吴任臣曰："《（本草）别录》云：'封石味甘无毒，主消渴，生常山及少室。'"郝懿行曰："下文游戏之山（425）、婴侯之山（433）、丰山（441）、服山（454）、声匈之山（447）并多此石。"

401　又西南五十里曰繁缋之山^①。其木多楢、杻，其草多枝勾^②。

【注释】

　　① 缋音溃。张步天以为此山当在洛阳东北。

　　② 郭璞注："今山中有此草。"汪绂曰："盖'桃枝'、'钩端'也。"桃枝、钩端见第56条注。

402　又西南二十里曰勇石之山^①。无草木，多白金，多水。

【注释】

　　① 张步天以为山在河南新安县东北。

403　又西二十里曰复州之山^①。其木多檀。其阳多黄金。有鸟焉，其状如鸮而一足彘尾，其名曰跂踵，见则其国大疫^②。

跂踵

【注释】

①张步天以为山在河南新安县北。

②郭璞注:"铭曰:'跂踵为鸟,一足似夔。不为乐兴,反以来悲。'"吴任臣曰:"《玄览》曰:'一足之鸟,有橐𫔍焉,有跂踵焉,有毕方焉,有商羊焉。'"郝懿行曰:"《海外北经》(537)有'跂踵国',郭注云:'其人行,脚跟不着地也。'疑是鸟亦以此得名。"《图赞》曰:"青耕御疫,跂踵降灾。物之相反,各以气来。见则民咨,实为病媒。"

404　又西三十里曰楮山^①。多寓木,多椒、椐,多柘,多垩。

【注释】

①郭璞注:"(楮山)一作'渚州之山'。"张步天以为此山在河南孟津县南。

405　又西二十里曰又原之山^①。其阳多青䰠,其阴多铁。其鸟多鸜鹆^②。

【注释】

①张步天以为此山在河南新安县北。

②郭璞注："鸲鹆也。《传》曰'鸲鹆来巢'。音臞。"即八哥。《师旷禽经》曰："鹦鹉摩背而瘖，鸲鹆剔舌而语。"郭注"《传》曰"，指《左传》昭公二十五年。

406　又西五十里曰涿山①。其木多穀、柞、杻。其阳多㻚珤之玉。

【注释】

①毕沅曰："疑即蜀山。涿、蜀古字通。《太平寰宇记》云：'南阳县蜀山，在县西三十里。'"张步天以为此山在河南新安县西北。

407　又西七十里曰丙山①。其木多梓、檀，多㢝杻②。

【注释】

①张步天疑此山即河南渑池北之韶山。

②郭璞注："㢝义所未详。"吴任臣曰："㢝音哂。"郝懿行曰："《方言》云：'㢝，长也。'然则'㢝杻'长杻也。杻为木多曲少直，此杻独长，故著之。"

408　凡首阳山之首自首山至于丙山，凡九山，二百六十七里①。其神状皆龙身而人面②，其祠之：毛用一雄鸡瘗，糈用五种之糈③。堵山④，冢也，其祠之：少牢具，羞酒祠，婴

毛一璧瘗。騩山，帝也，其祠：羞酒，太牢具，合巫祝二人
儛⑤，婴一璧⑥。

中山神

【注释】

①毕沅曰："此经之山，经传不著也。"郝懿行曰："今三百一十里。"
张步天曰："此经起自河南偃师县北，止于渑池县北，与《中次三经》对
称。《次三经》自西向东，此经自东向西。"

②吴任臣曰："《汲冢琐语》曰：'晋平公至于浍，见人乘白骖八驷
以来，狸身而狐尾，问师旷。师旷曰："其名首阳之神，饮酒霍太山而归，
见之甚善。"'所言形状与此不同。"

③徐显之以为"糈"为"精"字之讹，是。《中次十一经》（457）结
语有"糈用五种之精"句。

④吴任臣曰："即楮山。"

⑤事鬼神者为巫，祭主赞词者为祝。

⑥吴任臣曰："此亦祠騩山者，明有统也。祭以太牢者，诎于所同

而伸于所独也。"汪绂曰："此条九山中无騩山,惟前《九经》中有騩山,《七经》中有大騩山,然岷山中已言'騩山冢也,祠用太牢'矣(398),岂此条乃自阳山西行而会前苦山条大騩山以止,故及之与?抑或有错简与?"张步天遂云"騩山帝也"以下二十字当是他经窜入者,应归于《中次九经》。按:《中山经》中有二騩山,一在《中次三经》(293),一在《中次九经》(395)。

409《中次一十一山经》荆山之首曰翼望之山[①]。湍水出焉[②],东流注于济[③]。贶水出焉,东南流注于汉,其中多蛟[④]。其上多松、柏,其下多漆、梓。其阳多赤金,其阴多珉。

【注释】

① 毕沅曰:"山在今河南内乡县。"即今之河南栾川县东南。

②《水经注·湍水》:"湍水出弘农界翼望山,水甚清彻,东南流迳南郦县故城东,《史记》所谓下郦也。"

③ 郭璞注:"今湍水径南阳穰县而入清水。"郝懿行曰:"经文'济',注文'清',并'淯'字之讹。《文选·南都赋》注引此经郭注,云:'今湍水迳南阳穰县而入淯也。'《水经》亦云:'湍水至新野县东入于淯。'"

④ 郭璞注:"似蛇而四脚,小头细颈,颈有白瘿,大者十数围,卵如一二石瓮,能吞人。"吴任臣曰:"龙类无角曰螭龙,有角曰虬龙,有翼曰应龙,有鳞曰蛟龙。"《述异记》:"水虺五百年化为蛟,蛟千年化为龙,龙五百年化为角龙,千年为应龙。"又云:"虎鱼老者为蛟。"《图赞》曰:"匪蛇匪龙,鳞采晖焕。腾跃波涛,蜿蜒江汉。汉武饮羽,饮飞迭断。"

410　又东北一百五十里曰朝歌之山①。滰水出焉②，东南流注于荥③，其中多人鱼。其上多梓、枏，其兽多麢、麋。有草焉，名曰莽草，可以毒鱼④。

【注释】

①吴任臣引《路史》云："今卫之黎阳卫镇西二十里有朝歌城。"汪绂曰："此非河北纣都之朝歌。"毕沅曰："山在今河南泌阳县西北，俗称十八盘山。"张步天以为山在今河南方城县北。

②郭璞注："滰水今在南阳舞阳县。（滰）音武。"吴任臣引刘会孟云："今之卫辉也。《水经》'滰水出滰阴县西北扶予山，东过其县南'，不云朝歌者，岂山之异名耶？"是扶予山即朝歌山。毕沅曰："河南泌阳，汉滰阴地。"

③《水经注·滰水》："荥水又东北，于滰阴县北左会滰水。"

④郭璞注："今用之杀鱼。"吴任臣曰："《周礼·翦氏》'掌除蠹物，以莽草熏之'，郑注：'莽草，药物杀虫者。'沈括《笔谈补》曰：'世人用莽草，多是谬误。《本草》云"若石南而叶稀，无花实"，亦误也。今莽草蜀道、襄汉、浙江、湖间山中有，枝叶稠密，团栾可爱，叶光厚而香烈，花红色，大小如杏花，六出，反卷向上，中心有新红蕊倒垂下。汉间渔人竞采以捣饭饴鱼，皆翻上，乃捞取之。'"

411　又东南二百里曰帝囷之山①。其阳多㻬琈之玉，其阴多铁。帝囷之水出于其上，潜于其下，多鸣蛇。

【注释】

①汪绂曰："此去阳城、伊阙之间未远，故所产与伊、洛多相似。"张步天从卫挺生说，以为山在河南舞阳县境。

412　又东南五十里曰视山[①]。其上多韭。有井焉，名曰天井[②]，夏有水，冬竭。其上多桑，多美垩、金、玉。

【注释】

①张步天以为视山为淮水正源，地在河南桐柏县西。

②吴任臣曰："《尔雅》'井一有水，一无水，为瀱汋'，注云：'即天井类也。'邢昺疏曰：'非人为之者曰天井。'"

413　又东南二百里曰前山[①]。其木多槠[②]，多柏。其阳多金，其阴多赭。

【注释】

①张步天以为在今河南信阳境。

②郭璞注："（槠）音诸，似柞，子可食，冬夏生，作屋柱难腐。或作'储'。"吴任臣曰："槠子有苦甜二种。甜槠子粒小，木文细白，俗名面槠；苦槠子粒大，木文粗赤，俗名血槠。其色黑者名铁槠。"

414　又东南三百里曰丰山[①]。有兽焉，其状如蝯[②]，赤目赤喙黄身，名曰雍和，见则国有大恐[③]。神耕父处之[④]，常游清泠之渊，出入有光[⑤]，见则其国为败。有九钟焉，是知霜鸣^⑥。其上多金，其下多穀、柞、杻、橿。

雍和　　　　　　　　　　　　神耕父

【注释】

① 吴任臣引《一统志》云：“丰山在南阳东北三十里。”诸家俱从之，即今河南南阳北。

② “猨”即“猿”字。

③ 大恐，大惊吓。

④ 吴任臣曰：“《骈雅》曰：‘耕父、野仲、语忘、敬遗，皆鬼名也。’《文选注》曰：‘耕父，旱鬼。’”按：《文选·东京赋》“囚耕父于清泠，溺女魃于神潢”，注“耕父”引此经此节，注“女魃”则曰：“大荒之中，有山名不勾，有人衣青衣，名曰黄帝女魃，所居不雨。”耕父、女魃自是两事，无“耕父即旱鬼”之说，吴注误。

⑤ 郭璞注：“清泠水在西号郊县山上，神来时水赤有光耀，今有屋祠之。”吴任臣曰：“《事物绀珠》云：‘南阳府东北丰山下有清泠泉，神耕

父处之，神来则水赤。'"《图赞》曰："清泠之水，在平山顶。耕父是游，流光洒景。黔首祀荣，以弭灾眚。"

⑥郭璞注："霜降则钟鸣，故言知也。物有自然感应而不可为也。"吴任臣曰："《白帖》引经云：'丰山有钟九耳，霜降则鸣。'与本文小异。"《图赞》曰："峣崩泾竭，麟斗日薄。九钟将鸣，凌霜乃落。气之相应，触感而作。"

415 又东北八百里曰兔床之山 ①。其阳多铁。其木多藷藇 ②。其草多鸡谷 ③，其本如鸡卵，其味酸甘，食者利于人。

【注释】

① 汪绂曰："此'北'字、'百'字皆有误。"张步天以为此山在今河南方城县北，则"八"字或为"二"字之讹。

② 吴任臣曰："此木藷藇也。"汪绂曰："藷藇非木也，此疑当是'楮芋'，芋，小栗也。"

③ 郝懿行以为或即蒲公英。

416 又东六十里曰皮山 ①。多垩，多赭。其木多松、柏。

【注释】

① 张步天以为此山当在今河南方城县境。

417 又东六十里曰瑶碧之山 ①。其木多梓、枏。其阴多青䉤，其阳多白金。有鸟焉，其状如雉，恒食蜚 ②，名曰鸩 ③。

鸼

【注释】

① 张步天以为此山当在今河南方城县境。

② 郭璞注："蜚,负盘也。音翡。"吴任臣曰："蜚一名蠦蜰,《本草》谓之'蜚廉',《春秋经》云'有蜚',似此也。音费。"按:蜚应是食谷小虫。《左传》隐公元年:"有蜚。不为灾,亦不书。"颜师古注《汉书·刘向传》:"蜚,负蠜也。"

③ 郭璞注："此更一种鸟,非食蛇之鸼也。"

418　又东四十里曰支离之山。济水出焉 ①,南流注于汉 ②。有鸟焉,其名曰婴勺,其状如鹊,赤目、赤喙、白身,其尾若勺 ③,其鸣自呼。多𰚿牛,多羬羊。

婴勺

【注释】

①《文选·南都赋》李善注引此经"支"作"攻"，"济"作"淯"，云：
"攻离之山，淯水出焉。"按：《文选注》是。毕沅曰："山今在河南嵩县，
疑即双鸡岭。"张步天以为在今河南栾川境。

②郭璞注："今济水出郦县西北山中，南入汉。"毕沅、郝懿行皆以
为经文"济"、注文"济"均为"淯"字之讹。《说文》："淯水出弘农卢氏山，
东南入沔，或曰出郦山西。"沔水即汉水。淯水或作育水，于襄阳界入汉。

③郭璞注："似酒勺形。"《图赞》曰："支离之山，有鸟似鹊。白身
赤眼，厥尾如勺。维彼有斗，不可以酌。"

419　又东北五十里曰秩箬之山①。其上多松、柏、机、柏②。

【注释】

①秩音秩，箬音雕。张步天以为此山在今河南方城县东。

②郭璞注："柏叶似柳，皮黄不措，子似楝，着酒中饮之，辟恶气，浣
衣去垢，核坚正黑，可以间香缨，一名栝楼也。"郝懿行曰："'机柏'，《广
韵》引此经作'机桓'。《玉篇》云：'桓木，叶似柳，皮黄白色。'与郭义合。
是此经及注并当作'桓'，今本作'柏'，字形之讹也。且柏已屡见，人所
习知，不须更注，注所云云又非是柏也。"按："柏"字宋本正作"桓"。

420　又西北一百里曰菫理之山①。其上多松、柏，多美梓。
其阴多丹臒，多金。其兽多豹、虎。有鸟焉，其状如鹊，青
身白喙，白目白尾，名曰青耕，可以御疫②，其鸣自叫。

青耕

【注释】

　　① 张步天以为此山在今河南方城县东。

　　② 此鸟出现，可祛除病疫。

421　又东南三十里曰依轱之山 ①。其上多杻、橿，多苴 ②。有兽焉，其状如犬，虎爪有甲，其名曰獜 ③，善駚牟 ④，食者不风 ⑤。

獜

【注释】

　　① 轱音枯。张步天以为此山在今河南泌阳县西北。

②郭璞注："未详。音菹。"吴任臣曰："雌麻谓之苴，又粤西不死草亦名苴，未审孰是。"郝懿行以为"苴"即"柤"之假字，柤，即山楂。

③甲，即鳞。郭璞注："言体有鳞甲。"獜音吝。

④郭璞注："跳跃自扑也。（駚㸯）鞅、奋两音。"郝懿行曰："据郭音义，当为鞅掌奋迅之意。"

⑤郭璞注："不畏天风。"《图赞》曰："有兽虎爪，厥号曰獜。好自跳扑，鼓甲振奋。若食其肉，不觉风迅。"风，郝懿行以为风痹之风，"后世用鲮鲤疗风痹"。

422 又东南三十五里曰即谷之山①。多美玉，多玄豹②，多闾、麈，多麢、臭。其阳多珉，其阴多青雘。

【注释】

①张步天以为此山在今河南信阳县南与湖北交界处。

②郭璞注："黑豹也，即今荆州山中出黑虎也。"

423 又东南四十里曰鸡山①。其上多美梓，多桑，其草多韭。

【注释】

①张步天以为此山在今河南信阳县南与湖北交界处。

424 又东南五十里曰高前之山①。其上有水焉，甚寒而清②，帝台之浆也③，饮之者不心痛④。其上有金，其下有赭。

【注释】

①吴任臣曰:"高前山,今在南阳府内乡县东南五十里,亦名天池山。"毕沅、张步天皆从之。地在今内乡东北。

②郭璞注:"(清)或作'潜'。"

③郭璞注:"今河东解县南檀首山,上有水潜出,停不流,俗名为盎浆,即此类也。""檀首"应是"檀道"之讹。吴任臣曰:"《盐池录》曰:'檀道山,谓之百梯山。山东岭出水,喷流如雪,澄渟为池,呼曰天池,俗名止渴泉。故老传有玉女得道于此,亦名玉女溪。'云即此处,疑非也。"张步天云:"帝台为神名。《晋书·束晢传》称'《穆天子传》五篇,言周穆王游行四海,见帝台、西王母'。今本《穆天子传》无帝台事。《中次七经》(338)休与之山有帝台之棋,又有'帝台之石',鼓钟之山又为'帝台之所以觞百神'(339)处,此经高前之山山泉名帝台之浆,可见均系帝台神话系统。"

④《图赞》曰:"帝台之水,饮蠲心病。灵府是涤,和神养性。食可逍遥,濯发浴泳。"

425　又东南三十里曰游戏之山①。多柤、橿、栎,多玉,多封石。

【注释】

①张步天以为地在今内乡县东。

426　又东南三十五里曰从山①。其上多松、柏,其下多竹。从水出于其上,潜于其下,其中多三足鳖②,枝尾,食之无蛊疫③。

三足鳖

【注释】

① 张步天以为此山在大别山北麓,与湖北英山县近。

② 郭璞注:"三足鳖名能,见《尔雅》。"

③ 吴任臣曰:"《庚巳编》:'太仓民得三足鳖,烹食毕,形化为血水。'苏颂云:'三足鳖,食之杀人。'经谓'食之无蛊疫',而李时珍亦云'近有误食无恙者',说都不同,两记之。"

427 又东南三十里曰婴硾之山①。其上多松、柏,其下多梓、櫄。

【注释】

① 硾音真。张步天以为此山在大别山北麓,上承从山。

428 又东南三十里曰毕山①。帝苑之水出焉②,东北流注于视③,其中多水玉,多蛟。其上多瑅珸之玉。

【注释】

① 毕沅曰："山疑即旱山，字相近。在河南泌阳。《水经注》有比水出潕阴县旱山，东北流注潕。"张步天以为此山在河南商城县南。

② 帝苑之水，毕沅曰："疑即《水经注》之比水。"

③ 郝懿行曰："'视'当为'潕'。"张步天以为视即视水，亦即淮水。

429　又东南二十里曰乐马之山①。有兽焉，其状如彚②，赤如丹火，其名曰狼③，见则其国大疫。

狼

【注释】

① 张步天以为在今河南光山县西南。

② 吴任臣曰："彚，猬鼠也。"即刺猬。

③ 狼音戾。吴任臣曰："《十六国春秋》'南燕太上四年，燕主超祀南郊，有兽类鼠而色赤，集于圜丘之侧'，疑即此兽，但其大如马，未审是非。"

430　又东南二十五里曰葴山①。视水出焉②，东南流注于汝水③，其中多人鱼，多蛟，多颉④。

颉

【注释】

　　① 毕沅曰：“山在今河南泌阳县东。”张步天以为当是桐柏山。

　　② 郭璞注：“或曰‘视’宜为‘濒’。濒水今在南阳也。”吴任臣曰：
“《水经》作‘濒水’，出潕阴县东上界山；许慎云‘出中阳山’，皆山之
殊目也。”

　　③《水经》：“濒水东过上蔡县南，东入汝。”

　　④ 郭璞注：“如青狗。”郝懿行曰：“《中次四经》（299）云：‘釐山，
滽滽之水，有兽名獭，其状如獳犬而有鳞，其毛如彘鬣。’《文选·江赋》
注引‘獭’作‘獭’，然獭故无鳞，恐非也。此经之颉，郭云如青狗，则真
似獭也，而獭复不名颉，亦所未详。”

431　又东四十里曰婴山 ①。其下多青䕫，其上多金、玉。

【注释】

　　① 张步天以为山当在湖北英山县附近。

432　又东三十里曰虎首之山 ①，多苴、椆 ②、椐。

【注释】

　①张步天以为山在湖北麻城县北,地有虎头关。

　②郭璞注:"椆,未详也。音雕。"郝懿行曰:"《说文》云:'椆,木也。'《类篇》云:'椆,寒而不凋。'"

433　又东二十里曰婴侯之山 ①。其上多封石,其下多赤锡 ②。

【注释】

　①张步天以为当在今安徽金寨县南大别山北麓。

　②郝懿行曰:"《中次八经》(376)已云'谦山多白锡',此又云'多赤锡',明锡非一色也。"

434　又东五十里曰大孰之山 ①。杀水出焉,东北流注于视水 ②,其中多白垩。

【注释】

　①张步天以为地当在河南泌阳县北。

　②"视水"应作"瀙水"。《水经注》:"瀙水又东北,杀水出西南大熟之山,东北流,入于瀙。"

435　又东四十里曰卑山 ①。其上多桃、李、苴、梓,多累 ②。

【注释】

　①张步天以为地当在河南信阳县南。

②郭璞注："今虎豆、狸豆之属。累，一名縢。音诛。"吴任臣曰："《本草》谓之'黎豆'。"

436 又东三十里曰倚帝之山^①。其上多玉，其下多金。有兽焉，其状如獻鼠^②，白耳白喙，名曰狙如^③，见则其国有大兵^④。

狙如

【注释】

①吴任臣曰："《荒史·循蜚纪》：'倚帝氏都南阳倚帝山。'《前编》云'南阳有倚帝之山'。唐吴筠下第，遂居南阳倚帝山，即此。窦子野云：'今内乡东三十里踦立山也。'"毕沅曰："山在今河南镇平县西北。"

②郭璞注："《尔雅》说鼠有十三种，中有此鼠，形所未详也。音狗吠之吠。"郝懿行曰："《释文》引舍人云：'其鸣如犬也。'"

③郭璞注："（狙）音即蛆。"郝懿行曰："《尔雅》云：'蒺藜，蝍蛆。'郭言此'狙'音蝍蛆之'蛆'也，文省尔。"

④《图赞》曰："狙如微虫，厥体无害。见则师兴，两阵交会。物之所感，焉有小大。"

437　又东三十里曰鲵山^①。鲵水出于其上,潜于其下。其中多美垩。其上多金,其下多青腽。

【注释】

①鲵音倪。毕沅曰:"经云在倚帝山东三十里,则今骑宜山上湫水三池即鲵山鲵水是也。"即在河南镇平县西北。

438　又东三十里曰雅山^①。澧水出焉^②,东流注于视水,其中多大鱼。其上多美桑,其下多苴,多赤金。

【注释】

①毕沅曰:"山即雉衡山也,在今河南南阳县北。""雅山"当是"雉山"之讹。张步天以为在河南方城县西北。

②郭璞注:"(澧)音礼。今澧水出南阳。"《水经注·汝水》:"汝水又东,得醴水口,水出南阳雉县,亦云导源雉衡山,即《山海经》云衡山也。"郝懿行曰:"今案此经雅山去衡山九十五里,是其连麓,疑'雅山'当为'雉山',字形相近。《晋书·地理志》雉县属南阳国,县盖因兹山得名也。《后汉书·马融传》注引此经正作'雉山'。山在今河南南阳县北也。"

439　又东五十五里曰宣山^①。沦水出焉,东南流注于视水^②,其中多蛟。其上有桑焉,大五十尺^③,其枝四衢^④,其叶大尺余,赤理黄华青柎,名曰帝女之桑^⑤。

【注释】

　　① 毕沅曰："案《水经注》,山在今河南泌阳县界,今失名。"张步天以为在泌阳县东。

　　② "视水"即"瀙水",《水经注》："瀙水又东,沦水注之。水出宣山,东北流,注瀙水。"

　　③ 郭璞注："围五丈也。"

　　④ 郭璞注："言枝交互四出。"

　　⑤ 郭璞注："妇女主蚕,故以名桑。"《图赞》曰："爰有洪桑,生滨沦潭。厥围五丈,枝相交参。园客是采,帝女所蚕。"

440　又东四十五里曰衡山^①。其上多青雘,多桑。其鸟多
　　　鸜鹆。

鸜鹆

【注释】

　　① 郭璞注："今衡山在衡阳湘南县,南岳也,俗谓之岣嵝山。"吴任臣亦以为南岳衡山,与郭注皆误。毕沅曰:山在今河南南阳县北。《水经注·汝水》："汝水又东,得醴水口,水出南阳雉县,亦云导源雉衡山,即《山海经》云衡山也。"即此衡山。因山在雉县界,故世谓之雉衡山。张步天云："衡山当指南岳,盖先秦南岳在霍山,称霍岳,在今安徽霍山县

南。"按：霍山本即湖南衡山之别名，汉武帝移南岳至安徽天柱山，遂亦称为霍山，但似无称天柱山为衡山者。

441　又东四十里曰丰山①。其上多封石。其木多桑。多羊桃，状如桃而方茎②，可以为皮张③。

【注释】

①毕沅曰："即汉西鄂县之丰山。"郝懿行曰："上文丰山（414）在今南阳县，汉西鄂县地，此丰山盖与连麓而别一山，非重出也。"张步天以为山在安徽霍丘县西，汉时为安风县，地在大别山北麓。

②郭璞注："一名鬼桃。"吴任臣曰："羊桃茎大如指，似树而弱。《尔雅》'长楚，铫芅'，《诗》曰'隰有苌楚'是也。《本草》：'一名羊肠，一名细子。'"

③郭璞注："治皮肿起。"张，读如胀。

442　又东七十里曰妪山①。其上多美玉，其下多金。其草多鸡谷。

【注释】

①张步天以为山当在安徽霍山县东南。

443　又东三十里曰鲜山①。其木多楢、杻、苴，其草多蘴冬。其阳多金，其阴多铁。有兽焉，其状如膜大②，赤喙赤目白尾，见则其邑有火，名曰𤢓即③。

狪即

【注释】

① 张步天以为山当在安徽霍山县东南。

② 吴任臣曰："膜即貘。《南中志》云：'貘大如驴，状似熊，苍白色，多力，舐铁消十斤，其皮温暖。'《五侯鲭》云：'食铁之兽，貘也。食烟之鼠，鼩也。'又曰：'貘粪可以切玉，貘溺可以消铁成水。'""膜大"，毕本作"膜犬"。郝懿行以为非貘，曰："'大'当为'犬'之讹，《广韵》作'犬'可证。膜犬者，郭注《穆天子传》云：'西膜，沙漠之乡。'是则膜犬即西膜之犬。今其犬高大獶毛、猛悍多力也。"

③ 狪音移。吴任臣引《玉芝堂谈荟》曰："火兽兆火，狪即火兽，见则邑有火灾也。"

444 又东三十里曰章山^①。其阳多金，其阴多美石。皋水出焉，东流注于澧水^②，其中多脃石^③。

【注释】

① 郭璞注："（章山）或作'童山'。"吴任臣曰："《尚书日记》云：'章

山在江夏竟陵县东北，《古文（尚书）》以为内方山。'疑即斯山。"毕沅本据《水经注》改作"皋山"，云山当在今河南唐县。张步天以为当在河南舞阳县北境。郝懿行曰："经'章山'当为'皋山'，注'童山'当为'章山'。"

　　② 毕沅曰："《水经注》云：'醴水东流，历唐山下。又东南，与皋水合，水发皋山。东流注于醴水。醴水又东南，迳唐城北。南入城，而西流出城。'案唐山在今河南唐县南。"

　　③ 脆音脆。郭璞注："未闻。"郝懿行曰："《说文》云：'脄，小软易断也。'此石软薄易碎，故名。注'鱼脆'之'脆'误，《藏经》本作'跪'。"

445　又东二十五里曰大支之山①。其阳多金。其木多榖、柞，无草木。

【注释】

　　① 张步天以为山在安徽霍山县东南。

446　又东五十里曰区吴之山①。其木多苴。

【注释】

　　① 张步天以为山在安徽岳西县境。

447　又东五十里曰声匈之山①。其木多榖。多玉，上多封石。

【注释】

　　① 张步天以为山在安徽岳西县东北。

448　又东五十里曰大騩之山 ①。其阳多赤金，其阴多砥石。

【注释】

　　① 郭璞注："上已有此山，疑同名。"毕沅曰："疑即张衡《南都赋》所谓'天封太胡'，'大胡'、'大騩'声相近。李善云：'《南郡图经》曰：大胡山，故县县南十里。'"郝懿行以为毕说非是。张步天以为山在河南泌阳县东北。

449　又东十里曰踵臼之山 ①，无草木。

【注释】

　　① 张步天以为山在河南泌阳县东北。

450　又东北七十里曰历石之山 ①。其木多荆、芑。其阳多黄金，其阴多砥石。有兽焉，其状如狸而白首虎爪，名曰梁渠，见则其国有大兵 ②。

梁渠

【注释】

　　① 郭璞注：“（历）或作‘磨’。”张步天以为山在河南舞阳县东南。

　　②《图赞》曰：“梁渠致兵，犭多即起灾。鴢鵌辟火，物各有能。闻獜之见，大风乃来。”

451　又东南一百里曰求山^①。求水出于其上，潜于其下。中有美赭。其木多苴，多䉶^②。其阳多金，其阴多铁。

【注释】

　　① 张步天以为山在河南确山县境。

　　② 郭璞注：“筱属。”《竹谱》：“䉶竹，或作䈞，或作籦，每节止长五七寸，根深耐寒，夏秋出笋可食。节长者名䉶竹。《广志》曰䉶竹可以为屋椽。恐非一种。”

452　又东二百里曰丑阳之山^①。其上多椆、椐。有鸟焉，其状如乌而赤足，名曰鴢鵌^②，可以御火。

鴢鵌

【注释】

　　① 张步天以为山在河南光山县西南。

②駃音枳。

453　又东三百里曰奥山^①。其上多柏、杻、橿。其阳多瑌琈
之玉。奥水出焉，东流注于视水^②。

【注释】
　①张步天以为山在河南正阳县境。
　②《水经注·比水》："比水又西，澳水注之。水北出苠丘山，东流，
屈而南转，又南入于比水。按：《山海经》云'澳水又北入视'，不注比
水。"郝懿行以为此"澳"似别一水，所未详。张步天以为视水即淮水，
奥水为《水经注》之沦水支流。

454　又东三十五里曰服山^①。其木多苴。其上多封石，其下
多赤锡。

【注释】
　①张步天以为山在安徽桐城县西境。

455　又东三百里曰杳山^①。其上多嘉荣草，多金、玉。

【注释】
　①"三百里"，郝本作"百十里"，以为"三百里"者非。张步天以为
山在安徽桐城县境。

456　又东三百五十里曰几山[①]。其木多楢、檀、杻，其草多香。有兽焉，其状如彘，黄身白头白尾，名曰闻獜[②]，见则天下大风。

闻獜

【注释】

①"几山"，毕沅本作"凡山"。张步天从卫挺生说，以为山在安徽庐江县境。

②郭璞注："（獜）音邻。'獜'一作'粦'，音瓴。"

457　凡荆山之首自翼望之山至于几山，凡四十八山，三千七百三十二里[①]。其神状皆彘身人首，其祠：毛用一雄鸡祈，瘞用一珪，糈用五种之精[②]。禾山，帝也[③]，其祠：太牢之具，羞瘗，倒毛[④]，用一璧，牛无常。堵山、玉山，冢也[⑤]，皆倒祠，羞毛少牢，婴毛吉玉。

中山神

【注释】

① 汪绂曰："此条大抵由荆山东北行南阳之境，又东南行方城、汝、邓之间，又东迤行汝、颍之间，陈、蔡、淮西之境，然山川多不可考。"毕沅曰："此经之山在河南陕州、南阳府也。"郝懿行曰："今四千二百二十里。"

② 郭璞注："备五谷之美者。"

③ 吴任臣曰："禾山疑即帝囷山。"帝囷之山见此经（411）。汪绂曰："以上山凡四十七，而此云四十八，又上无所谓禾山者，岂遗之与？"按：吴任臣本、郝本于帝囷之山后有"视山"，为汪本所无。

④ 郭璞注："荐羞反倒牲蓌之也。"郝懿行曰："倒祠，亦谓倒毛也。""毛"指祭祀用牲，"倒毛"即倒埋其牲。

⑤ 汪绂曰："此条中无堵山、玉山，而堵山见《七经》（342）苦山条中（按：汪本堵山与苦山为一条），苦山亦在南阳，或与此相及欤？玉山则一见于《八经》（376）景山条，一见于《九经》（393）岷山条。岷山条之玉山与此绝不相涉，此条与景山条同主荆山，盖景山条行楚境，此条行淮北、陈、蔡境，南北相并，故此亦及玉山欤？"

458《中次十二经》洞庭山之首曰篇遇之山 ①。无草木，多黄金。

【注释】

① 郭璞注："（篇）或作'肩'。"此"洞庭山"指山系，本山为洞庭君山。篇遇之山，张步天以为在湖北秭归县境。

459 又东南五十里曰云山^①。无草木，有桂竹甚毒，伤人必死^②。其上多黄金，其下多琈珸之玉。

【注释】

　　① 汪绂曰："盖云泽之上之山也。"云泽当指云梦泽。郝懿行曰："刘逵注《吴都赋》云：'梢云，山名，出竹。'疑梢云即云山也。"张步天以为在湖北秭归县东南。

　　② 郭璞注："今始兴郡桂阳县出笙竹，大者围二尺，长四丈。又交趾有篾竹，实中劲强，有毒，锐以刺虎，中之则死，亦此类也。"笙竹即桂竹。吴任臣曰："《竹谱》云：'棘竹一名芀竹，芒棘森然，大者围二尺，可御盗贼。'亦桂竹之属。"

460 又东南一百三十里曰龟山^①。其木多榖、柞、椆、椐。其上多黄金，其下多青雄黄，多扶竹^②。

【注释】

　　① 张步天以为地当湖北长阳县西境。

　　② 郭璞注："邛竹也。高节实中，中杖也，名之扶老竹。"吴任臣曰："《竹谱》：'邛竹，剡俗谓之扶老。'《广志》云：'出南康邛都县。'陶潜《归去来辞》'策扶老以憩息'，谓此竹也。"

461 又东七十里曰丙山^①。多笙竹^②，多黄金、铜、铁，无木。

【注释】

　① 张步天以为地当湖北长阳县境。

　② 毕沅曰："（筀）亦当为'桂'。"

462　又东南五十里曰风伯之山^①。其上多金、玉，其下多瘦石^②、文石，多铁。其木多柳、杻、檀、楮。其东有林焉，名曰莽浮之林，多美木、鸟兽。

【注释】

　① 张步天以为地当湖北长阳、宜都二县间。

　② 瘦音酸。郭璞注："未详瘦石之义。"

463　又东一百五十里曰夫夫之山^①。其上多黄金，其下多青雄黄。其木多桑、楮，其草多竹、鸡鼓^②。神于儿居之，其状人身而身操两蛇，常游于江渊，出入有光^③。

神于儿

【注释】

①吴任臣曰："《释义》本作'大夫之山',《续通考》引此亦作'大夫山'。又案秦《绎山碑》及汉印篆文,'大夫'都作'夫夫',则二字古相通也。"张步天以为地当湖北松滋县境。

②吴任臣曰："草类有鸡涅、鸡肠、鸡翁、鸡脚、鸡冠苋之名,无所为'鸡鼓'者,疑即'鸡穀'之讹。"

③《图赞》曰："于儿如人,蛇头有两。常游江渊,见于洞广。乍潜乍出,神光惚恍。"汪绂曰："于儿疑即'俞儿',而他书言其衣冠乘马,与此不合。"按："俞儿"见《管子·小问》:一人长尺,冠,右袪衣,管仲曰:"登山之神有俞儿,霸王之君兴则见。"非此于儿。

464　又东南一百二十里曰洞庭之山①。其上多黄金,其下多银、铁。其木多柤、梨、橘、柚②,其草多葌、蘪芜③、芍药、芎䓖。帝之二女居之④,是常游于江渊。澧沅之风,交潇湘之渊⑤,是在九江之间⑥,出入必以飘风暴雨⑦。是多怪神,状如人而载蛇,左右手操蛇。多怪鸟。

帝之二女

飞蛇

洞庭怪神

【注释】

①郭璞注："今长沙巴陵县西又有洞庭陂,潜伏通江。《离骚》曰:'遵吾道兮洞庭','洞庭波兮木叶下',皆谓此也。字或作'铜',宜从水。"吴任臣引刘会孟曰:"今属湖广德安府应山县,中有一穴,深不可测,或云洞庭山浮于水上也。"汪绂以为即洞庭湖中之君山,今属湖南岳阳。郝懿行则以为即苏州府城西太湖中之洞庭山。

②《图赞》曰:"厥色橘柚,奇者维甘。朱实金鲜,叶蒨翠蓝。灵均是咏,以为美谈。"

③郭璞注:"蘪芜,似蛇床而香也。"郝懿行曰:"《淮南·说林训》云'蛇床似蘪芜而不能香',高诱注:'蛇床臭,蘪芜香。'"

④郭璞注:"天帝之二女,而处江为神,即《列仙传》江妃二女也,《离骚·九歌》所谓'湘夫人'称'帝子'者是也。而《河图玉版》曰:'湘夫人者,帝尧女也。秦始皇浮江,至湘山,逢大风,而问博士:"湘君何神?"博士曰:"闻之,尧二女、舜妃也,死而葬此。"'《列女传》曰:'二女死于江湘之间,俗谓为湘君。'郑司农亦以舜妃为湘君,说者皆以舜陟

方而死，二妃从之，俱溺死于湘江，遂号为湘夫人。按《九歌》湘君、湘夫人自是二神。江湘之有夫人，犹河洛之有宓妃也。此之为灵，与天地并矣，安得谓之尧女？且既谓之尧女，安得复总云湘君哉？何以考之？《礼记》曰'舜葬苍梧，二妃不从'，明二妃生不从征，死不从葬，义可知矣。即令从之，二女灵达，鉴通无方，尚能以鸟工龙裳救井廪之难，岂当不能自免于风波，而有双沦之患乎？假复如此，《传》曰'生为上公，死为贵神'，《礼》'五岳比三公，四渎比诸侯'，今湘川不及四渎，无秩于命祀，而二女帝者之后，配灵神祇，无缘当复下降小水而为夫人也。参互其义，义既混错，错综其理，理无可据，斯不然矣。原其致谬之由，由乎俱以'帝女'为名。名实相乱，莫矫其失，习非胜是，终古不悟，可悲矣。"是郭氏以为"帝之二女"乃天帝之二女，非舜妃也。顾炎武及郝懿行皆主郭说。吴任臣引高似孙《纬略》，主尧女舜妃之说，曰："刘向《列女传》：'帝尧之二女，长曰娥皇，次曰女英，尧以妻舜于沩汭。舜既为天子，娥皇为后，女英为妃。舜死于苍梧，二妃死于江湘之间，俗谓之湘君。'罗含《湘中记》：'舜二妃死为湘水神，故曰湘妃。'韩愈《黄陵碑》：'秦博士对始皇帝云：湘君者，尧之二女舜妃者也。刘向、康成皆以二妃为湘君，而《离骚》、《九歌》既有湘君，又有湘夫人，王逸注以湘君为正妃之称，则次妃自宜降曰夫人也。'故《九歌》谓娥皇为君，女英为帝子。而《山海经》亦言'帝之二女'者，其称谓审矣。"袁珂亦主此说。吴氏又引陈士元《江汉丛谭》，是主"二女"为"舜之二女"者，曰："沈存中云：'舜陟方时，二妃皆百余岁，岂得俱存，犹称二女？'其说诚是，但未考黄陵舜妃墓及潇湘二女之故。惟《路史发挥》则以黄陵为癸比之墓，潇湘二女乃帝舜女也。癸比氏，帝舜第三妃，而二女皆癸比氏所生，一曰宵明，一曰烛光。《帝王世纪》云：'舜三妃，娥皇无子，女英生商均。'今女英墓在商州,盖舜崩之后,女英随子均徙于封所,故其卒葬在焉。而癸比氏则亦从二女徙于潇湘之间,故其卒葬在此,《山海经》所谓'洞庭之山,帝之二女居之'是也。若《九歌》之湘君、湘夫人,则又洞庭山神,岂谓帝女之灵耶?"

⑤郭璞注:"此言二女游戏江之渊府,则能鼓三江,令风波之气共相交通,言其灵响之意也。江、湘、沅水皆共会巴陵头,故号为三江之口。澧又去之七八十里而入江焉。《淮南子》曰:'弋钓潇湘。'今所在未详也。"《图赞》曰:"神之二女,爱宅洞庭。游化五江,惚恍窈冥。号曰夫人,是维湘灵。"

⑥郭璞注:"《地理志》'九江'今在浔阳南。江自浔阳而分为九,皆东会于大江,《书》曰'九江孔殷'是也。"吴任臣以九江为洞庭九江,与郭不同,曰:"《书传》云:'九江即今之洞庭也。'今沅水、渐水、元水、辰水、叙水、酉水、澧水、资水、湘水皆合于洞庭,意以是名九江也。"

⑦郝懿行曰:"《中次八经》(365)云光山之神计蒙,'恒游于漳渊,出入必有飘风暴雨',又《博物志》云:'文王梦一妇人当道而哭,曰:我东海泰山神女,嫁为西海妇,欲东归,灌坛令当吾道。太公有德,吾不敢以暴风疾雨过也。'是山水之神出入恒以风雨自随,乃是其常。"

465　又东南一百八十里曰暴山^①。其木多棕、柟、荆、芑、竹箭、镼、箘^②。其上多黄金、玉,其下多文石、铁。其兽多麋、鹿、麖、就^③。

【注释】

①张步天以为即洞庭幕阜山之西端。

②郭璞注:"箘亦筱类,中箭,见《禹贡》。"

③郭璞注:"就,雕也,见《广雅》。"杨慎曰:"麢即麂也。就即鹫也。"

466 又东南二百里曰即公之山①。其上多黄金,其下多琦珛
之玉。其木多柳、杻、檀、桑。有兽焉,其状如龟而白身赤首,
名曰蛫②,是可以御火。

蛫

【注释】

①张步天以为在幕阜山中段,地在湖北通山县南境。

②蛫音诡。

467 又东南一百五十九里曰尧山①。其阴多黄垩,其阳多黄
金。其木多荆、芑、柳、檀,其草多藷藇、苵。

【注释】

①郝懿行曰:"《初学记》二十四卷引王韶之《始兴记》云:'含洭
县有尧山,尧巡狩至于此,立行台。'盖即此山也。"《水经注·洭水》:"洭
水又东南,左合陶水,水东出尧山。山盘纡数百里,有赭岩迭起,冠以青
林,与云霞乱采。山上有白石英,山下有平陵,有大堂基,耆旧云尧行宫
所。"张步天以为在今湖南华容县境。

468　又东南一百里曰江浮之山^①。其上多银、砥、砺。无草木。其兽多豕、鹿。

【注释】

　　① 郝懿行曰："江浮山亦尧山之连麓。"张步天以为在今湖北公安、石首二县间。。

469　又东二百里曰真陵之山^①。其上多黄金，其下多玉。其木多榖、柞、柳、杻，其草多荣草。

【注释】

　　① 张步天以为在今湖北阳新县南幕阜山东端。

470　又东南一百二十里曰阳帝之山^①。多美铜。其木多橿、杻、㮌^②、楮。其兽多麝、麝。

【注释】

　　① 徐显之以为湖北"阳新"地名即来自"阳帝之山"。
　　② 郭璞注："㮌，山桑也。"

471　又南九十里曰柴桑之山^①。其上多银，其下多碧，多泠石^②、赭。其木多柳、芑、楮、桑。其兽多麋、鹿，多白蛇、飞蛇^③。

【注释】

　　① 郭璞注："今在浔阳柴桑县南,共庐山相连也。"诸家无异说。

　　② 吴任臣曰："泠石,滑石类,见《别录》。"毕沅本改"泠"为"泠"。郝懿行亦以为当作"泠"。

　　③ 郭璞注："即螣蛇,乘雾而飞者。"吴任臣曰："《尔雅疏》:'螣蛇能兴云雾而游其中。'或以为奔蛇,许慎云:'奔蛇,驰蛇也。或呼为莽蛇。'《荀子》云:'螣蛇无足而飞。'《慎子》云:'螣蛇游雾,飞云乘龙。'"《图赞》曰："螣蛇配龙,因雾而跃。虽欲登天,云罢陆莫。材非所任,难以久托。"

472 又东二百三十里曰荣余之山^①。其上多铜,其下多银。其木多柳、芑^②。其虫多怪蛇、怪虫。

【注释】

　　① 汪绂以为"大约在九江湖口"。张步天亦以为在江西湖口县东。

　　② 郝懿行曰："'芑'亦'杞'之假借字。"

473 凡洞庭山之首自篇遇之山至于荣余之山^①,凡十五山,二千八百里^②。其神状皆鸟身而龙首,其祠:毛用一雄鸡,一牝豚刉^③,糈用稌。凡夫夫之山、即公之山、尧山、阳帝之山,皆冢也,其祠:皆肆瘗^④,祈用酒,毛用少牢,婴毛一吉玉。洞庭、荣余山,神也^⑤,其祠:皆肆瘗^⑥,祈酒太牢祠,婴用圭璧十五,五采惠之^⑦。

中山神

【注释】

①汪绂曰："此条始江汉之间，过九江而行江之南，阻彭蠡、浔阳而止。"毕沅曰："此经之山在湖南境，今多不详也。"

②郝懿行曰："今才一千八百四十九里。"

③郭璞注："刉（音机）亦割刺之名。"郝懿行引《说文》："刉，划伤也，一曰断也。"

④郭璞注："肆，陈之也。陈牲玉而后埋藏之。"

⑤俞樾曰："此'神'字疑当作'帝'。上云夫夫之山、即公之山、尧山、阳帝之山皆冢也，冢必尊于神。乃此经于冢用少牢，于神用太牢，则神转尊于冢矣。余故疑'神也'为'帝也'之误。"

⑥郭璞注："肆竟，然后依前埋之也。"

⑦郭璞注："惠，犹饰也，方言也。"郝懿行曰："'惠'，义同藻绘之

'绘',同声假借也。"

474　右《中经》之山志,大凡百九十七山^①,二万一千三百七十一里^②。大凡天下名山五千三百七十,居地大凡六万四千五十六里。

【注释】

　　①郝懿行曰:"校经文当有百九十八山,今除《中次五经》内缺一山,乃得百九十七山。"

　　②郝懿行曰:"今二万九千五百九十八里。"

475　禹曰^①:天下名山,经五千三百七十山,六万四千五十六里,居地也^②。言其五臧^③,盖其余小山甚众,不足记云。天地之东西二万八千里,南北二万六千里。出水之山者八千里,受水者八千里。出铜之山四百六十七,出铁之山三千六百九十。此天地之所分壤树谷也^④,戈矛之所发也,刀铩之所起也^⑤。能者有余,拙者不足^⑥。封于太山、禅于梁父七十二家^⑦,得失之数皆在此内,是谓国用^⑧。

【注释】

　　①郝懿行曰:"经即禹作,无缘又称'禹曰',盖记者述禹之意而作,非必禹所亲笔,亦如《禹贡》非禹所为,故篇内复称'禹',其义同也。"自刘歆以至郝氏,多以《山海经》为禹亲作,故有此议论。按《管子·地数》云:"桓公曰:'地数可得闻乎?'管子对曰:'地之东西

二万八千里,南北二万六千里。其出水者八千里,受水者八千里,出铜之山四百六十七山,出铁之山三千六百九山。此之所以分壤树谷也,戈矛之所发,刀币之所起也。能者有余,拙者不足。封于泰山,禅于梁父,封禅之王七十二家,得失之数,皆在此内。是谓国用。'"其文与本段如出一手。

② 郝懿行曰:"'经',言禹所经过也。"

③ 吴任臣曰:"'臧'与'藏'同,才浪切。《汉志》曰:'山海天地之藏。'"郝懿行同此说。又有说"臧"训为大者,盖因"言其五臧,盖其余小山甚众,不足记云"一语而发。按:臧或读如"五脏"之"脏",五方之山川于海内,如人之五脏居于体中,仅记其名山大川。

④ 汪绂曰:"分壤以山水言,树谷以平地言。"按:分壤是以诸山系划分海内之壤,树谷是各言其所出物产资源。

⑤ "戈矛"、"刀铢",皆言争战杀伐之事,言山川物产资源为各国争战之所由起。

⑥ 能者指强盛之国,所占之物产资源多,拙者指弱国,所据不足以为生。

⑦ 郭璞注:"《管子·地数》云'封禅之王七十二家'也。"汪绂曰:"此言王者于太山之上封土为坛,以祭告于天,又于梁父山除地为墠,以祭后土,此后世封禅之说所从起也。"按:所谓"后世封禅之说",盖指秦汉大一统之世,方士儒生怂恿人主封祭天地以告成功,《管子》所言并无此夸侈,亦仅为祭祀天地山川而已。

⑧ 毕沅以为,自"此天地之所分"至此,均为周秦人释语乱入经文者,故其本即别成一段并低亚一格。

右《五臧山经》五篇，大凡一万五千五百三字①。

【注释】

　①郝懿行曰："今二万一千二百六十五字。"

卷六　海外南经

476　地之所载，六合之间 ①，四海之内，照之以日月 ②，经之以星辰，纪之以四时 ③，要之以太岁 ④，神灵所生，其物异形 ⑤，或夭或寿，唯圣人能通其道 ⑥。

【注释】

①郭璞注："四方上下为六合也。"毕沅曰："据《列子》(《汤问》)夏革引此文，有'大禹曰'。此无者，盖此文承上卷'禹曰天下名山'云云，刘秀分为二卷耳。"

②郝懿行曰："《淮南子·墬形训》本此经文，'四海'作'四极'，'照'作'昭'。"

③一年四季为四时。

④《淮南子·墬形训》高诱注此句云："要，正也，以太岁所在正天时也。"古以太岁纪年，十二年为一周天，分黄道为十二等分，以此正岁。

⑤毕沅曰："'异形'当为'其形'，《列子·汤问》作'其形'。"按：《列子》后出，或是晋人改经文，以与"或夭或寿"成对文。

⑥郭璞注："言自非穷理尽性者，则不能原极其情变。"

477 海外自西南陬至东南陬者^①：

【注释】

　　① 郭璞注："陬，犹隅也，音驺。"毕沅曰："《淮南子·墬形训》凡海外三十六国用此经文，而起自西北至西南方，次西南至东南方，次自东南至东北方，次自东北至西北方，与此异也。"袁珂曰："《海外》各经以下文字，意皆是因图以为文，先有图画，后有文字，文字仅乃图画之说明。"故此"海外自西南陬至东南陬者"，亦因图之顺序而言也。下同。

　　按：古之地图，上南下北，右西左东，观舆图同于写字，从右上角至左上角。《淮南子·墬形训》海外三十六国，自西南至东南，为结胸民、羽民、讙头国民、裸国民、三苗民、交股民、不死民、穿胸民、反舌民、豕喙民、凿齿民、三头民、修臂民，共十三国。此经自西南至东南为结匈国、羽民国、讙头国、厌火国、三苗国、载国、贯匈国、交胫国、不死民、岐舌国、三首国、周饶国、长臂国，亦十三国，而名目及次序不尽相同，无裸国、豕喙民、凿齿民（有羿杀凿齿一节），多厌火国、载国、周饶国。

478 结匈国在其西南^①，其为人结匈^②。

【注释】

　　①"在其西南"，"其"或指《山海图》，"西南"亦指此国在图中位置。

　　② 郭璞注："臆前胅出，如人结喉也。"吴任臣曰："《淮南子》海外三十六国，自西南至东南方，有结胸民、羽民。"胅，肉块突出。袁珂曰："疑即今之所谓鸡胸。"

479　南山在其东南。自此山来，虫为蛇，蛇号为鱼^①。一曰
南山在结匈东南^②。

【注释】

　　① 郭璞注："以虫为蛇，以蛇为鱼。"杨慎曰："今岭南呼蛇为'讹'，
或为'茅鳝'。"郝懿行曰："今东齐人亦呼蛇为虫也。《埤雅》云：'《恩
平郡谱》：蛇谓之讹。'盖'蛇'古字作'它'，与'讹'声相近，'讹'声转
为'鱼'，故蛇复号鱼矣。"《图赞》曰："贱无定贡，贵无常珍。物不自物，
自物由人。万事皆然，岂伊蛇鳞。"

　　② 毕沅曰："凡'一曰'云云者，是刘秀校此经时附著所见他本异文
也。旧乱入经文，当由郭注此经时升为大字。"

480　比翼鸟在其东。其为鸟青、赤^①，两鸟比翼^②。一曰在
南山东。

【注释】

　　① 郭璞注："似凫。"毕沅曰："《博物志》云：'比翼鸟一青一赤，在
参隅山。'"

　　② 吴任臣曰："即蛮蛮也。""蛮蛮"已见《西次三经》(81)"崇吾
之山"。

481　羽民国在其东南。其为人长头，身生羽^①。一曰在比翼
鸟东南，其为人长颊^②。

羽民国

【注释】

①郭璞注："能飞，不能远，卵生，画似仙人也。"吴任臣曰："《博物志》：'羽民国民有翼，飞不远。多鸾鸟，民食其卵。去九疑四万三千里。'《事物绀珠》云：'羽民国在海东南崖巘间，长颊鸟喙，身生羽毛，似人而卵生。'"毕沅曰："《淮南子·墬形训》有'羽民'，《吕氏春秋》云'禹南至羽人之处'。王逸《楚辞章句》曰：'或曰人得道，身生羽毛也。'"为吴氏所未言。郝懿行曰："《大戴礼·五帝德》云'东长鸟夷'，疑即此也。《楚辞·远游》云'仍羽人于丹丘'，王逸注引此经，言'有羽人之国'。《吕氏春秋·求人篇》亦作'羽人'，高诱注云：'羽人，鸟喙，背上有羽翼。'"又曰："郭云'画似仙人'，谓此经图画如此也。下同。"

②郭璞注："《启筮》曰：'羽民之状，鸟喙赤目而白首。'"

482　有神人二八，连臂，为帝司夜于此野①。在羽民东。其为人小颊赤肩②，尽十六人③。

【注释】

①郭璞注："昼隐夜见。"吴任臣曰："《淮南子》:'有神人连臂,为帝候夜。'注云:'连臂大呼夜行。'"杨慎曰："昼隐夜见,南中夷方或有之,夜行逢之,土人谓之夜游神,亦不怪也。"郝懿行曰："薛综注《东京赋》云:'野仲、游光,恶鬼也,兄弟八人,常在人间作怪害。'案野仲、游光二人兄弟各八人,正得十六人,疑即此也。"《图赞》曰："羽民之东,有神司夜。二八连臂,自相羁驾。昼隐宵出,诡时沦化。"

②郭璞注："当脾上正赤也。"郝懿行曰："'脾'当为'髆'字之讹。《说文》云:'髆,肩胛也。'"袁珂曰："宋本、吴宽抄本、毛扆校本'脾'作'胛'。"

③郭璞注："疑此后人所增益语耳。"毕沅曰："郭说是也,此或刘秀释二八神之文。"

483 毕方鸟在其东①,青水西②。其为鸟人面一脚③。一曰在二八神东。

【注释】

①毕方鸟已见《西次三经》(95)"章莪之山"。

②郝懿行曰："青水出昆仑西南隅,过毕方鸟东。见《海内西经》(594)。"

③吴任臣曰："《抱朴子》云:'枯灌化形,山燮前跟,石修九首,毕方人面。'即斯鸟也。"又引刘会孟曰："佛国鸟频伽亦人面,羽山之北有善鸣之禽,亦人面鸟喙一足,名曰青鹡,其声似钟磬笙竽。又鹏鸟、鸑鸟、橐䔂、凫徯皆人面禽也,与此类。"郝懿行曰："《西次三经》(95)说毕

方不言‘人面’。”

484　讙头国在其南^①。其为人人面有翼，鸟喙，方捕鱼^②。一曰在毕方东，或曰讙朱国^③。

讙头国

【注释】

　　① 郝懿行曰：“驩头国，鲧之苗裔，见《大荒南经》(726)。《淮南·墬形训》有‘讙头国民’。”

　　② 郭璞注：“讙兜，尧臣，有罪，自投南海而死。帝怜之，使其子居南海而祠之。画亦似仙人也。”吴任臣曰：“《神异经》曰：‘驩兜氏，鸟足，仗翼而行，食鱼，不畏风雨，有所触，死乃已。’《博物志》曰：‘驩兜国，其民尽是仙人，帝尧司徒驩兜之后。民常捕海岛中，人面鸟口，去南国万六千里。’”《图赞》曰：“讙国鸟喙，行则仗羽。潜于海滨，维食杞秬。实维嘉谷，所谓濡黍。”

　　③ 毕沅曰：“朱、头声相近，古假音字。”袁珂曰：“《淮南子·墬形训》有讙头国，讙头国或讙朱国当即是丹朱国。邹汉勋《读书偶识》二云：‘驩兜、驩头、驩朱、鴅吺、丹朱，五者一也，古字通用。’”

485 厌火国在其国南^①。兽身黑色,生火出其口中^②。一曰在讙朱东^③。

厌火国

【注释】

① 郝懿行曰:"《博物志》作'厌光国'。"袁珂曰:"厌,音餍,义同餍,饱也,足也。"是言其腹中有火也。《淮南子·墬形训》"讙头国民"后为"裸国民",与此经异。

② 郭璞注:"言能吐火。画似猕猴而黑色也。"吴任臣曰:"《博物志》曰:'厌光国民,光出口中。'《事物绀珠》云:'厌光民形如猿猴,光出口中。'又云:'厌虎兽,似猕猴,黑身,口出火。'即此也。"郝懿行曰:"《艺文类聚》八十卷引此经无'生'字。"袁珂引王念孙校,另据《博物志》等文,证"生"是衍字。《图赞》曰:"有人兽体,厥状怪谲。吐纳炎精,火随气烈。推之无奇,理有不热。"

③ "讙朱"即上"讙头国"。

486 三株树在厌火北^①,生赤水上,其为树如柏,叶皆为珠^②。一曰其为树若彗^③。

【注释】

①　吴任臣曰："'三株'通作'三珠'。《淮南子》云：'三珠树在其东北方。'《博物志》云：'三珠树生赤水之上。'吴淑《事类赋》：'见三珠于赤水，植五柞于汉宫。'陶潜《读山海经》诗：'粲粲三珠树，寄生赤水阴。亭亭凌风桂，八干共成林。'又唐人号王勮兄弟为'三珠树'。皆本此。"郝懿行曰："《初学记》二十七卷引此亦作'珠'。"

②　郝懿行曰："即琅玕树之类，《海内西经》（597）云开明北有珠树。"《图赞》曰："三珠所生，赤水之际。翘叶柏竦，美壮若彗。濯彩丹波，自相霞映。"

③　郭璞注："如彗星状。"郝懿行曰："彗，扫竹也。"按：彗星亦以状似扫帚得名。

487　三苗国在赤水东①。其为人相随②。一曰三毛国③。

【注释】

①　毕沅曰："《淮南子·墬形训》有'三苗民'，高诱注云：'三苗盖谓帝鸿氏之裔子浑敦，少昊氏之裔子穷奇，缙云氏之子饕餮，三族之苗裔亦谓之三苗。'又云：'三苗，国名，在豫章之彭蠡。'"郝懿行曰："《史记·五帝纪》云：'三苗在江、淮、荆州，数为乱。'《正义》曰：'吴起云："三苗之国，左洞庭而右彭蠡。"今江州、鄂州、岳州，三苗之地也。'是三苗乃国名。"

②　郭璞注："昔尧以天下让舜，三苗之君非之，帝杀之。有苗之民叛入南海，为三苗国。"吴任臣引刘会孟云："犹陆浑之族迁于伊州，尚曰陆浑。"袁珂曰："三苗即有苗，亦即苗民。《大荒北经》（796）云：'颛顼

生骧头,骧头生苗民.'即此苗民。苗民实天帝之裔孙。然关于苗民之神话传说,一则以附同蚩尤以抗黄帝,故黄帝'遏绝苗民',使'无世在下';一则以联结丹朱以抗尧,故尧乃'与有苗战于丹水之浦',使败入南海而为三苗国。"

③ 毕沅曰:"毛、苗音相近。"

488 载国在其东①。其为人黄,能操弓射蛇②。一曰载国在三毛东③。

【注释】

① 郭璞注:"(载)音秩,亦音替。"吴任臣曰:"《国名记》云:'经有巫人、载民。载民,盼姓,帝俊后。'《广韵》有'载国',即此也。"按:载民又见《大荒南经》(716)。《淮南子·墬形训》"三苗民"之后为"交股民",无此国。

② 郭璞注:"《大荒经》云:'此国自然有五谷衣服。'"

③《图赞》曰:"不蚕不丝,不稼不穑。百兽率儛,群鸟拊翼。是号载民,自然衣食。"

489 贯匈国在其东①。其为人匈有窍②。一曰在载国东。

【注释】

①《淮南子·墬形训》有"穿匈民",高诱注:"穿胸,胸前穿孔达

贯匈国

背。"按：《艺文类聚》卷九六引《括地图》曰："禹诛防风氏，夏后德盛，二龙降之，禹使范氏御之以行。经南方，防风神见禹，怒射之，有迅雷，二龙升去。神惧，以刃自贯其心而死。禹哀之，疗以不死草，皆生，是名穿胸国。"吴任臣曰："然《金楼子》云'帝舜九载，贯匈民献珠鳂'，《竹书》'黄帝五十九年，贯匈氏来宾'，前此已有其国矣。"

②郭璞注："《尸子》曰：'四夷之民有贯匈者，有深目者，有长股者，黄帝之德尝致之。'《异物志》曰：'穿匈之国，去其衣则无自然者，盖似效此贯匈人也。'"按："无自然"即"无不自然"，言人与常人无异，仅其衣穿于胸也。《太平御览》卷七九○引《异物志》云："穿胸人，其衣则缝布二幅，合二头，开中央，以头贯穿，胸不实穿。"此释"穿胸国"，非此"贯匈国"也。

490　交胫国在其东①。其为人交胫②。一曰在穿匈东。

交胫国

【注释】

①《淮南子·墬形训》有"交股民"，在"三苗民"之次，即此国。毕沅引《吕氏春秋·求人》禹"南至交阯"，是以交阯国即交胫国也。

② 郭璞注："言脚胫曲戾相交，所谓'雕题交趾'者也。或作'颈'，其为人交颈而行也。"郝懿行曰："《广韵》引刘欣期《交州记》云：'交阯之人出南定县，足骨无节，身有毛，卧者更挟始得起，故名。'《御览》引《外国图》云：'交胫民长四尺。'"

491 不死民在其东①。其为人黑色，寿，不死②。一曰在穿匈国东。

【注释】

① 郝懿行曰："《楚辞·远游》云：'仍羽人于丹丘，留不死之旧乡。'王逸注引此经，言有不死之民。《天问》云：'何所不死？'王逸注引《括地象》曰：'有不死之国也。'《吕氏春秋·求人》云：'禹南至不死之乡。'"

② 郭璞注："有员丘山，上有不死树，食之乃寿，亦有赤泉，饮之不老。"吴任臣曰："《括地图》曰：'员丘之山，上有赤泉，饮之不死。'《博物志》云：'员丘山有不死树，食之乃寿。'又广西柳州产茸草，亦名不死草。《周髀算经》曰：'中衡左右，冬有不死之草。'李石《续博物志》曰：'支国有活人草，人死者，将草覆面即活。'皆不死树类。"《图赞》曰："有人爰处，员丘之上。赤泉驻年，神木养命。禀此遐龄，悠悠无竟。"陶潜《读山海经》诗："自古皆有没，何人得灵长。不死复不老，万岁如平常。赤泉给我饮，员丘是我粮。方与三辰游，寿考岂渠央。"郝懿行曰："《淮南·墬形训》有不死民，高诱注：'不死，不食也。'《大戴礼·易本命》云：

'食气者神明而寿，不食者不死而神。'是高注所本。然则不死之民，盖以不食不饮而得之。"按：服食、辟谷，为秦汉方士求仙二途，不死之民正如袁珂所说，仅为殊方之族类，有其异形异禀而已，与求仙无关。高诱之说未必是此经原意。

492 岐舌国在其东①。一曰在不死民东。

【注释】

　　① 郭璞注："其人舌皆岐，或云支舌也。"吴任臣曰："《淮南子》'东南方有反舌民'，注云：'语不可知而自相晓。'《吕览》云：'反舌殊乡之国。'《东京赋》：'重舌之人九译，金稽首而来王。'王氏《汇苑》云：'反舌之国，其人反舌。'即此也。《拾遗记》曰：'因霄之国，人舌尖处倒向喉内；亦曰两舌重沓。'《玄览》云：'轩渠之西，其民四舌而三瞳。'《通考》谓之'三童国'，亦此类。"郝懿行亦以为古本应作"反舌"，"反"、"支"字形相近，误为"支"，而"支"、"枝"字通，"枝"又误为"岐"。《吕氏春秋·功名》云："一说南方有反舌国，舌本在前，末倒向喉，故曰反舌。"

493 昆仑虚在其东。虚四方①。一曰在岐舌东，为虚四方。

【注释】

　　① 郭璞注："虚，山下基也。"毕沅曰："此东海方丈山也。《尔雅》云'三成为昆仑丘'，是昆仑者，高山皆得名之。此在东南方，当即方丈山也。《水经·河水注》云：'东海方丈，亦有昆仑之称。'"

494　羿^①与凿齿战于寿华之野^②，羿射杀之，在昆仑虚东。羿持弓矢，凿齿持盾^③。一曰戈^④。

【注释】

①《淮南子·本经训》："尧之时，十日并出，焦禾稼，杀草木，而民无所食。猰貐、凿齿、九婴、大风、封豨、修蛇皆为民害。尧乃使羿诛凿齿于畴华之野，杀九婴于凶水之上，缴大风于青丘之泽，上射十日而下杀猰貐，断修蛇于洞庭，禽封豨于桑林，万民皆喜，置尧以为天子。"袁珂曰："羿，古天神名，即《海内经》（825）所记'帝俊赐羿彤弓素矰以扶下国'之羿，非夏代有穷后羿。"

②郭璞注："凿齿亦人也，齿如凿，长五六尺，因以名云。"吴任臣曰："《淮南子》有'凿齿民'，即此。高诱云：'凿齿，兽名，齿长三尺，其状如凿，下彻颔下，羿射杀之。'《博物志》曰：'羿与凿齿战于畴华之野，羿持弓，凿齿持矛，羿杀之。'畴华即寿华也。"毕沅曰："高诱云（凿齿）兽名，与封豨、修蛇并列。其实非也，观其持矛持盾，乃人也。"

③郝懿行曰："《太平御览》三百五十七卷引此经作'持盾戟'。"《图赞》曰："凿齿人类，实有杰牙。猛越九婴，害过长蛇。尧乃命羿，毙之寿华。"

④郭璞注："未详。"吴任臣曰："一云凿齿持戈也。"

495　三首国在其东^①。其为人一身三首^②。一曰在凿齿东。

三首国

【注释】

①《淮南子》海外三十六国为"三头民"。吴任臣曰:"《抱朴子》曰:
'巢居野处,独目三首。'《南华经》云:'有人三头,伺琅玕与玕琪子。'
同此类。又《博物志》载'蒙双民,二头四手',亦三首之属也。"按:《海
内西经》(599)又有"服常树,其上有三头人,伺琅玕树"。

②《淮南子·墬形训》高诱注:"身有三头。"《图赞》曰:"虽云一气,
呼吸异道。观则俱见,食则皆饱。物形自周,造化非巧。"

496 周饶国在其东①。其为人短小,冠带②。一曰焦侥国在
三首东③。

【注释】

① 毕沅曰:"'周饶'即'焦侥',音相近也。《淮南子·墬形训》无
此国。《周书·王会》有'周头国',即此。"郝懿行曰:"'周饶'亦'焦
侥'声之转,又声转为'朱儒'。《魏志·东夷传》云:'女王国,又有侏儒

国在其南,人长三四尺,去女王四千余里。'盖斯类也。"

②郭璞注:"其人长三尺,穴居,能为机巧,有五谷也。"

③郭璞注:"《外传》云:'焦侥民长三尺,短之至也。'《诗含神雾》曰:'从中州以东西四十万里,得焦侥国人,长尺五寸也。'"吴任臣曰:"《通考》云:'焦侥人长三尺,穴居,善游,鸟兽俱焉。其地草木冬落夏生。'《竹书纪年》:'尧二十九载,焦侥氏贡没羽。'《帝王世纪》:'舜时焦侥氏来贡没羽。'谓此也。"又《大荒南经》(721):"有小人,名曰焦侥之国,几姓,嘉谷是食。"吴氏又曰:"又人之短者:广延国人长二尺;张仲师长一尺二寸;鹄国男女长七寸,陈章与齐桓公所言是也;鹤民国人长三寸,日行千里,见《穷神秘苑》;木多国长四寸;李子敖长三寸三分;黄帝时务光长七寸;《西京杂记》云'东都献短人五寸',或云'东郡送人长七寸,名曰巨灵';《神异经》曰'西北荒中有小人长一寸,朱衣玄冠',较焦侥更异也。又案:《拾遗记》'遗池国、陀移国人皆长三尺,寿万岁',《后汉书》'朱儒国人长三四尺',《洞冥记》云'勒毕国人长三尺,有翼',或云'三寸',《朝野金载》云'留仇国人长三尺二三寸',《职方外纪》曰'欧罗巴西海有小人国,高不二尺,跨鹿而行,鹳鸟尝欲食之',马端临(实见《史记·大宛列传正义》引《括地记》)云'大秦有小人国,躯才三尺,耕稼之时,惧鹳所食,大秦每卫助之',《北域本末记》曰'自狄山北马行一月,为短人国,长者不逾三尺,北方呼为羊胞头国',然则人长三尺,不独焦侥也。"《图赞》曰:"犀籁舜吹,气有万殊。大人三丈,焦侥尺余。混之一归,此亦侨如。"

497　长臂国在其东①。捕鱼水中,两手各操一鱼②。一曰在焦侥东,捕鱼海中。

长臂国

【注释】

①《淮南子·墬形训》海外三十六国作"修臂民"。高诱注："一国民皆长臂，臂长于身，南方之国也。"

②郭璞注："旧说云：其人手下垂至地。魏黄初中，玄菟太守王颀讨高句丽王宫，穷追之，过沃沮国，其东界临大海，近日之所出。问其耆老：'海东复有人否？'曰：'尝在海中得一布褐，身如中人衣，两袖长三丈。'即此长臂人衣也。"吴任臣曰："《淮南子》海外三十六国有'修臂民'。《抱朴子》云：'修臂、交股。'又《博物志》载一布衣，从海浮出，其身如中国人衣，两袖长二丈。"又引牛峤《埤雅广要》曰："长臂国在海之

东，其人垂手至地。又有长脚人，常负之入海捕鱼。"引朱谋㙔《异林》云："长臂之国，臂长丈余，身如中人。"郝懿行曰："《穆天子传》云'乃封长肱于黑水之西河'，郭注云：'即长臂人也。身如中国，臂长三丈。魏时在赤海中得此人裾也。'案郭注与此注同，其'中国'当为'中人'，字之讹也。此注所说本《魏志·东夷传》，'布褐'彼文作'布衣'，'中人'作'中国人'。《博物志》亦同，唯'三丈'《博物志》作'二丈'也。"《图赞》曰："双肱三丈，体如中人。彼曷为者？长臂之民。修脚是负，捕鱼海滨。"

498 狄山，帝尧葬于阳[1]，帝喾葬于阴[2]。爰有熊、罴、文虎[3]、蜼[4]、豹、离朱[5]、视肉[6]。吁咽[7]、文王皆葬其所[8]。一曰汤山。一曰爰有熊、罴、文虎、蜼、豹、离朱、鸱久[9]、视肉、虖交[10]。其范林方三百里[11]。

【注释】

　　[1] 郭璞注："《吕氏春秋》曰：'尧葬榖林。'今阳城县西、东阿县城次乡中、赭阳县湘亭南，皆有尧冢。"吴任臣曰："《帝王世纪》：'尧葬济阴成阳西北四十里，是为榖林。'《墨子》云：'尧葬蛩山之阴。'《山陵考》云：'尧陵在东平州。'王充乃云葬崇山。《郡国志》言'济阴郡成阳县有尧冢'。《皇览·冢墓记》云：'尧冢在济阴成阳。'《续述征记》云：'小成阳在阳城西南半里许，俗云囚尧城。'合诸说观之，要以为小成阳者近是，余皆仪墓尔。"郝懿行以为郭注"阳城"为"城阳"之讹。袁珂曰："城阳故城在今山东濮县东南。《吕氏春秋·安死篇》高诱注：'传曰尧葬成阳，此云榖林，成阳山下有榖林也。'"又，张步天以为

狄山即九疑山，"狄、疑音近易讹"故也。说不足据，且从无尧葬九疑之说。

②郭璞注："喾，尧父，号高辛，今冢在顿丘县城南台阴野中也。音酷。"吴任臣曰："《山陵杂纪》云：'喾葬顿丘宜阳。'《山陵考》云：'帝喾陵在滑县东北七十里。'《广舆记》：'大名府清丰县有秋山，帝喾葬此山之阴。'"《图赞》曰："圣德广被，物无不怀。爰乃殂落，封墓表哀。异类犹然，况乃华黎。"

③郭璞注："雕虎也。《尸子》曰'中黄伯：余左执太行之獶，而右搏雕虎'也。"郝懿行曰："此注'中黄伯'下脱'曰'字。"

④郭璞注："蜼，猕猴类。"吴任臣引《尔雅》："蜼卬（仰）鼻而长尾。"

⑤郭璞注："木名也，见《庄子》。今图作赤鸟。"郝懿行以为，郭注以离朱为木名，非是。又云："'今图作赤鸟'者，赤鸟疑南方神鸟焦明之属也。"袁珂曰："离朱在熊、罴、文虎、蜼、豹、视肉之间，自应是动物名。窃以为即日中踆乌（三足乌）。"

⑥郭璞注："聚肉，形如牛肝，有两目也，食之无尽，寻复更生如故。"吴任臣以为即肉芝，不确，盖肉芝非食之又生也。吴氏又引刘会孟曰："视肉，犹南方无损兽。"此近是。郝懿行曰："《初学记》引《神异经》云：'西北荒有遗酒追复脯焉，其味如獐，食一片，复一片。'疑即此也。《博物志》云'越巂国有牛，稍割取肉，牛不死，经日肉生如故'，又《神异经》云'南方有兽，似鹿而豕首，有牙，善依人求五谷，名无损之兽。人割取其肉不病，肉复自复'，以上所说二物，义与郭近而形状则异。又《魏志·公孙渊传》云'襄平北市生肉，长围各数尺，有头目口喙，无手足而动摇'，亦其类也。"又《艺文类聚》卷六五引《玄中记》

曰："大月氏有牛,名曰日及,割取肉一二斤,明日疮愈。"亦与"视肉"相类。《图赞》曰："聚肉有眼,而无肠胃。与彼马勃,颇相髣髴。奇在不尽,食人薄味。"

⑦郭璞注："所未详也。"袁珂曰："吁咽既与文王并列,疑当是人名。盖吁咽如属之视肉、离朱以上种种奇禽异物中,则下文'皆葬其所'之'皆'字无着落,因疑是人名。此人维何?《大荒南经》(727)云:'帝尧、帝喾、帝舜葬于岳山。'郭璞注:'即狄山也。'则所谓'吁咽'者,或当是'舜'之析音,相切,其音近'舜',当即岳山所葬之帝舜也。"

⑧郭璞注："今文王墓在长安鄗聚社中。按:帝冢墓皆有定处,而《山海经》往往复见之者,盖以圣人久于其位,仁化广及,恩洽鸟兽。至于殂亡,四海若丧考妣,无思不哀。故绝域殊俗之人,闻天子崩,各自立坐而祭酹哭泣,起土为冢,是以所在有焉。亦犹汉氏诸远郡国皆有天子庙,此其遗象也。"吴任臣曰："今咸阳县有周文王陵。"郝懿行曰："文王、武王、周公冢皆在长安鄗聚东社中,是文王之葬既不与尧、喾同地,又此经禹记,何得下及文王? 明《海外经》以下盖周秦间人读此书者所附著也。"

⑨郭璞注："鸱久、鸲鹆之属。"吴任臣曰："鸱久,即鹋鸺,古字通,见《字义总略》。"郝懿行曰："'鸱'当为'鸮',注文'鸲鹆'即'鸺鹠',皆声近假借字。"

⑩郭璞注："所未详也。"郝懿行曰："(虖交)即'吁咽','吁'、'虖'声相近。"袁珂曰："咽、交则声相远,仍所未详也。"

⑪郭璞注："言林氾滥布衍也。"郝懿行曰："范林,《海内南经》(569)作'氾林',范、氾通。"

499　南方祝融，兽身人面，乘两龙^①。

南方祝融

【注释】

　　① 郭璞注：“火神也。”吴任臣曰：“《太公金匮》：‘南海神名祝融。’《越绝书》云：‘祝融治南方，仆程佐之。’《史记正义》云：‘南方炎帝之佐，兽身人面，乘两龙，应火正也。’”毕沅引《尚书大传》云：“南方之极，自北户南至炎风之野，帝炎帝、神祝融司之。”郝懿行曰：“《吕氏春秋·孟夏纪》云‘其神祝融’，高诱注云：‘祝融，老童之子吴回也，为高辛氏火正，死为火官之神。’”袁珂曰：“《海内经》（828）云：‘炎帝之妻，赤水之子听訞生炎居，炎居生节并，节并生戏器，戏器生祝融。’是祝融乃炎帝之裔。然《大荒西经》（741）乃云：‘颛顼生老童，老童生祝融。’而颛顼者，黄帝之曾孙，是祝融又黄帝之裔，说复不同。唯黄、炎古传本属同族（《绎史》卷五引《新书》：“炎帝者，黄帝同母异父兄弟也。”）故

传为炎帝苗裔之祝融，复可归于黄帝。"《图赞》曰："祝融火神，云驾龙骖。气御朱明，正阳是含。作配炎帝，列位于南。"

卷七　海外西经

500 海外自西南陬至西北陬者①：

【注释】

　　① 毕沅曰："《淮南子·墬形训》云：'自西北至西南方，起修股民、肃慎民。'正与此文倒。知此经是说图之词，或右行则西南至西北，起三身国，或左行则自西北至西南，起修股民。是汉时犹有《山海经图》，各依所见为说，故不同也。"《淮南子》自西北至西南方，为修股民、天民、肃慎民、白民、沃民、女子民、丈夫民、奇股民、一臂民、三身民，共十国。此经自西南至西北，则为三身国、一臂国、奇肱国、丈夫国、巫咸国、女子国、轩辕国、白民国、肃慎国、长股国，亦十国，方向相反，国名亦不尽相同。此经少天民、沃民，多巫咸国、轩辕国。

501 灭蒙鸟在结匈国北①。为鸟青，赤尾。

【注释】

　　① 吴任臣曰："张华《博物志》：'结匈有灭蒙鸟。'"毕沅曰："（灭蒙鸟）盖结匈国所有。承上文起西南陬，言其图象在结匈国北也。"郝懿

行曰："《博物志》云'结匈国有灭蒙鸟',本此。《海内西经》(589)又有'孟鸟'。"是疑灭蒙鸟即孟鸟也,袁珂从而证之。张步天以为灭蒙鸟即孔雀,其地即在今云南境内。

502 大运山高三百仞①,在灭蒙鸟北。

【注释】

①张步天以为或即今之大凉山。

503 大乐之野①,夏后启于此儛九代②,乘两龙,云盖三层③,左手操翳④,右手操环⑤,佩玉璜⑥。在大运山北⑦。一曰大遗之野⑧。

【注释】

①毕沅以为当即今山西太原。郝懿行曰:"据《大荒西经》(764)说,天穆之野在西南海外,不得近在晋阳(太原)也。"徐显之以为指今四川乐山一带。

②郭璞注:"九代,马名。儛,谓盘作之令舞也。"杨慎曰:"盘作之,谓举盘起之,令马舞其上。杜诗'舞马更登床',唐世犹有此戏。"郝懿行曰:"'九代',疑乐名也。《竹书》云:'夏帝启十年,帝巡狩,舞《九韶》于大穆之野。'《大荒西经》(764)亦云天穆之野,启始歌《九招》。'招'即'韶',疑'九代'即'九招'。舞马之戏恐非上古所有。"郝说近是。

③郭璞注:"层,犹重也。"

④郭璞注:"羽葆幢也。"郝懿行引《说文》:"翳,翿也,所以舞也。"

幢,《汉语大辞典》:"垂筒形,饰有羽毛、锦绣。古代常在军事指挥、仪仗行列、舞蹈表演中使用。"羽葆幢,即饰以鸟羽之幢。又《方言》:"翿、幢,翳也。楚曰翿,关西、关东皆曰幢。"郭璞注:"儛者所以自蔽翳也。"

⑤郭璞注:"玉空边等为环。"郝懿行引《说文》:"环,璧也,肉、好若一谓之环。"肉谓璧之边,好谓璧之孔。

⑥郭璞注:"半璧曰璜。"

⑦郭璞注:"《归藏·郑母经》曰:'夏后启筮,御飞龙登于天,吉。'明启亦仙也。"郝懿行曰:"《太平御览》八十二卷引《史记》曰:'昔夏后启筮,乘龙以登于天,占于皋陶,皋陶曰:吉而必同,与神交通。以身为帝,以王四乡。'此文即与郭注所引为一事。"吴任臣引《路史·夏启纪》:"登捄抃马,秉翳执环而声《九辩》。"《图赞》曰:"筮御飞龙,果儛九代。云融是挥,玉璜是佩。对扬帝德,禀天灵诲。"袁珂曰:"关于夏后启之神话,《大荒西经》(764)云:'西南海之外,赤水之南,流沙之西,有人珥两青蛇,乘两龙,名曰夏后开(开即启)。开上三嫔于天,得《九辩》与《九歌》以下。此天穆之野,高二千仞,开焉得始歌《九招》?'(与郭、郝所注)即同一事也。启为人神交配所生之子,本身固具有神性,故能'上三嫔于天,得《九辩》与《九歌》以下'。所谓'得'者,实窃也。《大荒西经》(764)郭注引《启筮》云:'不可窃《辩》与《九歌》以国于下。'即其事矣。盖启承禹位,不恤国事,惟以酒食声色自娱,复窃天乐助兴,致遭亡国惨祸。故《墨子·非乐》称'启乃淫溢康乐,野于饮食,湛浊于酒,渝食于野,万舞翼翼,章闻于天,天用弗式'。"

⑧郭璞注:"《大荒经》云'大穆之野'。"郝懿行曰:"《大荒西经》(764)作'天穆之野',此注云'大穆之野',《竹书》'天穆'、'大穆'二文互见,此经又云'大遗之野'、'大乐之野'。诸文皆异,所未详。"此

节参见《大荒西经》（764）。

504　三身国在夏后启北，一首而三身^①。

三身国

【注释】

　　① 吴任臣曰："《淮南子》：'自西北至西南方，有三身民。' 注云：'三身民，一头三身。'《玄览》云：'凿齿之东，其民一首而三身。'" 郝懿行曰："三身国，姚姓，舜之苗裔，见《大荒南经》（708）。" 袁珂曰："《大荒南经》云：'有人三身。帝俊妻娥皇，生此三身之国。姚姓，黍食，使四鸟。'《河图括地象》曰：'庸成氏实有季子，其性喜淫，尽淫于市，帝怒，放之于西南。季子仪马而产子，身人也而尾蹄马，是为三身之国。'" 按：《艺文类聚》卷三五引晋张华《博物志》，"庸成氏" 作 "容成氏"。此三身非一头三身，乃身人而尾、蹄皆马，为三种之身。

505　一臂国在其北，一臂一目一鼻孔^①。有黄马，虎文，一目而一手^②。

一臂国

【注释】

　　① 吴任臣曰："《淮南子》海外三十六国，西南方有'一臂民'。《吕氏春秋》云：'共肱一臂之乡。'《尔雅》'北方有比肩民焉，迭食而迭望'，注云：'此即半体之人，各有一目、一鼻孔、一臂、一脚。'《异域志》云：'半体国，其人一目、一手、一足。'《交州记》曰：'儋耳国东有一臂国，人皆一臂也。'《三才图会》曰：'一臂国在西海之北，半体比肩，犹鱼鸟相合。'"

　　② 郝懿行曰："手，马臂也。"

506　奇肱之国在其北^①。其人一臂三目，有阴有阳，乘文马^②。有鸟焉，两头，赤黄色，在其旁^③。

奇肱国

【注释】

①郭璞注："（肱）或作'弘'。奇音羁。"毕沅曰："《淮南·墬形训》作'奇股'，高诱注云：'奇，只也；股，脚也。'"郝懿行曰："'肱'，《说文》作'厷'，古文作'厶'，此注云'或作弘'，即《大荒南经》（724）'张弘之国'也。《吕氏春秋·求人篇》云'其肱一臂'，'其肱'即'奇肱'。"

②郭璞注："阴在上，阳在下。文马，即吉良也。"有阴有阳，是双性人也。郝懿行曰："吉良见《海内北经》。"按：《海内北经》（605）作"吉量"，云"有文马，缟身朱鬣，目若黄金，名曰吉量"，详见其注。张步天云："三目"者，左右二目之间额上别有一似目之人为印记，称'纵目'，经云"有阴有阳"，则额上假目为阴，两真目为阳。此较"双性人"说为近真。

③郭璞注："其人善为机巧，以取百禽，能作飞车，从风远行。汤时，得之于豫州界中，即坏之，不以示人。后十年，西风至，复作遣之。"吴任臣引

《博物志》云:"奇肱国去玉门西四万里,善为扶扛、飞车。"郝懿行曰:"'扶
扛'盖'机巧'二字之异。"《图赞》曰:"妙哉工巧,奇肱之人。因风构思,
制为飞轮。凌颓遂轨,帝汤是宾。"袁珂曰:"《淮南·墬形训》作'奇股',
高诱注云:'奇,只也;股,脚也。'则是独脚人矣。以较独臂,似独脚于义为
长。假令独臂,则'为机巧'、'作飞车'乃戞戞乎其难矣。亦唯独脚,始痛
感行路之艰,翱翔云天之思斯由启矣,故'奇股'乃胜于'奇肱'。"

507 形天^①与帝至此^②争神,帝断其首,葬之常羊之山。
乃以乳为目,以脐为口,操干戚以舞^③。

形天

【注释】

① 吴任臣曰:"'形天'或作'刑天',陶诗云:'精卫衔微木,将以填
沧海。刑天舞干戚,猛志故常在。'亦作'形夭',段成式《诺皋记》云:'形
夭与帝争神,帝断其首,葬之常羊山,乃以乳为目,脐为口,操干戚而舞

焉。'洪容斋曰：'旧本渊明《读山海经》诗"刑天无千岁"，疑上下文义不贯，遂取经文参校。形天，兽名也，好衔干戚而舞，乃知是"形夭舞干戚"，五字皆讹。'"郝懿行曰："《淮南·墬形训》作'形残'，天、残声相近。或作'形夭'，误也。《太平御览》五百五十五卷引此经作'形天'。"

②郝懿行曰："《御览》引此经，无'至此'二字。"

③郭璞注："干，盾；戚，斧也。是为无首之民。"吴任臣曰："《抱朴子》谓'无首之体'，即此也。"毕沅曰："《淮南子·墬形训》云：'西方有形残之尸。'高诱注云：'一说曰形残之尸，于是以两乳为目，肥脐为口，操干戚以舞。天神断其手，后天帝断其首也。'"《图赞》曰："争神不胜，为帝所戮。遂厥形天，脐口乳目。仍挥干戚，虽化不服。"袁珂引《路史·后纪三》"炎帝乃命邢天作《扶犁》之乐，制《丰年》之咏"，以为刑天为炎帝之臣，刑天神话为黄、炎斗争神话之一部分，状其斗志不懈，死犹未已。按：《淮南子·墬形训》高诱注："形残之尸，于是以两乳为目，腹脐为口，操干戚以舞。天神断其手，后天帝断其首也。"是并手亦无，操干戚岂以口耶？

508 女祭、女戚在其北①，居两水间。戚操鱼䱙②，祭操俎②。

【注释】

①《大荒西经》(757)："有寒荒之国，有二人，女祭、女薎。"郝懿行曰："女戚"一曰"女薎"。

②䱙，郭璞注："鳣鱼属。"

②郭璞注："肉几。"《图赞》曰："彼姝者子，谁氏二女。曷为水间，操鱼持俎。厥俪安在，离群逸处。"按：女戚、女祭皆行祭之女巫。

509　鸳鸟、鶼鸟①，其色青黄，所经国亡②。在女祭北。鸳鸟人面，居山上。一曰维鸟，青鸟、黄鸟所集③。

【注释】

①　郭璞注："次、瞻两音。"

②　郭璞注："此应祸之鸟，即今枭、鵂鹠之类。"郝懿行曰："郭氏但举类以晓人。《玉篇》云'鸳鶼即鵂鹠'，非也。《大荒西经》（753）云'爰有青鴍、黄鷔、青鸟、黄鸟。其所集者其国亡'，是鴍、鷔即鸳、鶼之异名，非鵂鹠也。"《图赞》曰："有鸟青黄，号曰鶼鸳。与妖会合，所集会至。类则枭鹠，厥状难媚。"

③　毕沅以为作"维鸟"是，"下丈夫国亦云'在维鸟北'"。袁珂以为青鸟、黄鸟即鸳鸟、鶼鸟。

510　丈夫国在维鸟北。其为人衣冠带剑①。

【注释】

①　郭璞注："殷帝太戊使王孟采药，从西王母至此，绝粮不能进，食木实，衣木皮，终身无妻而生二子，从形中出，其父即死，是为丈夫民。"吴任臣曰："《玄中记》云：'子从背胁中出。''王孟'一作'王英'。《淮南子》：'自西北至西南方，有丈夫民。'《事物绀珠》云：'丈夫民去玉门关二万里。'"郝懿行曰："《竹书》云'殷太戊三十六年，西戎来宾，王使王孟聘西戎'，即斯事也。西戎岂即西王母与？其无妻生子之说，本《括地图》。"《图赞》曰："阴有偏化，阳无产理。丈夫之国，王孟是始。感灵所通，桑石无子。"

511　女丑之尸，生而十日炙杀之^①。在丈夫北。以右手鄣其面^②。十日居上，女丑居山之上。

女丑尸

【注释】

　　① 郝懿行曰："十日并出，炙杀女丑，于是尧乃命羿射杀九日也。"袁珂曰："此固郝推想之词，然亦颇有此可能。然所谓'炙杀'，疑乃暴巫之象，女丑疑即女巫也。古天旱求雨，有'暴巫'、'焚巫'之举。而暴巫焚巫者，乃以女巫饰为旱魃而暴之焚之以禳灾也，暴巫即暴魃也。"

　　② 郭璞注："蔽面。"《大荒西经》（744）："有人衣青，以袂蔽面，名曰女丑之尸。"即此。《图赞》曰："十日并爨，女丑以毙。暴于山阿，挥袖自翳。彼美谁子，逢天之厉。"

512　巫咸国在女丑北^①。右手操青蛇，左手操赤蛇。在登葆山,群巫所从上下也^②。

【注释】

①吴任臣曰:"《国名记》'巫咸国,故巫县,今夔之巫山',又陕之夏县有巫咸山,计其道里,非此也。"郝懿行曰:"《御览》七百九十卷引《外国图》:'昔殷帝太戊使巫咸祷于山河,巫咸居此,是为巫咸氏,去南海万千里。'即此国也。"《大荒西经》(742):"大荒之中有灵山,巫咸、巫即、巫朌、巫彭、巫姑、巫真、巫礼、巫抵、巫谢、巫罗十巫从此升降,百药爰在。"《大荒南经》(710)"登备之山"注:"即登葆山,群巫所从上下也。"袁珂据此而云:"巫咸国者,乃一群巫师组织之国家也。"

②郭璞注:"采药往来。"《图赞》曰:"群有十巫,巫咸所统。经技是搜,术艺是综。采药灵山,随时登降。"袁珂曰:"细究之,采药只是群巫之次要工作,其主要者为下宣神旨,上达民情。登葆山盖天梯也。"

513 并封在巫咸东^①。其状如彘,前后皆有首,黑^②。

并封

【注释】

① 吴任臣引胡应麟《三坟补逸》曰："《王会》称'区阳以鳖封，鳖封者若彘，前后有首'。王伯厚《补注》云：'盛弘之记武陵郡西有兽如鹿，前后有头，常以一头食，一头行，然不言名鳖封。'考以《山海经》所载，并封在巫咸东，其状如彘，前后皆有首，盖斯物也。"吴氏又引《骈雅》曰："鳖封，两首彘也。鳖封、并封、屏蓬，似是一物。"吴氏又曰："《后汉书》：'云阳有神鹿两头，能食毒草。'《华阳国志》云：'此鹿出云阳南郡熊舍山，即余义也。'《酉阳杂俎》云：'双头鹿矢，名耶希，耶，鹿名也。'张华《博物志》云：'茶首机出永昌郡，音蔡茂机，是两头鹿名。'盛弘之所记，即此耳。"毕沅曰："《周书·王会解》言（并封）区阳所有，非此地。"《图赞》曰："龙过无头，并封连载。物状相乖，如骥分背。数得自通，寻之愈闳。"

② 郭璞注："今弩弦蛇亦此类也。"郝懿行曰："弩弦蛇，即两头蛇也。见《尔雅·释地》'枳首蛇'注。"按：《尔雅·释地》"中有枳首蛇焉，此四方中国之异气也"，郭璞注："岐头蛇也。或曰：今江东呼两头蛇为越王约发，亦名弩弦。"

514 女子国在巫咸北。两女子居，水周之①。一曰居一门中②。

【注释】

① 郭璞注："有黄池，妇人入浴，出即怀姙矣。若生男子，三岁辄死。周，犹绕也。《离骚》曰'水周于堂下'也。"吴任臣曰："《金楼子》云：'女国有潢池，浴之而孕。'《隋书》云：'女国在葱岭南。'《职方外纪》曰：'直北方之西有女国，曰亚玛作搦。'疑即此也。《唐书·西域传》云：'东女

国,一曰苏伐刺拏瞿咀罗国,皆别种也。西海有女国,故称东别之。女主号宾就。'是西方亦不止一女国也。"郝懿行曰:"《太平御览》三百六十卷引《外国图》曰:'方丘之上暑湿,生男子,三岁而死,有潢水,妇人入浴,出则乳矣。是去九嶷二万四千里。'今案'潢水'即此注所谓'黄池'矣。《魏志》云:'沃沮耆老言有一国在海中,纯女无男。'《后汉书·东夷传》云:'或传其国有神井,窥之则生子。'亦此类也。"可补吴说。《图赞》曰:"简狄有吞,姜嫄有履。女子之国,浴于黄水。乃娠乃字,生男则死。"按:郭注引楚辞,为《九歌·湘君》"水周兮堂下"。

②郝懿行曰:"'居一门中',盖谓女国所居同一聚落也。"

515　轩辕之国^①在此穷山之际^②。其不寿者八百岁^③。在女子国北。人面蛇身,尾交首上^④。

轩辕国

【注释】

①郝懿行曰:"《西次三经》(92)有'轩辕之丘',郭云'黄帝所居',

然则此经'轩辕之国'盖黄帝所生也。《水经·渭水注》云:'轩辕谷水出南山轩辕溪。南安姚瞻以为黄帝生于天水,在上邽城东七十里轩辕谷。'案《地理志》,上邽在陇西郡也。"按:《大荒西经》(749)亦有轩辕之国,云:"江山之南栖为吉,不寿者乃八百岁。"

②　"此"字疑衍。"穷山",张步天以为即四川之邛崃山。

③　郭璞注:"其国在山南边也。《大荒经》曰'岷山之南'。"郝懿行曰:"《大荒西经》(749)说轩辕之国'江山之南',此云'岷山'者,以大江出岷山故也。"《图赞》曰:"轩辕之人,承天之佑。冬不袭衣,夏不扇暑。犹气之和,家为彭祖。"

④　袁珂曰:"古天神多为人面蛇身,举其著者,如伏羲、女娲、共工、相柳、窫窳、贰负等是矣。或龙身人头,如雷神、烛龙、鼓等是矣,亦人面蛇身同型也。此言轩辕国人人面蛇身,固是神子之态,推而言之,古传黄帝或亦当作此形貌也。"

516　穷山在其北。不敢西射,畏轩辕之丘①。在轩辕国北。其丘方,四蛇相绕②。

【注释】

①　郭璞注:"言敬畏黄帝威灵,故不敢向西而射也。"袁珂曰:"轩辕之丘在西王母所居玉山之西四百八十里,见《西次三经》(92)。"

②　郭璞注:"缭绕纠缠。"袁珂曰:"盖是神蛇护卫此丘也。"

517　此诸夭之野①,鸾鸟自歌,凤鸟自舞。凤皇卵,民食之,甘露,民饮之,所欲自从也②。百兽相与群居。在四蛇北。

其人两手操卵食之，两鸟居前导之。

【注释】

　　① 郭璞注："𡗜音妖。"吴任臣曰："《博物志》作'渚沃'，《事类赋》作'诸沃'，又《篇海》引此，𡗜音沃。"郝懿行曰："'𡗜野'，《大荒西经》作'沃野'，是。此经之'𡗜'乃'沃'字省文。"按：《淮南子·墬形训》有"沃民"，《大荒西经》(743)有"沃之野"，即此。读沃是。

　　② 郭璞注："言滋味无所不有，所愿得自在，此谓𡗜野也。"《大荒西经》(743)："有沃之国，沃民是处。沃之野，凤鸟之卵是食，甘露是饮。凡其所欲，其味尽存。鸾鸟自歌，凤鸟自舞。爰有百兽，相群是处。是谓沃之野。"

518　龙鱼陵居在其北，状如狸 ①。一曰鰕 ②。即有神圣乘此以行九野 ③。一曰鳖鱼在𡗜野北，其为鱼也如鲤。

龙鱼

【注释】

　　① 郭璞注："或曰龙鱼似狸，一角。"郝懿行曰："'狸'当为'鲤'字

之讹。"吴任臣曰："《淮南子》'䱜鱼在其南',即此。张衡《思玄赋》云
'跨汪氏之龙鱼',景纯《江赋》云'龙鲤一角,奇鸧九头',又云"或虎状
龙颜",刘赓《稽瑞录》云'具区文鳐,陵居角鲤',皆指此也。"是龙鱼或
称龙鲤、䱜鱼、角鲤也。

　　② 郭璞注:"(鰕)音遐。"吴任臣曰:"虞荔《鼎录》曰:'宋文帝得鰕鱼,
遂作鼎曰鰕鱼,四足。'又《尔雅》:'鲵大者亦谓之鰕。'皆同名异物。"毕沅
曰:"一作'如鰕',言状如鲵鱼,有四脚也。《尔雅》云:'鲵大者谓之鰕。'"

　　③ 郭璞注:"九域之野。"九域即九州。吴任臣曰:"《括地图》曰:'龙
鱼一名鰕鱼,状如龙,而有神圣乘此而行九野。'高诱《淮南注》:'䱜鱼
如鲤鱼,有神灵者乘行九野。'"郝懿行曰:"神圣若琴高、子英之属,见
《列仙传》。"按:琴高、子英皆乘大鱼若龙者而升天。《图赞》曰:"龙鱼
一角,似狸处陵。俟时而出,神圣攸乘。飞骛九域,乘云上升。"

519　白民之国在龙鱼北[①]。白身被发[②]。有乘黄,其状如狐,
其背上有角,乘之寿二千岁[③]。

乘黄

【注释】

　　① 吴任臣曰："《吕氏春秋》注：'白民之国，在海外极南。'《淮南子》自西北至西南方有'白民'，注云'白民白身'。《天宝实录》云：'日南厥山连接不知几千里，裸人所居，白民之后也，刺其胸前作花，以为美饰。'谓此也。又《大荒东经》（684）亦有'白民国'，计其道里，疑为二国。"袁珂以为，《大荒西经》（737）之"白民（原作白氏，据宋本改）之国"，即此。《大荒东经》之"白民国"非此。

　　② 郭璞注："言其人体洞白。"吴任臣曰："《湘烟录》云：'白氏国，人白如玉，国中无五谷，惟种玉食之。'疑即白民。"

　　③ 郭璞注："《周书》曰'白民乘黄，似狐，背上有两角'，即飞黄也。《淮南子》曰：'天下有道，飞黄伏皂。'"吴任臣曰："游氏《臆见》曰：'乘黄一名訾黄，龙翼马身，黄帝乘之而仙。汉武欲得之，《郊祀歌》曰：訾黄何不徕下。'李长吉诗'暂系腾黄马'，吴正子注云：'腾黄，神黄也，一曰乘黄、飞黄，或作古黄、翠黄，状如狐，背有两角，乘之寿千岁。'《抱朴子》云：'腾黄之马，吉光之兽，皆寿三千岁。'即斯兽也。"毕沅曰："'寿二千岁'，言此马年久长，或云乘之以致寿考，非也。"郝懿行曰："《周书·王会篇》云'乘黄似骐'，郭引作'似狐'。《初学记》引与郭同，《博物志》亦作'狐'。"《图赞》曰："飞黄奇骏，乘之难老。揣角轻腾，忽若龙矫。实鉴有德，乃集厥皁。"

520　肃慎之国在白民北 ①。有树名曰雄常 ②，先入伐帝，于此取之 ③。

【注释】

　　① 郝懿行曰："《竹书》云：'帝舜二十五年，息慎氏来朝。''周成

王九年，肃慎氏来朝。'《周书·王会篇》'稷慎大麈'，孔晁注云：'稷慎，肃慎也。'又《大戴礼·五帝德篇》及《史记·五帝纪》并作'息慎'。又《大荒北经》(769)有'肃慎之国'。按：肃慎国应在东北，不应在西北，《大荒北经》"肃慎氏之国"即在"东北海之外"。此处当是错简。

②郭璞注："'雄'或作'雒'。"郝懿行曰："(雄常)《淮南·墬形训》谓之'雒棠'。"

③郭璞注："其俗无衣服。中国有圣帝代立者，则此木生，皮可衣也。"吴任臣引《晋书·四夷传》云："肃慎有树，名曰雒常。若中国有圣帝代立，则其木生皮可衣。"《图赞》曰："青质赤尾，号曰灭蒙。大运之山，百仞三重。雄常之树，应德而通。"郝懿行曰："经文'伐'疑'代'字之讹，郭注可证。《太平御览》七百八十四卷引此经正作'代'。"经文"先入伐帝，于此取之"，袁珂引王念孙云："《御览·东夷五》作'先人代帝，于此取衣'，《木部十》作'圣人代立，于此取衣'。"王校甚是。宋本、吴任臣本即作"代"。

521 长股之国在雄常北①。被发。一曰长脚②。

【注释】

①郭璞注："国在赤水东也。长臂人，身如中人而臂长二丈，以类推之，则此人脚过三丈矣。黄帝时至。或曰：长脚人常负长臂人入海中捕鱼也。"吴任臣曰："《竹书纪年》：'黄帝五十九年，长股氏来宾。'《穆天子传》：'天子乃封长肱于黑水之西河，

长股国

是曰留骨之邦。'即长股也。《淮南子》海外三十六国有'修股民'。又《氾论训》曰：'奇肱、修股之民，是非各异，习俗相反。'"《大荒西经》（738）有"长胫之国"，即此。

　　②郭璞注："或曰'有乔国'，今伎家乔人，盖象此身。"吴任臣曰："乔人，双木续足之戏，今曰'踩跻'。"

522　西方蓐收，左耳有蛇，乘两龙①。

西方蓐收

【注释】

　　①郭璞注："金神也，人面虎爪白毛，执钺，见《外传》。"吴任臣曰："《月令》：'秋月，其神蓐收。'《明义》云：'少皞金天氏，其子该，为蓐收也。'《左传》：'金正曰蓐收。'《楚辞·远游》云：'凤凰翼其承旗兮，遇蓐收乎西皇。'《国语》虢公所梦，史嚚所对，均此神也。"毕沅曰："《尚

书大传》云：‘西方之极，自流沙西至三危之野，帝少皥、神蓐收司之。’
《淮南子·时则训》云：‘西方之极，自昆仑绝流沙、沈羽，西至三危之国，
石城金室，饮气之民，不死之野，少皥、蓐收之所司者万二千里。’”郝懿
行曰：“《吕氏春秋·孟秋纪》云‘其神蓐收’，高诱注云：‘少皥氏裔子曰
该，皆有金德，死，托祀为金神。’”袁珂曰：“蓐收，或以为少皥之叔，《左
传》昭二十九年：‘少皥氏有四叔，曰重，曰该，曰修，曰熙。使重为勾芒，
该为蓐收，修及熙为玄冥。’”《图赞》曰：“蓐收金神，白毛虎爪。珥蛇执
钺，专司无道。立号西阿，恭行天讨。”按：郭注“《外传》”即《国语·晋
语二》，原文为：“虢公梦在庙，有神人，面白毛虎爪，执钺立于西阿，公
惧而走。神曰：‘无走！帝命曰：“使晋袭于尔门。”’公觉，召史嚣占之，
对曰：‘如君之言，则蓐收也，天之刑神也。’”

卷八　海外北经

523 海外自东北陬至西北陬者^①：

【注释】

①《淮南子·墬形训》海外三十六国，自东北至西北方，有跂踵民、句婴民、深目民、无肠民、柔利民、一目民、无继民，共七国，而此经自东北至西北为无晵国、一目国、柔利国、深目国、无肠国、聂耳国、博父国，亦七国，方向同而各国次序正相反。此经与《淮南子》相比，无跂踵、句婴，而多博父、聂耳。毕沅曰："《淮南子·墬形训》云'自东北至西北陬'同，而起跂踵民，终无继民。与此文正倒。疑《淮南子》当作'自西北方至东北方'，或传写之误也。"

524 无晵之国在长股东^①。为人无晵^②。

【注释】

① 郭璞注："（晵）音启，或作'綮'。"吴任臣曰："一名'无启'，又名'无继'。《淮南·墬形训》海外三十六国，西北方有'无继民'。"

无晵国

②郭璞注：“脴，肥肠也。其人穴居食土，无男女，死即埋之，其心不朽，死百廿岁乃复更生。”毕沅曰：“《说文》无‘脴’字，当为‘𦞦’，或作‘启’、‘继’，皆是。《广雅》作‘无启’。《淮南子》作‘无继民’，高诱注云：‘其人盖无嗣也，北方之国也。’与郭璞异。《字林》始有‘脴’字，云‘腨肠’。郭盖以为此说，其实非古字古义也。”袁珂曰：“毕说是也，当从《广雅》作‘无启’。无启，无继也。无嗣而有国，盖因其人能如郭注所云‘死百廿岁乃复更生’，实不死也。《大荒北经》（793）有‘继无民’，又云‘无继子食鱼’，‘继无’自是‘无继’之倒。”吴任臣曰：“《酉阳杂俎》曰：‘无启人食土，其人死，其心不朽，埋之百年，化为人。录民膝不朽，埋之百二十年，化为人。细民肝不朽，埋之八年，化为人。’又《三才图会》云：‘三蛮国民食土，死者埋之，心肺肝皆不朽，百年复化为人。’与无脴国相类。”《图赞》曰：“万物相传，非子则根。无脴因心，构肉生魂。所以能然，尊形者存。”按：郭注“肥肠”，郝懿行以为当是“腓肠”之讹。腓肠即小腿肚。

525 钟山之神①，名曰烛阴②，视为昼，瞑为夜，吹为冬，呼为夏，不饮不食不息，息为风③，身长千里。在无脴之东。其为物，人面蛇身赤色，居钟山下④。

烛阴

【注释】

①吴任臣曰："《十洲记》曰：'北海外有钟山，自生千芝及神草。'又云：'钟山在北海子地，仙家数十万，耕田种芝草，课计顷亩。'《酉阳杂俎》云：'仙药有钟山白胶。'《鲁女生列传》曰：'钟山之枣，其大如瓶。'即此山也。"毕沅曰："此无臂国所有也。山即阴山，在山西、陕西塞外阴、钟声相近，烛龙、烛阴亦音相近。《淮南子·墬形训》：'烛龙在雁门北，蔽于委羽之山，不见日，其神人面龙身而无足。'雁门北，亦谓今山西塞外地也。"郝懿行曰："钟山，《大荒北经》（799）作'章尾山'，'章'、'钟'声转也。"

②郭璞注："烛龙也。是烛九阴，因名云。"按：《大荒北经》（799）云："西北海之外，赤水之北，有章尾山。有神，人面蛇身而赤，直目正乘，其瞑乃晦，其视乃明。不食不寝不息，风雨是谒。是烛九阴，是谓烛龙。"吴任臣曰："《楚辞·天问》'日安不到，烛龙何照'，王逸注云：'天之西北有幽冥无日之国，有龙衔烛而照之。'"袁珂曰："《大荒北经》（799）郭璞注引《诗含神雾》云：'天不足西北，无有阴阳消息，故有龙衔火精以往照天门中云。'此所谓'烛阴'也。钟山以其不见日，故常寒，此《大招》之所谓'魂乎无北，北有寒山，逴龙艳只'之'寒山'也。"

③郭璞注："息，气息也。"

④郭璞注："《淮南子》曰：'龙身一足。'"《图赞》曰："天缺西北，龙衔火精。气为寒暑，眼作昏明。身长千里，可谓至灵。"

526　一目国在其东①。一目中其面而居。一曰有手足②。

一目国

【注释】

①《淮南子》海外三十六国有"一目民"。《大荒北经》（792）云："有人一目，当面中生，一曰是威姓，少昊之子，食黍。"又《海内北经》（606）云："鬼国在贰负之尸北，为物人面而一目。"袁珂以为"鬼、威音近，当亦是此国"。《图赞》曰："苍四不多，此一不少。于野冥瞀，洞见无表。形游逆旅，所贵维眇。"

②袁珂曰："'一曰有手足'五字，或涉下文'柔利国在一目东，为人一手一足'而衍。"

527　柔利国在一目东。为人一手一足，反膝，曲足居上①。一云留利之国，人足反折。

柔利国

【注释】

　　① 郭璞注："一脚一手反卷曲也。"吴任臣曰："《博物志》：'子利国人，一手二足，拳反曲。'与此国类，第云'二足'，疑非此也。《淮南子》海外三十六国有'柔利民'。《异林》云：'柔利国，其人曲膝向前，一手一足。'《三才图会》云：'柔利国国人曲膝，一手一足。'"按：吴氏所引皆作"屈膝"，与"反膝"义不同，反膝是膝关节反向而曲也。据郭注，则臂肘亦反曲。《图赞》曰："柔利之人，曲脚反肘。干求之容，方此无丑。所贵者神，形于何有。"

528　共工之臣曰相柳氏 ①，九首，以食于九山 ②。相柳之所抵，厥为泽溪 ③。禹杀相柳，其血腥，不可以树五谷种。禹厥之，三仞三沮 ④，乃以为众帝之台 ⑤。在昆仑之北 ⑥，柔利之东。相柳者九首，人面蛇身而青。不敢北射，畏共工之台^⑦。台在其东。台四方，隅有一蛇，虎色，首冲南方^⑧。

相柳

【注释】

　　①郭璞注："共工，霸九州者。"袁珂曰："郭注乃本《国语·鲁语》'共工氏之伯九有也'为说，然乃以历史释神话，非是。共工乃古天神名，与颛顼争为帝者，《淮南子·天文篇》云：'昔共工与颛顼争为帝，怒而触不周山，天柱折，地维绝。天倾西北，故日月星辰移焉；地不满东南，故水潦尘埃归焉。'即此共工。《兵略篇》又云：'共工为水害，故颛顼诛之。'《史记·律书》亦云：'颛顼有共工之阵以平水害。'则此天神共工乃水神也。其与'争为帝'之对象，诸书所记不一，或曰高辛，见于《淮南子·原道篇》；或曰神农，见于《珋玉集》卷十二《壮力篇》引《淮南子》；或曰祝融，见于《史记》司马贞《补三皇本纪》；或曰女娲，见于《路史·太昊纪》：然要以'与颛顼争为帝'之说为近古。"

　　②郭璞注："头各自食一山之物，言贪暴难餍。"吴任臣曰："相柳，

《蛙萤子》、《三才图会》俱作'相抑'：'先是，共工姜之异，为太昊黑龙氏，主水，职共工。薨，子康回袭黑龙氏，亦曰共工。太昊崩，女娲立，以上相不下女主，伯九有而朝同列，僭黑帝，辅以相抑，窃保冀方。'亦作'相繇'，见张揖《广雅》及《大荒经》。"按：《大荒北经》（784）云："共工臣名曰相繇，九首，蛇身自环，食于九土。"吴氏又曰："神九首者，相柳之外，九凤九首，木夫九首。"《图赞》曰："共工之臣，号曰相柳。禀此奇表，蛇身九首。恃力舛暴，终禽夏后。"

③郭璞注："抵，触。厥，掘也，音撅。"言相柳所触至之地，则掘之为泽溪。共工水神，相柳为其臣，亦同为水神。

④郭璞注："掘塞之而土三沮洊，言其血膏浸润坏也。"前"厥"乃相柳掘地为水泽，此"厥"乃禹掘土以塞相柳之泽。仞，满也，积塞也。指禹为堙水，三次以土填满其泽。沮，陷也，郭注"土三沮洊"，郝懿行曰："'洊'为'陷'字之讹。"是土屡积而又屡为水所陷。

⑤郭璞注："言地润湿，唯可积土以为台观。"郝懿行曰："《海内北经》（609）云：'帝尧台，帝喾台，帝丹朱台，帝舜台，在昆仑东北。'郭注亦引此经为说。"按：《大荒北经》（784）"相繇"郭璞注："地下宜积土，故众帝因来在此，共作台。"

⑥郭璞注："此昆仑山在海外者。"郝懿行曰："《海内北经》（609）云：'台四方，在昆仑东北。'是此昆仑亦在海内者，郭注恐非。"

⑦袁珂曰："射者畏共工之台共工威灵，故不敢北射，犹《海外西经》（516）云'穷山在其北，不敢西射，畏轩辕之丘'。郝懿行谓'臣避君'，非也。"

⑧郭璞注："冲，犹向。"杨慎曰："首冲南方者，纪鼎上所铸之象。虎色者，蛇斑如虎，盖鼎上之象，又以彩色点染别之。"毕沅疑自"相柳者

九首"至此,为释经语而误入正文者。

529 深目国在其东。为人举一手。一目^①在共工台东^②。

【注释】

①郭璞注:"(目)一作'曰'。"袁珂与郝懿行均以"曰"字为是,另袁珂又曰:"犹有说者:《山海经》所记海外诸国,非异形即异禀,无由'举一手'即列为一国之特征者。疑'为人'下尚脱'深目'二字,'为人深目,举一手',方与记诸国之体例相符矣。"

②吴任臣曰:"《淮南子》自东北至西北方,有'深目民'。《路史》曰:'北海深目之国,盼姓,近南地。'"《图赞》曰:"深目类胡,但胡绝缩。轩辕道降,款塞归服。穿胸长脚,同会异族。"

530 无肠之国在深目东^①。其为人长而无肠^②。

【注释】

①郭璞注:"(东)一作'南'。"

②郭璞注:"为人长大,腹内无肠,所食之物直通过。"《神异经》:"有人知往,有腹无五藏,直而不旋,食物径过。"郝懿行疑即此。《图赞》曰:"无肠之人,厥体维洞。心实灵府,余则外用。得一自全,理无不共。"

531 聂耳之国在无肠国东^①。使两文虎,为人两手聂其耳^②。县居海水中^③,及水所出入奇物^④。两虎在其东^⑤。

聂耳国

【注释】

①毕沅曰："《淮南子·墬形训》无此国，而有云'夸父、耽耳在其北方'，此文亦近夸父国，盖即耽耳国也。《说文》云：'耽，耳垂也。'"

②郭璞注："言耳长，行则以手摄持之也。"《图赞》曰："聂耳之国，海渚是县。雕虎斯使，奇物毕见。形有相须，手不离面。"吴任臣曰："又大耳国，以一耳为席，一耳为衾，较此更奇也。"按：唐李冗《独异志》卷上："《山海经》有大耳国，其人寝，常以一耳为席，一耳为被。"今经无此文。

③郭璞注："县，犹邑也。"袁珂曰："'县'，'悬'本字，'县居海水中'者，言聂耳国所居乃孤悬于海中之岛也。郭以邑释县，殊未谛。"

④郭璞注："言尽规有之。"按："及水所出入奇物"，是指图中画有海中所产诸奇物。

⑤袁珂曰："两虎，即上文聂耳国所使'两文虎'。"

532　夸父与日逐走 ①，入日 ②。渴欲得饮，饮于河渭 ③。河渭不足，北饮大泽 ④，未至，道渴而死，弃其杖，化为邓林 ④。

【注释】

①袁珂曰："《大荒北经》（781）云：'大荒之中有山，名曰成都载天。有人珥两黄蛇，把两黄蛇，名曰夸父。后土生信，信生夸父。夸父不量力，欲追日景，逮之于禺谷，将饮河而不足也，将走大泽，未至，死于此。'即此一神话之异文。而《海内经》（828）记'炎帝生炎居，炎居生节并，节并生戏器，戏器生祝融，祝融生共工，共工生后土'，则夸父者炎帝之裔也。以义求之，盖古之大人也。（夸，大。）"按：《列子·汤问》："夸父不量力，欲追日影，逐之于隅谷之际。渴欲得饮，赴饮河渭。河渭不足，将走北饮大泽。未至，道渴而死。弃其杖，尸膏肉所浸，生邓林。邓林弥广数千里焉。"林注云："夸父，龙伯之类。"龙伯国即巨人。郝懿行曰："《吕氏春秋》云：'禹北至夸父之野。'疑地因人为名也。"又《淮南子·墬形训》："夸父、耽耳在其北方。"亦作地名。

②郭璞注："言及日于将入也。"郝懿行曰：《北堂书钞》一百三十三卷、李善注《西京赋》、《鹦鹉赋》及张协《七命》引此经，并作'与日竞走'，《初学记》一卷引此经作'逐日'，《史记·礼书》裴骃《集解》引此经作'与日逐走，日入'，并与今本异。"袁珂曰："陶潜《读山海经》诗：'夸父诞宏志，乃与日竞走。'是古本当作'竞'。"

③黄河、渭水。

④毕沅曰："即西海。"袁珂曰："《大荒北经》（776）云：'有大泽方千里。'即此大泽。"张步天以大泽为北海，即今贝加尔湖。

④郭璞注："夸父者，盖神人之名也。其能及日景而倾河渭，岂以走

饮哉？寄用于走饮耳。几乎不疾而速、不行而至者矣。此以一体为万殊，存亡代谢，寄邓林而遁形，恶得寻其灵化哉？"毕沅曰："邓林即桃林也。邓、桃音相近。高诱注《淮南子》云'邓犹木'是也。《列子》云'邓林弥广数十里'，盖即《中山经》（335）所云'夸父之山北有桃林矣'。其地则楚之北境也。"《图赞》曰："神哉夸父，难以理寻。倾河及日，遁形邓林。触类而化，应无常心。"陶潜《读山海经》诗："夸父诞宏志，乃与日竞走。俱至虞渊下，似若无胜负。神力既殊妙，倾河焉足有。余迹寄邓林，功竟在身后。"

533　博父国在聂耳东①。其为人大，右手操青蛇，左手操黄蛇。邓林在其东，二树木②。一曰博父。

【注释】

①毕沅曰："《淮南·墬形训》无此国，云'夸父、耽耳在其北方'，博、夸声相近，此云在聂耳东，即上夸父国耳。"郝懿行曰："博父，大人也。或云即夸父也。《淮南·墬形训》云'夸父在其北'，此经又云'邓林在其东'，则博父当即夸父，盖其苗裔所居成国也。"

②郝懿行曰："'二树木'，盖谓邓林二树而成林，言其大也。"按：当是图中以"二树木"代指邓林也。

534　禹所积石之山在其东①，河水所入②。

【注释】

①毕沅曰："当云'禹所导积石之山'，此脱'导'字。"王念孙校同。

袁珂曰："毕、王之说疑非。寻检经文,积石之山有二,一曰积石,一曰禹所积石。《大荒北经》(774)云'河、济所入,海北注焉,其西有山,名曰禹所积石',即此'禹所积石山'也,其方位在北。《西次三经》(93)云'积石之山,其下有石门',《海内西经》(592)云'河水出东北隅以行其北,西南又入勃海,又出海外,即西而北,入禹所导积石山',即积石之山也,其方位在西。"

② 郭璞注:"河出昆仑而潜行地下,至葱岭复出,注盐泽,从盐泽复行,南出于此山,而为中国河,遂注海也。《书》曰'导河积石',言时有壅塞,故导利以通之。"

535 拘缨之国 ① 在其东。一手把缨 ②。一曰利缨之国。

【注释】

① 吴任臣曰:"《淮南子》作'句婴民',注云:'读为九婴。'句瘿即拘缨也。"

② 郭璞注:"言其人常以一手持冠缨也。或曰'缨'宜作'瘿'。"袁珂曰:"'缨'正宜作'瘿'。瘿,瘤也,多生于颈,其大者如悬瓠,有碍行动,故须以手拘之。""拘缨"无关于形体,袁说近是。

536 寻木长千里,在拘缨南,生河上西北 ①。

【注释】

① 吴任臣曰:"寻木,即《穆天子传》'姑繇之木'之类也。郭璞《游仙诗》:'纵酒蒙汜滨,结驾寻木末。'成公绥诗:'扶桑高万仞,寻木长千

里。'"《图赞》曰："渺渺寻木,生于河边。疏枝千里,上于云天。垂阴四极,下盖虞渊。"郝懿行曰："《穆天子传》云'天子乃钓于河,以观姑繇之木',郭注云:'姑繇,大木也。'引此经云:'寻木长千里,生海边。谓此木类。'"袁珂曰："姑繇之木,即榣木,见《西次三经》(87)槐江之山。"

537　跂踵国在拘缨东①。其为人大,两足亦大②。一曰大踵③。

跂踵国

【注释】

①郭璞注:"跂音企。"

②郭璞注:"其人行,脚跟不着地也。《孝经钩命诀》曰'焦侥、跂踵,重译款塞'也。"吴任臣曰："《淮南子》自东北至西北方,有'跂踵民',注云:'跂踵,踵不至地,以五指行。'"毕沅曰："李善注《文选》引高诱注作'反踵',云'其人南行,迹北向'也。"《图赞》曰："厥形虽大,斯脚

则企。跳步雀踊,踵不阂地。应德而臻,款塞归义。"袁珂曰:"经文'其
为人大,两足亦大',不足以释'跂踵',疑有讹误。'其为人大'之'大'
字盖衍。'两足皆大',疑'大'当作'支'。则此处经文实当作'其为人
两足皆支'。"

③ 毕沅曰:"'大踵',疑当为'反踵'之字误。"袁珂曰:"作'反踵'
是。'跂踵'之为'反踵',犹'支舌'之为'反舌'也。"

538 欧丝之野在大踵东①。一女子跪据树欧丝②。

【注释】

① 郝懿行曰:"(欧丝)《博物志》作'呕丝'。'呕',俗字也。"

② 郭璞注:"言噉桑而吐丝,盖蚕类也。"《博物志》曰:"呕丝之野,
有女子方跪据树而呕丝。北海外也。"杨慎曰:"世传丝神为女子,谓之
'马头娘',《后汉志》曰'宛窳',盖此类也。"袁珂亦以为此即《搜神记》
卷一四所载蚕马神话之雏型。《图赞》曰:"女子鲛人,体近蚕蚌。出珠
匪甲,吐丝匪蛹。化出无方,物岂有种。"

539 三桑无枝在欧丝东,其木长百仞,无枝①。

【注释】

① 郭璞注:"言皆长百仞也。"袁珂曰:"《大荒北经》(767)云:'有
三桑无枝。'《北次二经》(164)云:'洹山,三桑生之,其树皆无枝,其
高百仞。'即此。此无枝之三桑,当即跪据树欧丝女子之所食也。"

540　范林方三百里①，在三桑东，洲环其下②。

【注释】

① 郝懿行曰："'范'、'汎'通。《太平御览》卷五七引顾恺之《启蒙记》曰：'汎林鼓于浪岭。'注云：'西北海有汎林，或方三百里，或百里，皆生海中浮土上，树根随浪鼓动。'即此也。昆仑虚南范林非此，见《海内北经》（618）。"按：《海内北经》作"氾林"。又，《海外南经》（498）有"范林方三百里"。

② 郭璞注："洲，水中可居者。环，绕也。"

541　务隅之山①，帝颛顼葬于阳②，九嫔葬于阴③。一曰爰有熊、罴、文虎、离朱、鸱久、视肉④。

【注释】

① 郝懿行曰："'务隅'，《大荒北经》（767）作'附禺'，《海内东经》（649）作'鲋鱼'，《史记·五帝本纪索隐》引此经亦作'鲋鱼'，《北堂书钞》九十二卷又引作'附隅'，皆声相近字之通也。"张步天以为此山在甘肃天水。

② 郭璞注："颛顼号为高阳，冢今在濮阳，故帝丘也。一曰顿丘县城门外广阳里中。"吴任臣曰："《冠编》云：'颛顼葬广阳里务鲕之阳。'刘会孟曰：'此招魂葬衣冠之所，非濮阳帝丘也。'"郝懿行曰："《大戴礼·帝系篇》云：'黄帝产昌意，昌意产高阳，是为帝颛顼。'""帝颛顼葬于阳"，又见《海内东经》（649）及《大荒北经》（767）。

③ 郭璞注："嫔，妇。"

④ 王崇庆曰："自离朱而下皆异兽，或以为殉葬之具，或以为刺俟。"毕沅曰："一本多此（"一曰"以下）十四字也。"袁珂曰："上述各物已见《海外南经》（498）'狄山'节。"

542　平丘在三桑东①。爰有遗玉②、青鸟③、视肉、杨柳、甘柤④、甘华⑤，百果所生。有两山夹上谷，二大丘居中，名曰平丘⑥。

【注释】

① 毕沅、郝懿行皆以此平丘为《淮南子·墬形训》之"华丘"，袁珂以为非是，盖方位既异，音复不同也。

② 郭璞注："遗玉，玉石。"吴任臣曰："遗玉即璺玉。松枝千年为伏苓，又千年为琥珀，又千年为璺。《字书》云：'璺，遗玉也。'是其解也。"

③ 袁珂曰："青鸟，《藏经》本作'青马'，《海外东经》（546）'蹉丘'、《淮南子·墬形篇》'华丘'亦俱作'青马'，则作'青马'是也。"

④ 郭璞注："其树枝干皆赤，黄华白叶黑实。《吕氏春秋》曰：'其山之东有甘柤焉。'音如柤梨之柤。"郝懿行曰："甘柤形状见《大荒南经》（730）。郭云'黄华白叶'，当为'黄叶白华'，字之讹也。'其山'即'箕山'。《吕氏春秋·本味》云：'箕山之东，青鸟之所，有甘栌焉。'郭引作'甘柤'。疑此经'甘柤'当为'甘栌'，字之讹也。"

⑤ 郭璞注："亦赤枝干黄华。"杨慎曰："甘华即枳椇，一云木蜜，俗云蜜瓜。"吴任臣曰："《淮南子》'平丘'作'华丘'，'青鸟'作'青马'，'杨柳'作'杨桃'，'甘柤'作'甘樝'，与经文大同小异。"

⑥ 《图赞》曰："两山之间，丘号曰平。爰有遗玉，骏马维青。视肉

甘华,奇果所生。"

543 北海内有兽,其状如马,名曰騊駼^①。有兽焉,其名曰
駮,状如白马,锯牙,食虎豹^②。有素兽焉^③,状如马,名曰
蛩蛩^④。有青兽焉,状如虎,名曰罗罗^⑤。

【注释】

① 郭璞注:"陶、涂两音,见《尔雅》。"郝懿行曰:"《尔雅》注引此
经,'騊駼'下有'色青'二字。《史记·匈奴传》徐广注亦云'似马而青',
疑此经今本有脱文。"吴任臣曰:"《字林》云:'北方良马也,一名野马。'
《王会解》:'成王时禺氏来献騊駼。'《史记》:'北域奇畜则騊駼。'"《图
赞》曰:"騊駼野骏,产自北域。交颈相摩,分背翘陆。虽有孙阳,终不
能服。"

② 郭璞注:"《周书》曰:'义渠兹白。兹白若白马,锯牙,食虎豹。'
按此二说与《尔雅》同。"袁珂曰:"郭注'二说'云者,指经文与《周
书·王会篇》之说也。"駮之为物,详见前《西次四经》(119)"中曲之山"。
吴任臣曰:"《说苑》:师旷云:'骏骥食豹,豹食駮,駮食虎。'又兽之食
虎豹者,复有渠搜、鼬鼠、𤝔、青腰、狻猊、阙耳、虎鹰。渠搜即鼩犬,一
名露犬。𤝔一名黄腰。"

③ 素兽,应指纯白色之兽。

④ 郭璞注:"即蛩蛩巨虚也,一走百里,见《穆天子传》。音邛。"
吴任臣曰:"《尔雅翼》云:'蟨,鼠前而兔后,趋则顿,走则颠,故常与
邛邛距虚比,为邛邛距虚啮甘草,即有难,邛邛距虚负之,号比肩兽。'
《王会篇》:'独鹿国献蛩蛩距虚。'《瑞应图》云:'比肩兽,王者德及

幽隐则至。'"按：吴氏引《尔雅翼》所云出自《吕氏春秋·不广》。《图
赞》曰："蟨与岠虚，乍兔乍鼠。长短相济，彼我俱举。有若自然，同心
共膂。"

⑤吴任臣曰："《骈雅》曰：'青虎谓之罗罗。'今云南蛮人呼虎亦为
'罗罗'，见《天中记》。"

544 北方禺强，人面鸟身，珥两青蛇，践两青蛇 ①。

北方禺强

【注释】

①郭璞注："（禺强）字玄冥，水神也。庄周曰：'禺强立于北极。'
一曰禺京。一本云：'北方禺强，黑身手足，乘两龙。'"吴任臣曰："《太
公金匮》：'北海神名玄冥。'《越绝》云：'玄冥治北方，白辩佐之。'"《大
荒北经》（779）"北海之渚"有"禺强"，《大荒东经》（691）"东海之渚"
有"禺京处北海"，郭注禺京即禺强。可参看。《图赞》曰："禺强水神，
面色鲧黑。乘龙践蛇，凌云附翼。灵一玄冥，立于北极。"

卷九　海外东经

545 海外自东南陬至东北陬者 ① ：

【注释】

①《淮南子·墬形训》海外三十六国，"自东南至东北方，有大人国、君子国、黑齿民、玄股民、毛民、劳民"，共六国，此经自东南至东北，有大人国、君子国、青丘国、黑齿国、玄股国、劳民国，亦六国，少毛民，多一青丘。

546 嗟丘 ①，爰有遗玉、青马、视肉、杨柳 ②、甘柤 ③、甘华，甘果所生。在东海，两山夹丘，上有树木。一曰嗟丘。一曰百果所在，在尧葬东 ④。

【注释】

① 郭璞注："（嗟）音嗟，或作'发'。"毕沅曰："《淮南子·墬形训》作'华丘'。"《淮南子·墬形训》："昆仑、华丘在其东南方，爰有遗玉、青马、视肉、杨桃、甘櫨，甘华，百果所生。"郝懿行曰："《北堂书钞》九十二卷引'嗟'正作'发'。即郭所见本也。'嗟'，古作'嗟'。"张步天

以为此丘在五岭之南。

　　② 杨柳，毕沅曰："《淮南子·墬形训》作'杨桃'，是。"

　　③ 毕沅曰："'柤'当为'樝'，《淮南子·墬形训》是。"

　　④ 毕沅曰："此图起东南，故在狄山东也。"郝懿行曰："尧葬狄山，已见《海外南经》（498）。"

547　大人国在其北①。为人大，坐而削船②。一曰在磋丘北。

大人国

【注释】

　　①《淮南子·墬形训》有"大人国"，高诱注云："东南墟土，故人大也。"吴任臣曰："《淮南子》云'自竭石山过朝鲜，贯大人之国'，注曰：'朝鲜乐浪县，大人国在其东。'《博物志》曰：'大人国，其人孕三十六年生，白头，其儿则长大，能乘云而不能走。盖龙类。去会稽四万六千里。'《太平广记》曰：'新罗国东与长人国接，身三丈，锯牙钩爪，不火

食。'或谓即此也。"郝懿行曰："《大荒东经》（672）云：'有波谷山者，
有大人之国。'即此。"

　　② 郝懿行曰："'削'，当读若'稍'。削船谓操舟也。"俞樾说同。
袁珂曰："削，刻治也。削船谓刻治其船也。"

548　奢比之尸在其北^①。兽身人面，大耳^②，珥两青蛇^③。
一曰肝榆之尸在大人北。

奢比尸

【注释】

　　① 郭璞注："（奢比）亦神名也。"吴任臣曰："奢比，黄帝七辅之一。
《冠编》云'黄帝友奢比，友地典'，《路史》'奢比辩乎东，以为土师'
是也。《国名记》有'奢比国'。"郝懿行曰："《管子·五行篇》：'黄帝得
奢龙而辩于东方。'又云：'奢龙辩乎东方，故使为土师。'此经'奢比'
在东海外，疑即是也。罗泌《路史》亦以奢龙即奢比。又《淮南·墬形训》
云：'诸比，凉风之所生。'诸比，神名，或即奢比之异文也。"

　　② 郝懿行曰："《大荒东经》（695）说'奢比尸'与此同，唯'大耳'

作‘犬耳’。”

　　③郭璞注：“珥，以蛇贯耳也。音钓饵之饵。”郝懿行曰：“《说文》云：
‘珥，瑱也。’《系传》云：‘瑱之状，首直而末锐，以塞耳。’”

549　君子国在其北①。衣冠带剑，食兽，使二大虎在旁②，
其人好让不争③。有薰华草④，朝生夕死⑤。一曰在肝榆之
尸北。

君子国

【注释】

　　① 吴任臣曰："《淮南子》云‘东方有君子之国’，注曰：‘东方木德，
仁，故有君子之国。其人衣冠带剑，食兽，使二文虎也。’天老曰：‘凤五
色备举，出于东方君子之国。’《博物志》云：‘君子国好礼让不争，土千
里，民多疾，故人不蕃息，好让，故为君子国。’《后汉书》列传：‘东方曰
夷，天性柔顺，易以道御，至有君子不死之国焉。’”《图赞》曰："东方气

仁，国有君子。熏华是食，雕虎是使。雅好礼让，委蛇论理。"郝懿行曰：
"国在东口之山，见《大荒东经》(680)。"

②郝懿行曰："《后汉书·东夷传》注引此经，'大虎'作'文虎'，
高诱注《淮南·墬形训》亦作'文虎'，今此本作'大'，字形之讹也。"

③郝懿行曰："《艺文类聚》二十一卷引此经'衣冠带剑'下有
'土方千里'四字，'其人好让'下有'故为君子国'五字，为今本所
无。"

④郭璞注："（薰）或作'堇'。"

⑤吴任臣曰："《尔雅》：'椴，木槿。''榇，木槿。'《诗》云'颜如
蕣华'，即堇也。《本草》谓之'朝开暮落花'。'熏'为'堇'之讹无疑。"

550　虹虹在其北 ①。各有两首 ②。一曰在君子国北。

【注释】

①郭璞注："（虹）音虹。"吴任臣曰："《古音略》云：'虹音臬，义
与霓、蜺、蜺同。'又案《汉·天文志》'抱珥虹蜺'，则'虹'、'虹'古字
通也。"

②郭璞注："虹，螮蝀也。"郝懿行曰："虹有两首，能饮涧水，山行
者或见之，亦能降人家庭院。蔡邕《灾异对》'所谓天投虹者也'，云'不
见尾足'，明其有两首。"

551　朝阳之谷 ①，神曰天吴，是为水伯。在虹虹北两水间。
其为兽也，八首人面，八足八尾，皆青黄 ②。

天吴

【注释】

　① 郝懿行曰："《尔雅》云：'山东曰朝阳。''水注溪曰谷。'"

　② 郭璞注："《大荒东经》云'十尾'。"按：《大荒东经》（689）云：
"有神人，八首人面，虎身十尾，名曰天吴。"吴任臣曰："《郁离子》曰：
'天吴八首八足，而相抑九头，实佐之。'盖指此也。"《图赞》曰："耽耽
水伯，号曰谷神。八头十尾，人面虎身。龙据两川，威无不震。"袁珂曰：
"（"皆青黄"）何焯校本、黄丕烈、周叔弢校本并作'背青黄'，是也。"

552　青丘国在其北 ①。其狐四足九尾 ②。一曰在朝阳北。

九尾狐

【注释】

①郭璞注："其人食五谷，衣丝帛。"王念孙以为郭注本是正文而误为注者，见《御览·南蛮八》。按：《御览》引此经云："青丘国，其人食五谷，衣丝帛，其狐九尾。"吴任臣曰："《王会》注：'青丘，海东地名。'服虔曰：'青丘国，在海东三百里。'"按：《南山经》(8)有"青丘之山"，山亦有九尾狐，非此。

②郭璞注："《汲郡竹书》曰：'柏杼子征于东海，及三寿，得一狐九尾。'即此类也。"吴任臣曰："《瑞应图》：'九尾狐，六合一同则见，文王时东方归之。'《吕氏春秋》云：'禹行涂山，乃有白狐九尾造于禹。涂山人歌曰：绥绥白狐，九尾庞庞。'成王时青丘贡九尾狐，见《逸周书》。"《图赞》曰："青丘奇兽，九尾之狐。有道祥见，出则衔书。作瑞周文，以标灵符。"袁珂曰："《南山经》(8)云：'青丘之山有兽焉，其状如狐而九尾，其音如婴儿，能食人。'青丘之山当即青丘国之山也。"

553 帝命竖亥步自东极至于西极①，五亿十选②九千八百步③。竖亥右手把算，左手指青丘北④。一曰禹令竖亥。一曰五亿十万九千八百步⑤。

【注释】

①郭璞注："竖亥，健行人。"吴任臣曰："罗泌作'竖竓'。《吴越春秋》作'孺亥'，曰：'禹使大章步东西，孺亥度南北。'又黄帝臣亦名竖亥，《路史》'黄帝使竖亥通道路'，非此。"按：《路史》卷一四"命竖亥通道路，正里候"，应即此经竖亥。此经之帝，即天帝黄帝。郝懿行曰："刘昭注《郡国志》云'《山海经》称"禹使大章步自东极至于西

垂，二亿三万三千三百里七十一步。又使竖亥步南极尽于北垂，二亿三万三千五百里七十五步"'云云，以校此经，无'禹使大章'云云，又其数与刘昭所引不合，未知其审。"

②郭璞注："选，万也。"杨慎曰："'选'与'万'古音相通，遂借其字。"

③《淮南子·墬形训》云："禹乃使大章步自东极至于西极，二亿三万三千五百里七十五步，使竖步自北极至于南极，二亿三万三千五百里七十五步。"《中山经》（475）云："天地之东西二万八千里，南北二万六千里。"均与此不合。

④杨慎曰："右手把算，左手指青丘，亦言铸象也。"郝懿行曰："亦言图画如此也。'算'当为'筭'，《说文》云：'筭，长六寸，计历数者。'"《图赞》曰："禹命竖亥，青丘之北。东尽太远，西穷邠国。步履宇宙，以明灵德。"

⑤郭璞注："《诗含神雾》曰：'天地东西二亿三万三千里，南北二亿一千五百里，天地相去一亿五万里。'"吴任臣曰："《春秋命历序》曰：'有神人始立地形，甄度四海，远近所至，东西九十万里，南北八十一万里。'《天文录》曰：'天地广南北二亿三万三千五百里七十五步，东西短减四步。'《吕氏春秋》云：'四极之内，东西五亿有九万七千里，南北亦五亿九万七千里。'《括地象》曰：'八极之广，东西二亿三万三千里，南北二亿三万一千五百里。'张衡《灵宪经》云：'八极之维，径二亿三万二千三百里，南北则短减千里，东西则广增千里。'言人人殊，由鸟迹人迹之曲直不同，古今之里法步法不一也。"郝懿行曰："《艺文类聚》、《初学记》引此经，并云'帝命竖亥步自东极到西极，五亿十万九千八百八步'，与今本复不同。"

554　黑齿国在其北^①。为人黑^②，食稻啖蛇，一赤一青在其旁^③。一曰在竖亥北，为人黑首^④，食稻使蛇，其一蛇赤。

黑齿国

【注释】

　　① 郭璞注："《东夷传》曰：'倭国东四十余里有裸国，裸国东南有黑齿国，船行一年可至也。'《异物志》云'西屠染齿'，亦以放此人。"郭注"四十"为"四千"之误。吴任臣曰："《吕氏春秋》：'禹东至黑齿之国。'《淮南子》自东南至东北，有'黑齿民'，又云'尧立，西教沃民，东至黑齿'。《后汉书》云：'自侏儒东南至黑齿国。'《三国志》云：'去女王四千余里，黑齿国复在其东南。'皆此也。"郝懿行曰："黑齿国，姜姓，帝俊之裔，见《大荒东经》（687）。《周书·王会篇》云'黑齿白鹿、白马'，又《伊尹四方令》云'正西漆齿'，非此也。"按：《伊尹四方令》亦见《逸周书·王会篇》。

　　② 毕沅曰："旧本脱'齿'字。按：高诱注《淮南子》云'其人黑齿，食稻啖蛇，在汤谷上'，则当有'齿'字。"郝懿行曰："王逸注《楚词·招

魂》云：'黑齿，齿牙尽黑。'是古本有'齿'字之证。"

　　③郭璞注："（一青）一作'一青蛇'。"

　　④郝懿行曰："'首'盖'齿'字之讹。"

555　下有汤谷^①，汤谷上有扶桑^②，十日所浴^③。在黑齿北，居水中，有大木，九日居下枝^④，一日居上枝^⑤。

【注释】

　　①郭璞注："谷中水热也。"毕沅曰："《虞书》'宅嵎夷曰旸谷'，《说文》作'崵'。汤、旸、崵皆一也。"

　　②郭璞注："扶桑，木也。"吴任臣曰："两干同根，相为依倚，故名扶桑，犹之扶荔、扶竹、扶笋，皆取斯义。《神异经》云：'东方有树焉，高八十丈，敷张自辅，叶长一丈，广六尺，名曰扶桑，椹长三尺五寸。'《十洲记》曰：'扶桑在东海之东岸一万里碧海之中，树长数千丈，大二千围。'"毕沅曰："《吕氏春秋》云'榑木之地，日出九津'，高诱注云：'榑木，大木之津崖也。'《说文》云：'榑桑，神木，日所出也。'此作'扶'，假音字。"郝懿行曰："《东次三经》（254）云：'无皋之山，东望榑木。'谓此。李善注《思玄赋》引《十洲记》云：'扶桑叶似桑，树长数千丈，大二十围，两两同根生，更相依倚，是以名之扶桑。'"袁珂曰："又名若木。《说文》作'叒'，云：'榑桑，叒木也。'或又传在西极。《大荒北经》（797）云：'大荒之中有衡石山、九阴山、泂野之山，上有赤树，青叶赤华，名曰若木。'"

　　③郝懿行曰："《楚词·招魂》云'十日代出，流金铄石'，王逸注云：'东方有扶桑之木，十日并在其上，以次更行，其势酷烈，金石坚刚皆为

销释也。'《淮南·墬形训》云'若木在建木西,末有十日,其华照下地',高诱注云:'若木端有十日,状如莲花,光照其下也。'"袁珂曰:"《大荒南经》(729)云:'东南海之外,甘水之间,有羲和之国。有女子名曰羲和,方日浴于甘渊。羲和者,帝俊之妻,生十日。'即此十日,帝俊之子也。"

④郝懿行曰:"《楚词·远游》云'朝濯发于汤谷兮,夕晞余身兮九阳','九阳'即此云'九日'也。"

⑤郭璞注:"庄周云:'昔者十日并出,草木焦枯。'《淮南子》亦云:'尧乃令羿射十日,中其九日,日中乌尽死。'《离骚》(按指《天问》)所谓'羿焉毕日,乌焉落羽'者也。《归藏·郑母经》云:'昔者羿善射,毕十日,果毕之。'《汲郡竹书》曰:'胤甲即位,居西河,有妖孽,十日并出。'明此自然之异,有自来矣。《传》曰'天有十日',日之数十。此云'九日居下枝,一日居上枝',《大荒经》(695)又曰'一日方至,一日方出'。明天地虽有十日,自使以次第迭出运照,而今俱见,为天下妖灾,故羿禀尧之命,洞其灵诚,仰天控弦,而九日潜退也。假令器用可以激水烈火,精感可以降霜回景,然则羿之铄明离而毙阳乌,未足为难也。若搜之常情则无理矣,然推之以数则无往不通。达观之客,宜领其玄致,归之冥会,则逸义无滞,言奇不废矣。"吴任臣曰:"《楚辞·招魂》:'十日代出,流金烁石。'谓此。《路史余论》云:'天有十日,居于旸谷,次以甲乙,迭运中土。君有失道,则两日并斗,三日出争,以至十日并出,大乱之道。'"郝懿行曰:"郭注'搜',疑当为'揆'字之讹。'十日'之说,儒者多疑鲜信,故郭氏推广证明之。至于怪奇之迹,理所不无。如《吕氏春秋·求人篇》云'尧朝许由于沛泽之中,曰十日出而焦火不息',《淮南·兵略训》云'武王伐纣,当战之时,十日乱于上',《竹书》云'帝廑八年,天有妖孽,十日并出',又云'桀时三日并出','纣时二日并出',是皆变怪之征,

非常所有，即与此经殊旨。既不足取证，当归之删除矣。"《图赞》曰："十日并出，草木焦枯。羿乃控弦，仰落阳乌。可谓洞感，天人悬符。"

556　雨师妾在其北^①，其为人黑，两手各操一蛇，左耳有青蛇，右耳有赤蛇。一曰在十日北，为人黑身人面，各操一龟。

雨师妾

【注释】

　　①郭璞注："雨师，谓屏翳也。"郝懿行曰："《楚词·天问》云'蓱号起雨'，王逸注云：'蓱，蓱翳，雨师名也。号，呼也。'《初学记》云：'雨师曰屏翳，亦曰屏号。《列仙传》云赤松子神农时雨师，《风俗通》云玄冥为雨师。'今案雨师妾盖亦国名，即如《王会篇》有'姑妹（应是蔑字）国'矣。《焦氏易林》乃云'雨师娶妇'，盖假托为词耳。"

557　玄股之国在其北^①。其为人衣鱼^②食鸥^③，使两鸟夹之。一曰在雨师妾北。

玄股国

【注释】

　　① 郭璞注：“髀以下尽黑，故云。”吴任臣曰：“《楚辞》(《天问》)
‘黑水玄趾’，周氏注云：‘玄股之国是也。’《淮南子》海外三十六国有
‘玄股民’，高诱注曰：‘玄股，其股黑，两鸟夹之。’”郝懿行曰：“玄股国
在招摇山，见《大荒东经》(692)。”

　　② 郭璞注：“以鱼皮为衣也。”郝懿行曰：“今东北边有鱼皮岛夷，正
以鱼为衣也。”

　　③ 郭璞注：“鸥，水鸟也，音忧。”杨慎曰：“即鸥。衣鱼食鸥，盖水
中国也。”

558　毛民之国在其北 ①。为人身生毛 ②。一曰在玄股北。

毛民国

【注释】

①郝懿行曰："毛民国，依姓，禹之裔也，见《大荒北经》(777)。"
袁珂以为郝说有误，曰："《大荒北经》云：'有毛民之国，依姓，食黍，使
四鸟。禹生均国，均国生役采，役采生修鞈，修鞈杀绰人。帝念之，潜为
之国，是此毛民。'则禹'潜为之国'者，乃修鞈所杀之绰人，而非修鞈。"

②郭璞注："今去临海郡东南二千里，有毛人，在大海洲岛上。为人
短小，面体尽有毛如猪能，穴居无衣服。晋永嘉四年，吴郡司盐都尉戴逢，
在海边得一船，上有男女四人，状皆如此，言语不通。送诣丞相府，未至
道死。惟有一人在，上赐之妇，生子，出入市井，渐晓人语。自说其所在，
是毛民也。《大荒经》(777)云'毛民食黍'者是矣。"吴任臣曰："《神
异经》：'八荒之中，有毛人，曰髯丽。'《异苑》云：'吴孙皓时，临海得
毛人。'《淮南子》'东北方有毛民'，注云：'体半生毛，若矢镞。'罗泌《国
名记》作'髦民'。"《图赞》曰："牢悲海鸟，西子骇麋。或贵穴倮，或尊
裳衣。物我相倾，孰了是非。"郝懿行云：郭注"而体"当作"面体"。

559　劳民国在其北^①。其为人黑^②。或曰教民^③。一曰在毛民北，为人面目手足尽黑^④。

【注释】

　　① 吴任臣曰："《淮南子》海外三十六国，自东南至东北方，有'劳民'，注云：'劳民，正理躁扰不定。'"是其手足躁扰不停，故称劳民。

　　② 郭璞注："食果草实也，有一鸟两头。"郝懿行曰："郭注此语疑本在经内，今亡。"是疑郭所注之本语已亡缺，而注遂无所着落。而孙星衍以为此二语本系经文却误入注者，近是。《图赞》曰："阳谷之山，国号黑齿。雨师之妾，以蛇挂耳。玄人食鳏，劳民黑趾。"

　　③ 郝懿行曰："教、劳声相近。"

　　④ 郝懿行曰："今鱼皮岛夷之东北有劳国，疑即此。其人与鱼皮夷面目手足皆黑色也。"

560　东方句芒，鸟身人面，乘两龙^①。

东方句芒

【注释】

　　① 郭璞注："木神也。方面素服。《墨子》曰：'昔秦穆公有明德，上帝使勾芒赐之寿十九年。'"按：《墨子·明鬼下》："昔者郑穆公当昼日中处乎庙，有神入门而左，鸟身，素服三绝，面状正方。郑穆公见之，乃恐惧，奔。神曰：'无惧！帝享汝明德，使予锡汝寿十年有九，使若国家蕃昌，子孙茂，毋失。'郑穆公再拜稽首，曰：'敢问神名？'曰：'予为句芒。'"是《墨子》本为"郑穆公"而非"秦穆公"。袁珂曰："郑穆公无'明德'可考，应是今本《墨子》误'秦穆'为'郑穆'。"说甚是。吴任臣曰："《月令》'春月，其神勾芒'，注云：'少暤之子重也。'《左传》：'木正曰勾芒。'《史记正义》云：'勾芒，东方青帝之佐也。'刘会孟云：'东方青龙也，故人乘两龙。然西南之神皆乘两龙，不独东方也。'"《图赞》曰："有神人面，身鸟素服。衔帝之命，锡龄秦穆。皇天无亲，行善有福。"

　　建平元年四月丙戌 ①，待诏太常属臣望校治 ②，侍中光禄勋臣龚 ③、侍中奉车都尉光禄大夫臣秀领主省 ④。

【注释】

　　① 吴任臣曰："哀帝乙卯岁也。"

　　② 吴任臣曰："太常初名奉常，景帝六年改，其属有六太、六令等官。望，疑是丁望。"

　　③ 吴任臣曰："侍中，加官也。光禄勋初为郎中令，武帝太初元年更名。龚，王龚也。"

　　④ 吴任臣曰："奉车都尉，武帝时置，秩比二千石。光禄大夫初为中大夫，亦太初元年改。秀，刘歆也。"

卷十　海内南经

561　海内东南陬以西者①：

【注释】

　　① 郭璞注："从南头起之也。"按:《海外南经》"自西南陬至东南陬"，此篇自东南陬至西南陬，与《海外南经》恰相反。

562　瓯，居海中①。闽，在海中②。其西北有山。一曰闽中山在海中③。

【注释】

　　① 郭璞注："今临海永宁县即东瓯，在岐海中也。音呕。"吴任臣曰："刘会孟云：'瓯，今温州府城北，东至盘石村，会于海洋，是曰瓯海。'王应麟《王会注》曰：'汉以东瓯地立回浦县，后汉以章安县之东瓯乡置永宁县，章安即回浦。'"郝懿行曰："岐海，谓海之槎枝，《东次三经》（254）云'无皋之山，南望幼海'，即此。"

　　② 郭璞注："闽越即西瓯，今建安郡是也，亦在岐海中。"吴任臣曰："罗泌曰：'郭璞以建安为西瓯，非是。'《寰宇记》'郁林废党州宁仁郡

治善劳县,乃古西瓯居',非闽也。今建宁有东瓯城,相传吴王濞发兵围东瓯在此,然闽中实不得谓之瓯也。"郝懿行曰:"《说文》云:'闽,东南越,蛇种。从虫。'刘逵注左思赋云:'闽,越名也。秦并天下,以其地为闽中郡。'《汉书·惠帝纪》:'二年,立闽越君摇为东海王。'颜师古注:'即今泉州是其地。'"袁珂曰:"此泉州即今福建省福州。"

　　③吴任臣引何乔远《闽书》曰:"按谓之'海中'者,今闽中地,有穿井辟地,多得螺蚌壳败槎,知洪荒之世其山尽在海中,后人乃先后填筑之也。"

563　三天子鄣山①,在闽西海北②。一曰在海中。

【注释】

　　①郭璞注:"(鄣)音章。"

　　②郭璞注:"今在新安歙县东,今谓之三王山,浙江出其边也。张氏《土地记》曰'东阳永康县南四里,有石城山,上有小石城,云黄帝曾游此',即三天子都也。"吴任臣曰:"今属徽州绩溪。"郝懿行曰:"《海内东经》(645)云:'三天子都在闽西北。'无'海'字,此经'海'字疑衍。"袁珂曰:"大约在今安徽境内黟山脉之率山。"按:率山又名大彰山、张公山,在江西婺源西北。

564　桂林八树①,在番隅东②。

【注释】

　　①郝懿行曰:"《伊尹四方令》云:'正南:瓯邓、桂国。'疑即此。"

②郭璞注："八树而成林，言其大也。番隅，今番隅县。"吴任臣曰：
"《百粤风土记》云：'桂林八树，《山海经》在番隅东，番隅即桂州。今
粤西地最宜桂，大者十围，终年葱蒨，秋风时起，四远闻香，至冬，枝端结
子累累，如小莲子，中空有浆。'魏禹卿《西事珥》曰：'《海内南经》载
"桂林八树在番隅东"，番隅即今桂州，则"番隅东"在何处？予读《路
史》桂国，引《伊尹四方令》，盖桂阳也。然则八桂乃桂阳，以桂林为八桂
者误。'兹以二书证之，《地理》则番禺古属南海，今在粤东，而二书皆以
为桂州地，诚所不解也。又临桂今有桂山，三峰鼎峙，山多桂树。《丹铅
录》云'桂林之山，玉笋瑶篸，森列无际'，经之所指必此。然当云在番隅
西，而云在其东者，岂亦有误文耶？　'番隅'，《水经注》《后汉书注》
引此皆作'贲禺'。"

565　伯虑国^①、离耳国^②、雕题国^③、北朐国^④，皆在郁水南。
郁水出湘陵南海^⑤。一曰相虑^⑥。

【注释】

①郭璞注："未详。"郝懿行曰："《伊尹四方令》云：'正东：伊虑。'
疑即此。"按：《伊尹四方令》记正东十国，云"符娄、仇州、伊虑、沤深、
九夷、十蛮、越沤、鬋发、文身"，注谓"十者东夷蛮越之别称"。

②郭璞注："锼离其耳，分令下垂，以为饰，即儋耳也。在朱崖海渚
中。不食五谷，但噉蚌及諸蒏也。"按：郭说朱崖即今海南岛北部。吴任
臣曰："《广东志》：'周武王十有八年，儋耳入贡。'是儋耳之名，至周始
见，其先固为离耳也。《伊尹四方令》云：'正西：离耳。'刘凤《杂俎》曰：
'离耳、雕题之俗。'皆指此也。"《汉书·武帝纪》云"元鼎六年，遂定越

地,以为南海、苍梧、郁林、合浦、交阯、九真、日南、珠厓、儋耳郡",注张晏曰:"儋耳,镂其颊皮上连耳匡,分为数支,状似鸡肠,累耳下垂。"《后汉书·西南夷传》:"哀牢人皆穿鼻儋耳,其渠帅自谓王者,耳皆下肩三寸,庶人则至肩而已。"按:《伊尹四方令》记正西九国,云"昆仑、狗国、鬼亲、枳已、阗耳、贯胸、雕题、离丘、漆齿",注云"九者西戎之别名也"。吴注之"离耳"即"阗耳"之误。

③ 郭璞注:"点涅其面,画体为鳞采,即鲛人也。"吴任臣曰:"《伊尹四方令》曰:'贯匈、雕题。'《王制》曰:'南方曰蛮,雕题、交趾,有不火食者矣。'皆谓此。或作'雕踶',见《白虎通》。马端临曰:'自岭而南,当唐虞三代,是百越之地,亦谓之南越,古谓之雕题。'《王会补注》云:'题,额也。刻其肌,以丹青涅之。'"

④ 郭璞注:"(胸)音敏。未详。"郝懿行曰:"疑即'北户'也。《尔雅》疏引此经作'北煦','户'、'煦'声之转。《尔雅·释地》'四荒'有'北户',郭注:'北户在南。'"

⑤ 郝懿行曰:"郁水见《海内东经》(660)。此云'出湘陵南海',疑有脱误。"袁珂曰:"经文'郁水',《文选·四子讲德论》李善注引作'郁林'。'南海',宋本、吴宽抄本等均作'南山'。"按:明藏本、吴任臣本亦皆作"南山"。

⑥ 毕沅曰:"'相'字当为'柏'字,'伯虑'一作'柏虑'也。"

566 枭阳国 ①,在北朐之西。其为人,人面长唇,黑身有毛,反踵,见人笑亦笑,左手操管 ②。

枭阳国

【注释】

① 吴任臣曰："'枭'或作'嘄'，《羽猎赋》云：'蹈飞豹，羂嘄阳。''阳'亦作'羊'，《淮南子》云：'山出枭羊，水出罔象。'今交广谓之狒狒，北方谓之吐蝼。"《吴都赋》刘逵注引《异物志》："枭阳善食人，大口。其初得人，喜笑，则唇上覆额，移时而后食之。人因为筒，贯于臂上，待执人，人即抽手从筒中出，凿其唇于额而擒之。"张衡《元图》曰："枭羊喜获，先笑后愁。"

② 郭璞注："《周书》曰：'州靡髴髴者，人身，反踵，自笑，笑则上唇掩其面。'《尔雅》云'髴髴'。《大传》曰：'《周书》成王时州靡国献之。'《海内经》(814)谓之'赣巨人'，今交州南康郡深山中皆有此物也。长丈许，脚跟反向，健走，被发，好笑。雌者能作汁，洒中人即病。土俗呼为山都。南康今有赣水，以有此人，因以名水，犹《大荒》说地有蜮人，人因号其山为蜮山，亦此类也。"吴任臣引《酉阳杂俎》曰："狒狒力负千斤，作人言如鸟声，能知生死，笑辄上吻插额，血可染绯，发可为髲，饮其

血可见鬼。宋建武时,高郡城进雌雄二头。"郝懿行曰:"《吴都赋》云'鬻
鬻笑而被格',刘逵注引《异物志》云'枭羊善食人,大口,其初得人,喜
笑,则唇上覆颔,移时而后食之。人因为筒,贯于臂上,待执人,人即抽
手从筒中出,凿其唇于额而擒之'。其云'为筒贯臂',正与此经'左手操
管'合。"张步天疑此管为吸烟之烟管,想象离奇。《图赞》曰:"狒狒怪
兽,被发操竹。获人则笑,唇蔽其目。终亦号咷,反为我戮。"

567　兕,在舜葬东,湘水南 ①,其状如牛,苍黑,一角 ②。

【注释】

　　① 王崇庆曰:"今广西。"

　　② 吴任臣曰:"《尔雅》:'兕,似牛。'注云:'一角,青色,重千斤。'
《说文》:'兕如野牛,皮坚厚,可制铠。'《交州记》曰:'兕出九德,有角,
角长三尺余,形如马鞭柄。'"按:兕已见《西次三经》(30)"鸟过之山"
郭注。郝懿行引《竹书纪年》云:"周昭王十六年,伐楚,涉汉,遇大兕。"

568　苍梧之山 ①,帝舜葬于阳 ②,帝丹朱葬于阴 ③。

【注释】

　　① 吴任臣引刘会孟曰:"苍梧,今属湖广永州府宁远县,其山九礀相
似。"郝懿行曰:"高诱注《淮南子》云:'苍梧之山,在苍梧冯乘县东北,
零陵之南。'"

　　② 郭璞注:"即九疑山也。《礼记》亦曰'舜葬苍梧之野'也。"吴任
臣曰:"传曰:'舜葬苍梧九疑之山。'《拾遗记》曰:'舜葬苍梧,有鸟如雀,

来苍梧之野，衔青砂珠，积成垄阜，名曰珠丘。'《吕览》云：'舜葬纪市，不变其肆。'盖九疑山下亦有纪邑也。"

　　③ 郭璞注："今丹阳复有丹朱冢也。《竹书》亦曰：'后稷放帝朱于丹水。'与此义符。丹朱称'帝'者，犹汉山阳公死，加'献帝'之谥也。"吴任臣曰："《九域志》：'邓今有丹朱冢。'《郡县释名》云'丹朱陵乃在相之永和镇'，王在晋《山陵考》曰'丹朱冢在南阳府内乡县西北七里'，《一统志》亦云'在内乡县废淅川县西北'，未知孰是。又丹朱称帝，犹象封有鼻而称'鼻天子'也，上世朴略，不以此称为嫌，故不帝而帝者，如魁台、青阳、乾荒、儒帝、玄嚣、商均皆帝称，不独一朱也。郭以汉献事例之，非其伦矣。"按：丹朱，传说中古帝尧之长子，因"慢游是好"、"傲虐是作"诸不肖而被放。一说名朱，因放于丹水而后人称为丹朱（《竹书纪年》）。

569　氾林[①]，方三百里，在狌狌东[②]。狌狌知人名[③]，其为兽，如豕而人面[④]。在舜葬西。

狌狌

【注释】

① 氾林即《海外南经》（498）之"范林"，郭璞注："言林氾滥布衍也。"

② 郭璞注："（狌狌）或作'猩猩'，字同耳。"

③ 郝懿行曰："《淮南·氾论训》云'猩猩知往而不知来'，高诱注：'见人往走，则知人姓氏。'《后汉书·西南夷传》云哀牢出猩猩，李贤注引《南中志》云：'猩猩在山谷，见酒及屐，知其设张者，即知张者先祖名字，乃呼其名而骂云"奴欲张我"云云。'"

④ 郭璞注："《周书》曰：'郑郭狌狌者，状如黄狗而人面，头如雄鸡，食之不眯。'今交趾封溪出狌狌，土俗人说云：'状如豚而后似狗，声如小儿啼也。'"郝懿行曰："《周书·王会篇》作'都郭生生'，此注引作'郑郭狌狌'，亦所见本异也。彼文所说'奇干善芳'，自别一物，此注不加划削，妄行牵引，似非郭氏原文，或后人写书者屠入之耳。"《水经注·叶榆河》云："叶榆有猩猩兽，形若黄狗，又状狟豭。人面，头颜端正。善与人言，音声丽妙，如妇人好女对语交言，闻之无不酸楚。其肉甘美，可以断谷，穷年不厌。"《图赞》曰："狌狌之状，形乍如犬。厥性识往，为物警辨。以酒招灾，自治缨胃。"

570 狌狌西北有犀牛，其状如牛而黑 ①。

【注释】

① 郭璞注："犀牛似水牛，猪头，在狌狌知人名之西北，庳脚，三角。"吴任臣曰："犀牛三角，一在顶上，一在额上，一在鼻上，所谓食角也。《吴录·地理志》云：'武陵沅陵县以南皆有犀。'"按：沅陵在今湘西。

571 夏后启之臣曰孟涂，是司神于巴 ①，人请讼于孟涂之所 ②，其衣有血者乃执之 ③，是请生 ④。居山上，在丹山西。丹山在丹阳南，丹阳居属也 ⑤。

【注释】

① 郭璞注："听其狱讼，为之神主。"所谓"神主"，即地方之保护神也。吴任臣曰："《冠编》：'夏禹二岁，命孟涂为理。'《竹书纪年》：'帝启八岁，使孟涂为巴苉讼。'《路史》云：'孟涂敬职而能理神，爰封于丹。'《水经注》引此作'血涂'。"为"理"为"讼"，即掌"神判"以断民间刑事。

② 郭璞注："令断之也。"郝懿行曰："《水经注·江水》引此经云'是司神于巴，巴人讼于孟涂之所'，疑今本脱一'巴'字。"

③ 郭璞注："不直者则血见于衣。"袁珂曰："孟涂之所为，盖巫术之神判也。《论衡·是应篇》云：'獬豸者，一角之羊也，性知有罪。皋陶治狱，其罪疑者，令羊触之，有罪则触，无罪则不触。斯盖天生一角圣兽，助狱为验，故皋陶敬羊，起坐事之。'"

④ 郭璞注："言好生也。"《图赞》曰："孟涂司巴，听讼是非。厥理有此，血乃见衣。所请灵断，鸣呼神微。"

⑤ 郭璞注："今建平郡丹阳城秭归县东七里，即孟涂所居也。"吴任臣引《路氏》罗苹注曰："丹山之西，即孟涂之所理也。丹山乃今巫山。"郝懿行曰："此经（'丹山在丹阳南，丹阳居属也'）十一字，郦氏节引之，写书者误作经文耳。"张步天从郭注，以为丹山在今湖北秭归境。

572 窫窳，龙首 ①，居弱水中，在狌狌知人名之西 ②。其状如龙首,食人 ③。

【注释】

　　① 袁珂曰:"此'龙首'二字疑涉下'龙首'二字而衍。"

　　② 王念孙云:"'知人名'三字疑衍。"

　　③ 郭璞注:"窫窳本蛇身人面,为贰负臣所杀,复化而成此物也。"袁珂曰:《海内西经》(579)云"贰负之臣曰危,危与贰负杀窫窳",又云巫彭等操不死之药,以救窫窳之尸。郭注云"复化而成此物"者,"是原本蛇身人面之天神窫窳,被杀复治活后,乃化成此怪物也"。

573　有木,其状如牛 ①,引之有皮,若缨、黄蛇 ②,其叶如罗 ③,其实如栾 ④,其木若蕴 ⑤,其名曰建木 ⑥。在窫窳西弱水上 ⑦。

【注释】

　　① 郭璞注:"《河图玉版》说'芝草树生,或如车马,或如龙蛇之状',亦此类也。"郝懿行引《博物志》:"名山生神芝,不死之草,上芝为车马,中芝为人形,下芝为六畜。"

　　② 郭璞注:"言牵之皮剥,如人冠缨及黄蛇状也。"郝懿行曰:"缨,谓缨带也,引其皮,缨带若黄蛇之状也。"

　　③ 郭璞注:"如绫罗也。"吴任臣以郭注为非是,曰:"罗,木名也。杨櫰一名罗,见《尔雅》。"郝懿行云:"上世淳朴,无绫罗之名,疑当为网罗也。"俞樾以为"罗"当读"萝",《说文》:"萝,莪也。"按:莪即莪蒿,生于水边,其叶如针。

④郭璞注：“栾，木名。黄本赤枝青叶，生云雨山。或作‘卵’，或作‘麻’。音鸾。”吴任臣曰：“《藻林》云：‘栾即木兰，凡冢皆树之。’又《本草》：‘木栾子形如豌豆，堪为数珠。’则木之名栾者不一也。杨慎曰：‘栾作丸，谓圆如鸟弹也。’《抱朴子》曰：‘建木芝生于都广，其皮如缨，其实如鸾。’是以建木为木芝，且谓其实如飞鸟状。数说未知孰是。”

⑤郭璞注：“蓲，亦木名，未详。”吴任臣引《字汇》曰：“音讴，刺榆。”

⑥郭璞注：“建木，青叶紫茎，黑华黄实，其下声无响、立无影也。”毕沅引《淮南子·墬形训》曰：“建木在都广，众帝所自上下，日中无景，呼而无向，盖天地之中也。”袁珂曰：“盖天梯也。”《图赞》曰：“爰有建木，黄实紫柯。皮如蛇缨，叶有素罗。绝荫弱水，异人则过。”

⑦袁珂曰：“《大荒西经》（755）云：‘昆仑之丘，其下有弱水之渊环之。’即此弱水。”

574　氐人国 ^①，在建木西。其为人，人面而鱼身，无足 ^②。

氐人

【注释】

①郭璞注：“氐，音触抵之抵。”吴任臣曰：“即《大荒》‘互人国’

（765）也。罗泌云：'互人'宜作'氐人'。"按：《大荒西经》云："有互人之国。炎帝之孙，名曰灵恝。灵恝生互人，是能上下于天。"

②郭璞注："尽胸以上人，胸以下鱼也。"吴任臣曰："徐铉《稽神录》云：'谢仲玉者，见妇人出没水中，腰以下皆鱼。'《徂异记》曰：'查道奉使高丽，见海沙中一妇人，肘后有红鬣，问之，曰人鱼也。'《职方外纪》云：'海中有海女，上体为女人，下体则鱼形。'又禹治洪水，观于河，见白面长人，鱼身，出曰：'吾河精也。'形状与此同。"袁珂曰："氐人国民盖神话中人鱼之类也。《海内北经》（628）之'陵鱼，人面、手、足、鱼身'即此之属。唯彼手足俱具，此独无足耳。"

575　巴蛇食象，三岁而出其骨①。君子服之，无心腹之疾。其为蛇，青黄赤黑②。一曰黑蛇青首，在犀牛西。

巴蛇

【注释】

①郭璞注："今南方蚺蛇吞鹿，鹿已烂，自绞于树，腹中骨皆穿鳞甲间出。此其类也。《楚辞》（《天问》）曰：'有蛇吞象，厥大何如？'说者云：'蛇长千寻。'"吴任臣曰："庾仲雍《江记》曰：'羿屠巴蛇于洞庭，

其骨若陵。'《文心雕龙》注:'巴丘山,一名巴蛇冢。'是其地也。《一统志》:'巴蛇冢,在岳州府城南。'"郝懿行曰:"今《楚词·天问》作'一蛇吞象',与郭引异。王逸注引此经作'灵蛇吞象',并与今本异也。"袁珂曰:"《淮南·本经篇》:'羿断修蛇于洞庭。'《路史·后纪十》以'修蛇'作'长它',罗苹注云:'长它即所谓巴蛇,在江岳间,其墓今巴陵之巴丘,在州治侧。'"

②《图赞》曰:"象实巨兽,有蛇吞之。越出其骨,三年为期。厥大何如,屈生是疑。"袁珂曰:"《海内经》(812)云:'有巴遂山,渑水出焉。有朱卷之国,有黑蛇,青首,食象。'即此。'巴',《说文》'食象蛇,象形',则所象者,物在蛇腹彭亨之形。《山海经》多称'大蛇'(40)(213)(235)(240)(252),均巴蛇之属也。"

576　旄马,其状如马,四节有毛①。在巴蛇西北,高山南②。

旄马

【注释】

①郭璞注:"《穆天子传》所谓'豪马'者。亦有旄牛。"郝懿行曰:"今《穆天子传》作'豪马'、'豪牛'。郭氏注云'毫犹髭也',引此经云

‘髭马如马,足四节皆有毛’。疑‘髭’当为‘髦’,引经‘髭马’亦当为
‘髦马’,并字形之讹也。”“四节”,四足之膝节。

　　② 张步天以为此高山即四川西部之大雪山。

577　匈奴 ①、开题之国、列人之国,并在西北 ②。

【注释】

　　① 郭璞注:“一曰‘猃狁’。”郝懿行曰:“《伊尹四方令》:‘正北:
匈奴。’《史记·匈奴传索隐》引应劭《风俗通》:‘殷时曰獯粥,改曰匈
奴。’又晋灼曰:‘尧时曰荤粥,周曰猃狁,秦曰匈奴。’”

　　② 郭璞注:“三国并在旄马西北。”吴承志《山海经地理今释》卷
六:“此经当与下篇首条（579）并在《海内北经》（604）‘有人曰大
行伯’之上。匈奴、开题国并在西北,叙西北陬之国,犹《海内东经》
（634）云‘钜燕在东北陬’也。不言‘陬’,文有详省。‘贰负之臣’
在开题西北,开题即蒙此。大行伯下‘贰负之尸’与‘贰负之臣’亦连
络为次。”袁珂从之,以为本节应在《海内北经》（604）“有人曰大行
伯”之上。按:《海内北经》云:“有人曰大行伯……贰负之尸在大行
伯东。”

卷十一　海内西经

578　海内西南陬以北者^①：

【注释】

　　① 自西南陬至西北陬，与《海外西经》同。

579　贰负之臣曰危^①。危与贰负杀窫窳^②，帝^③乃梏之疏属之山^④，桎其右足^⑤，反缚两手与发^⑥，系之山上木^⑦。在开题西北^⑧。

贰负臣危

【注释】

①袁珂曰："贰负，古天神，人面蛇身。《海内北经》（606）云：'贰负神在其（鬼国）东，其为物人面蛇身。'据吴承志《山海经地理今释》，此节应在《海内北经》（604）'有人曰大行伯'之上。"

②郝懿行曰："刘逵注《吴都赋》引此经作'猰𤟤'，李善注张协《七命》引此经又作'猰㺄'。"袁珂亦曰："窫窳之名，古书无定。《尔雅·释兽》作'猰𤟤'，《淮南子·本经》作'猰貐'，其实一也。"

③郝懿行曰："李善注张协《七命》引此经作'黄帝'，'黄'字衍。"袁珂曰："《山海经》所载未著主名之'帝'，皆天帝。此'帝'正是黄帝，'黄'字不衍。"

④郭璞注："梏，犹系缚也。"吴任臣曰："《文中子》云：'疏属之南，汾水之曲。'即斯山也。刘会孟曰：'疏属山，今陕西延安府绥德县。'"毕沅、郝懿行皆从刘说。

⑤郭璞注："桎，械也。"

⑥郭璞注："并发合缚之也。"郝懿行曰："刘逵注《吴都赋》及李善注张协《七命》引此经，并无'与发'二字。《北堂书钞》四十五卷引则有之。又上句作'梏其右足大道'，下句作'系之山木之上'，与今本异。'大道'二字疑'及首'之讹也。"

⑦郭璞注："汉宣帝使人上郡发盘石石室，中得一人跣裸被发，反缚，械一足。以问群臣，莫能知。刘子政按此言对之，宣帝大惊。于是时人争学《山海经》矣。论者多以为是其尸象，非真体也。意者以灵怪变化论，难以理测，物禀异气，出于不然，不可以常运推，不可以近数揆矣。魏时有人发故周王冢者，得殉女子，不死不生，数日时有气，数月而能语，状如廿许人。送诣京师，郭太后爱养之，恒在左右。十余年，太后

崩，此女哀思哭泣，一年余而死。即此类也。"《图赞》曰："汉击盘石，
其中则危。刘生是识，群臣莫知。可谓博物，山海乃奇。"吴任臣曰："王
充《论衡》云：'董仲舒睹重常之鸟，刘子政晓贰负之尸。'指此也。又《独
异志》载：'刘歆司疏属之尸，须七岁女子以乳之，即变为人。帝如其言，
遂能应对。'故《博物策》云'取女乳而疏属之尸可语'，辞亦诞矣。《宛
委余编》云：'刘向识贰负桎梏之尸，盖僵尸数千年不朽者也。今郇溪水
侧有重人穴，穴中有僵尸，不知年载。又记云，人以五月五日生者尸不
腐。皆此之类。'"按：《独异志》原文如下："宣帝时，有人于疏属山石盖
下得二人，俱被桎梏，将至长安，乃变为石。宣帝集群臣问之，无一知者。
刘向对曰：'此是黄帝时窦窳国负贰之臣，犯罪大逆，黄帝不忍诛，流之
疏属之山，若有明君，当得出外。'帝不信，谓其妖言，收向系狱。其子歆
自出应募，以救其父，曰：'须七岁女子以乳之，即复变。'帝使女子乳，
于是复为人，便能言语应答，如刘向之言。帝大悦，拜向大中大夫，歆为
宗正卿。诏问何以知之，歆曰：'出《山海经》。'"袁珂以为《独异志》所
述乃刘秀（歆）表文神话之演变："可注意者，已明言所得为'黄帝时窦
窳国负贰之臣'，且系'二人'，与《海内经》（820）'相顾'义符，亦符于
'帝'即'黄帝'之推论。"

　　⑧ 毕沅曰："此云'开题西北'，而山在今绥德州，疑开题即笄头山
也，音皆相近。"

580 大泽，方百里 ①，群鸟所生及所解 ②。在雁门北。

【注释】

　　① 郝懿行曰："《大荒北经》（776）作'大泽方千里'。郭注《穆天

子传》引此经,亦云'大泽方千里,群鸟之所生及所解',是'百'当为
'千'矣。然郭注又引此经,云'泽有两处,一方百里,一方千里',是又
以为非一地,所未详也。李善注《别赋》引此经,亦云'大泽方百里',可
证今本不误。"袁珂亦曰:"此经所说'大泽'实有两处。《大荒北经》
(776)云'有大泽方千里,群鸟所解',此千里大泽也,位在西北方。下
云'夸父欲追日景,将至大泽,未至,死于此'(781),所走者即此大泽,
亦《穆天子传》卷四所谓'北至旷原之野,飞鸟之所解其羽'之'旷原'
也。至于此处大泽,实《海内北经》(622)所记'舜妻登比氏生宵明、烛
光,处河大泽,二女之灵能照此所方百里'之百里大泽,位在北方,或即
今河套附近之地。又此节文字(连同以下二节),亦应在'宵明烛光'节
之前,始与方位地望相符。"

　　②郭璞注:"百鸟于此生乳,解之毛羽。"吴任臣曰:"《竹书纪年》:
'王北征流沙,积羽千里。'即此。"毕沅曰:"崔浩云:'瀚海,北海名,
群鸟之所解羽,故云翰海。'见《史记索隐》。案此泽名瀚海,亦即委羽之
山,皆以解羽名之。"《图赞》曰:"地号积羽,厥方百里。群鸟云集,鼓
翅雷起。穆王旋轸,爰策骏耳。"按:解羽,此处指禽鸟生育雏鸟,解落羽
毛以作巢垫。亦有指鸟之死亡者,如《天问》"羿焉彃日,乌焉解羽"。

581 雁门山①,雁出其间②。在高柳北③。

【注释】

　　①吴任臣曰:"《一统志》:'雁门山在代州北三十五里,雁出其门,
故名。一名雁门塞。'今有雁门关,隋有雁门县。"郝懿行曰:"《淮南·墬
形训》:'烛龙在雁门北,蔽于委羽之山。'疑委羽山即雁门山之连麓,委

羽亦即解羽之义。"

②郝懿行曰："《水经注》及《初学记》三十卷引此经,并作'雁出其门'。"

③毕沅曰："山在今山西代州北三十五里。"张步天以为雁门在今山西阳高县北,高柳则为阳高县。

582 高柳,在代北①。

【注释】

①《水经注·灅水》引此"代北"作"代中",云:"高柳在代中。其山重峦迭巘,霞举云高,连山隐隐,东出辽塞。"

583 后稷之葬,山水环之①。在氐国西②。

【注释】

①郭璞注:"在广都之野。"郝懿行曰："'广都',《海内经》(807)作'都广',是。"按:《西山经》(84)"丹水出焉,西流注于稷泽"郭璞注"后稷神所凭,因名云",《海内经》(807)云"西南黑水之间有都广之野,后稷葬焉",皆指此。杨慎曰:"黑水广都,今之成都也。"袁珂从之。袁珂又曰:"后稷除在都广之野之葬所外,尚有其在槐江之山附近所潜之渊。《西次二经》(87)云:'槐江之山,实惟帝之平圃,西望大泽,后稷所潜也。'郭注云:'后稷生而灵智,及其终,化形遁此泽而为之神。'所谓潜者,乃化形遁身于水泉之地。则后稷死后,既已埋葬,复化形为异物,实兼'葬'与'潜'二说而为一也。"

②袁珂曰:"《海内经》(574)云:'氐人国在建木西。'《淮南子·隆形训》云:'后稷垅在建木西。'则后稷垅与氐人国俱在建木之西。氐国即氐人国也,脱'人'字。"

584 流黄酆氏之国①,中方三百里②,有涂四方③,中有山④。在后稷葬西⑤。

【注释】

①吴任臣曰:"《淮南子》:'流黄、沃民,在其北方三百里。'罗泌《国名记》云:'流黄辛姓,在三巴之东。'"郝懿行曰:"《海内经》(812)作'流黄辛氏'。"

②郭璞注:"言国城内。"

③郭璞注:"涂,道。"《图赞》曰:"城围三百,连河比栋。动是尘昏,蒸气雾重。焉得游之,以遨以纵。"

④郝懿行曰:"《海内经》(812)说'流黄辛氏'有'巴遂山',盖即此。"

⑤吴任臣引刘会孟云:"太昊初国于此。"按:刘说本于《海内经》(812)"西南有巴国。大皞生咸鸟,咸鸟生乘厘,乘厘生后照,后照是始为巴人。有国名曰流黄辛氏……"。

585 流沙,出钟山①,西行,又南行昆仑之虚②,西南入海,黑水之山③。

【注释】

①吴任臣曰："流沙即鸣沙界，其地人马践之有声。《王制》：'西不尽流沙。'《禹贡》：'西被于流沙。'宋玉《招魂篇》：'西方之害，流沙千里。'《水经》：'流沙，地在张掖居延县东北。'《晋书》曰：'弱水出流沙。流沙与水同行也，在西海郡北。'"郝懿行曰："高诱注《吕氏春秋·本味篇》云：'流沙在敦煌郡西八百里。'"《图赞》曰："天限内外，分以流沙。经带西极，颓塘委蛇。注于黑水，永溺余波。"按：钟山已见《西次三经》（84）、《海外北经》（525），又见《大荒北经》（789）。

②《海外南经》（493）已云"昆仑墟在其（岐舌国）东"。

③郭璞注："今西海居延泽，《尚书》所谓'流沙'者，形如月生五日也。"按：《水经注》卷四十言："居延泽在其县（张掖居延县）故城东北，《尚书》所谓'流沙'者也，形如月生五日也。弱水入流沙。流沙，沙与水流行也。"

586　东胡①，在大泽东②。

【注释】

①郝懿行曰："国名也。《伊尹四方令》：'正北：东胡。'详《后汉书·乌桓鲜卑传》。（按传云："乌桓者，本东胡也。汉初，匈奴冒顿灭其国，余类保乌桓山，因以为号焉。"）《广韵》引《前燕录》云'昔高辛氏游于海滨，留少子厌越以居北夷，邑于紫蒙之野，号曰东胡'云云，其后为慕容氏。"

②袁珂曰："'东胡'以下四节当移《海内北经》（622）'舜妻登比氏'之后。《海内东经》（635）'国在流沙中者埻端'以下三节当移于此处。"

587　夷人，在东胡东 ^①。

【注释】

①　张步天以为此"夷人"指夫余，战国时正在东胡之东。

588　貊国，在汉水东北 ^①。地近于燕，灭之 ^②。

【注释】

①　郭璞注："今扶余国即濊貊故地，在长城北，去玄菟千里，出名马、赤玉、貂皮，大珠如酸枣也。"郝懿行曰："《魏志·东夷传》说夫余与此注同，即郭所本也。"按：东汉末时的玄菟位于今辽宁东部。扶余在玄菟北千里，都城在今吉林市一带。

②　郝懿行曰："《大雅·韩奕》云'其追其貊'，谓此。"按：昔周宣王时，有韩侯，其国近燕。貊为东北之夷，韩侯征伐之，故《诗》云"王锡韩侯，其追其貊，奄受北国"。张步天以为或指战国时燕昭王派秦开北上拓边之事。按：《史记·匈奴列传》："燕有贤将秦开，为质于胡，胡甚信之。归而袭破走东胡，东胡却千余里。"似未至扶余之地。

589　孟鸟 ^①，在貊国东北。其鸟文赤、黄、青，东乡。

【注释】

①　郭璞注："亦鸟名也。"郝懿行曰："《博物志》云：'孟舒国民，人首鸟身。其先主为雪氏训百禽。'《太平御览》九百十五卷引《括地图》云：'孟亏人首鸟身，其先为虞氏驯百兽。'据《括地图》及《博物志》所说，

盖即孟鸟也。又《海外西经》（501）有'灭蒙鸟在结匈国北'，疑亦此鸟也。'灭''蒙'之声近'孟'。"张步天以"在貊国东北"，疑孟鸟当在今吉林东北部。

590　海内昆仑之虚①，在西北，帝之下都②。昆仑之虚方八百里，高万仞③。上有木禾，长五寻，大五围④。面有九井，以玉为槛⑤。面有九门⑥，门有开明兽守之⑦，百神之所在⑧。在八隅之岩⑨，赤水之际，非仁羿莫能上冈之岩⑩。

【注释】

①郭璞注："言'海内'者，明海外复有昆仑山。"王崇庆云："吾疑其重出，恐非有二昆仑。"郝懿行曰："'海内昆仑'即《西次三经》（88）'昆仑之丘'也，《禹贡》'昆仑'亦当指此。《海内东经》（637）云'昆仑山在西胡西'，盖别一昆仑也。又荒外之山以昆仑名者盖多焉，故《水经》《禹本纪》并言昆仑'去嵩高五万里'，《水经注》又言晋去昆仑七万里，又引《十洲记》'昆仑山在西海之戌地，北海之亥地，去岸十三万里'，似皆别指一山。然则郭云'海外复有昆仑'，岂不信哉？《说文》云：'虚，大丘也。昆仑丘谓之昆仑虚。'"

②昆仑为帝之下都，即"天帝都邑之在下者"，已见《西次三经》（88）。

③郭璞注："皆谓其虚基广轮之高庳耳，自此以上二千五百余里，上有醴泉、华池。去嵩高五万里，盖天地之中也。见《禹本纪》。"按：《史记·大宛列传》："太史公曰：《禹本纪》言：河出昆仑，昆仑其高二千五百余里，日月所相避隐为光明也。其上有醴泉、瑶池。"

④郭璞注："木禾，谷类也，生黑水之阿，可食。见《穆天子传》。"
吴任臣曰："《淮南子》：'昆仑其高万一千里百一十四步三尺六寸，上
有木禾，其修五寻。'李善云：'禾木生而王，木衰而死，故曰木禾。'《抱
朴子》云：'昆仑上有木禾，高四丈九尺。'王圻《续通考》云：'尝读《图
经》，称昆仑有木禾，食者得上寿。'又飞廉草亦名木禾，食之身轻延寿，
与此同名异实。"《图赞》曰："昆仑之阳，鸿鹭之阿。爰有嘉谷，号曰木禾。
匪植匪艺，自然灵播。"

⑤郭璞注："槛，栏。"吴任臣曰："《淮南子》：'昆仑旁有九井，玉
横维其西北之隅。'《吕氏春秋·本味》云：'昆仑之井。'"

⑥郝懿行曰："《史记·司马相如传正义》引此经作'旁有五门'。"
袁珂曰："《御览》卷三八引此经作'面有五门'。"

⑦郝懿行曰："《淮南·地形训》云'东方曰东极之山，曰开明之门'，
是开明乃门名也。此经自是兽名，非门名，形状见下。"俞樾说同。按：
开明兽即"陆吾"，《西次三经》（88）云："西南四百里曰昆仑之丘，是
实惟帝之下都，神陆吾司之。其神状虎身而九尾，人面而虎爪。是神也，
司天之九部及帝之囿时。"参见下第595条。

⑧郝懿行曰："《水经注》引《遁甲开山图》注云：'天下仙圣治在
柱州昆仑山上。'"袁珂曰："《十洲记》亦云：'（昆仑）真官仙灵之所宗，
品物群生，希奇特出，皆在于此。天人济济，不可悉记。'"

⑨郭璞注："在岩间也。"八隅，八角。此岩应是巨大山岩，立于昆
仑之顶，为诸神所居，正是下文羿所上之岩。

⑩郭璞注："言非仁人及有才艺如羿者不能得登此山之冈岭巉岩
也。羿尝请药西王母，亦言其得道也。'羿'一或作'圣'。"杨慎曰："古
谓有才艺者为羿，非必指有穷之君也。"吴任臣曰："《路史》：'尧命羿

去下地之难,号仁羿。'"毕沅曰:"《说文》云:'羿,羽之羿风。'疑此云'仁羿',言非有羽翼不能上。"郝懿行据此进而以为"仁羿"即仙人,曰:"仁、仍古字通,《说文》云'羿,羽之羿风',则羽、羿义近。《楚辞·远游》云'仍羽人于丹丘',王逸注:'人得道,身生羽毛也。'是此经'仁羿'即《楚辞》'仍羽人',言羽化登仙也。"言甚辩而未免缭绕,古人未必如此言仙人也。袁珂曰:"据近人研究,仁夷即夷羿,'仁'即'夷'之借字。仁羿实当即羿。"按:羿请药于西王母事,见《淮南子·览冥训》:"羿请不死之药于西王母,姮娥窃以奔月。"高诱注:"姮娥,羿妻。羿请不死之药于西王母,未及服之,姮娥盗食之,得仙,奔入月中,为月精。"

591　赤水出东南隅,以行其东北[①],西南流注南海厌火东[②]。

【注释】

①　郝懿行曰:"《穆天子传》:'宿于昆仑之阿,赤水之阳。'郭注云:'昆仑山有五色水,赤水出东南隅而东北流。皆见《山海经》。'"按:《穆天子传》郭注所指为《西次三经》(88)"赤水出焉,而东南流注于氾天之水"。张步天以为此赤水指金沙江。

②　"厌火国"见《海外南经》(485)。按:"西南流注南海厌火东"九字,为郝本所无。宋本、明藏本、吴任臣本等均有,据补。

592　河水出东北隅,以行其北,西南又入渤海[①],又出海外,即西而北,入禹所导积石山[②]。

【注释】

①毕沅以为即蒲昌海。张步天从之。郝懿行曰："渤海盖即翰海。或云蒲昌海，非也。"

②郭璞注："禹治水，复决疏出之，故云'导河积石'。"吴任臣曰："《汉书·西域传》：'河有两源，一出葱岭，一出于阗。于阗在南山下，其河北流，与葱岭河合，东注蒲昌海。蒲昌海一名盐泽，即渤泽也。又复潜行地下，南出积石，为中国河。'蔡沈云：'积石在金城郡河关县。'"郝懿行曰："积石山在蒲昌海之上者，盖'大积石'也。此及《海外北经》（534）所说，皆'小积石'也。"袁珂曰："此积石山即《西次三经》（93）所云之'积石之山，其下有石门，河水冒以西流'之积石山也。郝懿行以为《海外北经》（534）'禹所积石之山'，非也。"张步天云："汉时以为禹所导积石山，在今青海省东南部之阿尼玛卿山东端。与《西次三经》'积石之山'地望不同。"

593　洋水^①、黑水出西北隅，以东，东行又东北，南入海^②，羽民南^③。

【注释】

①郭璞注："（洋）音翔。"吴任臣曰："《穆天子传》'庚辰济于洋水'，即斯水。高诱《淮南注》云：'洋水经陇西氏道东，至武都为汉阳。'"毕沅曰："《水经注》云：'阚骃云：汉或为漾。漾水出昆仑西北隅，至氐道，重源显发，而为漾水。'据此，则秦州之西汉岂亦有伏流发于昆仑与？"郝懿行据此以为"洋水即漾水，字之异也"。

②毕沅曰："《夏书》云：'黑水、西河惟雍州。'又云：'导黑水，至

于三危，入于南海。'又《史记正义》云：'《括地志》云：黑水源出伊州伊吾县北百二十里，又南流二千里而绝。三危山在沙州敦煌县东南四十里。'案南海即扬州东大海，岷江下至扬州，东入海也。其黑水源在伊州，从伊州东南三十余里至鄯州，鄯州东南四百余里至河州，入黄河。河州有小积石山。"郝懿行曰："或云南海即扬州东大海，非也。海在羽民南，非中国近地。"

③ "羽民"见《海外南经》（481）。

594 弱水、青水出西南隅①，以东，又北，又西南过毕方鸟东②。

【注释】

① 郭璞注："《西域传》：'乌弋国去长安万五千余里，西行可百余日，至条枝国，临西海。长老传闻有弱水、西王母云。'《东夷传》亦曰：'长城外数千里亦有弱水，皆所未见也。'《淮南子》云：'弱水出穷石。'穷石今之西郡那冉，盖其派别之源耳。"毕沅曰："郭说非也。此弱水即《夏书》'弱水既西'及《淮南子》'出穷石'之弱水，非条枝之水。"

② "毕方鸟"见《海外南经》（483）。

595 昆仑南渊，深三百仞①。开明兽身大类虎，而九首皆人面，东向立昆仑上②。

开明

【注释】

①郭璞注："灵渊。"郝懿行曰："即《海内北经》（619）云'从极之渊，深三百仞'者也。"

②郭璞注："天兽也。铭曰：'开明为兽，禀资乾精。瞪视昆仑，威振百灵。'"此"铭"为郭氏作，另郭氏《图赞》曰："开明天兽，禀兹乾精。虎身人面，表此杰形。瞪视昆山，威慑百灵。"吴任臣曰："《抱朴子》称'昆仑有神兽，狮子、辟邪、天鹿、焦羊之属，五城十二楼下有青龙、白虎、蜲蛇'，明不独开明也。"袁珂曰："开明兽即《西次三经》（88）'神陆吾'也。"按：毕沅引《淮南子》"东方曰东极之山，曰开明之门"，以为此"开明"为昆仑之"开明门"，故前"海内昆仑之虚"一节，毕氏断句为"面有九门，门有开明，兽守之"，并于此处注"开明兽"曰："开明门之兽也，非兽名。"

596 开明西有凤皇、鸾鸟，皆戴蛇践蛇，膺有赤蛇①。

【注释】

① 毕沅曰："此亦言其图像。"

597 开明北有视肉、珠树 ①、文玉树 ②、玗琪树 ③、不死树 ④。凤皇、鸾鸟皆戴腍 ⑤。又有离朱 ⑥、木禾、柏树、甘水 ⑦、圣木 ⑧、曼兑 ⑨，一曰挺木牙交 ⑩。

【注释】

① 吴任臣曰："《淮南子》：'增城九重，珠树在其西。'《列子》：'蓬莱之山，珠玕之树丛生。'李时珍以为珠树即琅玕树也。盖古人谓石之美者多谓之珠，《广雅》称琉璃、珊瑚皆为珠是已。然下文复有琅玕树，不应前后异称，且更迭见，所未敢信也。又《海外经》（486）有'三珠树'（按：《海外南经》作"三株树"），则珠树当自是一种，岂即王子年所谓'珍林'者欤？又王充《论衡》云：'珠树似珠，非真珠也。'"

② 郭璞注："五采玉树。"吴任臣曰："王嘉《拾遗记》曰：'昆仑山第六层有五色玉树，荫翳五百里，夜至水上，其光如烛。'《括地象》曰：'昆仑墟北有玉树。'《淮南子》云：'有玉树在赤水之上。'《抱朴子》云：'昆仑有珠玉树、沙棠、琅玕、碧瑰之树、玉李、玉瓜、玉桃，每风起，珠玉之树枝条花叶互相扣击，自成五音。'"

③ 郭璞注："玗琪，赤玉属也。吴天玺元年，临海郡吏伍曜在海水际得石树，高二尺余，茎叶紫色，诘曲倾靡，有光彩，即玉树之类也。于、其两音。"吴任臣曰："《尔雅》：'东方之美者，有医无闾之珣玗琪焉。'《说文》：'玗琪，石之似玉者。'杨慎曰：'即珊瑚树。'未审是非也。"《图赞》曰："文玉玗琪，方以类丛。翠叶猗萋，丹柯玲珑。玉光争焕，彩艳火龙。"

④郭璞注："言长生也。"吴任臣曰："《淮南子》：'玉树、璇树、不死树，在昆仑西。'"郝懿行曰："《吕氏春秋·本味篇》云'菜之美者，寿木之华'，高诱注云：'寿木，昆仑山上木也。华，实也。食其实者不死，故曰寿木。'是'寿木'即'不死树'也。"《图赞》曰："万物暂见，人生如寄。不死之树，寿蔽天地。请药西姥，焉得如羿。"

⑤郭璞注："（瞂）音伐，盾也。"当是盾状饰物。

⑥袁珂曰："离朱即踆乌，见《海外南经》（498）'狄山'节注。"

⑦郭璞注："即醴泉也。"

⑧郭璞注："食之令人智圣也。"《图赞》曰："醴泉睿木，养龄尽性。增气之和，祛神之冥。何必生知，然后为圣。"

⑨郭璞注："未详。"袁珂曰："圣木曼兑，当是一物，曼兑即圣木名也。"

⑩郭璞注："《淮南》作'璇树'。璇，玉类也。"郝懿行曰："《淮南子》云：'昆仑之上有璇树。'盖璇树一名'挺木牙交'，故郭氏引之。疑经文上下有脱误，或'挺木牙交'四字即'璇树'二字之形讹，亦未可知。"

598　开明东有巫彭、巫抵、巫阳、巫履、巫凡、巫相①，夹窫窳之尸，皆操不死之药以距之②。窫窳者，蛇身人面，贰负臣所杀也③。

窫窳

【注释】

① 郭璞注："皆神医也。《世本》曰：'巫彭作医。'《楚辞》曰：'帝告巫阳。'"吴任臣曰："《吕氏春秋》、许慎《说文》、张季明《医说》皆云巫彭初作医。《路史》云：'黄帝命巫阳主筮。'又《汇苑》：'巫阳，天帝之女也，主巫。'余寅《同姓名录》曰：'《海内西经》开明东有六巫，皆神医也，《大荒西经》（742）丰沮玉门有十巫，升降灵山，中有两巫彭，两巫抵，疑非一人，是以叠见而各处一山。'"袁珂曰：《大荒西经》灵山十巫中有巫彭，即此巫彭。巫礼即巫履，巫盼即巫凡，巫谢即巫相，十巫与此六巫名皆相近，而皆操药以医人，皆神巫也。详见《大荒西经》（742）注。

② 郭璞注："为距却死气，求更生。"

③《图赞》曰："窫窳无罪，见害贰负。帝命群巫，操药夹守。遂沦溺渊，变为龙首。"窫窳见《海内南经》（572）、《海内西经》（579）。张步天以为"窫窳者"以下十三字本为释经语，乱入经文。

599 服常树 ①，其上有三头人 ②，伺琅玕树 ③。

【注释】

① 郭璞注："服常木，未详。"吴任臣曰："《淮南子》：'沙棠、琅玕在昆仑东。'服常疑是沙棠。"

② 郝懿行曰："《海外南经》（495）云：'三首国，一身三首。'亦此类也。"

③ 郭璞注："琅玕，子似珠。《尔雅》曰：'西北之美者，有昆仑之琅玕焉。'庄周曰：'有人三头，递卧递起，以伺琅玕与玗琪子。'谓此人也。"《艺文类聚》卷九〇引《庄子》佚文："老子叹曰：吾闻南方有鸟，

其名为凤,所居积石千里。天为生食,其树名琼枝,高百仞,以璆琳、琅玕为实。天又为生离珠,一人三头,递卧递起,以伺琅玕。"郝懿行曰:"以此参校郭注,'与玕琪子'四字盖误衍也。"《图赞》曰:"服常琅玕,昆山奇树。丹实珠离,绿叶碧布。三头是伺,递望递顾。"

600 开明南有树,鸟六首①,蛟②、蝮蛇③、蜼、豹、鸟秩树④,于表池树木⑤,诵鸟⑥、鶽⑦、视肉。

【注释】

　　① 吴任臣本、郝本均在"树"字后断句,故吴任臣于"树"下引《淮南子》"绛树在昆仑南"。郝懿行于"树"下注:"树盖绛树也。"袁珂则以"树鸟"为句,曰:"《大荒西经》(766)云:'有青鸟,身黄,赤足,六首,名曰鸀鸟。'郭注音触。疑即此六首之树鸟。"

　　② 郭璞注:"蛟似蛇四脚,龙类也。"详见《中次十一经》(409)"蛟"注。

　　③ 吴任臣曰:"《尔雅疏》云:'江淮以南曰蝮,江淮以北曰虺。'"袁珂以蝮、蛇为二物,蝮为蛇之大者。

　　④ 郭璞注:"木名,未详。"

　　⑤ 郭璞注:"言列树以表。池即华池也。"前郭注言昆仑虚"上有醴泉、华池"(590)。

　　⑥ 郭璞注:"鸟名,形未详也。"

　　⑦ 郭璞注:"雕也。《穆天子传》曰:'爰有白鶽青雕。'音竹笋之笋。""鶽"即"隼"字。

卷十二　海内北经

601 海内西北陬以东者 ^①：

【注释】

　　① 此经自西北至东北，与《海外北经》自东北陬至西北陬者相反，而所叙次序则与《海外北经》同。

602 蛇巫之山，上有人操柸而东向立 ^①。一曰龟山。

【注释】

　　① 郭璞注："'柸'或作'棓'，字同。"吴任臣曰："杨慎《古韵》曰：'柸、棓古字通，大杖也。音棒打之棒，作杯音者非。'朱熹曰：'《山海经》诸篇记异物飞走之类，多云东向，或作东首，皆为一定不易之形。疑本依图画而为之，非实纪此处有此物也。'"袁珂曰："此节及下节当移在《海内西经》（600）'开明南有树鸟'节之次，《海内南经》（577）'匈奴'节与《海内西经》（579）'贰负之臣曰危'节当移于此。'操柸而东向立'者，其伺羿而欲杀之之逢蒙乎？"按：《孟子·离娄下》："逢蒙学射于羿，尽羿之道，思天下惟羿为愈己，于是杀羿。"《淮南子·诠言》云"羿死于

桃椅”。

603 西王母,梯^①几而戴胜杖^②。其南有三青鸟,为西王母取食^③。在昆仑虚北。

【注释】

①郭璞注:"梯谓凭也。"

②"杖"字疑衍。《汉书·司马相如传》如淳注及《太平御览》卷七一〇引此经皆无"杖"字。

③郭璞注:"又有三足鸟主给使。"郝懿行曰:"三青鸟居三危山,见《西次三经》(98)。""西王母"亦见《西次三经》(91)。

604 有人曰大行伯^①,把戈。其东有犬封国^②。贰负之尸在大行伯东。

【注释】

①袁珂疑大行伯即好远游之共工之子修。按:《风俗通义》卷八:"共工之子曰修,好远游,舟车所至,足迹所达,靡不穷览,故祀以为祖神。"以"大行"二字联及"好远游",欠妥。

②郭璞注:"昔盘瓠杀戎王,高辛以美女妻之,不可以训,乃浮之会稽东海中,得三百里地封之。生男为狗,女为美人,是为狗封之民也。"吴任臣曰:"刘会孟云:'今长沙武陵蛮是瓠犬之后。'游拃《诸苗考》曰:'麻阳民土著者,皆盘瓠种,与苗同祖,一村有石名盘瓠石,民共祀焉。有犵狫,其先亦同姓。'"袁珂曰:盘瓠事详见干宝《搜神记》及《后

汉书·南蛮传序》。《南蛮传序》有注，云见于后汉应劭之《风俗通》，此故事之流传不晚于汉代。

605　犬封国，曰犬戎国^①，状如犬^②。有一女子，方跪进杯食^③。有文马，缟身朱鬣^④，目若黄金，名曰吉量乘之^⑤，寿千岁^⑥。

犬封国

【注释】

①　郭璞注："黄帝之后卞明，生白犬二头，自相牝牡，遂为此国。"郝懿行曰："'犬封'、'犬戎'声相近。郭注本《大荒北经》。"按：《大荒北经》（790）云："大荒之中有融父山，有人名曰犬戎。黄帝生苗龙，苗龙生融吾，融吾生弄明，弄明生白犬。白犬有牝牡，是为犬戎。"袁珂曰："《伊尹四方令》云：'正西：昆仑狗国。'《淮南子·墬形训》：'狗国在其（建木）东。'则狗国之传说实起于西北，然后始渐于东南。"

②　郭璞注："言狗国也。"吴任臣曰："《淮南子》：'狗国在其（建

木）东。'《事物绀珠》云：'狗国人身狗首，长毛不衣，语若嗥。其妻皆人，能汉语。穴居，食生。'"

③ 郭璞注："与酒食也。"按：宋本、吴任臣本郭注"酒"作"狗"。

④ 郭璞注："色白如缟。"

⑤ 郭璞注："（量）一作'良'。"郝懿行曰："李善注《东京赋》引此经，正作'吉良'。"《海外西经》（506）郭注："文马，即吉良也。"

⑥ 郭璞注："《周书》曰：'犬戎文马，赤鬣白身，目若黄金，名曰吉黄之乘。成王时献之。'《六韬》曰：'文身朱鬣，眼若黄金，项若鸡尾，名曰鸡斯之乘。'《大传》曰：'駮身朱鬣鸡目。'《山海经》亦有'吉黄之乘，寿千岁'者，惟名有不同，说有小错，其实一物耳。今博举之，以广异闻也。"吴任臣曰："《公羊注疏》：'文王得白马朱鬣，大贝元龟。'《礼斗威仪》云：'白马朱鬣，瑞于文王。'王应麟《王会注》云：'吉黄之乘，周文王时西土献之。'"是证郭注"成王时献之"之误。吴氏又曰："《瑞应图》云：'腾黄，神马，一名吉光。'《说文》：'马赤鬣缟身，目若黄金，名曰鸡。'《字汇》作'駥'《淮南子》云：'泽马曰吉良。'《博物志》曰：'文马赤鬣身白，名古黄之乘。'又《五音集韵》引经云：'犬封国有文马，缟身朱鬣，名曰古駺。'《艺文类聚》引经云：'犬封之国有文马，缟身朱鬣，名曰吉强。'称名各别，是古本之殊也。"《图赞》曰："金精朱鬣，龙行骏时。拾节鸿鹜，尘不及起。是谓吉皇，释圣牗里。"

606　鬼国，在贰负之尸北，为物人面而一目 ①。一曰贰负神在其东，为物人面蛇身 ②。

【注释】

① 吴任臣曰："《论衡》：'北方有鬼国。'杨氏《裔乘》云：'鬼国在驳马国西，或曰《易》称"伐鬼方"，即此也。'"郝懿行曰："《伊尹四方令》云：'正西：鬼亲。'又《魏志·东夷传》云：'女王国北有鬼国。'"袁珂曰："即一目国，已见《海外北经》(526)。《大荒北经》(792)亦云：'有人一目，当面中生。一曰是威姓，少昊之子。'即此国。威、鬼声相近。"

② 郝懿行曰："与窫窳同状。"

607 蜪犬①，如犬，青，食人从首始②。

【注释】

① 郭璞注："(蜪)音陶。或作'蚼'，音钩。"郝懿行曰："《说文》云：'北方有蚼犬，食人。'"

② 王崇庆曰："凡兽相食，视朔望为准。朔以后食首，望以后食下体。今猫之食鼠亦然。此蜪犬食人从首，岂其又异者与？"袁珂曰："从足或从首者，均图像不同而异其说也。"张步天以为野狼自人后偷袭，先咬头颈，故言"食人从首始"。

608 穷奇，状如虎，有翼①，食人从首始，所食被发②。在蜪犬北。一曰从足③。

【注释】

① 郭璞注："毛如猬。"孙星衍疑"毛如猬"三字是经文，盖"穷奇"

已见《西次四经》(120)"邽山":"其上有兽焉,其状如牛,猬毛,名曰穷奇,音如獋狗,是食人。"吴任臣曰:"《吕氏春秋》:'雁门北,饕餮、穷奇之地。'《太平御览》:'北方有兽,状如虎,有翼,名穷奇。'即此。又穷奇、浑敦、梼杌、饕餮,是为四凶。取此义也。"又《史记正义》引《神异经》云:"西北有兽,其状似虎,有翼能飞,便剿食人,知人言语,闻人斗,辄食直者,闻人忠信,辄食其鼻,闻人恶逆不善,辄杀兽往馈之,名曰穷奇。"又《淮南子·墬形训》"穷奇,广莫风之所生也",高诱注曰:"穷奇,天神也,在北方,足乘两龙,其形如虎。"袁珂曰:"以穷奇为天神,当是古有成说也。"

②所食之人披发。图画如此。

③"从首"或"从足",皆图画如此。郝懿行曰:"郭注《方言》云:'虎食物,值耳即止,以触其讳故。'是知虎食人从足始也。"

609　帝尧台,帝喾台,帝丹朱台,帝舜台,各二台,台四方,在昆仑东北①。

【注释】

①郭璞注:"此盖天子巡狩所经过,夷狄慕圣人恩德,辄共为筑立台观,以标显其遗迹也。一本云:'所杀相柳地,腥臊不可种五谷,以为众帝之台。'""众帝之台"已见《海外北经》(528)。

610　大蠭,其状如螽①。朱蛾,其状如蛾②。

【注释】

① 郝懿行曰："蠭有极桀大者,仅曰'如蚕'似不足方之。疑'蚕'即'蠭'字之讹,与下句词义相比。"

② 郭璞注:"蛾,蚍蜉也。《楚辞》曰:'玄蜂如壶,赤蛾如象。'谓此也。"吴任臣曰:"蛾、蚁通。《五行记》:'后魏时,兖州有赤蚁与黑蚁斗,长六七步,广四寸。'《玄览》云:'潮州有盈尺之蚁。'则《离骚》所谓'如象',非寓言矣。"《图赞》曰:"蛇巫之山,有人操杯。鬼神蜪犬,主为妖灾。大蜂朱蛾,群帝之台。"郭注所引《楚辞》为《招魂》,原文为"赤蟓若象,玄蜂若壶些。""蟓"即"蚁"字。

611　蟜^①,其为人虎文,胫有脋^②,在穷奇东。一曰状如人。昆仑虚北所有^③。

【注释】

① 郭注:"蟜音桥。"郝懿行曰:"《说文》:'蟜,虫也。'非此。《广韵》'蟜'字注引此经云:'野人,身有兽文。'与今本小异。"

② 郭璞注:"言脚有胇肠也。"郝懿行曰:"'胇'当作'腓',《说文》:'腨,腓肠也。腓,胫腨也。'"

③ 郭璞注:"此同上物事也。"郝懿行曰:"郭意此已上物事皆昆仑虚北所有也。"袁珂曰:"疑'同'字原作'目','目',古'以'字。"

612　阘非^①,人面而兽身,青色。

【注释】

①郭璞注："（阒）音榻。"吴任臣曰："《伊尹四方令》云：'正西：鬼亲、枳已、阒耳。''阒非'疑即'阒耳'。"郝懿行曰："非、耳形相近。"

613 据比之尸^①，其为人折颈被发，无一手^②。

【注释】

①郭璞注："（据比）一云'掾比'。"袁珂曰："《淮南子·墬形训》云'诸比，凉风之所生也'，高诱注：'诸比，天神也。'疑即据比、掾比。"

②袁珂曰："亦神国内讧，战斗不胜，惨遭杀戮之象。"

614 环狗，其为人兽首人身^①。一曰猬状如狗，黄色。

环狗

【注释】

①吴任臣曰："《五代史》云：'牛蹄突厥之北有狗国，人身狗首，长

毛不衣,手抟猛兽,语为犬嗥。'意即此也。又《伊尹四方令》曰:'正西:
昆仑、狗国。'《易林》云:'穿胸狗邦,僵离旁春。'计其道里,似别为一
种。"郝懿行以为即是《伊尹四方令》《易林》所记"狗国"。袁珂曰:"观
其形状,盖亦犬戎、狗封之类。"

615　袜,其为物人身,黑首从目①。

袜

【注释】

①郭璞注:"'袜'即'魅'也。"魅,鬼魅也。吴任臣曰:"'从'、
'纵'通,言其目纵生也。古人亦有纵目者。蜀侯蚕丛,其目纵,死作石
棺石椁,俗以为纵目人冢。见《华阳国志》。"郝懿行曰:"《楚词·大招》
云'豕首从目,被发鬤只',疑即此。"

616　戎,其为人,人首三角①。

戎

【注释】

①　郝懿行曰："《周书·史记篇》云：'昔有林氏，召离戎之君而朝之。'或单呼为'戎'，又与'林氏国'相比，疑是也。"《图赞》曰："人面兽身，是谓阘非。被发折颈，据比之尸。戎三其角，袜竖其眉。"

617　林氏国①，有珍兽，大若虎，五采毕具，尾长于身，名曰驺吾②，乘之日行千里。

驺吾

【注释】

①吴任臣曰："《（明皇）杂录》：'碧芬出林氏国，乃驺虞与豹交而生，大如犬，毛可为裘。'即此国也。又《汲冢书》：'林氏、上衡氏争权，林氏再战勿胜，上衡氏伪义勿克，俱身死国亡。'亦斯国也。《国名记》云：'林氏国出驺虞，与葛鼠近。'"郝懿行曰："《周书·史记篇》云：'昔有林氏，召离戎之君而朝之。'又云：'林氏与上衡氏争权，俱身死国亡。'即此国也。"

②郭璞注："纣囚文王，闳夭之徒诣林氏国，求得此兽，献之，纣大悦，乃释之。《周书》曰：'夹林酋耳。'酋耳若虎，尾参于身，食虎豹。《大传》谓之'侄兽'。'吾'宜作'虞'也。"吴任臣曰："陆佃《埤雅》云：'驺虞尾参于身，白虎黑文，西方之兽也。王者有至信之德则应。不践生草，食自然之肉。'《中兴征祥说》曰：'天下太平则驺虞见。'毛苌《诗传》云：'驺虞白虎黑文，不食生物。'《说文系传》曰：'驺虞，林氏国之珍兽也。'谓此也。"《图赞》曰："怪兽五采，尾参于身。矫足千里，儵忽若神。是谓驺虞，《诗》叹其仁。"按：《尚书大传》今本作"怪兽"，不作"侄兽"："散宜生遂之於陵氏，取怪兽，尾倍其身，名曰虞。"

618 昆仑虚南所有，氾林，方三百里 ①。

【注释】

①吴任臣曰："《事物绀珠》曰：'西北海氾林浮生，广三百里，随波上下。'指此。"毕沅曰："《淮南子·墬形训》有樊桐，云在昆仑阊阖之中。《广雅》云：'昆仑虚有板桐。'《水经注》云：'昆仑之山，下有樊桐，一名板桐。'案氾、樊、板声相近，林、桐字相似，当即一也。"袁珂曰："毕

说近是,则所谓板桐之山,盖亦以'林木氾滥布衍'而得名。"按:《海内南经》亦有"氾林"(568),《海外南经》作"范林"(498)。

619 从极之渊^①,深三百仞,维冰夷恒都焉^②。冰夷人面^③,乘两龙^④。一曰忠极之渊^⑤。

【注释】

① 从极,吴任臣曰:"《路史注》作'纵极',《水经注》作'中极'。"

② 郭璞注:"冰夷,冯夷也。《淮南》云:'冯夷得道,以潜大川。'即河伯也。《穆天子传》所谓'河伯无夷'者。《竹书》作'冯夷',字或作'冰'也。"吴任臣曰:"《太公金匮》:'河伯名冯循。'《太公伏阴谋》云名'冯修',又《河图》曰'姓吕名夷',《淮南子》云'一名冯迟'。名号不同,彼此各异。"郝懿行曰:"《水经注》引此经作'冯夷'。《穆天子传》云'河伯无夷之所都居',郭注云:'无夷,冯夷也。'"袁珂曰:"河伯盖古黄河水神,《穆天子传》所谓'阳纡之山,河伯无夷之所都居'者是也。"

③ 袁珂曰:"关于河伯形状,《尸子辑本》卷下:'禹理水,观于河,见白面长人鱼身出,曰:吾河精也。授禹河图而还于渊中。'"

④ 郭璞注:"画四面,各乘灵车,驾二龙。"郝懿行曰:"郭注'灵'盖'云'字之讹也。"吴任臣曰:"《括地图》曰:'冯夷恒乘云车,驾二龙。'《淮南子》云:'冯夷,大丙之御也,乘云车,入云蜺。'《酉阳杂俎》云:'冰夷人面鱼身。'"《图赞》曰:"禀华之精,练食八石。乘龙隐沦,往来海若。是谓水仙,号曰河伯。"又曰:"水土冰鳞,潜映洞川。赤松是服,灵蜕乘烟。吐纳六极,升降九天。"

⑤ 忠极,郝懿行曰:"《水经注》引此经作'中极','中'、'忠'古字通。"

620 阳汙之山，河出其中。凌门之山，河出其中 ①。

【注释】

① 郭璞注：“（阳汙、凌门）皆河之枝源所出之处也。”吴任臣曰：“'阳汙'即'阳纡'。《水经注》：'河水又出于阳纡、陵门之山，而注于冯逸之山。'《穆天子传》：'天子西征至阳纡之山，河伯冯夷之所都居，是惟河宗氏。'《淮南》曰：'禹治洪水，具祷阳纡。'盖于此也。”郝懿行云：“（《水经注》之）'陵门'即'凌门'，或曰即'龙门'，'凌'、'龙'亦声相转也。阳纡、陵门其地皆当在秦，故《淮南子》云'禹治洪水，具祷阳纡'，高诱注云'阳纡，秦薮'是也。”

621 王子夜之尸，两手、两股、胸、首、齿皆断，异处 ①。

【注释】

① 郭璞注：“此盖形解而神连，貌乖而气合，合不为密，离不为疏。”吴任臣曰：“《西京杂记》：'因墀国有解形之民，头飞南海，左手飞东海，右手飞西泽。至暮，头还肩。'又占城国有飞头妇，韩翕国有飞骸兽，亦然。”《图赞》曰：“子夜之尸，体分成七。离不为疏，合不为密。苟以神御，形归于一。”郝懿行曰：“《楚词·天问》注有'王子侨之尸'，未审与此经所说即一人不。或说王子夜之尸即尸虞，恐非也。尸虞即天虞，见《大荒西经》（752），所未能详。”袁珂曰：“日本小川琢治《〈穆天子传〉地名考》谓'夜'即'亥'之形讹。若果如此，则此节即王亥故事之片段，即《大荒东经》（693）郭璞注引古本《竹书纪年》所谓'殷王子亥宾于有易，淫焉，有易之君绵臣杀而放之'，王亥惨遭杀戮以后之景象也。详

该经'王亥'节。"

622　舜妻登比氏 ①，生宵明、烛光 ②，处河大泽 ③。二女之灵能照此所方百里 ④。一名登北氏 ⑤。

【注释】

　①《礼记·檀弓》云舜有"三妃"，除娥皇、女英外，另一即登比氏。登比又作"癸比"，见《礼记》孔疏："舜长妃娥皇，次妃女英，次妃癸比，生二女，曰宵明，曰烛光。"

　②郭璞注："即二女字也。以能光照，因名云。"

　③郭璞注："泽，河边溢漫处。"

　④郭璞注："言二女神光所烛及者方百里。"吴任臣曰："《淮南子》：'宵明、烛光在河洲，所照方千里。'《路史》云：'舜次妃癸比氏，生二女，曰宵明，曰烛光，处河大泽，灵照百里，是为湘之神。'"《图赞》曰："水有佳人，宵明烛光。流耀河湄，禀此奇祥。维舜二女，别处一方。"

　⑤吴任臣曰："'登北'，书多作'癸北'，《姓纂》又作'癸比'，舜之第三妃也。"

623　盖国 ①，在钜燕南，倭北。倭属燕 ②。

【注释】

　①吴任臣曰："郑樵《都邑略》：'东沃沮在盖马大山之东。'注云：'盖马，县名。'疑即盖国。又《路史》云：'登北国在钜燕之南，倭之北，属燕。'似二国同一地也。"按：吴注引《都邑略》文，出《三国·魏志·东

夷传》及《后汉书·东夷传》李贤注。

　　②郭璞注："倭国在带方东,大海内,以女为主,其俗露紒,衣服无针功,以丹朱涂身,不妒忌,一男子数十妇也。"紒,发髻。《三国志·魏志·东夷传》："倭人在带方东南大海之中,依山岛为国邑。旧百余国,汉时有朝见者,今使译所通三十国。男子无大小皆黥面文身。其风俗不淫,男子皆露紒,以木绵招头。其衣横幅,但结束相连,略无缝。妇人被发屈紒,作衣如单被,穿其中央,贯头衣之。其俗,国大人皆四五妇,下户或二三妇。妇人不淫,不妒忌。不盗窃,少诤讼。"按:属,乃连属之属,非归属之属。"属燕"即与燕相近意。下同。袁珂以为自此至卷末十节文字为错简,应移至《海内东经》(634)"钜燕,在东北陬"一节之下。

624　朝鲜 ①,在列阳东,海北山南。列阳属燕 ②。

【注释】

　　①郝懿行曰:"《尚书大传》云:'武王释箕子之囚,箕子不忍周之释,走之朝鲜。武王闻之,因以朝鲜封之。'《魏志·东夷传》云:'濊南与辰韩,北与高句丽、沃沮接,东穷大海,今朝鲜之东皆其地也。昔箕子既适朝鲜,作八条之教以教之,无门户之闭而民不为盗。'"

　　②郭璞注："朝鲜,今乐浪县,箕子所封也。列亦水名也,今在带方。带方有列口县。"郝懿行曰:"《地理志》云:'乐浪郡,朝鲜。'又:'吞列,分黎山,列水所出,西至黏蝉入海。'又云:'含资,带水西至带方入海。'又:带方、列口并属乐浪郡。《晋书·地理志》:列口属带方郡。"《图赞》曰:"箕子避商,自窜朝鲜。善者所在,岂有隐显。"

625　列姑射，在海河洲中 ^①。

【注释】

　　① 郭璞注："山名也。山有神人。河洲在海中，河水所经者，《庄子》所谓'藐姑射之山'也。"吴任臣曰："《东山经》（238、239）有北姑射、南姑射二山，皆在中国。此则藐姑射，盖远在海中者。"郝懿行曰："《列子·黄帝篇》'列姑射山在海河洲中，山上有神人焉，吸风饮露，不食五谷，心如渊泉，形如处女'云云，与《庄子·逍遥游篇》所云'藐姑射之山，汾水之阳'者非一地也。郭引《庄子》说此经，盖非。"

626　姑射国 ^①，在海中，属列姑射。西南，山环之 ^②。

【注释】

　　① 郝本原作"射姑国"。宋本、明《藏经》本、吴任臣本俱作"姑射国"，据改。
　　② 郝懿行曰："山环西南，海据东北也。"

627　大蟹，在海中 ^①。

大蟹

【注释】

　　① 郭璞注：“盖千里之蟹也。”吴任臣曰：“《逸周书·王会解》‘海阳大蟹’注：‘海水之阳，一蟹盈车。’此云‘千里’，则更异已。《岭南异志》云：‘昔有海商海中行，遇沙渚，林木茂甚，乃维舟登岸，爨于水傍。半炊而林没，详视之，大蟹也。’《玄中记》云：‘北海之蟹，举一螯能加于山，身故在水中。’亦此类也。”郝懿行曰：“《吕氏春秋·恃君览》云：‘夷秽之乡，大解、陵鱼。’‘大解’即‘大蟹’也，古字通用。”

628　陵鱼，人面、手、足，鱼身，在海中^①。

陵鱼

【注释】

　　① 吴任臣曰：“屈子《天问》云：‘鲮鱼何所？’柳宗元《天对》云：‘鲮鱼人面，迩列姑射。’《岭海异闻》曰：‘人鱼长四尺许，体发牝牡人也，惟背有短鬣微红。’注云：‘西海陵鱼。’即此。”郝懿行亦以此经陵鱼为人鱼，而《楚辞·天问》之“鲮鱼何所”则为“鲮鲤”，即穿山甲者，与此非一物，详见《南山经》（5）及注。袁珂以为《海外西经》（518）“龙鱼

陵居”即此鱼。

629　大鯾，居海中①。

【注释】

　　① 郭璞注：“鯾即鲂也。音鞭。”吴任臣曰：“《尔雅》‘鲂，魾’，注云：‘江东呼鲂为鳊，一名魾。’”

630　明组邑，居海中①。

【注释】

　　① 杨慎曰：“《尔雅》云：‘纶似纶，组似组，东海有之。’注：海苔之类。此所谓明组者也。”吴任臣曰：“邑，犹言聚也。盖纶为青苔、紫菜之属，组乃海中昆布。”郝懿行曰：“明组邑，盖海中聚落之名，今未详。或说以《尔雅》‘组似组，东海有之’，恐非。”

631　蓬莱山，在海中①。

【注释】

　　① 郭璞注：“上有仙人宫室，皆以金玉为之，鸟兽尽白，望之如云，在渤海中也。”王崇庆曰：“今登州海中有大小竹山及田横诸岛，且其属邑曰蓬莱，即此。”吴任臣曰：“《列子》：‘渤海之东，其中有山，一曰岱舆，二曰员峤，三曰方壶，四曰瀛洲，五曰蓬莱。’《玄中记》云：‘东南之大者有巨鳌，以背负蓬莱山。’《十洲记》云：‘蓬莱山周回五千里，外别

负海之溟海,无风而洪波百丈,有九气丈人、九天真君宫。则蓬莱固在海之中也。'又云:'蓬丘即蓬莱山。'《拾遗记》曰:'亦名防丘,亦名云来,高二万里,广七万里。'"又郝懿行曰:"《史记·封禅书》云:'蓬莱、方丈、瀛洲,此三神山者,其传在渤海中,诸仙人及不死之药皆在焉。其物禽兽尽白,而黄金银为宫阙。未至,望之如云。'是郭注所本也。"《图赞》曰:"蓬莱之山,玉碧构林。金台云馆,皓哉兽禽。实维灵府,玉主甘心。"

632 大人之市,在海中①。

【注释】

① 杨慎曰:"即今登州海市。"吴任臣曰:"登州四面皆海,春夏时遥见水面有城郭市肆,人马往来若交易状,土人谓之海市。"郝懿行亦同此说,且云:"秦、汉之君所以甘心,方士所以诳惑其君,岂不以此邪?"袁珂以为:《大荒东经》(672、673)云"有波谷山者,有大人之国","有大人之市,名曰大人之堂',即此;杨慎、郝懿行以为登州海市蜃楼者,非也。

卷十三　海内东经

633　海内东北陬以南者^①：

【注释】

　　① 此经自东北至东南，与《海外东经》自东南陬至东北陬正相反。

634　钜燕，在东北陬^①。

【注释】

　　① 袁珂曰："此下当接《海内北经》'盖国在钜燕南'以下十节文字（623–632）。"

635　国在流沙中者，埻端^①、玺㬉^②，在昆仑虚东南。一曰海内之郡，不为郡县，在流沙中^③。

【注释】

　　① 郭璞注："（埻）音敦。"郝懿行曰："《玉篇》作'埻瑞，国名'。"
　　② 郭璞注："（㬉）音唤。或作'茧㬉'。"吴任臣曰："《抱朴子》有

'玺产之国'，疑即此也。又《字义总略》作'玺映'。"郝懿行曰："'暎'
即'暖'字。《玉篇》作'玺暎国'。"日人小川琢治《山海经考》以为"埻
端玺暎"四字，"端"为"埻"字音注；"玺"为"皇"字之讹，而"暎"为
其音注，是"埻玺"即"敦煌"。其说甚巧，但"皇"非僻字，何用注音？
是仍有不稳妥处。

　　③郝懿行曰："《海内东经》之篇，而说流沙内外之国，下又杂厕东
南诸州及诸水，疑皆古经之错简。"袁珂曰："此下三节俱当移在《海内
西经》（585）'流沙出钟山'节后。"

636　国在流沙外者，大夏 ①、竖沙 ②、居繇 ③、月支之国 ④。

【注释】

　　①郭璞注："大夏国，城方二三百里，分为数十国，地和温，宜五
谷。"吴任臣曰："《伊尹四方令》曰：'正北：大夏。'《淮南子》云：'空同、
大夏。'《管子》云：'桓公西伐大夏，涉流沙。'《王会篇》'大夏兹白牛'，
注：'西北戎也。'《史记》：'大夏在大宛西南二千余里。'"按：西汉时大
夏国在今阿富汗地。

　　②郝懿行曰："《说文》云：'古者宿沙初作煮海盐。'宿沙盖国名。
宿、竖音相近，疑即竖沙也。《三国志》注引《魏略》作'坚沙国'。"袁珂
曰："宿沙，炎帝臣，其煮海盐当在古齐地，与竖沙东西地望绝不相侔，郝
说非也。"袁说是。吴承志以为竖沙即今新疆之莎车。

　　③郭璞注："（繇）音遥。"《三国志》注引《魏略》云："流沙西有
大夏国、坚沙国、属繇国、月氏国。"张步天亦以为属繇即居繇，其地亦在
今阿富汗境。或有以为居繇即居延者，亦为一说。

④ 郭璞注："月支国,多好马美果,有大尾羊,如驴尾,即羬羊也。小月支、天竺国皆附庸云。"吴任臣曰:"'支'亦作'氏'。阚骃《十三州志》:'西平、张掖之间,大月氏之别小月氏之国。'"《图赞》曰:"竖沙、居繇,埤端、玺暎。沙漠之乡,绝地之馆。或羁于秦,或宾于汉。"此月支为大月支,秦汉时迁至阿富汗一带。

637 西胡白玉山,在大夏东①,苍梧在白玉山西南②,皆在流沙西,昆仑虚东南。昆仑山在西胡西,皆在西北③。

【注释】

① 吴任臣曰:"赤水西亦有白玉山,非此。"郝懿行以为即赤水西之白玉山。按:《三国志》注引《魏略》云:"大秦西有海水,海水西有河水,河水西南北行有大山,西有赤水,赤水西有白玉山,白玉山有西王母。西王母西有修流沙,流沙西有大夏国、坚沙国、属繇国、月氏国。"张步天以为白玉山当在今新疆和田。

② 郝懿行曰:"此别一苍梧,非南海苍梧也。"吴承志以为此苍梧在今甘肃古浪境,张步天以为非是,疑在新疆西南阿克塞钦湖一带。

③ 郭璞注:"《地理志》:'昆仑山在临羌西,又有西王母祠也。'"王崇庆曰:"昆仑墟,以其余地而言;昆仑山,方指本山而言。"袁珂曰:"《汉书·地理志》云:'金城郡临羌西北至塞外,有西王母石室。'又云:'有弱水昆仑山祠。'是郭所本也。然详此经所说,盖《海内西经》(590)注所云'海外复有昆仑'者也。郭引《地理志》复以'海内昆仑'说之,似非。"

638　雷泽中有雷神^①，龙身而人头，鼓其腹^②。在吴西^③。

雷神

【注释】

①《大荒东经》"流波山"亦有"雷兽"（702），当由此而演变。

②吴任臣曰："《淮南子》云：'雷泽有神，龙身人头，鼓其腹而熙。'《奚囊橘柚》云：'轩辕游于阴浦，有物焉，龙身而人头，鼓腹而遨游。问于常伯，常伯曰：此雷神也，有道则见。'"郝懿行曰："《史记·五帝本纪正义》引《括地志》云：'雷夏泽，在濮州雷泽县郭外西北。'又引此经云'雷泽有雷神，龙首人颊，鼓其腹则雷'，与今本异也。"

③郭璞注："今城阳有尧冢、灵台，雷泽在北也。《河图》曰：'大迹在雷泽，华胥履之而生伏羲。'"吴任臣曰："雷泽在济阳城阳县西北，《禹贡》作'雷夏'，《周礼》作'庐维'，郑玄作'雷雍'。昔舜渔于雷泽，即此地。金氏曰：'今濮州雷泽县西北雷夏陂，东西二十里，南北十五里，盖古雷泽也。'"袁珂用吴承志说，雷泽即震泽，即太湖，地正在"吴西"。张步天更以扬子鳄为雷神"夔"（703）之原型。

639　都州^①，在海中。一曰郁州^②。

【注释】

①毕沅曰："《水经注》引此作'郁山'。刘昭注《郡国志》与经文同。"

②郭璞注："今在东海朐县界。世传此山自苍梧从南徙来，上皆有南方物也。"吴任臣曰："《郡县释名》曰：'郁州，即临朐之朐山也，一名覆釜山。'《后汉志》东海郡有朐县，注：'实齐之骈邑，随之逢山。'又案《一统志》云：'朐山东北海中有大洲，谓之郁洲，又名郁州，一名郁郁山，一名苍梧山，或言昔从苍梧飞来。'然则郁州近朐山东北，非即朐山也。"郝懿行曰："刘昭注《郡国志》引此注，云'在苍梧徙来，上皆有南方树木'，与今本异，疑今本'从南'二字衍也。《水经注》亦云言是山自苍梧徙此，云山上犹有南方草木。"《图赞》曰："南极之山，越处东海。不行而至，不动而改。维神所运，物无常在。"

640　琅邪台，在渤海间，琅邪之东^①。其北有山。一曰在海间^②。

【注释】

①郭璞注："今琅邪在海边，有山嶕峣特起，状如高台，此即琅邪台也。琅邪者，越王勾践入霸中国之所都。"吴任臣曰："《括地志》：'密州诸城县东南有琅邪台，越王勾践观台也。'《越绝》曰：'勾践徙琅邪，起观台，台周七里，以望东海。'《水经注》：'琅邪台在（琅邪）城东南十里。'"地在今山东胶南县南。

②郝懿行曰："琅邪台在今沂州府，其东北有山，盖劳山也。劳山在

海间，一曰牢山。”

641　韩雁 ①，在海中，都州南。

【注释】

　　① 王崇庆曰：“此所谓韩雁，疑即今之辽东。”郝懿行曰：“韩雁，盖三韩古国名。”三韩即马韩、辰韩、弁韩。张步天云：“‘雁’、‘辰’二字形近，疑‘韩雁’即‘韩辰’，或即辰韩属地海岛。”

642　始鸠 ①，在海中，辕厉南 ②。

【注释】

　　① 郭璞注：“国名。或曰鸟名也。”王崇庆曰：“据文会理，上皆书列国，岂至此独以一鸟参乎？当以国为是。”张步天以为即今韩国之济州岛，“济州”与“始鸠”音亦相近。

　　② 毕沅曰：“‘辕厉’即‘韩雁’也。‘辕’、‘韩’音相近，‘雁’、‘厉’字相似。”《图赞》曰：“韩雁始鸠，在海之州。雷泽之神，鼓腹优游。琅琊巉崟，邈若云楼。”

643　会稽山，在大楚南 ①。

【注释】

　　① 吴承志曰：“‘楚’当作‘越’，传写讹误。”毕沅曰：“右《海内东经》旧本合‘岷三江首’以下云云为篇，非，今附在后。”又云：“自‘岷三

江首’以下，疑《水经》也。”袁珂曰：“毕沅之说是也。《隋书·经籍志》载《水经》三卷郭璞注，《旧唐书·经籍志》载《水经》二卷郭璞撰。此《水经》隋、唐二《志》均次在《山海经》之后，当即《海内东经》所羼入之文也。故‘岷三江’以下文字确与经文无关。”

644　岷三江，首大江，出汶山 [①]，北江出曼山 [②]，南江出高山 [③]。高山在城都西 [④]。入海在长州南 [⑤]。

【注释】

①郭璞注：“今江出汶山郡升迁县岷山，东南经蜀郡、犍为至江阳，东北经巴东、建平、宜都、南郡、江夏、弋阳、安丰至庐江南界，东北经淮南、下邳至广陵郡入海。”吴任臣曰：“明末时，江阴人徐弘祖出关，至昆仑山，归作《溯江纪源》一书，言：‘《禹贡》岷山导江，特泛滥中国之始，按其发源，河自昆仑之北，江亦自昆仑之南，其龙脉与金沙江相并南下，环滇池以达五岭，江之所以大于河也。’其说亦足补前人之未及矣。”

②毕沅曰：“曼山疑即蒙山，在今四川名山县西北。曼、蒙音相近。北江疑即青衣水也。”

③毕沅曰：“疑即邛水，在今四川荣经县北，至雅州合青衣水也。”郝懿行曰：“高山即崃山。郭云‘南江所出’。”

④郝懿行曰：“‘城’当为‘成’。”

⑤郝懿行曰：“《郡国志》云：‘东阳故属临淮，有长洲泽。’‘洲’当为‘州’也。”按：《续汉书·郡国志》东阳属广陵郡。

645　浙江出三天子都 [①]，在其东 [②]。在闽西北 [③]。入海余暨南^④。

【注释】

　　① 郭璞注："按《地理志》，浙江出新安黟县南蛮中，东入海，今钱塘浙江是。黟即歙也。"吴任臣曰："浙江之名，前此未有，实始于《山海经》'浙江出三天子都'。《水经》'浙江水出三天子都'，'渐江'即'浙江'也。《吴越春秋》：'越王至浙江之上，望见大越山川重秀，天地再清。'《史记》云：'水至会稽山阴为浙江。'又云：'秦始皇至钱唐，临浙江。'卢肇曰：'浙者折也，盖取其潮出海屈折而倒流也。一名罗刹江。'又《一统志》引经云'三天子山在率东'。率山，今在休宁县，俗名张公山。何乔远《舆地记》云：'休宁县山曰率山，水曰率水。《山海经》"浙江出三都山，在率东"，盖此山也。'今本无此文。"郝懿行曰："水出今安徽歙县西北黄山。三天子都在绩溪县，即'三天子鄣'，已见《海内南经》（563）。"

　　② 郝懿行曰："'其'字疑讹。《太平御览》六十五卷引作'率'，亦非也。据《太平寰宇记》引作'蛮'。郭注'黟即歙也'，'黟'亦引作'蛮'。今以《地理志》、《说文》证之，当是也。"

　　③ 郝懿行曰："《海内南经》（563）云：'三天子鄣山在闽西海北。'"

　　④ 郭璞注："余暨县属会稽，今为永兴县。"吴任臣曰："今之萧山。"

646 庐江出三天子都，入江彭泽西^①。一曰天子鄣^②。

【注释】

　　① 郭璞注："彭泽，今彭蠡也，在寻阳彭泽县。"吴任臣曰："《水经》：'庐江水出三天子都，北过彭泽县，西北入于江。'"

②吴任臣引汪循《率山记》曰："或以绩之大鄣山为《山海经》所称'三天子都'，非也。《水经》'渐江出三天子都，在率东'；'庐江出三天子都，入彭蠡'。今维率山之水，山阴山阳，一东一西而流入于江者，与古吻合。尝游率山，见巨石上镌'三天子都'字，笔画摹索可验。"吴氏又引新安吴时宪曰："黄山有最高峰曰三天子都，东西南北皆有鄣。婺有三天子鄣，南都也。匡庐亦称天子鄣，西都也。绩溪有大鄣，东北都也。天都为天子都，率山、匡庐、大鄣为天子都之鄣。"

647 淮水出余山。余山在朝阳东，义乡西①，入海淮浦北②。

【注释】

①郭璞注："朝阳县今属新野。"毕沅曰："水出今河南桐柏县西南九十里桐柏山。《太平寰宇记》云：南阳县有朝阳故城。在今河南南阳县。"又云："此云'义乡'，当是古乡名，后为义阳县。朝阳东，义阳西，在今唐州之境，与桐柏县接也。"郝懿行曰："郭注'新野'疑当为'义阳'，字之讹也。"经文"义乡"当是"义阳"之讹。

②郭璞注："今淮水出义阳平氏县桐柏山山东，北经汝南、汝阴、淮南、谯国、下邳，至广陵县入海。"吴任臣曰："《水经》：'淮水出南阳平氏县胎簪山，东北过桐柏山。'禹获水怪无支祈在此地，见《古岳渎经》。"

648 湘水出舜葬东南陬，西环之①。入洞庭下②。一曰东南西泽③。

【注释】

①郭璞注："环，绕也。今湘水出零陵营道县阳湖山，入江。"吴任臣曰："《水经》'湘水出零陵始安县阳海山'，注云：'即阳朔山也。'《尚书日记》云：'湘江出静江府兴安县阳山东北名铧觜，东北至潭州入洞庭。'"毕沅曰："水出今广西灌阳县西南海阳山。案舜葬九疑山，在今湖南永宁县。湘水自广西入境，在舜葬西南，故云'西环之'也。"

②郭璞注："洞庭，地穴也，在长沙巴陵。今吴县南太湖中有包山，下有洞庭穴道，潜行水底，云无所不通，号为地脉。"按：此洞庭非太湖洞庭。毕沅曰："湘水在今湖南长沙县入洞庭湖，行二千五百里。"

③毕沅曰："言他本作'东南入西泽'也。"

649　汉水出鲋鱼之山①。帝颛顼葬于阳，九嫔葬于阴②，四蛇卫之③。

【注释】

①郭璞注："《书》曰'嶓冢导漾，东流为汉'。按《水经》：'汉水出武都沮县东狼谷，经汉中、魏兴至南乡，东经襄阳，至江夏安陆县入江。别为沔水，又为沧浪之水。'"吴任臣曰："《十道志》云：'鲋鰅即广阳山之别名也。'计其道里，与汉水绝不相蒙，当在传疑。"郝懿行曰："此经云'出鲋鱼之山'，'鲋鱼'或作'鲋隅'，一作'鲋鰅'，即《海外北经》（541）'务隅之山'，《大荒北经》（767）又作'附鱼之山'，皆广阳山之异名也，与汉水源流绝不相蒙，疑经有讹文。"

②吴任臣曰："《一统志》：'鲋鰅山，在开州旧顿丘县西北二十里，颛顼葬其阳。一名广阳山，今滑县有颛顼陵，是其地也。'《皇览冢墓记》

云：'在濮阳县顿丘门外广阳里中。'"

③郭璞注："言有四蛇卫守山下。"

650 蒙水^①出汉阳西^②，入江聂阳西^③。

【注释】

①《水经注·江水》："蒙水，即大渡水也，水发蒙溪，东南流与涐水合。"

②郭璞注："汉阳县属朱提。"毕沅曰："此汉阳言在汉水之阳，汉水乃犍为入延之汉水也。汉遂为县，《地理志》属犍为郡。"

③吴任臣曰："'聂阳'，《水经注》引此作'㵒阳'。"

651 温水出崆峒山^①，在临汾南^②，入河华阳北。

【注释】

①郭璞注："今温水在京兆阴盘县，水常温也。临汾县属平阳。"吴任臣曰："《一统志》：'温水谷在宝鸡县东南四十里渭水之南。'郭氏所指者此也，与经似不相应。"郝懿行曰："《史记·五帝纪》云'西至于空桐'，《正义》引《括地志》云：'空桐山在肃州禄福县东南。'又云：'笄头山一名崆峒山，在原州平凉县西百里，《禹贡》泾水所出。'"

②郝懿行曰："《地理志》云：'安定郡，泾阳：开（即笄）头山在西，《禹贡》泾水所出。'则经文'临汾'疑当为'临泾'之讹也。"

652 颍水出少室，少室山在雍氏南，入淮西鄢北^①。一曰

缑氏 ②。

【注释】

　　① 郭璞注：“今颍水出河南阳城县乾山，东南经颍水、汝阴，至淮南下蔡入淮。鄢，今鄢陵县，属颍川。”吴任臣曰：“《一统志》：‘颍水源出河南府登封县颍谷。’《地里志》云：‘出阳乾山，东经郑州至襄城县，为渚河，又东经临颍县，西合沙河入淮。’”

　　② 郭璞注：“县属河南。（缑）音钩。”毕沅曰：“言少室山在雍氏南。雍氏一作缑氏，今偃师县地，东南与登封接，则少室山在雍氏西北。此云‘南’，未详。”

653　汝水出天息山，在梁勉乡西南，入淮极西北 ①。一曰淮在期思北 ②。

【注释】

　　① 郭璞注：“今汝水出南阳鲁阳县大盂山，东北至河南梁县，东南经襄城、颍川、汝南，至汝阴褒信县入淮。淮极，地名。”吴任臣曰：“刘会孟云：‘今出河南汝宁府，由上蔡、西平、汝阳入淮。’《水经注》云：‘《地理志》言出高陵山，即猛山也，亦言出南阳鲁阳县之大盂山，又言出弘农卢氏县还归山，《博物志》曰汝出燕泉山，皆异名也。’”

　　② 郭璞注：“期思县，属弋阳。”

654　泾水出长城北山 ①，山在郁郅长垣北 ②，北入渭戏北 ③。

【注释】

① 郝懿行曰："长城即秦所筑长城也。北山即笄头山。"

② 郭璞注："皆县名也。郅音桎。"郝懿行曰："（郁郅）即今甘肃庆阳府治也。长垣即长城也。"

③ 郭璞注："今泾水出安定朝那县西笄头山，东南经新平、扶风，至京兆高陵县入渭。戏，地名，今新丰县也。"郝懿行曰："《汉书·高帝纪》颜师古注：'戏在新丰东。今有戏水驿。其水本出蓝田北界横岭，至此而北流入渭。'然则戏亦水名也。"

655　渭水出鸟鼠同穴山，东注河，入华阴北①。

【注释】

① 郭璞注："鸟鼠同穴山，今在陇西首阳县，渭水出其东，经南安、天水、略阳、扶风、始平、京兆、弘农华阴县入河。"

656　白水出蜀，而东南注江①，入江州城下②。

【注释】

① 郭璞注："色微白浊，今在梓橦白水县，源从临洮之西西倾山来，经沓中东流通阴平，至汉寿县入潜。"郝懿行曰："此经云'白水注江'，所未详，或江即垫江也。白水在今四川昭化县界入于汉。昭化即葭萌地也。"

② 郭璞注："江州县属巴郡。"郝懿行曰："今四川巴州即古江州，西北与昭化接境。"

657　沅水出象郡镡城西 ①，入东注江 ②，入下隽西 ③，合洞庭中 ④。

【注释】

①郭璞注："象郡，今日南也。镡城县今属武陵。（镡）音寻。"吴任臣曰："《尚书日记》：'楚中九江，五曰沅江。出沅州西蛮界中，至辰州与西江合。'又初出为旁沟水，至镡城为沅水。《楚辞》云'沅有芷兮澧有兰'，指此水也。"

②郝懿行曰："'入'字疑衍，或'又'字之讹。"

③郭璞注："下隽县今属长沙。"

④郭璞注："《水经》曰：'沅水出牂柯且兰县，又东北至镡城县为沅水，又东过临沅县南，又东至长沙下隽县。'"

658　赣水出聂都东山 ①，东北注江，入彭泽西 ②。

【注释】

①郭璞注："今赣水出南康南野县西北。"吴任臣曰："《一统志》曰：'赣水在吉安府东，章、贡二水至赣县北，合为赣江，下流一百里，凡二十四滩。'《广舆记》：'聂都山在南安府崇义县。'"

②郝懿行曰："彭泽，今江西新建县东鄱阳湖，即彭蠡泽也。"

659　泗水出鲁东北而南，西南过湖陵西，而东南注东海，入淮阴北 ①。

【注释】

　　① 郭璞注："今泗水出鲁国卞县,西南至高平湖陆县,东南经沛国、彭城、下邳,至临淮下相县入淮。"

660 郁水出象郡 ①,而西南注南海,入须陵东南 ②。

【注释】

　　① 郝懿行曰："即豚水也。《地理志》云:'牂牁郡,夜郎:豚水东至广郁。'又云:'郁林郡,广郁:郁水首受夜郎豚水,东至四会入海。'《水经》云'温水出牂柯夜郎县,又东至郁林广郁县为郁水,又东至领方县,东与斤员水合,东北入于郁',注云:'郁水即夜郎豚水也。'"

　　② 郝懿行曰："《海内南经》(565)云:'郁水出湘陵南海。一曰相虑。'此经又云'须陵',疑'须陵'即'湘陵',声转为'相虑'。"

661 肆 ① 水出临晋西南 ②,而东南注海,入番禺西 ③。

【注释】

　　① 郭璞注："音如肄习之肄。"郝懿行曰："今经文正作肄习之肄,如此便不须用音,知郭本不作'肄'也。《水经注》引作'肆',当是。"按:据郝氏之说,字形为"肆",而读音如郭注为"肄"。

　　② 吴任臣曰："即溱水也。《水经》:'溱水出桂阳临武县南,绕城西北,屈东流。'或作'肆水',郦氏引经曰:'肆水出临武西南,注于海,入番禺西。'"郝懿行曰："'晋'当为'武'字之讹,见《水经注》所引。"按:《水经注》引经作"肆水出临武西南"。

③郭璞注："番禺属南海,越之城下也。"

662　潢水出桂阳西北山①,东南注肄水,入敦浦西②。

【注释】

①吴任臣曰:"《水经注》引经作'湟水':'徐广曰:"湟水一名洭水,出桂阳,通四会。"亦曰灌水也。汉元鼎元年,路博德为伏波将军,征南越,出桂阳下湟水,即此水矣。'《水经》又谓之'桂水'。"

②郝懿行曰:"敦浦未详。《水经·溱水注》引此经作'郭浦'。"

663　洛水出洛西山,东北注河,入成皋之西①。

【注释】

①郭璞注:"《书》云'道洛自熊耳'。按《水经》,洛水今出上洛冢岭山,东北经弘农,至河南巩县入河。成皋县亦属河南也。"

664　汾水出上窳北①,而西南注河,入皮氏南②。

【注释】

①郭璞注:"(窳)音愈。"

②郭璞注:"今汾水出太原晋阳故汾阳县,东南经晋阳,西南经西河、平阳至河东汾阴入河。皮氏县属平阳。"

665　沁水出井陉山东,东南注河,入怀东南①。

【注释】

① 郭璞注：“怀县属河内，河内北有井陉山。”吴任臣曰：“刘凤《杂俎》云：‘沁水，春秋之少水也。’《郡县释名》曰：‘沁河源出沁源县，有二，一自县西北绵山东谷南流，一自县东北马圈沟南流，俱至交口村合流，入黄河。’”按：郝懿行以为此井陉即《地理志》常山郡之井陉，非是。

666　济水出共山南东丘^①，绝巨鹿泽^②，注渤海，入齐琅槐东北^③。

【注释】

① 郭璞注：“‘共’与‘恭’同。”

② 郭璞注：“绝，犹截度也。巨鹿今在高平。”郝懿行曰：“《水经注》及《初学记》六卷并引此经云‘绝钜野’，今本作‘鹿’，字之讹也。《水经》云：‘济水又东至乘氏县西，分为二。其一水东南流，其一水从县东北流，入钜野泽。’”

③ 郭璞注：“今济水自荥阳卷县，东经陈留至潜阴北，东北至高平，东北经济南，至乐安博昌县入海，今碣石也。诸水所出，又与《水经》违错，以为凡山川或有同名而异实，或同实而异名，或一实而数名，似是而非，似非而是。且历代久远，古今变易，语有楚夏，名号不同，未得详也。”吴任臣曰：“济水出王屋山，至河南济源县，二源合流，其水或伏或见，东出于陶丘北，又东北会于汶。今济河在汶上县北，一名大清河。”郝懿行曰：“《水经注》引《地理风俗记》曰：‘博昌东北八十里有琅槐乡，故县也。’此注‘今碣石也’，当从《水经注》作‘今河竭也’，盖传写之讹耳。”

667　潦水^①出卫皋东^②,东南注渤海,入潦阳^③。

【注释】

　　① 潦水,吴任臣曰:"即辽水。"郝懿行曰:"《水经》、《地理志》并作'辽水'。"

　　② 郭璞注:"出塞外卫皋山。玄菟高句骊县有潦山,小潦水所出,西河注大潦。音僚。"郝懿行曰:"《地理志》云:'玄菟郡,高句骊:辽山,辽水所出,西南至辽队,入大辽水。'此为郭注所本。郭注之'西河'当为'西南',字之讹也。"

　　③ 郭璞注:"潦阳县属潦东。"吴任臣曰:"《水经注·辽水》亦言'出砥石山,自塞外东流。又东北入广成县,东注白狼水'。魏氏《土地记》曰:'白狼水下入辽也。'"郝懿行曰:"《地理志》云:辽东郡辽阳。"

668　虖沱水出晋阳城南,而西至阳曲北,而东注渤海^①,入越章武北^②。

【注释】

　　① 郭璞注:"经河间乐城,东北注渤海也。晋阳、阳曲县皆属太原。"吴任臣引刘会孟曰:"水自真定府城南,来自雁门,经灵寿、平山、晋州、卫水、武邑。"

　　② 郭璞注:"章武,郡名。"郝懿行曰:"经文'越'字疑衍。《地理志》云:章武,勃海县也。郭云'章武郡',疑'郡'当为'县'字之讹也。"

669　漳水出山阳东,东注渤海,入章武南^①。

【注释】

①郭璞注："新城汋阴县亦有漳水。"吴任臣曰："蔡氏《书传》：'漳水有二，一出上党沾县大黾谷，名清漳，一出上党长子县鹿谷山，名浊漳。二漳异源，而下流相合。'"《图赞》曰："川渎交错，涣澜流带。通潜润下，经营华外。殊出同归，混之东会。"

建平元年四月丙戌，待诏太常属臣望校治，侍中光禄勋臣龚、侍中奉车都尉光禄大夫臣秀领主省①。

【注释】

①郝懿行曰："右《海外》《海内经》八篇，大凡四千二百二十八字。"

卷十四　大荒东经

郝懿行曰："今考本经篇第，皆以南西北东为叙，兹篇已后，则以东南西北为次。盖作者分别部居，令不杂厕，所以自别于古经也。又《海外》、《海内经》篇末皆有'建平元年四月丙戌'已下三十九字，为校书款识，此下亦并无之。又此下诸篇大抵本之《海内》《外》诸经而加以诠释，文多凌杂，漫无统纪，盖本诸家纪录，非一手所成故也。"

670　东海之外大壑 ①，少昊之国 ②。少昊孺帝颛顼于此 ③，弃其琴瑟 ④。有甘山者，甘水出焉，生甘渊 ⑤。

【注释】

①　郭璞注："《诗含神雾》曰：'东注无底之谷。'谓此壑也。《离骚》曰：'降望大壑。'"吴任臣曰："《列子》：'渤海之东，不知几亿万里，有大壑，实惟无底之谷。'《庄子》：'谆芒将东之大壑，适遇苑风于东海之滨。'郭璞《江赋》：'淙大壑与沃焦。'指此也。梁简文《大壑赋》云：'渤海之东，不知几亿。大壑在焉，其深无极。'"《图赞》曰："写溢洞穴，暵昏龙烛。爰有大壑，号为无底。"按："降望大壑"句出自《楚辞·远游》。

②　郭璞注："少昊金天氏，帝挚之号也。"吴任臣曰："少昊青阳氏，

己姓，名质，其父曰清，黄帝第五子方儽氏之生也。又曰金天氏，亦名挚。"按：《拾遗记》云："少昊以主西方，一号金天氏，亦曰金穷氏。"

　　③郭璞注："孺义未详。"杨慎曰："孺，谓长育之也，别无异议。郭盖以奇求之，反不得耳。"毕沅曰："《帝王世纪》云：'颛顼生十年而佐少昊。'见《初学记》，是其义也。"郝懿行亦曰："此言少昊孺养帝颛顼于此。少昊以帝子而为诸侯，封于下国，即此经云'少昊之国'。少昊为颛顼之世父，颛顼为少昊之犹子，世父就国，犹子随侍。"俱合经"孺帝颛顼"之文，而吴任臣以孺帝为"高阳氏元子骆明"即颛顼之子者，非是。

　　④郭璞注："言其壑中有琴瑟也。"郝懿行以为，少昊既孺养犹子颛顼，以琴瑟为其童子戏弄之具。

　　⑤郭璞注："水积则成渊也。"吴任臣曰："即羲和浴日之所。"见《大荒南经》（729）："东南海之外，甘水之间，有羲和之国。有女子名曰羲和，方日浴于甘渊。"

671　大荒东南隅有山，名皮母地丘①。

【注释】

　　①郝懿行曰："《淮南·墬形训》云：'东南方曰波母之山。'盖'波母'之'波'脱水旁，因为'皮'尔。臧庸曰：'波母即皮母，同声字也。'"

672　东海之外，大荒之中，有山名曰大言，日月所出①。有波谷山者。有大人之国②。

【注释】

①杨慎曰："《山海经》纪日月之出者七，日月所入五，日月所出入
一。其纪日月之出也，曰大言山，曰合虚山，曰明星山，曰鞠陵山，曰汤
谷扶木，曰猗天苏门山，曰壑明俊疾山，皆在《大荒东经》。（袁珂去"汤
谷扶木"而为六。）其纪日月之入，曰丰沮玉门山，曰日月山，天枢也，曰
鏖鏊巨山，曰常阳山，曰大荒山，皆在《大荒西经》。（袁珂补"列龙山"
而为六。）曰浴日一，在《大荒南经》之甘渊。曰浴月一，在《大荒西经》
之玄丹山。其纪日月所出入一，在《大荒西经》之方山柜格之松焉。考
之《淮南子》，日所出入又多不同，存而不论可也。"

②郭璞注："晋永嘉二年，有鹙鸟集于始安县南廿里之鹜陂中，民周
虎张得之，木矢贯之铁镞，其长六尺有半，以箭计之，其射者人身应长一
丈五六尺也。又平州别驾高会语云：'倭国人尝行，遭风吹度大海外，见
一国人，皆长丈余，形状似胡，盖是长翟别种，箭殆将从此国来也。'《外
传》曰：'焦侥人长三尺，短之至也。长者不过十丈，数之极也。'按《河
图玉版》曰：'从昆仑以北九万里，得龙伯国，人长三十丈，生万八千岁
而死。从昆仑以东得大秦，人长十丈，皆衣帛。从此以东十万里，得佻人
国，长三十丈五尺。从此以东十万里，得中秦国，人长一丈。'《穀梁传》
曰：'长翟身横九亩，载其头，眉见于轼。'即长数丈人也。秦时大人见临
洮，身长五丈，脚迹六尺。准斯以言，则此大人之长短未可得限度也。"
吴任臣曰："《职方外纪》曰：'智加国人长一丈许，遍体皆毛。'《洞冥记》
云：'支提国人长三丈二尺。'《岭海异闻》云：'河池州近山地，有人长
二丈，面横三尺，背有双肉翅。'《骈雅》曰：'西南荒有人长丈，名曰先通。
天竺车邻之国，男女皆长丈八尺。'《通考》云：'长人国在新罗之东，其
人长三丈，锯牙钩爪，黑毛覆身。'《混元真录》：'长引国，人长四十尺。'

刘杳云：'毗骞国王，其长数丈。'《博物志》：'日东北极人长九尺。'《华阳国志》：'始皇时，有长人二十五丈见宕渠。'《东方类语》云：'东方有人长七丈，名黄父，又名尺郭。'《拾遗记》曰：'宛渠之民，其国人长十丈。'又《楚辞·大招》曰：'长人千仞，维魂是索些。'《凉州异物志》：'有大人在丁零北，偃卧于野，其高如山，顿脚成谷，横身塞川，长万余里。'《神异经》云：'西北海有人焉，长二千里，名曰无路。腹围二千六百里，日饮天酒五斗。东南隅大荒中有林父焉，其高千里，腹围百辅，一曰朴父。'皆大人类也，语亦诞矣。"郝懿行曰："《海外东经》（547）'大人国'，谓此也。《楚词·招魂》云'长人千仞'，王逸注云'东方有长人之国，其高千仞'，盖本此经为说。郭引《外传》者，《鲁语》文，'十丈'当为'十之'之讹。'十之'谓三丈也。"

673　有大人之市，名曰大人之堂①。有一大人踆其上，张其两耳②。

【注释】

　　① 郭璞注："亦山名，形状如堂室耳。大人时集会其上作市肆也。"郝懿行以《海内北经》（632）"大人之市在海中"语，仍以此为登州海市之类。

　　② 郭璞注："'踆'或作'俊'，古'蹲'字。《庄子》曰'踆于会稽'也。"郝懿行曰："（郭注）'俊'当为'夋'字之讹。《说文》云：'夋，倨也。'蹲、踞其义同，故曰'皆古蹲字'也。《太平御览》三百七十七卷及三百九十四卷并引此经，'耳'作'臂'。"

674　有小人国，名靖人 ^①。

小人国

【注释】

　　① 郭璞注："《诗含神雾》曰'东北极有人长九寸'，殆谓此小人也。或作'竫'，音同。"吴任臣曰："《列子》云：'东北极有人，名曰诤人，长九寸。'《淮南子》云：'南人有诤人，长九寸，即靖人也。'王鏊《短解》云：'有国于海之西者曰龙伯，东曰诤人。'《骈雅》曰：'诤人、巨灵，短小人也。'《博物志》云：'东方有蟷螂沃焦，防风氏长三丈，短人身九寸。'皆此也。"《图赞》曰："焦侥极么，靖人唯小。四体具足，须眉才了。"袁珂曰："靖人、僬侥、周饶、侏儒，并一声之转。"参见《海外南经》"周饶国"（496）一节注。

675　有神，人面兽身，名曰犁䰠之尸 ^①。

犁魃之尸

【注释】

　　① 郭璞注："魃音灵。" 吴任臣曰："古 '灵' 字或从 '巫'，或从 '玉'，或从 '鬼'，或从 '弱'。《通鉴·循蜚纪》云：'黎灵氏，其没也，尸在东荒，久而不坏。'《冠编》曰：'犁灵氏精凝魄定，尸以不坏。犁灵，古帝名。' 谓此。"

676　有澔山①，杨水出焉。

【注释】

　　① 澔音谲。

677　有㠜国，黍食①，使四鸟②：虎、豹、熊、罴。

【注释】

　　① 郭璞注："言此国中惟有黍谷也。" 㠜音亏。郝懿行曰："㠜国盖即濊貊也。《后汉书·乌桓传》云：'其土地宜穄及东穑。'"

②郝懿行曰："经言皆兽,而云'使四鸟'者,鸟、兽通名耳。'使'者,谓能驯扰役使之也。"俞樾曰："疑'鸟'字当作'禽',《说文》:'禽,走兽总名。'是其义也。"

678　大荒之中有山,名曰合虚^①,日月所出。

【注释】

①郝懿行曰："《北堂书钞》一百四十九卷引此经,'合'作'含'。"

679　有中容之国。帝俊生中容^①,中容人食兽、木实^②,使四鸟:豹、虎、熊、罴。

【注释】

①郭璞注:"'俊'亦'舜'字,假借音也。"吴任臣曰："《路史》云:'中容之国,舜之所生。或云即诸冯。'《穆天子传》有'容氏国',或是。《吕览》云:'指姑之东,中容之国。'即此。崔希裕《略古》云:'古文俊、舜同音,故帝舜作帝俊。'《说文先训》云:'古文"舜"上从庶,下从土,即英俊字,故《山海经》舜作俊也。'"毕沅曰："《帝王世纪》云:'帝喾生而神异,自言其名曰夋。'见《初学记》。又《帝王世纪》云:'帝喾次妃娵訾氏女曰常仪,生帝挚。'见《史记正义》,又合于此经帝俊妻常仪之说也。又《大荒西经》(739)云'帝俊生后稷',郭氏亦曰'俊疑为喾,喾第二妃生后稷也'。则帝俊是喾无疑。而曰'俊'亦'舜'字假借音,何所据矣?"郝懿行亦以帝俊即帝喾,又曰:"经内'帝俊'叠见,似非专指一人。此云'帝俊生中容',据《左传》文十八年云'高阳氏才子八人',

内有'中容'（今本作"仲容"），然则此经帝俊又当为颛顼矣。经文踳驳，当在阙疑。"袁珂以为：郝说帝俊即帝喾，是也。然谓"郭云俊亦舜字，未审何据"，则尚有说也。《大荒南经》（708）"帝俊妻娥皇"，《海内经》（827）"帝俊生三身，三身生义均"，可证帝俊亦时为帝舜。史景成《山海经新证》以为此经及《大荒北经》（767）"丘南帝俊竹林在焉"之帝俊皆指颛顼。又云：《山海经》全书共记"帝俊"十六次，有为黄帝之父者，有为黄帝者，有为颛顼、高辛（或说高辛即帝喾）、帝喾及舜者。

②郭璞注："此国中有赤木、玄木，其华实美，见《吕氏春秋》。"按：《吕氏春秋·本味》："指姑之东，中容之国，有赤木、玄木之叶焉。"

680 有东口之山。有君子之国，其人衣冠带剑[①]。

【注释】

①郭璞注："亦使虎豹，好谦让也。""君子国"已见《海外东经》（549）。

681 有司幽之国。帝俊生晏龙[①]，晏龙生司幽，司幽生思士，不妻，思女，不夫[②]。食黍食兽，是使四鸟。

【注释】

①吴任臣曰："晏龙事虞为纳言，是主琴瑟，封于龙。王符曰：'优姓。'"按：又见《海内经》（826）"帝俊生晏龙，晏龙是为琴瑟"。

②郭璞注："言其人直思感而气通，无配合而生子。此庄生所谓'白鹄相视，眸子不运而感风化'之类也。"吴任臣曰："《路史》：'晏龙生司

幽，是为司幽之国有龙氏。'一曰'思幽'，《列子》云'思幽之国，思士不妻而感，思女不夫而孕'是也。《翰墨书》云：'思男之国不夫，思女之国不妇，而亦自能生生。'《博物志》曰：'思士不妻而感，思女不夫而孕。'"

682　有大阿之山者。

683　大荒中有山，名曰明星，日月所出。

684　有白民之国。帝俊生帝鸿①，帝鸿生白民。白民销姓②，黍食，使四鸟：虎、豹、熊、罴③。

【注释】

　　① 吴任臣曰："经称'帝俊'，或为帝喾，或为黄帝，或为帝舜，疑有错简。《路史后纪》引经云'帝律生帝鸿。律，黄帝之字也。'与本文异。"郝懿行以为此帝俊为黄帝之父少典，曰："帝鸿，黄帝也，见贾逵《左传》注。然则此帝俊又为少典矣，见《大戴礼·帝系篇》。"史景成《山海经新证》从此说，而袁珂曰："古代神话传说，由于辗转相传，历时既久，错综纷歧之处必多。此经帝俊生帝鸿，帝鸿不必即黄帝，纵帝鸿即黄帝，帝俊亦不必即少典，阙疑可也。"袁氏识此，则亦不必以帝江之"帝鸿"为黄帝也（100）。

　　② 吴任臣曰："《冠编》：'帝初为南岳时，娶州山氏女，曰女虔，生季格及白民，降居于东，是为白民之祖。销姓，赐姓也。'"

　　③ 郭璞注："又有乘黄兽，乘之以致寿考也。""白民国"及"乘黄"已见《海外西经》（519）。袁珂曰："此二白民国方位迥异，是否即是一国，

所未详也。”

685 有青丘之国，有狐九尾^①。

【注释】

　　① 郭璞注："太平则出而为瑞也。" 按："青丘国"、"九尾狐"已见《海外东经》（552）。郝懿行曰："《白虎通》云：'德至鸟兽则九尾狐见。'王褒《四子讲德论》云：'昔文王以九尾狐而东国归周。'李善注引《春秋元命苞》曰：'天命文王以九尾狐。'" 按：郝氏所引本自《南山经》（8）吴任臣注。

686 有柔仆民，是维嬴土之国^①。

【注释】

　　① 郭璞注："嬴，犹沃衍也。音盈。" 吴任臣曰："《路史·高辛纪》云：'柔仆嬴土，亦帝之裔末也。'又《国名记》：'高辛氏后有柔仆国。一曰嬴土之国。'"

687 有黑齿之国^①。帝俊生黑齿^②，姜姓，黍食，使四鸟。

【注释】

　　① 郭璞注："齿如漆也。""黑齿国"已见《海外东经》（554）。汪绂曰："南蛮人好食槟榔，故多黑齿。"

　　② 郭璞注："圣人神化无方，故其后世所降育，多有殊类异状之人。诸言'生'者，多谓其苗裔，未必是亲所产。"杨慎曰："凡言生者，未必

为其亲产。《尚书》舜'别生分类','生'之为言,姓也,盖赐之姓而别
其种类。相传既久,后世自谓舜帝之苗裔,如今云南木邦孟养之夷云'天
皇帝是我兄'之类。"

688 有夏州之国。有盖余之国。

689 有神人,八首人面,虎身十尾,名曰天吴①。

【注释】

　　① 郭璞注:"水伯。"吴任臣曰:"《骈雅》曰:'天吴、马衔,海中神
也。'《初学记》:'水神曰天吴,大波之神曰阳侯,涛之神曰灵胥。'"按:
"天吴"已见《海外东经》(551)。

690 大荒之中有山,名曰鞠陵于天、东极、离瞀①,日月所出,
名曰折丹②。东方曰折③,来风曰俊④,处东极以出入风⑤。

折丹

【注释】

①郭璞注："三山名也。音谷瞽。"以上为三山之名。郭注"音谷瞽"，郝懿行以为"当有讹文"。

②郭璞注："神人。"郝懿行曰："'名曰折丹'上疑脱'有神'二字，《大荒南经》（714）'有神名曰因因乎'可证。《北堂书钞》一百五十一卷引此经作'有人曰折丹'，《太平御览》九卷引亦同。"

③郭璞注："单吁之。"郝懿行曰："'吁'当为'呼'字之讹。"按："单呼"，以单字称呼东方也。

④郭璞注："未详来风所在也。"吴任臣曰："《夏小正》云：'时有俊风。'俊风，春月之风也，春令主东方，意或取此。"郝懿行以为吴氏说恐非是。

⑤郭璞注："言此人能节宣风气，时其出入。"郝懿行曰："《大荒南经》（714）亦有神'处南极以出入风'也。盖巽位东南，主风，故二神司之，时其节宣焉。"

691　东海之渚中有神①，人面鸟身，珥两黄蛇②，践两黄蛇，名曰禺虢。黄帝生禺虢③，禺虢生禺京④。禺京处北海，禺虢处东海，是惟海神⑤。

禺虢

【注释】

① 郭注："渚,岛。"

② 郭璞注："以蛇贯耳。"袁珂曰："郭注'以蛇贯耳'已见《海外东经》（548）'奢比尸'节。"

③ 吴任臣曰："《黄帝纪》'嫘母生苍林禺阳',即禺䝞也。"按:此指《路史》之《黄帝纪》。

④ 郭璞注："即禺强也。"吴任臣曰："《宛委余编》作'䝞子偶京',《续通考》亦作'偶京'。"郝懿行曰："禺强,北方神,已见《海外北经》（544）。"

⑤ 郭璞注："言分治一海而为神也。䝞,一本作'号'。"袁珂曰："经文'黄帝生禺䝞'以下三'䝞'字及郭注'䝞一本作号'之'䝞'字,宋本、毛扆本、吴任臣本俱作'䝞',揆之经文,则作'䝞'是也。"

692 有招摇山,融水出焉。有国曰玄股^①,黍食,使四鸟^②。

【注释】

① 郭璞注："自髀以下如漆。""玄股国"已见《海外东经》（557）。张步天以为此招摇山即《南山经》（1）首之招摇山。

② 郝懿行曰："高诱注《淮南·墬形训》引此经作'两鸟夹之',与今本异。"

693 有困民国^①,勾姓而食^②。有人曰王亥^③,两手操鸟,方食其头^④。王亥托于有易、河伯仆牛^⑤,有易杀王亥,取仆牛^⑥。河念有易^⑦,有易潜出,为国于兽,方食之,名曰摇民^⑧。帝舜生戏，戏生摇民^⑨。

王亥

【注释】

　　① 袁珂引吴其昌《卜辞所见殷先公先王三续考》曰："《大荒东经》云：'困民国……勾姓而食，有人曰王亥……名曰摇民。'而《海内经》（816）云：'有嬴民，鸟足。有封豕。''困民'之'困'，乃'因'字之误；'因民'、'摇民'、'嬴民'，一声之转也。"袁珂以为吴说是，此经"困民"固当是"因民"之讹。

　　② 郝懿行曰："'勾姓'下、'而食'上当有阙脱。"

　　③ 袁珂曰："王亥一名，在古书中最为纷歧。《卜辞》、《古本竹书纪年》及此经均作'王亥'，《楚辞·天问》作'该'，又作'眩'，云'该秉季德'、'眩弟并淫'；《吕氏春秋·勿躬》作'王冰'，云'王冰作服牛'；《初学记》卷二九引《世本·作篇》作'胲'，云'胲作服牛'；《御览》卷八九九引同书则作'鲧'，知'胲'可误'鲧'，'胲'亦可误为'眩'矣；而《史记·殷本纪》作'振'，云'冥卒，子振立'；《索隐》引《世本》作

'核';《汉书·人表》又作'垓';《海内经》讹误最大,乃作'封豕'(816),
其实皆一名之讹变也。"

④ 袁珂曰:"当亦图像如此。"

⑤ 郭璞注:"河伯、仆牛,皆人姓名。托,寄也。见《汲郡竹书》。"
吴任臣曰:"有易、河伯皆夏诸侯,河伯至殷犹存,或以为治河之官。"袁
珂曰:"郭云'见《汲郡竹书》',而下文引《竹书》却无'仆牛'字样,知
'仆牛为人姓名'盖郭肊说。'仆牛',《天问》作'朴牛',王逸注:'朴,
大也。'《世本》作'服牛',服牛,驯牛也。均无'人姓名'之意。此句当
言王亥托寄其所驯养之牛羊于有易与河伯。"

⑥ 郭璞注:"《竹书》曰:'殷王子亥宾于有易而淫焉,有易之君绵
臣杀而放之,是故殷主甲微假师于河伯,以伐有易,灭之,遂杀其君绵臣
也。'"吴任臣、郝懿行曰:殷侯子亥事在《竹书纪年》夏帝泄十二年及
十六年。《竹书》作"殷侯子",郭注引作"殷王",误。

⑦ 王念孙于"河"下校增"伯"字,是。

⑧ 郭璞注:"言有易本与河伯友善,上甲微,殷之贤王,假师以义伐
罪,故河伯不得不助灭之,暨而哀念有易,使得潜化而出,化为摇民国。"
俞樾曰:"'有易杀王亥,取仆牛',中止言有易之杀王亥而取仆牛,未言
其见灭也,何遽言河伯哀念有易乎? 且'河伯仆牛'四字连文,仆牛疑是
河伯之名。仆牛既为有易所取,则河人宜视有易为不共戴天之仇,何方
云'河念有易'乎? 此'念'字当读为'敜',古字省偏旁耳。《说文》:'敜,
塞也。'《周礼》大司马之职:'犯令陵政则杜之。'郑注曰:'杜塞使不得
与邻国交通。'此经云'河敜有易',即用杜塞之法,盖古有此法也。杜塞
之则不使得出,故其下云'有易潜出'也。此事本末,郭引《竹书》证之,
然《竹书》恐未足据。今依此经说之:王亥为寓公往来于有易及河伯两

国。有易杀王亥,并取仆牛,于是河伯之国为仆牛复仇,杜塞有易。而有易潜出为国,是为摇民也。”按:俞氏以仆牛为河伯名,及所述此事本末,未必如此,但解“念”为“㪣”颇可取。另同音之堤埝之“埝”,亦有阻塞义,即“思念”之“念”亦有封存而不佚忘之义。

⑨吴任臣曰:“‘舜’当为‘喾’。《国名记》云:‘摇民,帝喾子国,即摇民也。’又《路史》:‘叔戏生摇民,摇民居越,生女且为摇氏。汉海阳侯摇无余,世以为越后,未悉尔。’”袁珂曰:“此言摇民除有易所化之一系外,复有一系是由帝舜之裔戏所生。其实有易即戏也,易、戏声近,‘易化摇民’即‘戏生摇民’也。”

694 海内有两人①,名曰女丑②。女丑有大蟹③。

【注释】

①郭璞注:“此乃有易所化者也。”郝懿行曰:“两人,盖一为摇民,一为女丑。”袁珂以为郭、郝之说皆非是,“两人”与“女丑”间文字当有阙脱,未可强为解释。

②郭璞注:“即女丑之尸,言其变化无常也。然则一以涉化津而遁神域者,亦无往而不之,触感而寄迹矣。范蠡之伦,亦闻其风者也。”吴任臣曰:“《抱朴子·释滞篇》:‘女�倚栝,贰负抱柱。’女�即女丑也。”袁珂曰:“女丑之尸已见《海外西经》(511),女丑盖女巫也。郭注‘变化无常’云云,则无非是其肊想之玄说耳。”

③郭璞注:“广千里也。”吴任臣曰:“《玄览》云:‘海阳有专车之蟹,女丑有千里之蟹。’杨慎《异鱼图赞》曰:‘女丑大蟹,其广千里。海阳专车,葛云其比。’”

695 大荒之中有山，名曰孽摇頵羝^①，上有扶木，柱三百里，其叶如芥^②。有谷曰温源谷^③。汤谷上有扶木^④。一日方至，一日方出^⑤，皆载于乌^⑥。

【注释】

①郝懿行曰："《吕氏春秋·谕大篇》云'地大则有常祥、不庭、歧母、群抵、天翟、不周'，高诱注以不周为山名，其余皆兽名，非也。寻览文义，盖皆山名耳。其'群抵'，当即此经之'頵羝'，形声相近，古字或通。"

②郭璞注："柱犹起，高也。叶似芥菜。"吴任臣曰："《合璧事类》曰：'扶桑一名浮桑，生碧海，高数千丈，大一十余围，两干同根，更相依倚。'《谢华启秀》曰：'扶桑若荠，郁岛若萍。'又《南史·外国传》言：'扶桑叶似桐，初生如笋。'与此异。"

③郭璞注："温源即汤谷也。""汤谷"已见《海外东经》（555）。

④郭璞注："扶桑在上。"吴任臣曰："《天问》云：'出自汤谷，次于蒙汜。'《淮南》云：'日出于旸谷。'即汤谷也。"陶潜《读山海经》诗："逍遥芜皋上，杳然望扶木。洪柯百万寻，森散覆旸谷。灵人侍丹池，朝朝为日浴。神景一登天，何幽不见烛。"

⑤郭璞注："言交会相代也。"袁珂曰："《海外东经》（555）云：'汤谷上有扶桑，十日所浴，九日居下枝，一日居上枝。'其居上枝之日，疑即《淮南子》所云'登于扶桑，爰始将行'，亦即此经所云'方出'之日也。"

⑥郭璞注："中有三足乌。"汪绂曰："'载'与'戴'通。"郝懿行曰："《初学记》三十卷引《春秋元命包》云'日中有三足乌者，阳精，其僇

呼也', 注云:'偻呼, 湿润生长之言。'《楚词·天问》云:'羿焉彃日？
乌焉解羽？'"

696 有神, 人面、犬耳、兽身, 珥两青蛇, 名曰奢比尸^①。

【注释】

① "奢比之尸"已见《海外东经》（548）。

697 有五采之鸟, 相乡弃沙^①, 惟帝俊下友^②。帝下两坛,
采鸟是司^③。

五采鸟

【注释】

①郭璞注："未闻沙义。"吴任臣曰："沙、莎通,鸟羽婆莎也。'相乡弃沙',言五采之鸟相对敛羽,犹云仰伏而秫羽也。"郝懿行曰："'沙'疑与'婆'同,鸟羽婆娑然也。"

②郭璞注："亦未闻也。"吴任臣曰："'惟帝俊下友',言五采鸟实司帝坛,如帝下驯抚之也。此古文倒贯语也。"

③郭璞注："言山下有舜二坛,五采鸟主之。"

698 大荒之中有山,名曰猗天苏门,日月所生①。有埙民之国②。有蓁山③。又有摇山。有䲔山④。又有门户山。又有盛山。又有待山。有五采之鸟。

【注释】

①袁珂曰："《类聚》卷一引此经作'猗天山、苏门山,日月所出'。《御览》卷三作'苏门,日月所出'。"

②郭璞注："（埙）音如喧哗之喧。"

③郭璞注："（蓁）音忌。"

④郭璞注："（䲔）音如釜甑之甑。"

699 东荒之中有山,名曰壑明俊疾,日月所出。有中容之国①。

【注释】

①郝懿行曰："中容之国,已见上文（679）。诸文重复杂沓,踳驳不伦,盖作者非一人,书成非一家故也。"

700　东北海外，又有三青马、三骓^①、甘华。爰有遗玉、三青鸟、三骓、视肉^②、甘华、甘柤。百谷所在^③。

【注释】

　　① 郭璞注："马苍白杂毛为骓。"郝懿行曰："三骓详《大荒南经》（730）。"

　　② 郭璞注："聚肉有眼。""视肉"已见《海外南经》（498）"狄山"节。

　　③ 郭璞注："言自生也。"郝懿行曰："《海外北经》（542）云：'平丘，甘柤、甘华、百果所在。'《海外东经》（546）云：'嗟丘，甘柤、甘华、甘果所生。'皆有遗玉、青马、视肉之类。此经似释彼文也。"

701　有女和月母之国^①。有人名曰鹓^②。北方曰鹓，来之风曰狻^③，是处东极隅以止日月^④，使无相间出没，司其短长^⑤。

鹓

【注释】

　　① 郝懿行曰："女和月母即羲和、常仪之属也。"

②鬹,郭璞注:"音婉。"

③郭璞注:"言亦有两名也。音剡。"袁珂曰:"经文'来之风',准以《大荒东经》(690)'来风曰俊'、《大荒西经》(736)'来风曰韦'之例,当衍'之'字。"

④郝懿行曰:"此人处东极以止日月者,日月皆出东方故也。《史记·封禅书》云'八神',六曰'月主',祠之莱山,七曰'日主',祠成山,亦皆在东极隅也。"袁珂曰:"'处东极隅'疑当作'处东北隅'。'东极隅'不成文义,一也;经文前节言'东北海外',后节言'大荒东北隅中',知此必位在东北,二也;《大荒西经》(736)云'有人曰石夷,处西北隅,以司日月之长短',石夷亦四方神之一,既曰'处西北隅',与之相对之鬹亦必当曰'处东北隅',三也。有此三者,以知此经'东极'当是东北之误。"

⑤郭璞注:"言鬹主察日月出入,不令得相间错,知景之长短。"汪绂曰:"言其节日月之出入,司昼夜之短长也。"

702 大荒东北隅中有山,名曰凶犁土丘①。应龙处南极②,杀蚩尤与夸父②,不得复上③。故下数旱④,旱而为应龙之状,乃得大雨⑤。

应龙

【注释】

① 吴任臣曰："《史》注云：'黄帝使应龙杀蚩尤于凶梨之谷。'"按：吴引见《史记·五帝纪索隐》引皇甫谧。袁珂曰："此经之凶犁土丘为应龙所居之地。"

② 郭璞注："应龙，龙有翼者也。"吴任臣曰："《玉堂丛语》：'龙有翅而飞曰应龙。又虬龙千年谓之应龙。'《述异记》亦云'龙千年为应龙'。《岳渎经》曰：'尧九年，巫支祈为孽，应龙驱之淮阳龟山足下，其后水平，禹乃放应龙于东海之区。'《楚辞》云：'应龙何画？河海何历？'"袁珂曰："谓处凶犁土丘之南极也。"

② 郭璞注："蚩尤，作兵者。"袁珂曰："《龙鱼河图》云：'蚩尤造立兵杖、刀、戟、大弩。'《大荒北经》（787）亦云：'蚩尤作兵伐黄帝。'"此经应龙杀蚩尤、夸父，又见于《大荒北经》（781）。

③ 郭璞注："应龙遂住地下。"郝懿行曰："《初学记》三十卷引此经作'应龙遂在地'。今文'住'字当作'在'，'下'字盖衍。"

④ 郭璞注："上无复作雨者故也。"

⑤ 郭璞注："今之土龙本此。气应自然冥感，非人所能为也。"郝懿行曰："土龙致雨，见《淮南·说山训》及《墬形训》。"

703 东海中有流波山，入海七千里。其上有兽，状如牛，苍身而无角，一足，出入水则必风雨，其光如日月，其声如雷，其名曰夔①。黄帝得之，以其皮为鼓，橛以雷兽之骨，声闻五百里，以威天下②。

夔

【注释】

① 吴任臣曰："薛综《东京赋注》'夔如龙,有角,鳞甲光如日月',《博物志》云'夔形如鼓而知礼',《玄览》云'山之精名曰夔,状如鼓,一足而行。以名呼之,可使取虎豹',《说文先训》曰'夔如龙,一足,象有角手人面之形'。诸所称说,名同实异,非此也。《六帖》曰'夔一足,跨踔而行',孟康曰'夔似牛,一足无角,其音如雷',《事物绀珠》曰'灵夔生东海,似牛,苍身一足,无角,出入必有风雨',即斯兽耳。"

② 郭璞注:"雷兽即雷神也,人面龙身,鼓其腹者。橛,犹击也。"吴任臣曰:"陈旸《乐书》有'夔鼓',唐㧢鼓有《灵夔吼》之曲,皆本此而作。《黄帝祠额解》云:'雷兽之骨,以橛夔鼓。'"雷神已见《海内东经》(638)。袁珂曰:"此亦黄帝、蚩尤战争神话之一节。《绎史》卷五引《黄帝内传》云:'黄帝伐蚩尤,玄女为帝制夔牛鼓八十面,一震五百里,连震三千八百里。'吴任臣《广注》引《广成子传》云:'蚩尤铜头啖石,飞空走险。以魌牛皮为鼓,九击而止之,蚩尤不能飞走,遂杀之。'(见《大荒北经》第787条)即其事也。"

卷十五　大荒南经

704　南海之外，赤水之西，流沙之东^①，有兽，左右有首，名曰跊踢^②。有三青兽相并，名曰双双^③。

跊踢

【注释】

　　① 郭璞注："赤水出昆仑山，流沙出钟山也。"

　　② 郭璞注："出狄名国。黜、惕两音。"毕沅曰："《吕氏春秋·本味篇》云：'伊尹曰：肉之美者，述荡之腕。'高诱注曰：'兽名，形则未闻。'即是此也。又案'跊踢'当为'述荡'之误。《玉篇》有'跊踢'，无'踢'字。"郝懿行曰："狄名国未详所在，疑本在经内，今逸也。"洪颐煊曰："《集韵》引有国曰'狄氏'，'名'即'氏'之讹。"

③郭璞注："言体合为一也。《公羊传》所云'双双而俱至'者,盖谓此也。"郝懿行曰："杨士勋《（公羊传）疏》引旧说云:'双双之鸟,一身二首,尾有雌雄,随便而偶,常不离散,故以喻焉。'是以双双为鸟名,与郭异也。"

705　有阿山者。南海之中,有氾天之山,赤水穷焉①。赤水之东,有苍梧之野,舜与叔均之所葬也②。爰有文贝③、离俞④、鸱久⑤、鹰、贾⑥、委维⑦、熊、罴、象、虎、豹、狼⑧、视肉。

狼

【注释】

①郭璞注："流极于此山也。"吴任臣曰："《离骚》曰'遵赤水而容与',又黄帝失玄珠于赤水,皆此水也。"《西次三经》(88)云："昆仑之丘,赤水出焉,而东南流注于氾天之水。"

②郭璞注："叔均,商均也。舜巡狩,死于苍梧而葬之,商均因留,死亦葬焉,基今在九疑之中。"郝懿行曰："《海内南经》(568)既云'苍

梧之山,帝舜葬于阳,帝丹朱葬于阴',此又云'舜与叔均之所葬',将朱、均二人皆于此焉埘邪? 又郭云'叔均,商均',盖以为舜之子也。然舜子名义均,封于商,见《竹书纪年》,不名叔均。此经之叔均盖未审为何人也。又,郭云'基今在九疑之中','基'当为'墓'字之讹。"袁珂曰:"王念孙、郝懿行俱不以郭注叔均即商均为然。然此叔均实是商均,叔、商一声之转。"

③郭璞注:"即紫贝也。"

④郭璞注:"即离朱。"

⑤郭璞注:"即鸺鹠也。"吴任臣引李时珍曰:"鸮、鹏、鸺鹠、枭,皆恶鸟也。"按:此四鸟似为一物。

⑥郭璞注:"贾亦鹰属。"吴任臣曰:"《庄子》有'雅,贾',马融亦曰'贾,乌',乌类也。"

⑦郭璞注:"即委蛇也。"郝懿行曰:"委蛇即延维,见《海内经》(816)。"

⑧吴任臣曰:"《尔雅》:狼:牡,獾;牝,狼;其子,獥。"

706 有荣山,荣水出焉。黑水之南有玄蛇,食麈①。

【注释】

①郭璞注:"今南方蚺蛇吞鹿,亦此类。"郝懿行曰:"南方蚺蛇吞鹿,已见《海内南经》(575)注。"

707 有巫山者,西有黄鸟。帝药八斋①。黄鸟于巫山,司此玄蛇②。

黄鸟　　　　　　　　　玄蛇

【注释】

　　① 郭璞注："天帝神仙药在此也。"吴任臣曰："《淮南》云：'巫山之上，顺风纵火，膏夏紫芝与萧艾俱死。'即此山也。郭子章曰：'巫咸以鸿术为帝尧医师，生为上公，死为贵神，封于斯山，因名巫山。'"汪绂曰："巫山即今巴东巫峡之巫山也。巫山以西，巴蜀之地，多出药草，故言帝药八斋。"袁珂曰："此经下文云'云雨之山，群帝焉取药'（722），《大荒西经》（742）'灵山，百药爰在'，又巫山有朝云暮雨传说，疑云雨山与灵山均即巫山之异名。郭注'神仙药'者，当即是神仙不死药也。"斋，屋舍也。此言帝药储有八舍。郝懿行曰："后世谓精舍为斋，盖本于此。"

　　② 郭璞注："言主之也。"

708　大荒之中有不庭之山 ①，荣水穷焉。有人三身。帝俊妻娥皇，生此三身之国 ②。姚姓，黍食，使四鸟 ③。有渊四方，四隅皆达 ④。北属黑水，南属大荒 ⑤，北旁名曰少和之渊，南旁名曰从渊 ⑥，舜之所浴也 ⑦。

【注释】

① 郝懿行曰："《吕氏春秋·谕大篇》云'地大则有常祥、不庭、不周'，高诱注以不周为山，则不庭亦山名矣，即此。"

② 郭璞注："盖后裔所出也。"吴任臣曰："《海内经》（827）'帝俊生三身'是也，与《海外西经》（504）者殊。"

③ 郭璞注："姚，舜姓也。"杨慎曰："黍食，言犹火食也。他如盈民之国，於姓，黍食（711）；不死之国，阿姓，甘木是食（712）；蜮民之国，桑姓，食黍（719）；焦侥之国，几姓，嘉谷是食（721）；又有鼬姓之国，食黍（723）。《大荒北经》（777）则有'毛民之国，依姓，食黍'；儋耳之国，任姓，食谷（778，无"食谷"字）；胡不与之国，烈姓，食黍（768）；深目之国，盼姓，食鱼（788）；鱼山威姓，食黍（792）；苗民釐姓，食肉（796）。夷狄岂有姓哉？盖禹锡土姓而覃及四裔也，《书》所谓'声教讫四海'，此亦可证。今南蛮人有合国同一姓者，其遗俗乎？其曰食木叶、食鱼、食木实，《王制》所云不火食者也。"

④ 郭璞注："言渊四角皆旁通也。"

⑤ 郭璞注："属，犹连也。"

⑥ 郭璞注："音骢马之骢。"吴任臣曰："《古音略》引此作'㘕渊'。"

⑦ 郭璞注："言舜尝在此中澡浴也。"

709 又有成山，甘水穷焉 ①。有季禺之国，颛顼之子 ②，食黍。有羽民之国，其民皆生毛羽 ③。有卵民之国，其民皆生卵 ④。

【注释】

①郭璞注："甘水出甘山，极此中也。""甘水"已见《大荒东经》
（670）。

②郭璞注："言此国人颛顼之裔子也。"

③吴任臣曰："《嬴虫录》：'羽民国在海东南崖巇间，有人长颊乌喙，
赤目白首，生毛羽，似人而卵生。是与卵民本一国也。'《括地图》曰：'羽
民有羽，飞不远，去九疑四万二千里。'《归藏·启筮》曰：'金水之子，其
名曰羽蒙，乃羽民，是生百鸟。'《金楼子》云：'舜时贯胸、羽民皆至。'《路
史余论》云：'舜九载，羽民献火浣布。'"

④郭璞注："即卵生也。"郝懿行曰："郭注'羽民国'曰'卵生'
（481），是羽民即卵生也。此又有卵民国，民皆卵生，盖别一国。"

710　大荒之中有不姜之山，黑水穷焉①。又有贾山，汜水出
焉。又有言山，又有登备之山②，有恝恝之山③。又有蒲山，
澧水出焉④。又有隗山⑤，其西有丹，其东有玉。又南有山，
漂水出焉⑥。有尾山，有翠山⑦。

【注释】

①郭璞注："黑水出昆仑山。"吴任臣曰："万水皆清，斯水独黑。今
云南澜沧江，是古黑水也。柳宗元《天对》曰：'黑水盈盈，穷于不姜。'"
郝懿行曰："黑水出昆仑西北隅，已见《海内西经》（593）。"

②郭璞注："即登葆山，群巫所从上下者也。"登葆山见《海外西经》
（512）"巫咸国"。

③郭璞注："（恝）音如券契之契。"

④ 澧音礼。

⑤ 隗音委。

⑥ 郭璞注："（漂）音票。"

⑦ 郭璞注："言此山有翠鸟也。"郝懿行曰："翠亦尾也。《内则》云：'舒雁翠，舒凫翠。'"按：《礼记·内则》注："翠，尾肉也。"袁珂曰："郭、郝二氏之说，恐均与山名无关。"

711　有盈民之国，於姓，黍食。又有人方食木叶①。

盈民国

【注释】

　　① 郝懿行曰："《吕氏春秋·本味篇》高诱注云：'赤木玄木，其叶皆可食，食之而仙也。'又《穆天子传》云'有模堇，其叶是食明后'，亦此类。"

712　有不死之国，阿姓，甘木是食①。

【注释】

　　① 郭璞注："甘木即不死树，食之不老。"郝懿行曰："不死树在昆仑上，见《海内西经》(597)。'不死民'见《海外南经》(491)。"

713 大荒之中有山，名曰去痓。南极果，北不成，去痓果 ①。

【注释】

　　① 郭璞注："音如风痓之痓，未详。"吴任臣以为极果、不成皆山名，为戎狄之语。郝懿行曰："《集韵》云：'痓，音厕，风病也。'是'痓'即'风痓'之'痓'，郭氏又音如之，疑有讹字。"袁珂曰："此疑当是巫师诅咒语搀入文中者，《大荒西经》(749)'江山之南栖为吉'亦然。"

714 南海渚中有神，人面，珥两青蛇，践两赤蛇，曰不廷胡余 ①。有神名曰因因乎，南方曰因乎，夸风曰乎民 ②，处南极以出入风 ③。

　　　　不廷胡余　　　　　　因因乎

【注释】

　　① 郭璞注："神名耳。"吴任臣曰："《宛委余编》作'不返胡余'，《续通考》'廷'亦作'返'。"

　　② 郭璞注："亦有二名。"袁珂曰："经文'有神名曰因因乎，南方曰因乎，夸风曰乎民'，揆以《大荒东经》（690）'名曰折丹，东方曰折，来风曰俊'文例，疑当作'有神名曰因乎，南方曰因，夸风曰民'，上'因'字与下二'乎'字俱衍文，'夸风'则'来风'之讹也。"

　　③ 郝懿行曰："《大荒东经》（690）有神名曰折丹，处东极以出入风。此神处南极以出入风。二神处巽位以调八风之气也。"

715　有襄山，又有重阴之山。有人食兽，曰季釐。帝俊生季釐①，故曰季釐之国。有缗渊②。少昊生倍伐，倍伐降处缗渊③。有水四方，名曰俊坛④。

季釐

【注释】

　　① 吴任臣曰："舜生商均、季釐，又庶子七人。"郝懿行曰："文十八

年《左传》云：高辛氏才子八人，有季狸。狸、釐声同，疑是也。是此帝
俊又为帝喾矣。”按：吴说出于《路史·有虞氏》。袁珂赞同郝说，是。

　　②郭璞注：“（缗）音昏。”

　　③吴任臣曰：“《路史》：‘少昊元妃生倍伐，降处缗渊，既封蒇，为蒇氏。’
又《国名记》：‘少昊后有倍国。’注云：‘倍伐，倍宜国也，蒇姓，夏灭之。’”

　　④郭璞注：“水状似土坛，因名舜坛也。”郝懿行曰：“《尸子》云：‘水
方折者有玉。’此经‘有水四方’疑其类。”按：水指河道。

716　有载民之国①。帝舜生无淫②，降载处，是谓巫载民③。
巫载民朌姓，食谷，不绩不经，服也④，不稼不穑，食也⑤。
爰有歌舞之鸟，鸾鸟自歌，凤鸟自舞。爰有百兽，相群爰处，
百谷所聚⑥。

【注释】

　　①郭璞注：“为人黄色。”“载国”已见《海外南经》（488）。

　　②吴任臣曰：“无淫疑即胡公，世不淫也。然胡公曾未处南荒，意其
苗裔别有分支云。”

　　③吴任臣引陈一中曰：“帝佶之后有龙氏，巫人封巫，为巫氏，生载
民。”帝佶即帝喾。

　　④郭璞注：“言自然有布帛也。”

　　⑤郭璞注：“言五谷自生也。种之为稼，收之为穑。”

　　⑥汪绂以为此肥美丰沃之地当是海南岛及台湾。袁珂曰：“载，盛也。
载民国盖即《大荒西经》（743）沃民国之类，言其丰盛饶沃，故曰‘不绩
不经’，‘不稼不穑’，盖神之裔得天独厚也。”

717 大荒之中有山，名曰融天，海水南入焉^①。

【注释】

①郝懿行曰："《大荒北经》（786）云'不句之山，海水入焉'，盖海所泻处，必有归虚、尾闾为之孔穴，地脉潜通，故曰'入'也。下又有天台高山为海水所入（728）。《大荒北经》（780）亦有'北极天柜，海水北注焉'，皆海之所泻也。"

718 有人曰凿齿，羿杀之^①。

【注释】

①郭璞注："射杀之也。""凿齿"已见《海外南经》（494）。

719 有蜮山者，有蜮民之国^①，桑姓，食黍，射蜮是食^②。有人方扜弓射黄蛇^③，名曰蜮人。

蜮人

【注释】

①郭璞注：“（蜮）音惑。”

②郭璞注：“蜮，短狐也，似鳖，含沙射人，中之则病死。此山出之，亦以名云。”吴任臣曰：“陆玑云：‘蜮一名射影。’孙思邈云：‘一名射工。’《玄中记》谓之‘水狐虫’，《西阳杂俎》谓之‘抱抢’。《五行传》曰：‘南方淫惑之气所生，故谓之蜮。’《诗》云‘如鬼如蜮’，《楚辞》曰‘魂兮无南，蜮伤躬只’。又南中有鬼弹、沙虱二种，毒亦等于含沙。”郝懿行曰：“《说文》：‘蜮，短狐也，似鳖三足，以气射害人。’‘短狐’，《汉书》作‘短弧’，《五行志》云‘蜮在水旁能射人，射人有处，甚者至死，南方谓之短弧’，颜师古注云：‘即射工也，亦呼水弩。’”“射蜮是食”者，即“蜮人”。

③郭璞注：“扝，挽也。音纤。”

720　有宋山者。有赤蛇，名曰育蛇。有木生山上，名曰枫木。枫木，蚩尤所弃其桎梏①，是谓枫木②。有人方齿虎尾，名曰祖状之尸③。

育蛇　枫木　　　　　　祖状尸

【注释】

　　① 郭璞注：“蚩尤为黄帝所得，械而杀之，已摘弃其械，化而为树也。”吴任臣曰：“王瓘《轩辕本纪》云：‘黄帝杀蚩尤于黎山之丘，掷其械于大荒之中，化为枫木之林。’又宋齐丘《化书》：‘老枫化为羽人。’任昉《述异记》：‘南中有枫子鬼，木之老者为人形，即岭南所谓枫人也。’然则枫亦善变之物哉。”郝懿行亦曰：“《尔雅》：‘枫，欇欇。’《广韵》引孙炎云：‘欇欇生江上，有寄生枝，高三四尺，生毛，一名枫子。天旱，以泥泥之即雨。’《南方草木状》云：‘五岭之间多枫木，岁久则生瘤瘿，一夕遇暴雷骤雨，其树赘暗长三五尺，谓之枫人。’然则枫亦灵怪之物，岂以其蚩尤械所化故与？”

　　② 郭璞注：“即今枫香树。”

　　③ 郭璞注：“音如粗梨之粗。”

721　有小人，名曰焦侥之国①，几姓，嘉谷是食。

【注释】

　　① 郭璞注：“皆长三尺。”“焦侥国”已见《海外南经》（496）。

722　大荒之中有山，名朽涂之山①，青水穷焉②。有云雨之山，有木名曰栾。禹攻云雨③，有赤石焉，生栾④，黄木，赤枝，青叶，群帝焉取药⑤。

【注释】

　　① 郭璞注：“（朽）音朽。”郝懿行曰：“‘朽涂’即‘丑涂’也，已见

《西次三经》(88)'昆仑之丘'。"

②郭璞注:"青水出昆仑。"杨慎曰:"《山海经》氾天之山,赤水穷焉;不姜之山,黑水穷焉;夃涂之山,青水穷焉;白水之山,白水穷焉;不庭之山,荣水穷焉;伐山,甘水穷焉,则众流各有穷处,至此即化气而升也。"郝懿行曰:"青、清声同。《西次三经》(88)云'昆仑,洋水出焉',郭云'洋或作清',即此也。"

③郭璞注:"攻,谓槎伐其林木。"吴任臣曰:"刘凤《杂俎》云:'禹攻云雨,伐其树木。'"袁珂疑云雨之山即巫山。

④郭璞注:"言山有精灵,复变生此木于赤石之上。"郝懿行曰:"《初学记》三十卷引《拾遗记》云:'黑鲲鱼千尺如鲸,常飞往南海,或死,肉骨皆消,唯胆如石上仙栾也。'义正与此合。"

⑤郭璞注:"言树花、实皆为神药。"郝懿行曰:"栾实如建木实也,见《海内南经》(573),郭注本此经为说。"

723 有国曰颛顼,生伯服①,食黍。有鼬姓之国②。有苕山,又有宗山,又有姓山,又有壑山,又有陈州山,又有东州山。又有白水山,白水出焉,而生白渊,昆吾之师所浴也③。

【注释】

①吴任臣曰:"《世本》云:'颛顼生偁,偁字伯服。'"

②郭璞注:"(鼬)音如橘柚之柚。"

③郭璞注:"昆吾,古王者号。《音义》曰:'昆吾,山名,溪水内出善金。'二文有异,莫知所辨测。"郝懿行曰:"昆吾,古诸侯名,见《竹书》。又《大戴礼·帝系篇》'陆终氏产六子,其一曰樊,是为昆吾'也。

郭又以为山名者，《中次二经》（286）'昆吾之山'是也。"汪绂解"昆吾之师"句曰："昆吾，古诸侯。昆吾行师及此而浴于此渊也。"

724　有人名曰张弘，在海上捕鱼。海中有张弘之国^①，食鱼，使四鸟。

【注释】

　　① 郭璞注："或曰即奇肱人，疑非。"汪绂以为"张弘"当是"长肱"之讹。郝懿行曰："《海外西经》（506）'奇肱之国'，郭注云'肱或作弘'，是'张弘'即'奇肱'矣。此注又疑其非，何也？又案：'张弘'或即'长肱'，见《穆天子传》，郭注云：'即长臂人。'"袁珂曰："肱、弘古字通，然'张'非'奇'也，故郭云'疑非'。"

725　有人焉，鸟喙有翼，方捕鱼于海^①。

【注释】

　　① 郝懿行曰："此似说驩头国人。旧本属上文，非是。"按：袁珂从此说，以此节属下。

726　大荒之中有人，名曰驩头^①。鲧妻士敬，士敬子曰炎融，生驩头。驩头人面鸟喙，有翼，食海中鱼，杖翼而行^②。维宜芑苣，穋杨是食^③。有驩头之国。

【注释】

① 即"讙头国"，已见《海外南经》（484）。

② 郭璞注："翅不可以飞，倚杖之用行而已。"吴任臣曰："《神异经》曰：'南方有人，人面鸟喙而有翼，手足扶翼而行，为人狠恶，不畏风雨。'即此也。"汪绂曰："言驩头人虽有翼而不能飞，不过用翼以行于水中而已，盖其翼如鱼翼也。"

③ 郭璞注："《管子》说地所宜，云'其种穆、秅、黑黍'，皆禾类也。苣，黑黍，今字作禾旁，起、秅、虺三音。"袁珂曰："《管子·地员》云：'其种大秅、细秅，黑茎青秀。……其种大穆秅、细穆秅，黑茎黑秀。'是郭注当作'穆、秅、黑秀'。"

727　帝尧、帝喾、帝舜葬于岳山①。爰有文贝、离俞、鸱久、鹰、贾、延维②、视肉、熊、罴、虎、豹。朱木，赤枝、青华、玄实。有申山者。

【注释】

① 郭璞注："即狄山也。""狄山"已见《海外南经》（498）。

② "延维"见《海内经》（816）。

728　大荒之中有山，名曰天台高山①，海水入焉②。

【注释】

① 袁珂曰："王念孙校《御览》卷五〇、卷六〇、《类聚》卷八引此皆无'高山'二字。无此二字是也。"汪绂以为即台州之天台山也。按：

此"天台"本字为"台",与台州、天台之"台"（音胎）不同。

　　② 袁珂曰："经文'海水入焉'疑当作'海水南入焉','南'字误脱
于下文'东南海之外'句中。经记海水入山凡五：一为前文之融天山,
云'海水南入焉'（717）；二即此；三即《大荒北经》之先槛大逢山,云
'海北注焉'（774）；四即同经之北极天柜山,云'海水北注焉'（780）；
五即同经之不句山,今本云'海水入焉'（786）,然《藏经》本'水'下有
'北'字,是仍当作'海水北入焉'。诸山记海水所入,俱有表示方位之
南北字样,知此亦不能例外。"

729　东南海之外^①,甘水之间,有羲和之国。有女子名曰羲
和,方日浴于甘渊^②。羲和者,帝俊之妻^③,生十日^④。

羲和浴日甘渊

【注释】

　　① 袁珂曰："《北堂书钞》卷一四九、《御览》卷三引此经并无'南'

字，是也。'南'字当是由上文'海水南入焉'误脱于此者。"

　　②袁珂曰："''日浴'，宋本、吴宽抄本、毛扆本并作'浴日'，诸书所引亦均作'浴日'，信'浴日'是也。"

　　③郭璞注："羲和，盖天地始生，主日月者也。故《启筮》曰：'空桑之苍苍，八极之既张，乃有夫羲和，是主日月，职出入以为晦明。'又曰：'瞻彼上天，一明一晦，有夫羲和之子，出于旸谷。'故尧因此而立羲和之官，以主四时。其后世遂为此国，作日月之象而掌之，沐浴运转之于甘水中，以效其出入旸谷虞渊也，所谓世不失职耳。"吴任臣曰："羲和，常羲有陬氏。"郝懿行曰："《史记正义》引《帝王世纪》云'帝喾次妃娵訾氏女曰常仪'，《大荒西经》（753）又有帝俊妻常羲，疑与常仪及此经之羲和通为一人耳。"袁珂曰："吴、郝说羲和即常羲，俱非也。考帝俊三妻，一羲和，即此经生十日者；一常羲，即《大荒西经》（753）生十二月者；一娥皇，即此经前文生三身之国者（708）。至于郝说帝俊妻常羲与帝喾次妃娵訾氏女常仪为一人，则是也。"

　　④郭璞注："言生十子，各以日名名之，故言'生十日'，数十也。"郝懿行曰："郭注'生十日'下疑脱'日'字。"按：吴任臣于《海内经》（828）注曰："羲和以为日名子，商代以为干纪名，即此义。"以干纪名，即以天干之甲、乙、丙、丁为十子之名也。

730　有盖犹之山者，其上有甘柤①，枝干皆赤，黄叶，白华，黑实。东又有甘华②，枝干皆赤，黄叶。有青马，有赤马，名曰三骓③。有视肉。

【注释】

　①"甘柤"见《海外北经》（542）"平丘"节注。

　②"甘华"见《海外北经》"平丘"节。

　③"三骓"见《大荒东经》（700）"三青马"节。

731　有小人，名曰菌人①。

菌人

【注释】

　①郭璞注："音如朝菌之菌。"吴任臣曰："《抱朴子》云：'芝有石芝、木芝、肉芝、菌芝，凡数百种。千岁蝙蝠，万岁蟾蜍，山中见小人，皆肉芝类也。'《南越志》曰：'银山有女树，天明时皆生婴儿，日出能行，日没死，日出复然。'《事物绀珠》云：'孩儿树出大食国，赤叶，枝生小儿，长六七寸，见人则笑。'菌人疑即此。又《岭海异闻》注：'香山有物，如婴孩而裸，鱼贯同行，见人辄笑，至地而灭。'岂亦斯类耶？"汪绂曰："（菌人）言其小如地菌也。"

732　有南类之山，爰有遗玉、青马、三骓、视肉、甘华，百谷所在①。

【注释】

　　① 袁珂曰："即《海外北经》（542）平丘、《海外东经》（546）嗟丘之类，盖古神人所居之地也。"

卷十六　大荒西经

733　西北海之外, 大荒之隅, 有山而不合, 名曰不周负子^①, 有两黄兽守之。有水曰寒暑之水。水西有湿山, 水东有幕山^②。有禹攻共工国山^③。

不周山两黄兽

【注释】

　　① 郭璞注："《淮南子》曰：'昔者共工与颛顼争帝，怒而触不周之山，天维绝，地柱折。'故今此山缺坏不周匝也。"郝懿行曰："《列子·汤问篇》说共工、颛顼与《淮南·天文训》同，唯'折天柱，绝地维'二语为异。《楚辞·天问》云'康回凭怒，地何故以东南倾'，王逸注云：'康回，共工名也。'又《文选注·甘泉赋》及《思玄赋》及《太平御览》五十九卷引此经，并无'负子'二字。"故袁珂以为"负子"二字为衍文。张步天疑"负子"二字应在"两黄兽"之下，可备一说。

　　② 郭璞注："（幕）音莫。"

　　③ 郭璞注："言攻其国，杀其臣相柳于此山。《启筮》曰：'共工人面、蛇身、朱发也。'"郝懿行曰："《周书·史记篇》：'昔有共工自贤，自以无臣，久空大官，下官交乱，民无所附。唐氏伐之，共工以亡。'案唐氏即帝尧也，尧盖命禹攻其国而亡之，遂流其君于幽州也。"

734 有国名曰淑士，颛顼之子①。

【注释】

　　① 郭璞注："言亦出自高阳氏也。"

735 有神十人，名曰女娲之肠①。化为神，处栗广之野②，横道而处③。

女娲之肠十人

【注释】

① 郭璞注："（女娲之肠）或作'女娲之腹'。"

② 郭璞注："女娲，古神女而帝者，人面蛇身，一日中七十变，其腹化为此神。栗广，野名。娲音瓜。"吴任臣曰："《真源赋》云：'女娲治百有三十载而落，其肠爰化而神。'《路史》云：'女娲道标万物，神化七十。'《淮南子》云：'（黄帝生阴阳），上骈生耳目，桑林生臂手，女娲所以七十化也。'此《淮南》等有抟土为人、为七十化之术。"郝懿行曰："《说文》云：'娲，古之神圣女，化万物者也。'《列子·黄帝篇》云：'女娲氏蛇身人面，而有大圣之德。'《初学记》九卷引《帝王世纪》云：'女娲氏亦风姓也，承庖牺制度，号女希，是为女皇。'《淮南·说林训》言'女娲七十化'，高诱注云：'女娲王天下者也，七十变造化。'《楚辞·天问》云'女娲有体，孰制匠之'，王逸注云：'传言女娲人头蛇神，一日七十化，其体如此，谁所制匠而图之乎？'今案王逸注非也。《天问》之意，即谓

女娲一体化为十神, 果谁制裁而匠作之? 言其甚巧也。"

③郭璞注: "言断道也。" 按: 其图如此。

736　有人名曰石夷[①], 来风曰韦[②], 处西北隅, 以司日月之长短[③]。有五采之鸟, 有冠, 名曰狂鸟[④]。

石夷　　　　　　　　　狂鸟

【注释】

①袁珂曰: "据《大荒东经》有人 '名曰折丹, 东方曰折'(690)、'有人名曰𩙿, 北方曰𩙿'(701) 及《大荒南经》'有神名曰因乎, 南方曰因'(714) 文例, 此经 '有人名曰石夷' 句下, 疑脱 '西方曰夷' 四字。"

②郭璞注: "'来' 或作 '本' 也。"

③郭璞注: "言察日月晷度之节。" 郝懿行曰: "《大荒东经》既有 '𩙿处东极 (袁珂以为应是 "东北"), 以止日月, 司其短长', 此又云 '司日月之长短' 者, 西北隅为日月所不到, 然其流光余景亦有晷度短长, 故应

有主司之者也。”

④郭璞注：“《尔雅》云：‘狂，梦鸟。’即此也。”吴任臣曰：“孔融《周岁论》曰：‘羽仪屯集，狂鸟秒之。’《宛委余编》云：‘五采芝鸟，有冠似凤，名狂鸟。’张萱《汇雅》曰：‘狂亦作鵟，或云鸥属。’”

737　有大泽之长山。有白氏之国①。

【注释】

①袁珂曰：“‘氏’字，宋本、《藏经》本、毛扆本、吴任臣本均作‘民’，是也。”按：“白民国”已见《海外西经》（519）。

738　西北海之外，赤水之东，有长胫之国①。

【注释】

①郭璞注：“脚长三丈。”郝懿行曰：“长胫即长股也，见《海外西经》（521）。”

739　有西周之国，姬姓①，食谷。有人方耕，名曰叔均。帝俊生后稷②，稷降以百谷③。稷之弟曰台玺④，生叔均。叔均是代其父及稷播百谷，始作耕⑤。有赤国妻氏⑥。有双山。

【注释】

①郝懿行曰：“《说文》云：‘姬，黄帝居姬水，以为姓。’《史记·周本纪》云：‘封弃于邰，号曰后稷，别姓姬氏。’《地理志》云：‘右扶风，斄，

后稷所封.’然则经言西周之国,盖谓此。”

②郭璞注:“‘俊’宜为‘喾’,喾第二妃生后稷也。”吴任臣引陈一中曰:“帝俈生而神灵,自言其名曰夋。夋,俊也,古字通。帝喾之为帝俊,此事之辨者。乃郭璞注《山海经》谓为帝舜。至‘帝俊生后稷’,则曰‘宜为喾’。不知俊即喾,而反疑经文为讹。经又曰帝俊有子八人,盖八元,为益信。”吴氏又曰:“《华阳志》:‘高辛氏名夋。’《冠编》云:‘帝康一名夋。’是帝夋已有二人,而俊生季釐,则俊又似舜也,是所未解。”郝懿行曰:“帝喾名夋,夋、俊疑古今字,不须依郭改‘俊’为‘喾’也。然经中‘帝俊’屡见,似非一人,未闻其审。《大戴礼·帝系篇》云:‘帝喾上妃,有邰氏之女也,曰姜原氏,产后稷。’郭云第二妃,误也。”另,“帝俊”参见《大荒东经》(679)(684)注。

③袁珂曰:“谓稷自天降嘉谷之种以为农殖之需。”

④郭璞注:“(台)音胎。”

⑤吴任臣曰:“罗泌《同姓名辨》‘睹叔均而思稷子’,是以叔均为稷之子也。据《海内经》(827)‘稷之孙曰叔均’,则叔均非稷之子,并非从子明矣。经疑有误。又商均亦曰叔均,非此。”俞樾曰:“‘稷之弟曰台玺’。疑此经‘弟’字是‘子’字之误。后稷封于邰,台即邰字。曰‘台玺’者,台其国也,玺其名也。叔均又玺之子也。”袁珂曰:“《海内经》云:‘后稷是播百谷,稷之孙曰叔均,是始作牛耕。’即此。叔均或为后稷弟子,或又为其孙者,传闻不同也。”

⑥袁珂曰:“《海内经》(827)‘巧倕、叔均’节下郝懿行注云:‘“大比赤阴”四字难晓,推寻文义,当是地名。《大荒西经》说叔均“始作耕”,又云“有赤国妻氏”,然则“大比赤阴”岂谓是与?’郝说大比赤阴即赤国妻氏,是也,然谓是地名则非,疑均是人名。‘大比’之‘比’,或即‘妣’之

坏文,'大妣'与'妻氏'义正相应,或指后稷之母姜原乎? 未可遽定也。"

740　西海之外,大荒之中,有方山者,上有青树,名曰柜格之松①,日月所出入也②。

【注释】

①郭璞注:"木名。(柜)音矩。"

②袁珂曰:"此方山为日月所出入唯一之山也,然而地在西荒,何可云'出'? 此神话之山,诚如郭璞所云'不可以常运推'(579)矣。"

741　西北海之外①,赤水之西,有先民之国②,食谷,使四鸟。有北狄之国。黄帝之孙曰始均,始均生北狄。有芒山。有桂山。有榣山③,其上有人,号曰太子长琴④。颛顼生老童⑤,老童生祝融⑥,祝融生太子长琴,是处榣山,始作乐风⑦。有五采鸟三名:一曰皇鸟,一曰鸾鸟,一曰凤鸟。有虫,状如菟⑧,胸以后者裸不见⑨,青如猿状⑩。

太子长琴　　　　　北狄

虫状如菟

【注释】

① 郝懿行曰："《初学记》十卷引此经无'北'字,明藏本亦同。"

② 郝懿行曰："'先'当为'天'字之讹也。《淮南·地形训》海外三十六国中有'天民'。"按:《淮南子》自西北至西南方,有"天民",在"修股民"后,而《海外西经》中无"天民"。

③ 郭璞注："此山多桂及榣木,因名云耳。"

④ 吴任臣曰："虞汝明《古琴疏》曰:'祝融取榣山之梓作琴,弹之能致五色鸟,一曰皇来,二曰鸾来,三曰凤来,故生长子即曰琴。'"

⑤ 郭璞注："《世本》云:'颛顼娶于滕璜氏,谓之女禄,产老童也。'"郝懿行曰："《大戴礼·帝系篇》'滕璜'作'滕奔',云'颛顼娶于滕氏奔之子,谓之女禄氏,产老童也'。又老童亦为神,居騩山,已见《西次三经》(99)。"袁珂曰："按《西次三经》云'騩山,神耆童居之',郭璞注:'耆童,颛顼之子。'即此老童也。"

⑥ 郭璞注："即重黎也。高辛氏火正,号曰祝融也。"吴任臣曰:"《氏族源流》云:'颛顼次妃胜奔氏,生子三人,伯偁、卷章、季禺。

卷章或作老童。季禺生叔歜。卷章娶根水氏，生二子，曰黎，曰回。黎
为祝融。’”郝懿行曰：“《大戴礼·帝系篇》云：‘老童娶于竭水氏之
子，谓之高纲氏，产重黎及吴回。’《史记·楚世家》云：‘重黎为帝喾高
辛居火正，甚有功，能光融天下，帝喾命曰祝融。’”袁珂曰：“据《海内
经》（828），祝融乃炎帝之裔，据此则又为黄帝之裔，传闻不同而各异
其辞也。”

　　⑦ 郭璞注：“创制乐风曲也。”吴任臣曰：“陈士元《荒史》：‘祝
融生二子，曰长琴，曰噎。噎处西极，长琴居榣山，实始乐风。’”郝懿
行曰：“《御览》五百六十五卷引此经无‘风’字。《西次三经》（99）‘骈
山’云老童发音‘常如钟磬’。故知长琴解作乐风，其道亦有所受也。”

　　⑧ 郝懿行曰：“菟、兔通。此兽也，谓之‘虫’者，自人及鸟兽之属
通谓之虫，见《大戴礼·易本命篇》。”

　　⑨ 郭璞注：“言皮色青，故不见其裸露处。”汪绂曰：“言胸以前似兔
有毛，胸以后无毛，而不觉其无毛，以其青如猿色也。”

　　⑩ 郭璞注：“状又似猿。”郝懿行曰：“此兽即㲋。《说文》云：‘㲋，
兽也，似兔，青色而大。’又云‘如猿’者，言其色，非谓状似兔又似猿
也。”

742 大荒之中有山，名曰丰沮玉门，日月所入。有灵山，巫
咸、巫即、巫肦、巫彭、巫姑、巫真、巫礼、巫抵、巫谢、巫罗
十巫从此升降，百药爰在①。

十巫

【注释】

　　① 郭璞注:"群巫上下此山采之也。"吴任臣曰:"《酉阳杂俎》云:'大荒灵山有十巫,曰咸、即、昐、彭、姑、真、礼、抵、谢、罗,从此升降。''肦'作'昐','真'作'真',未审孰是。又《水经注》引此,'巫真'作'巫贞','巫礼'作'巫孔'。又《同姓名录》云:'开明有巫履,丰沮有巫礼。履、礼恐是一人。'《南华逸篇》云:'黔首多疾,黄帝氏立巫咸,以通九窍。'《论衡》曰:'巫咸能以祝延人之疾。'郭璞《巫咸山赋序》:'巫咸以鸿术为帝尧之医。'高似孙《纬略》云:'巫咸,尧之医者。'今平阳亦有巫咸顶,云是巫咸修真处。更有巫咸山、巫咸墓、巫咸谷,在夏县东。又《世本》:'巫咸作筮,后有神巫曰季咸者,祖其名耳。'《归藏》云:'昔黄帝将战,筮于巫咸。'《路史》:'黄帝命巫咸、巫阳主筮。'"郝懿行曰:

"《说文》云：'古者巫咸初作巫。'《越绝书》云：'虞山者，巫咸所初也，虞故神，出奇怪。'又'肦'读如班，《海内西经》(598) 六巫有巫凡，肦、凡或即一人。《水经·涑水注》引此经作'巫肦'，肦、肦形声相近。巫真，《水经注》引作'巫贞'，巫礼作'巫孔'，礼、孔形近而讹也。《海内西经》(598) 有巫履，盖履即礼也，是为一人无疑。其巫相疑即巫谢，谢与相声转，当即一人。"

743 西有王母之山①、螱山、海山②。有沃之国③，沃民是处。沃之野，凤鸟之卵是食④，甘露是饮。凡其所欲，其味尽存⑤。爰有甘华、甘柤、白柳、视肉、三骓、璇瑰⑥、瑶碧、白木、琅玕⑦、白丹、青丹⑧，多银铁。鸾凤自歌，凤鸟自舞。爰有百兽，相群是处，是谓沃之野⑨。有三青鸟，赤首黑目，一名曰大鵹⑩，一名少鵹，一名曰青鸟⑪。有轩辕之台，射者不敢西向射，畏轩辕之台⑫。

【注释】

①郝懿行曰："'西有'当为'有西'，《御览》九百二十八卷引此经作'西王母山'可证。"

②郭璞注："皆群大灵之山。"

③郭璞注："言其土饶沃也。"吴任臣曰："《淮南子》海外三十六国，'西北方有沃民'。"郝懿行曰："李善注《洛神赋》引此经，作'沃人之国'，《艺文类聚》八十九卷引作'沃民之国'。疑'沃人'当为'沃民'，避唐讳改耳。"

④吴任臣曰："《吕氏春秋》：'流沙之西，丹山之南，有凤之丸，沃

民所食。'"按："丸"，古"卵"字。

⑤郭璞注："言其所愿滋味，此无所不备。"郝懿行曰："《海外西经》（517）'诸夭之野'与此同。"

⑥郭璞注："璇瑰，亦玉名。《穆天子传》曰：'枝斯璇瑰。'"

⑦郭璞注："树色正白。今南方有文木，亦黑木也。"吴任臣曰："文木即乌木，嵇含《草木状》曰：'文木树高七八丈，其色正黑，如水牛角。'"

⑧郭璞注："又有黑丹也。《孝经援神契》曰：'王者德至山陵，而黑丹出。'然则丹者，别是彩名，亦犹黑、白、黄皆云丹也。"吴任臣曰："《尚书大传》：'丹丘出丹腾，青丘出青腾。'是丹与青皆名腾也，则丹为彩色之名益信。"郝懿行曰："黑丹即下文玄丹是也。白丹者，《鹖冠子·度万篇》云'膏露降，白丹发'，是其事也。"

⑨《淮南子·地形训》"八纮"："西方曰金丘，曰沃野。"郝懿行曰："《海外西经》（517）同。"

⑩郭璞注："（鹙）音黎。"

⑪郭璞注："皆西王母所使也。"郝懿行曰："三青鸟为西王母取食，见《海内北经》（603）。"

⑫郭璞注："敬难黄帝之神。"吴任臣曰："《淮南子》：'轩辕丘在西方。'《黄帝祠额解》云：'西至昆仑，有轩辕宫与台若丘，射者不敢西向。'"郝懿行曰："台亦丘也。《海外西经》（516）云：'不敢西射，畏轩辕之丘。'"

744　大荒之中有龙山，日月所入。有三泽水，名曰三淖，昆吾之所食也①。有人衣青，以袂蔽面②，名曰女丑之尸③。

【注释】

①郭璞注："《穆天子传》曰：'滔水，浊繇氏之所食。'亦此类也。"郝懿行曰："食，谓食其国邑。"按：昆吾，见《大荒南经》（723）注。

②郭璞注："袂，袖。"郝懿行曰："《海外西经》（511）云'以右手鄣其面'也。"

③"女丑之尸"见《海外西经》（511）。

745　有女子之国①。

【注释】

①郭璞注："王颀至沃沮国，尽东界，问其耆老，云：'国人尝乘船捕鱼，遭风，见吹数十日。东一国，在大海中，纯女无男。'即此国也。"吴任臣曰："《玄览》曰：'葱岭之西，西女之国，产男辄不举也。拂菻岁遣男子配焉。茂州之西，东女之国，其贵人死，糅金屑而瘗之。'"郝懿行曰："'女子国'见《海外西经》（514），此注本《魏志·东夷传》。"

746　有桃山，有宝山，有桂山①，有于土山。

【注释】

①郝懿行曰："上文已有芒山、桂山。芒、宝声同。"

747　有丈夫之国①。

【注释】

① 郭璞注："其国无妇人也。"郝懿行曰："'丈夫国'已见《海外西经》（510）。"

748 有臷州之山^①。五采之鸟仰天^②，名曰鸣鸟^③。爰有百乐歌儛之风^④。

鸣鸟

【注释】

① 吴任臣曰："《括地象》：'正西臷州，曰并土。'《穆天子传》：'天子登于臷山之上。'王世贞以为即此地也。"

② 郭璞注："张口嘘天。"

③ 吴任臣曰："《荒史》曰：'祝融氏一曰祝诵，又曰祝和。听臷州之鸣鸟，作属续之乐，以通伦类。'黄氏《事物绀珠》云：'鸣鸟身五色，声有曲度。'"郝懿行曰："鸣鸟，盖凤属也。《周书·君奭》云：'我则鸣鸟不闻。'《国语》云：'周之兴也，鸑鷟鸣于岐山。'"

④ 郭璞注："爰有百种伎乐歌儛风曲。"

749 有轩辕之国^①。江山之南栖为吉^②。不寿者乃八百岁^③。

【注释】

① 郭璞注："其人人面蛇身。"郝懿行曰："'人面蛇身,尾交首上',见《海外西经》(515)。又注(指郭注)中六字,明藏本作经文。"

② 郭璞注："即穷山之际也。山居为栖。吉者言无凶夭。"郝懿行曰："轩辕国在穷山之际,已见《海外西经》(515)。"

③ 郭璞注："寿者数千岁。"

750 西海渚中有神,人面鸟身,珥两青蛇,践两赤蛇^①,名曰弇兹。

弇兹

【注释】

①郝懿行曰：“此神形状全似北方神禺强，唯彼作‘践两青蛇’为异。见《海外北经》（544）。”

751　大荒之中有山，名曰日月山，天枢也。吴姬天门，日月所入^①。有神，人面无臂，两足反属于头上，名曰嘘^②。颛顼生老童^③，老童生重及黎^④。帝令重献上天，令黎邛下地^⑤，下地是生噎^⑥，处于西极，以行日月星辰之行次^⑦。

嘘　　　　　　　　噎

【注释】

①吴任臣曰：“《盖天论》‘须弥山为天枢，日月行于其腰’，与此说类。卢柟《放招赋》云：‘吴姬晻昧，日月所翳。’即此也。”

②郭璞注：“言嘘啼也。”《图赞》曰：“脚属于头，人面无手。厥号曰嘘，重黎所处。”

③吴任臣曰：“谯周《古史》曰：‘老童即卷章。’罗苹云：‘卷章，史

或作老章。'"郝懿行曰:"《史记·楚世家》云:'高阳生称,称生卷章。'"

④郭璞注:"《世本》云:'老童娶于根水氏,谓之骄福,产重及黎。'"吴任臣曰:"《冠编》云:'老童音如钟磬,死为騩山之神,娶女骄,生黎、回。'"郝懿行曰:"《大戴礼·帝系篇》:'老童娶于竭水氏之子,谓之高绹氏,产重黎及吴回。'《史记·楚世家》云'卷章生重黎',徐广注引《世本》云'老童生重黎及吴回',与《帝系》同,是皆以重黎为一人也。此经又以'重黎'为二人,郭引《世本》又与徐广异,并所未详。"袁珂曰:"《书·吕刑》云:'命重、黎绝地天通。'《国语·楚语》亦云:'颛顼受之,乃命南正重司天以属神,命火正黎司地以属民。'则重、黎古传实二人也,至于后来又以为一人者,则是神话传说之演变,不足异也。"顾炎武《日知录》卷二五有"重黎"条,亦言本为二人,言一人者亦相沿之谬。

⑤郭璞注:"古者神人杂扰无别,颛顼乃命南正重司天以属神,命火正黎司地以属民。重实上天,黎实下地。献、邛义未详也。"郝懿行曰:"郭注本《楚语》文,其'火正'之'火'字,唐固注云'火当为北',是也。重号祝融,为高辛氏火正,《竹书》云'帝喾十六年,帝使重帅师灭有郐',即是人也。《左传》以为少昊氏之子曰重,为勾芒木正,颛顼氏之子曰黎,为祝融火正,以二人为非同产,与此经及《国语》异也。"袁珂曰:"郭注言:'献、邛义未详也。'韦昭注《国语》'重实上天,黎实下地'二语云:'言重能举上天,黎能抑下地。'似即本此经献、邛义为说,则献、邛之义殆即举、抑乎?重举黎抑,而天地远暌,正神话中'绝天地通'之形象描写也。""邛"字应是"抑"字之讹。

⑥郝懿行曰:"此语难晓。《海内经》(828)云'后土生噎鸣',此经似与相涉,而文有阙脱,遂不复可读。"袁珂曰:"此'噎'即上文之

'嘘',亦即《海内经》之'噎鸣'。《海内经》云'后土生噎鸣'。而'黎
邛下地',是黎即后土也;黎所生之噎亦即后土所生之噎鸣也。"

⑦郭璞注:"主察日月星辰之度数次舍也。"按:《国语·楚语》云:
"颛顼受之,乃命南正重司天以属神,命火正黎司地以属民,使复旧常,
无相侵渎,是谓绝地天通。其后,三苗复九黎之德,尧复育重、黎之后,
不忘旧者,使复典之,以至于夏、商。故重、黎氏世叙天地,而别其分主
者也。"

752 有人反臂,名曰天虞[①]。

天虞

【注释】

①郭璞注:"即尸虞也。"郝懿行曰:"'尸虞'未见所出,据郭注,
当有成文,疑在经内,今逸。"袁珂曰:"郭注'即尸虞也',宋本、毛扆本
'即'作'亦'。"

753　有女子方浴月。帝俊妻常羲,生月十有二,此始浴之^①。有玄丹之山^②。有五色之鸟,人面有发^③。爰有青鸑、黄鷔^④,青鸟、黄鸟,其所集者其国亡^⑤。有池名孟翼之攻颛顼之池^⑥。

常羲浴月　　　　　　　　　　　五色鸟

【注释】

　　① 郭璞注:“义与羲和浴日同。”吴任臣曰:“常羲有娀氏也,或作‘常仪’,一作‘尚仪’,士安作‘常耳’,又作‘常宜’。《路史》云:‘高辛氏次妃常羲,生而能言,发迨其踵。是归高辛,生太子庾及月十二。’”又引杨慎曰:“帝俊之妻生十日,自甲至癸也;生月十又二,自子至亥也。”按此说,即以十二地支子、丑、寅、卯为十二子(月)之名。郝懿行曰:“常仪即常羲,羲、仪声近;又与羲和当即一人,已见《大荒南经》(729)。”袁珂曰:“《世本·帝系篇》云:‘帝喾下妃娵訾氏之女曰常仪,是生帝挚。’羲、仪声近,常羲即常仪也,帝俊亦即帝喾也。”又曰:“是‘生月十二’之月神常羲神话,乃又逐渐演变为奔月之嫦娥神话。常羲本为天帝帝俊之妻,又一变而为其属神羿之妻。”

　　② 郭璞注:“出黑丹。”

③袁珂曰："此'人面有发'之五色鸟,即下文'青鸢、黄鷔'之类。"

④郭璞注："（鸢）音文。（鷔）音敖。"

⑤郝懿行曰："《海外西经》(509)云'鸑鸟、鶝鸟,其色青黄,所经国亡',又云'青鸟、黄鸟所集',即此是也。"袁珂以为"青鸟、黄鸟"即上文之"青鸢、黄鷔"。

⑥郭璞注："孟翼,人姓名。"吴任臣曰："孟翼,颛顼臣。《冠编》:'《颛顼纪》有载:命孟翼攻池,天下人号之曰颛顼之池,言厚养于民也。'"袁珂曰："'孟翼之攻颛顼之池'者,盖犹此经上文'禹攻共工国山',皆因事以名地也。孟翼或亦共工之类,其攻颛顼者,亦黄炎斗争之余绪也。"

754 大荒之中有山,名曰鏖鏊巨^①,日月所入者。有兽,左右有首,名曰屏蓬^②。有巫山者^③。有壑山者。有金门之山,有人名曰黄姖之尸。有比翼之鸟^④。有白鸟,青翼、黄尾、玄喙^⑤。有赤犬,名曰天犬,其所下者有兵^⑥。

屏蓬　　　　　白鸟　　　　　天犬

【注释】

①郭璞注："鏊音如敖。"

②郭璞注："即并封也,语有轻重耳。"郝懿行曰："《海外西经》

（513）云'并封前后有首'，此云'左右有首'，又似非一物也。"

③郝懿行曰："《大荒南经》（707）有巫山。"

④吴任臣曰："即鹣鹣。"见《西次三经》（81）"蛮蛮"。

⑤郭璞注："奇鸟。"

⑥郭璞注："《周书》云：'天狗所止，地尽倾，余光烛天为流星，长十数丈，其疾如风，其声如雷，其光如电。'吴楚七国反时，吠过梁国者是也。"郝懿行曰："'赤犬名曰天犬'，此自兽名，亦如《西次三经》（96）阴山之兽名曰'天狗'耳。郭注以'天狗星'当之，似误也。其引《周书》，《逸周书》无之。《汉书·天文志》云：'天狗，状如大流星，有声。所坠及，望之如火光炎炎中天。见则有黄色，千里破军杀将。'又曰：'天狗所降，以戒守御。吴、楚攻梁，梁坚城守，遂伏尸流血其下。'"

755　西海之南，流沙之滨，赤水之后，黑水之前，有大山，名曰昆仑之丘。有神，人面虎身，有文有尾，皆白处之①。其下有弱水之渊环之②。其外有炎火之山，投物辄然③。有人，戴胜虎齿，有豹尾，穴处，名曰西王母④。此山万物尽有。

昆仑神

【注释】

① 郭璞注："言其尾以白为点驳。"郝懿行曰："神人即陆吾也。其状虎身九尾，人面虎爪，司昆仑者。已见《西次三经》(88)。"

② 郭璞注："其水不胜鸿毛。"吴任臣曰："《十洲记》云：'昆仑山，弱水周回绕匝，东南接积石圃，西北接北户之室，东北临大活之井，西南至承渊之谷。'《玄中记》云：'神丘有火穴，光景照千里。昆仑有弱水，鸿毛不能起。'《括地图》曰：'昆仑之弱水，非乘龙不得至。'"《图赞》曰："弱出昆山，鸿毛是沉。北沦流沙，南映火林。惟水之奇，莫测其深。"按："弱水"已见《海内南经》(573)。

③ 郭璞注："今去扶南东万里，有耆薄国。东复五千里许，有火山国。其山虽霖雨，火常然。火中有白鼠，时出山边求食，人捕得之，以毛作布，今之火浣布是也。即此山之类。"吴任臣曰："干宝《搜神记》：'昆仑之山，是惟下都，环以炎火之山。'郦氏《水经注》：'流沙西行，极崦嵫之山。北山有石，以两石相打则水润，润尽则火出，山石皆然，炎起数丈。'景纯《炎火山赞》曰：'水含阳精，气结则焚，理其微乎，其妙不传。'他与此类者：《神异经》言'荒外有火山，生不烬之木'；《十洲记》言'炎洲有火林山，山中有火光'；《金液神丹经》'扈犁国有火山'；《裔乘》云'西北有火州，其国有火焰山'；张匡邺《行程记》'高昌北庭山，至夕光焰若炬火'；《玄览》曰'毗骞有然火之洲'；《博物志》'西域且弥山昼则孔中状如烟，夜则如灯光'；《魏书》'盘盘国有火山，山傍皆焦'；《东西洋考》云'蛟罩山山头火光日夜不断'；《一统志》'梧州有火山，山上有火，每三五夜一见，如野烧之状'；又蜀有火井、荧台；萧丘有自然之火，春生秋灭；羽山有文石生火，烟色随四时而改，名为净火；自然洲有树生火，以其皮织为火浣布。火浣布有二种，此其一也。"郝懿行曰："《水

经·灢水注》引《神异经》云：'南方有火山焉，长四十里，广四五里。其中皆生不烬之木，昼夜火然，得暴雨猛风不灭。火中有鼠，重百斤，毛长二尺余，细如丝，色白，时时出外，以水逐而沃之则死。取其毛绩以为布，谓之火浣布。'即郭氏所说也。又《艺文类聚》八十卷引《玄中记》云：'南方有炎火山，四月生火，其木皮为火浣布。'《搜神记》亦同兹说，将火浣布故有鼠毛及木皮二种邪？"

④ 郭璞注："《河图玉版》亦曰：'西王母居昆仑之山。'《西山经》（91）曰：'西王母居玉山。'《穆天子传》曰：'乃纪名迹于弇山之石，曰西王母之山也。'然则西王母虽以昆仑之宫，亦自有离宫别窟，游息之处不专住一山也，故记事者各举所见而言之。"郝懿行曰："（郭注"纪名迹于弇山之石"），今本《穆天子传》作'纪其迹于弇山之石'。'虽以昆仑之宫'，当作'虽居昆仑之宫'。皆形近而讹。经言西王母穴处者，《庄子·大宗师篇》云'西王母坐乎少广'，《释文》云：'少广，穴名。'是知此人在所乃以窟穴为居。""西王母"，参见《西次三经》（91）及注。

756 大荒之中有山，名曰常阳之山①，日月所入。

【注释】

① 郝懿行曰："或说《海外西经》（507）'形天葬常羊之山'即此，非也。"袁珂则以为此"常阳之山"与下文"偏句、常羊之山"均即形天之"常羊山"，《荒经》地名多复沓重出，不足异也。

757 有寒荒之国，有二人，女祭、女薎①。

【注释】

①郭璞注："或持觯，或持俎。"郝懿行曰："'蔑'当为'薎'字之讹。《海外西经》（508）'女祭、女戚'，'戚'即'薎'也。郭云'持觯'，'觯'亦'鳝'字之讹也。'戚操鱼䱇'，亦见《海外西经》。"袁珂曰："女祭、女薎即《海外西经》（508）之女祭、女戚，盖祀神之女巫也。"

758　有寿麻之国①。南岳娶州山女，名曰女虔，女虔生季格②。季格生寿麻③。寿麻正立无景，疾呼无响④。爰有大暑，不可以往⑤。

寿麻

【注释】

①郭璞注："《吕氏春秋》曰：'南服寿麻，北怀阖耳。'"郝懿行曰："郭引《吕氏春秋·任数篇》文也。'南'当为'西'字之讹。"

②吴任臣曰："《冠编》：'黄帝鸿初为南岳之官，故名南岳。''女虔'，《学海》作'女厐'。又《路史》曰：'帝鸿生白民及嘻，嘻生季格，季格生帝魁。'注云：'嘻，其南岳也。'未审孰是。"袁珂曰："吴所引《冠编》及《路史》虽后起肊说，未足为据，然此南岳疑亦当为黄帝系人物。寿麻，

其黄帝女魃之转化乎？"

③吴任臣曰："季格妻任己，感神而生魁及寿麻。见《冠编》。"

④郭璞注："言其禀形气有异于人也。《列仙传》曰：'玄俗无景。'""景"即"影"字。吴任臣曰："无景者，中国时有其人。《侍儿小名录》：'周昭王时，东瓯献二女，曰延娟、延婵，步尘无迹，日中无影。'《风俗通》云：'真人无影。'又'勃鞮之国无翼而飞，日中无影'，见《拾遗记》。《淮南子》又曰：'冯夷，大丙之御也，照日光而无影。'此言其疾，非真无影也。"郝懿行曰："《列仙传》云：'玄俗者，自言河间人也。饵巴豆、云英。卖药于市，七丸一钱，治百病。王病瘕，服药，用下蛇十余头。王家老舍人自言：父世见俗，俗形无影。'王乃呼俗着日中，实无影。'"

⑤郭璞注："言热炙杀人也。"郝懿行曰："《楚辞·招魂》云'西方之害，其土烂人，求水无所得些'，王逸注云：'言西方之土温暑而热，燋烂人肉，渴欲求水，无有源泉，不可得也。'亦此类。"

759　有人无首，操戈盾立，名曰夏耕之尸①。故成汤伐夏桀于章山，克之②，斩耕厥前③。耕既立，无首，走厥咎④，乃降于巫山⑤。

夏耕尸

【注释】

① 郭璞注："亦形天尸之类。"吴任臣曰："经载奢比、据比、女娲、贰负、王子夜、肝榆、犁𩮜、夏耕、戎宣王之尸，不一而足，详其名义，大都如今人尸解不化者，土人传以为神。"按：既云夏耕，似为夏臣而名耕者。

② 郭璞注："于章，山名。"吴任臣曰："章山名大沙，或云沙丘。郭作'于章山'，疑非。"

③ 郭璞注："头亦在前者。"按：汤既克夏桀，耕为夏臣不屈，故为汤所斩。

④ 郭璞注："逃避罪也。"按：夏耕既被杀，其尸仆，既而立起，方知失其首，遂急走避汤。然无首而仍操戈盾以立，亦同于刑天之不屈。

⑤ 郭璞注："自窜于巫山。巫山今在建平巫县。"

760　有人名曰吴回，奇左，是无右臂 ①。

【注释】

① 郭璞注："即奇肱也。吴回，祝融弟，亦为火正也。"郝懿行曰："此非奇肱国也。《说文》云：'孑，无右臂也。'即此之类。"吴任臣曰："《姓氏源流》：'黎卒，帝喾以回代之，封于吴，是为吴回。吴回生陆终，其支庶为陆终氏。'《蛙蝇子》言祝融有七，吴回亦祝融之一也。"是以吴回与黎为二人，郝懿行则以为重与黎为二人，而吴回即黎，曰："吴回者，《大戴礼·帝系篇》云：'老童产重黎及吴回。'《史记·楚世家》云：'帝喾诛重黎，而以其弟吴回为重黎，后复居火正，为祝融。'是皆以重黎为一人，吴回为一人。此经上文则以重、黎为二人，似黎即吴回。故《潜夫论·志

氏姓》云：'黎，颛顼氏裔子吴回也。'高诱注《淮南》亦云：'祝融，颛顼
之孙，老童之子吴回也；一名黎，为高辛氏火正，号为祝融。'王符、高诱
并以黎即吴回，与此经义合。重、黎相继为火官，故皆名祝融矣。"

761 有盖山之国。有树，赤皮支干，青叶，名曰朱木①。

【注释】

　　① 郭璞注："或作'朱威木'也。"郝懿行曰："'朱木'已见《大荒
南经》(727)。'青叶'，彼作'青华'，盖字形之讹。"

762 有一臂民①。

【注释】

　　① 郭璞注："北极下亦有一脚人，见《河图玉版》。"吴任臣曰："《事
物绀珠》云：'一臂人，一手、一目、鼻一孔。'"郝懿行曰："'一臂国'已
见《海外西经》(505)。"

763 大荒之中有山，名曰大荒之山，日月所入。
有人焉三面，是颛顼之子，三面一臂①。三面之
人不死②。是谓大荒之野③。

【注释】

　　① 郭璞注："无左臂也。"
　　② 郭璞注："言人头三边各有面也。玄菟太守王顾

三面人

至沃沮国,问其耆老,云:'复有一破船,随波出在海岸边,上有一人,项中复有面,与语,不解了,不食而死。'此是两面人也。《吕氏春秋》曰'一臂三面之乡'也。"吴任臣曰:"《博物志》云:'两面人在沃沮东大海中。'又《后汉·东夷传》及《魏志》皆云北沃沮有两面人。"

　　③ 吴任臣曰:"张揖《上林赋》注:'过乎泱莽之壄,《山海经》所谓大荒之野也'。"

764 西南海之外,赤水之南,流沙之西,有人,珥两青蛇,乘两龙,名曰夏后开①。开上三嫔于天②,得《九辩》与《九歌》以下③。此天穆之野,高二千仞④,开焉得始歌《九招》⑤。

【注释】

　　① 郝懿行曰:"开即启也。汉人避讳所改。"

　　② 郭璞注:"嫔,妇也。言献美人于天帝。"郝懿行曰:"《离骚》云'启《九辩》与《九歌》',《天问》云'启棘宾商,《九辩》《九歌》',是'宾''嫔'古字通,'棘'与'亟'同。盖谓启三度宾于天帝,而得九奏之乐也。故《归藏·郑母经》云'夏后启筮,御飞龙登于天,吉',正谓此事。郭注大误。"

　　③ 郭璞注:"皆天帝乐名也,开登天而窃以下用之也。《开筮》曰:'昔彼《九冥》,是与帝《辩》同宫之序,是为《九歌》。'又曰:'不得窃《辩》与《九歌》以国于下。'义具见于《归藏》。"

　　④ 郭璞注:"《竹书》曰'颛顼产伯鲧,是维若阳,居天穆之阳'也。"

　　⑤ 郭璞注:"《竹书》曰'夏后开舞《九招》'也。"吴任臣曰:"《楚辞·天问》云:'启棘宾商,《九辩》《九歌》。'洪兴祖引此为注,朱子斥

之审矣,以为'启棘宾天',当是启梦宾天。然则经云'开上三嫔于天'者,要是夏启三梦上宾于天,得传天帝之乐以下,如秦穆听钧天之奏,唐皇效霓裳之舞也。'嫔'宜作'宾',《楚辞》足证其误。谓献三美女于天帝者,谬矣。""开焉得始",即"开始得焉",句法之变也。按:夏后启上天得《九招》事,详见《海外西经》(503)及注。

765　有互人之国①。炎帝之孙②,名曰灵恝③。灵恝生互人,是能上下于天④。有鱼偏枯,名曰鱼妇。颛顼死即复苏⑤。风道北来,天乃大水泉⑥,蛇乃化为鱼,是谓鱼妇。颛顼死即复苏⑦。

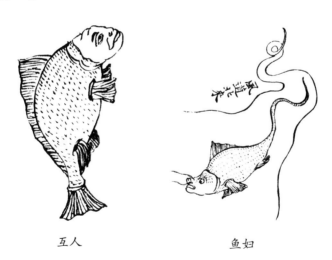

互人　　　　　　　　鱼妇

【注释】

①郭璞注:"人面鱼身。"吴任臣引《国名记》曰:"炎帝孙灵恝生氏人,为氏国,俗作'互',非。"郝懿行曰:"即《海内南经》(574)'氏人国'也。郭注'人面鱼身'四字,本《海内南经》之文。"

②郭璞注：“炎帝神农。”

③郭璞注：“（恝）音如券契之契。”

④郭璞注：“言能乘云雨也。”汪绂曰：“《周礼》以龟蚌之类为互物，然则此互人盖鲛人蜑民之属在西南海上耳。”

⑤郭璞注：“言其人能变化也。”

⑥郭璞注：“言泉水得风暴溢出。道，犹从也。《韩非》曰：‘玄鹤二八，道南方而来。’”郝懿行曰：“郭注引《韩非》者《十过篇》，云：‘师旷不得已，援琴而鼓，一奏之有玄鹤二八，道南门来集于郎门之垝。’郭引‘南门’作‘南方’，所见本异也。”

⑦郭璞注：“《淮南子》曰：‘后稷龙在建木西，其人死复苏，其中为鱼。’盖谓此也。”按：《淮南子·墬形训》原文为：“后稷垄在建木西，其人死复苏，其半鱼在其间。”高诱注：“南方人死复生，或化为鱼，在都广建木间。”郭注“龙”当为“陇”，“中”当为“半”。杨慎曰：“今南中百夷，能以术呪尸为鱼而食之。”吴任臣曰：“《西南国风土记》云：‘邪术有卜思鬼者，妇人习之，夜化为猫犬，遇病者，摄其肉，唾水中化为水虾，取而货之。’即斯术也。”《图赞》曰：“炎帝之苗，实生氏人。死则复苏，厥身为鳞。云南是托，浮游天津。”郝懿行曰：“高诱注《淮南·墬形训》云‘人死复生，或化为鱼’，即指此事。然则鱼妇岂即颛顼所化，如女娲之肠化为十神者邪？”袁珂曰：“据经文之意，鱼妇当即颛顼之所化。其所以称为‘鱼妇’者，或以其风起泉涌、蛇化为鱼之机，得鱼与之合体而复苏，半体仍为人躯，半体已化为鱼，故称‘鱼妇’也。后稷死复苏，亦称‘其半鱼在其间’，知古固有此类奇闻异说流播民间也。”按：“颛顼死即复苏”难与“有鱼偏枯”句相接，且颛顼亦从无复生之丝毫记载，或应如汪绂之说“此偏枯之鱼名曰‘鱼妇颛顼’”，而与颛顼其人并无干系也。

766　有青鸟，身黄，赤足，六首，名曰鸀鸟^①。有大巫山。有金之山。西南大荒之中隅，有偏句、常羊之山^②。

鸀

【注释】

　　① 郭璞注："（鸀）音触。"郝懿行曰："《海内西经》（600）云'开明南有鸟六首'，即此也。"

　　② 郝懿行曰："《海外西经》（507）云'帝断形天之首，葬之常羊之山'，即此。《淮南·墬形训》云'西南方曰编驹之山'，'编驹'疑即'偏句'。《吕氏春秋·谕大篇》云'地大则有常祥、不庭'，疑'常祥'即'常羊'也。'不庭'已见《大荒南经》（708）。"

按：夏后开即启，避汉景帝讳云。

卷十七　大荒北经

767　东北海之外，大荒之中，河水之间，附禺之山^①，帝颛顼与九嫔葬焉^②。爰有鸱久、文贝、离俞、鸾鸟、皇鸟、大物、小物^③。有青鸟、琅鸟、玄鸟、黄鸟、虎、豹、熊、罴、黄蛇、视肉、璿瑰、瑶碧，皆出卫于山^④。丘方圆三百里，丘南帝俊竹林在焉^⑤，大可为舟^⑥。竹南有赤泽水^⑦，名曰封渊^⑧。有三桑无枝^⑨。丘西有沈渊，颛顼所浴。

【注释】

①郝懿行曰："（附禺）《海外北经》（541）作'务隅'，《海内东经》（649）作'鲋鱼'，此经又作'附禺'，皆一山也，古字通用。"

②郭璞注："此皆殊俗，义所作冢。"

③郭璞注："言备有也。"王崇庆曰："尝疑大物、小物皆殉葬之具也。"

④郭璞注："在其山边也。"郝懿行曰："《艺文类聚》八十九卷、《初学记》二十八卷引此经，并作'卫丘山'，《北堂书钞》一百三十七卷亦作'卫丘'，是知古本'卫''丘'连文，而以'皆出于山'四字相属，今本误倒其句耳，所宜订正。"按：《初学记》卷二八、《尔雅翼》卷一二所引经

皆是下文"卫丘山南,帝俊竹林在焉"句,据郝氏说,似应订正为"皆出于山。丘方圆三百里,卫丘山南,帝俊竹林在焉"。

⑤郭璞注:"言舜林中竹,一节则可以为船也。"郝懿行曰:"此经帝俊盖颛顼也。下云'丘西有沈渊,颛顼所浴',以此知之。"

⑥吴任臣曰:"刘须溪说南方荒中有涕竹,长数百丈,围三丈五六尺,厚八九寸,可以为船。又《南越志》:'罗浮山巨竹皆七八围,长一二丈,谓之龙钟竹。'《通考》云:'哀牢有竹,其节相去二丈,名曰濮竹。'《玄览》云:'高潘有疏节之竹,六尺而一节。黎母山有丈节之竹。漆州有通节之竹。临贺有十抱之竹。员丘有船竹。'《神异经》云:'南方以节竹为船。亦作苐竹,其长百丈,围二丈五六尺。'皆竹之大者,与此类。"

⑦郭璞注:"水色赤也。"

⑧郭璞注:"封亦大也。"

⑨郭璞注:"皆高百仞。"袁珂曰:"'三桑无枝'已见《北次二经》(164)、《海外北经》(539)。"

768　有胡不与之国①,烈姓②,黍食。

【注释】

①郭璞注:"一国复名耳,今胡夷语皆通然。"

②郝懿行曰:"烈姓盖炎帝神农之裔。《左传》称'烈山氏',《祭法》作'厉山氏',郑康成注云:'厉山,神农所起,一曰烈山。'"

769　大荒之中有山,名曰不咸①。有肃慎氏之国②。有蜚蛭,四翼③。有虫,兽首蛇身,名曰琴虫④。

蜚蛭　　　　　　　　　　琴虫

【注释】

①吴任臣曰："杜佑《通典》:'挹娄在不咸山北。'郑樵《都邑略》云：'古肃慎国都不咸山,在夫余东北千余里。'"

②郭璞注："今肃慎国去辽东三千余里,穴居无衣,衣猪皮,冬以膏涂体,厚数分,用却风寒。其人皆工射,弓长四尺,劲强,箭以楛为之,长尺五寸,青石为镝。此春秋时'隼集陈侯之庭'所得矢也。晋太兴三年,平州刺史崔毖遣别驾高会,使来献肃慎氏之弓矢,箭镞有似铜骨作者。问云,转与海内国,通得用此。今名之为挹娄国,出好貂、赤玉。岂从海外转而至此乎?《后汉书》所谓'挹娄'者是也。"吴任臣曰："《史记》作'息慎'。《竹书》:'舜二十五载,息慎氏来宾。'《汲冢周书》云:'成王之时,息慎来贺,作《贿息慎之命》。'《王会解》谓之'稷慎'。《左传》'肃慎、燕、亳,吾北土也',杜注云:'肃慎在玄菟北三千余里。'刘会孟云:'肃慎在汉曰挹娄,魏曰勿吉,唐曰靺鞨。'""肃慎"已见《海外西经》（520）。

③郭璞注："翡、室两音。"吴任臣曰："司马《游猎赋》'蛭蜩蠼猱',谓此也。"蛭,兽属。蜚,即飞也。

④ 郭璞注：“亦蛇类也。”吴任臣曰：“《本草纲目》引此作‘琴蛇’。”郝懿行曰：“南山人以虫为蛇，见《海外南经》（479）。”

770 有人名曰大人。有大人之国 ①，釐姓 ②，黍食。有大青蛇，黄头，食麈 ③。有榆山。有鲧攻程州之山 ④。

【注释】

① 郝懿行曰：“《史记·孔子世家》云：‘防风在虞、夏、商为汪罔氏，于周为长翟，今谓之大人。’案此本《鲁语》文，‘汪罔’为‘汪芒’也。”袁珂曰：“‘大人国’已见《海外东经》（547）及《大荒东经》（672）。”

② 郝懿行曰：“《晋语》云司空季子说黄帝之子十二姓，中有僖姓，僖、釐古字通用，釐即僖也。《史记·孔子世家》云‘汪罔氏之君，守封禺之山，为釐姓’，《索隐》云‘釐音僖’是也。”袁珂曰：“《国语·鲁语下》云：‘防风，汪芒氏之君也，守封嵎之山者也，为漆姓。在虞、夏、商为汪芒氏，于周为长狄，今为大人。’汪芒氏即汪罔氏，漆姓即釐姓也。则大人者防风氏之后，亦黄帝之裔也。”

③ 郭璞注：“今南方蚺蛇食鹿，鹿亦麈属也。”

④ 郭璞注：“皆因其事而名物也。”郝懿行曰：“程州，盖亦国名，如‘禹攻共工国山’之类。”

771 大荒之中有山，名曰衡天。有先民之山 ①。有槃木千里 ②。

【注释】

① 郝懿行曰：“‘西北海之外有先民之国’，见《大荒西经》（741），

非此也。"按：郝意似指一在西北，一在东北。

②郭璞注："（槃）音盘。"郝懿行曰："《大戴礼·五帝德篇》云'东至于蟠木'，《史记·五帝纪》同，疑即此也。刘昭注《礼仪志》引此经云：'东海中有度朔山，上有大桃树，蟠屈三千里，其卑枝门曰东北鬼门，万鬼出入也。上有二神人，一曰神荼，一曰郁儡，主阅领众鬼之恶害人者，执以苇索，而用食虎。于是黄帝法而象之。驱除毕，因立桃梗于门户上，画郁儡持苇索以御凶鬼，画虎于门，当食鬼也。'《论衡·订鬼篇》引此经，大意亦同。"袁珂曰："此'屈蟠三千里'之大桃木，当即'千里'槃木之属。"

772　有叔歜国^①。颛顼之子^②，黍食，使四鸟：虎、豹、熊、罴。有黑虫，如熊状，名曰猎猎^③。

猎猎

【注释】

①郭璞注："（歜）音作感反（读"赞"）。一音触。"

②吴任臣曰："颛顼之妻婥生伯偁、卷章、季禺。季禺是生叔歜。古

谓其所出者皆为子。"

　　③ 郭璞注："（猎）或作'猰'，音夕，同猎。"吴任臣曰："《篇海》引经云：'牛氏山有黑兽，状如熊，名曰猎。'与本文小异。"

773 有北齐之国，姜姓 ①，使虎、豹、熊、罴。

【注释】

　　① 吴任臣曰："《路史》：'太姜之祖逢公，伯陵之后，为商侯伯，自逢改封于北齐。'《氏族考》云：'炎帝子伯陵，为黄帝臣，始封逢，改封齐。'二说不同。"郝懿行曰："《说文》云：'姜，神农居姜水，以为姓。'《史记·齐太公世家》云：'姓姜氏。'案《大荒西经》（739）'有西周之国，姬姓'，此'有北齐之国，姜姓'，皆周、秦人语也。"

774 大荒之中有山，名曰先槛大逢之山，河、济所入海北注焉 ①。其西有山，名曰禹所积石 ②。有阳山者。有顺山者，顺水出焉。

【注释】

　　① 郭璞注："河、济注海，已复出海外，入此山中也。"汪绂曰："案济入河而复出者，以清浊分也。若海则吐纳百川，既入海则皆海矣，安见已入复出而反注山中者？谬甚。"

　　② 郝懿行曰："《海内西经》（592）云'河水入渤海，又出海外，入禹所导积石山'，正与此经合，是此海即渤海矣。《水经》所谓'渤海'亦即此。"按："禹所积石之山"又见《海外北经》（534）。

775 有始州之国。有丹山 ①。

【注释】

　　① 郭璞注 :"此山纯出丹朱也。《竹书》曰 :'和甲西征,得一丹山。'
今所在亦有丹山,丹出土穴中。"郝懿行曰 :"《竹书》云 '阳甲三年,西
征丹山戎','阳甲'一名'和甲'也。"

776 有大泽方千里,群鸟所解 ①。

【注释】

　　① 郭璞注 :"《穆天子传》曰 :'北至广原之野,飞鸟所解其羽。乃
于此猎,鸟兽绝群,载羽百车。'《竹书》亦曰 :'穆王北征,行流沙千里,
积羽千里。'皆谓此泽也。"郝懿行曰 :"'大泽'已见《海内西经》(580)。
《穆天子传》云 '硕鸟解羽,六师之人毕至于旷原',是郭所引'广'当为
'旷',或古字通也。此谓之'大泽',《穆天子传》谓之'旷原',《史记》、
《汉书》谓之'翰海',皆是。《史记索隐》引崔浩云 :'翰海,北海名。群
鸟之所解羽,故云翰海。'"袁珂曰 :"大泽有二,一乃《海内北经》(622)
'舜妻登比氏生宵明、烛光,处河大泽'之大泽,一即此泽。此泽即《海
外北经》所记 '夸父北饮大泽'(532)及此经 '夸父将走大泽'(781)
之大泽。"是袁珂以为郭注及郝注"广原"、"翰海"之类皆非"大泽"也,
较近实。

777 有毛民之国 ①,依姓,食黍,使四鸟。禹生均国,均国
生役采 ②,役采生修鞈 ③,修鞈杀绰人 ④。帝念之,潜为之

国⑤,是此毛民。

【注释】

　　①郭璞注:"其人面体皆生毛。"吴任臣曰:"《路史》注:'东毛人等五十五国。'韩昌黎(《送郑尚书序》):'海外杂国,若耽浮罗、流求、毛人。'即斯国也。"郝懿行曰:"'毛民国'已见《海外东经》(558)。"

　　②郭璞注:"'采'一作'来'。"

　　③郭璞注:"(䶊)音如单袷之袷。"袷读夹。

　　④郭璞注:"人名。"

　　⑤郭璞注:"潜密用之为国。"吴任臣曰:"《路史》:'涂山氏后趫生启及均。均生固,固生伎来,伎来生循䶊,是杀绰。天帝念之,其裔居兜牟山,北人号突厥宝。'"袁珂曰:"'潜为之国'者,乃修䶊所杀之绰人,而非修䶊。"见《海外东经》(558)注。

778　有儋耳之国①,任姓②。

【注释】

　　①郭璞注:"其人耳大下儋,垂在肩上。朱崖儋耳,镂画其耳,亦以放之也。"吴任臣曰:"《骈雅》:'八极,北曰祝栗,曰儋耳。'《吕氏春秋》云:'叔逆之所,儋耳之居,多无君。'即斯国也。《淮南子》作'耽耳',《博物志》作'担耳'。"郝懿行曰:"儋,依字当为'聸',见《说文》。此是北聸耳也。《吕氏春秋·任数篇》曰'北怀儋耳',高诱注云'北极之国',正谓是也。其'南聸耳',经谓之'离耳',见《海内南经》(565)。又'聂耳国',见《海外北经》(531),与此异。"袁珂以为《海外北经》"聂耳国"

即此。

　　② 郝懿行曰："《晋语》说黄帝之子十二姓，中有任姓也。"

779　禺号子，食谷北海之渚中 ^①。有神，人面鸟身，珥两青蛇，践两赤蛇，名曰禺强 ^②。

【注释】

　　① 郭璞注："言在海岛中种粟给食，谓禺强也。"郝懿行曰："禺号即禺虢，《大荒东经》（691）云：'黄帝生禺虢，禺虢生禺京。'禺京即禺强也。"袁珂曰："禺强固禺号子，但其身份乃北海海神，非如郭注所谓'在海岛中种粟给食'者。此'种粟给食'之禺号子，乃任姓之儋耳国也。谓之'子'者，盖谓其苗裔，非必谓其亲子也。又，以'食谷北海之渚中'为句亦误，'食谷'作一句，属上读，'北海之渚中'作一句，属下读，始当。"按：袁珂将"禺号子"一段与上段相接，作"有儋耳之国，任姓，禺号子，食谷"，下节则为"北海之渚中有神"云云，较旧说为通。

　　③ 吴任臣曰："禺强，《庄子注》作'禺京'。《养生杂书》曰：'东海神名阿明，南海祝融，西海臣乘，北海禺强。'《龙鱼河图》云：'北海神姓名禺帐里，又名禺强。'"郝懿行曰："《海外北经》（544）云'禺强践两青蛇'，与此异。又'帝命禺强使巨鳌十五举首而戴五山'，见《列子·汤问篇》。"

780　大荒之中有山，名曰北极天柜 ^①，海水北注焉。有神，九首，人面鸟身，名曰九凤 ^②。又有神，衔蛇操蛇 ^③，其状虎首人身，四蹄长肘，名曰强良 ^④。

九凤　　　　　　　　　　强良

【注释】

　　① 郭璞注："（柜）音匮。"

　　② 郝懿行曰："郭璞《江赋》云：'奇鵅九头。'疑即此。"

　　③ 郝懿行曰："《列子·汤问篇》说愚公事，云'操蛇之神闻之，告之于帝'，操蛇之神当即此。"

　　④ 郭璞注："亦在畏兽画中。"郝懿行曰："《后汉·礼仪志》说十二神，云'强梁、祖明共食磔死寄生'，疑'强梁'即'强良'，古字通也。"

781　大荒之中有山，名曰成都载天。有人珥两黄蛇，把两黄蛇，名曰夸父。后土生信，信生夸父①。夸父不量力，欲追日景，逮之于禺谷②。将饮河而不足也。将走大泽，未至，死于此③。应龙已杀蚩尤，又杀夸父④，乃去南方处之，故南方多雨⑤。

蚩尤

【注释】

①吴任臣曰："《续通考》：'勾龙为后土。生子二人，曰垂，曰信。信生夸父，善走，为丹朱臣，后有夸氏。'"郝懿行曰："后土，共工氏之子句龙也，见昭十九年《左传》，又见《海内经》（828）。"

②郭璞注："禺渊，日所入也。今作'虞'。"吴任臣曰："禺谷即虞渊，古人音义相通，字多假借。'虞渊'又作'吴泉'。"

③郭璞注："渴死。"夸父逐日事已见《海外北经》（532）。

④郭璞注："上云夸父不量力，与日竞而死，今此复云为应龙所杀。死无定名，触事而寄，明其变化无方，不可揆测。"袁珂以为有关夸父之传说不同，非如郭注之"变化无方"也。按：应龙杀蚩尤与夸父事又见《大荒东经》（702）。

⑤郭璞注："言龙水物，以类相感故也。"

782　又有无肠之国，是任姓①。

【注释】

　　① 郭璞注："为人长也。"按："无肠国"又见《海外北经》(530)，云："其为人长。"

783　无继子，食鱼①。

【注释】

　　① 郭璞注："'继'亦当作'䏿'，谓脾肠也。"吴任臣曰："《淮南子》作'无继民'，即'无䏿'也，注云：'其人无嗣。'(《海外北经》第524条)"

784　共工臣名曰相繇①，九首，蛇身自环②，食于九土③。其所歍所尼④，即为源泽⑤，不辛乃苦⑥，百兽莫能处⑦。禹堙洪水，杀相繇⑧，其血腥臭，不可生谷，其地多水，不可居也⑨。禹湮之，三仞三沮⑩，乃以为池，群帝是因以为台⑪。在昆仑之北。

【注释】

　　① 郭璞注："相柳也，语声转耳。""相柳"见《海外北经》(528)。

　　② 郭璞注："言转旋也。"按：应指图中相繇蛇身作盘旋状。

　　③ 郭璞注："言贪残也。"郝懿行曰："《海外北经》(528)作'九山'。"

　　④ 郭璞注："歍，呕，犹喷咤。尼，止也。"郝懿行曰："《说文》云：'歍，心有所恶，若吐也。'又云：'欧，吐也。'"

⑤郭璞注："言多气力。"《海外北经》(528)："相柳之所抵,厥为泽溪。"

⑥郭璞注："言气酷烈。"按:言泽水既辛辣又苦涩也。

⑦郭璞注："言畏之也。"

⑧郭璞注："禹塞洪水,由以溺杀之也。"按:郭注之意,因相柳所止则为源泽,溺淹人民,故禹因此而杀之。

⑨郭璞注："言其膏血滂流成渊水也。"

⑩郭璞注："言禹以土塞之,地陷坏也。"

⑪郭璞注："地下宜积土,故众帝因来在此,共作台。"郝懿行曰:"即帝尧、帝喾等台也,见《海内北经》(609)。"按:相柳所止则为沼泽,以土堙之,土则陷没,遂深掘其地以为池,掘出之土则筑而为台。

785　有岳之山,寻竹生焉⑫。

【注释】

⑫郭璞注："寻,大竹名。"郝懿行曰:"《海外北经》(536)有'寻木长千里','寻竹'犹'寻木'也。"袁珂曰:"寻,长也,非大竹名。"

786　大荒之中有山,名曰不句,海水入焉①。

【注释】

①袁珂曰:"《藏经》本'水'下有'北'字,是也。说见《大荒南经》(728)'天台高山'节注。"

787　有系昆之山者,有共工之台,射者不敢北向①。有人衣青衣,名曰黄帝女魃②。蚩尤作兵伐黄帝③,黄帝乃令应龙攻之冀州之野④。应龙畜水,蚩尤请风伯、雨师纵大风雨。黄帝乃下天女曰魃,雨止,遂杀蚩尤。魃不得复上,所居不雨⑤。叔均言之帝,后置之赤水之北⑥。叔均乃为田祖⑦。魃时亡之⑧。所欲逐之者令曰:神北行⑨。先除水道,决通沟渎⑩。

女魃

【注释】

　　① 郭璞注:"言畏之也。""共工之台"已见《海外北经》(528)。

　　② 郝懿行曰:"《玉篇》引《文字指归》曰:'女妭,秃无发,所居之处天不雨也。同魃。'"

　　③ 吴任臣曰:"应劭曰:'蚩尤,古天子。'臣瓒曰:'《孔子三朝记》:蚩尤,庶人之贪者。'《史记索隐》曰:'《黄帝纪》:诸侯相侵伐,蚩尤最为暴。'则蚩尤非天子也。又《管子》:'蚩尤受卢山之金而作五兵。'明非庶人,盖诸侯号也。《龙鱼河图》云:'黄帝摄政,有蚩尤兄弟八十一人,并兽身人语,铜头铁额,食沙,造五兵,威振天下。黄帝以仁义不能禁止

蚩尤。天遣玄女，下授黄帝兵符，伏蚩尤。'《博古图》谓'三代彝器多着蚩尤之象，以为贪虐之戒，其状如兽，附以两翅'。《春秋元命苞》曰：'蚩尤作雾，黄帝作指南车。'《通典》曰：'蚩尤即魑魅，战于涿鹿，黄帝吹角为龙吟御之。'"郝懿行曰："《太平御览》二百七十卷引《世本》曰'蚩尤作兵'，宋衷注曰：'蚩尤，神农臣也。'"

④郭璞注："冀州，中土也。黄帝亦教虎、豹、熊、罴，以与炎帝战于阪泉之野而灭之，见《史记》。"吴任臣曰："《焦氏易林》：'白龙赤虎，战斗俱怒。蚩尤败走，死于鱼口。'刘凤《杂俎》曰：'黄帝与蚩尤战涿鹿之野，蚩尤作大雾，帝乃命风后作指南车，遂擒蚩尤。'《广成子传》云：'蚩尤铜头啖石，飞空走险。以馗牛皮为鼓，九击而止之，尤不能飞走，遂杀之。'《云笈七籤》云：'黄帝出师伐蚩尤于绝辔之野，以枫鼓为警。'《帝王世纪》：'黄帝使应龙杀蚩尤于凶黎之丘。'《归藏·启筮》曰：'蚩尤出自羊水，八肱八趾，疏首，登九淖以伐空桑，黄帝杀之于青丘。'"据此，黄帝、蚩尤之战并非一处，大抵不离"中土"。

⑤郭璞注："旱气在也。"吴任臣曰："《玄览》曰：'旱之妖，状如人，长三尺，袒而戴目，疾走若风，其名曰魃，亦谓之狢，所见之国赤旱千里。'《本草注》云：'旱魃，山鬼也，所居之处天不雨。'《神异经》云：'南方有魃，长二三尺，裸身，目在顶上，行走如风，见则大旱，一名旱母。'"

⑥郭璞注："远徙之也。"按：《大荒西经》（739）："叔均是代其父及稷播百谷，始作耕。"故以天旱为言，天帝遂徙魃于远地。

⑦郭璞注："主田之官。《诗》云'田祖有神'。"吴任臣曰："《魏书》：'昌意之裔始均，入仕尧世，逐女魃于弱水之北，民赖其勤。帝舜嘉之，命为田祖。'"

⑧郭璞注："畏见逐也。"郝懿行曰："亡，谓善逃逸也。"按：谓魃不

时从流徙之地逃逸,遂为害于耕稼。

　　⑨ 郭璞注:"向水位也。"郝懿行曰:"北行者,令归赤水之北也。"

　　⑩ 郭璞注:"言逐之必得雨,故见先除水道,今之逐魃是也。"郝懿行曰:"《艺文类聚》一百卷引《神异经》云:'南方有人长二三尺,祖身,而目在顶上,走行如风,名曰魃。所见之国大旱,赤地千里。遇者得之,投溷中乃死,旱灾消。'是古有逐魃之说也。"

788　有人方食鱼,名曰深目民之国,盼姓,食鱼①。

【注释】

　　① 郭璞注:"亦胡类,但眼绝深。黄帝时姓也。"吴任臣曰:"《国名记》作'目深国','盼'作'眄',高阳氏之后也。"按:《海外北经》(529)有"深目国"。

789　有钟山者。有女子衣青衣,名曰赤水女子献①。

赤水女子献

【注释】

①郭璞注："神女也。"郝懿行曰："《穆天子传》云：'赤乌之人丌好，献女于天子，曰赤乌氏美人之地也。'似与此经义合。"吴承志曰："'献'当作'魃'。上文'有人衣青衣，名曰黄帝女魃'，'后置之赤水之北'，'赤水女子魃'即黄帝女魃也。此文当本上句之异文，校者两存之，遂成歧出耳。"

790　大荒之中有山，名曰融父山，顺水入焉①。有人名曰犬戎。黄帝生苗龙，苗龙生融吾，融吾生弄明②，弄明生白犬。白犬有牝牡③，是为犬戎，肉食。有赤兽，马状无首，名曰戎宣王尸④。

戎宣王尸

【注释】

①袁珂曰："上文云'有顺山者，顺水出焉'（774），即此。"

②郭璞注："（弄）一作'卞'。"吴任臣曰："《史记正义》云：'融吾生并明。'"

③郭璞注："言自相配合也。"吴任臣曰："白犬，黄帝之曾孙，其名

若后世犬子、佛狸、虎狓，非狗犬也。应劭书遂以为高辛犬名盘瓠，妻帝女，生六男六女，自相夫妇。赵氏《说文长笺》亦云‘盘瓠之种，犬也’。其说实衍于此。”“应劭书”指《风俗通义》，盘瓠事在佚文中，见《后汉书·南蛮传》。郝懿行曰：“《史记·周本纪正义》、《汉书·匈奴传》注引此经，并作‘白犬有二牝牡’，盖谓所生二人相为牝牡也。”

④ 郭璞注：“犬戎之神名也。”吴任臣曰：“此神兽状，非真兽也。”

791 有山名曰齐州之山、君山、鬵山 ①、鲜野山、鱼山。

【注释】

① 郭璞注：“（鬵）音潜。”

792 有人一目，当面中生 ①。一曰是威姓，少昊之子，食黍。

【注释】

① 郝懿行曰：“此人即一目国也，见《海外北经》（526）。”

793 有继无民 ①。继无民任姓，无骨子，食气、鱼 ②。

【注释】

① 郝懿行曰：“‘继无’疑当为‘无继’，即上文‘无继子’也。”按：《海外北经》（524）有“无启国”，即此无继国。

② 郭璞注：“言有无骨人也。《尸子》曰：‘徐偃王有筋无骨。’”郝懿行曰：“‘食气、鱼’者，此人食气兼食鱼也。《大戴礼·易本命篇》：‘食

气者神明而寿。'"

794　西北海外,流沙之东,有国曰中䡾^①,颛顼之子,食黍。

【注释】

　　① 䡾音扁。

795　有国名曰赖丘。有犬戎国^①。有神^②,人面兽身,名曰犬戎。

【注释】

　　① "犬戎国"已见《海内北经》(605)。

　　② 郝懿行曰:"犬戎,黄帝之玄孙,已见上文(790),是犬戎亦人也。'神'字疑讹。《史记·周本纪集解》引此经正作'人'。"

796　西北海外,黑水之北,有人有翼,名曰苗民^①。颛顼生骦头^②,骦头生苗民,苗民釐姓,食肉。有山,名曰章山。

【注释】

　　① 郭璞注:"三苗之民。"吴任臣曰:"《神异经》云:'苗民人形而腋翼,不能飞,为人饕餮,淫泆而无度,居西北荒。'""三苗国"已见《海外南经》(487)。

　　② "骦头国"已见《海外南经》(726)。

797　大荒之中有衡石山、九阴山、洞野之山^①，上有赤树，青叶赤华，名曰若木^②。

【注释】

① 郝懿行曰："《水经·若水注》、《文选·甘泉赋》及《月赋》注、《艺文类聚》八十九卷引此经，并作'灰野之山'。"袁珂曰："宋本及《藏经》本正作'灰野之山'，应据改。"

② 郭璞注："生昆仑西，附西极，其华光赤下照地。"吴任臣曰："《楚辞》：'羲和之未扬，若华何光。'又曰：'折若木以拂日。'《淮南子》曰：'若木在建木西，末有十日，其华照下地。'注云：'若木端有十日，状如莲华，光照其下。'《吕览》云：'菜之美者，若木之华。'"《图赞》曰："若木之生，昆仑是滨。朱华电照，碧叶玉津。食之灵智，为力为仁。"郝懿行疑此郭注十四字，本系经正文误入为注者。

798　有牛黎之国^①。有人无骨，儋耳之子^②。

【注释】

① 吴任臣曰："《国名记》云：'儋今有黎姥山。'"郝懿行曰："牛黎，盖即'柔利'也。其人反膝曲足居上，故此经云'无骨'矣。'柔利国'见《海外北经》（527）。"

② 郭璞注："儋耳人生无骨子也。"

799　西北海之外，赤水之北，有章尾山^①。有神，人面蛇身而赤^②，直目正乘^③，其瞑乃晦，其视乃明^④。不食不寝不息，

风雨是谒 ⑤。是烛九阴 ⑥,是谓烛龙 ⑦。

【注释】

① 郝懿行曰："《海外北经》作'钟山'(525),此作'章尾山'。章、钟声近而转也。《文选·雪赋》注引此经,又《舞鹤赋》引《十洲记》曰:'钟山在北海之中,地仙家数千万,耕田种芝草,课计顷亩也。'即此。"

② 郭璞注："身长千里。"吴任臣曰:"《淮南》云:'烛龙人面龙身而无足。'"郝懿行曰:"'身长千里'见《海外北经》(525)。《艺文类聚》七十九卷引此四字作经文,'里'字作'尺'。今案四字作经文是也,《海外北经》可证。"

③ 郭璞注："直目,目从(纵)也。正乘,未闻。"吴任臣曰:"正乘,言其睫不邪也。"毕沅曰:"'乘'恐'朕'字假音,俗作'眹'也。"按:眹,即眼珠。毕说与吴说合。

④ 郭璞注："言视为昼,眠为夜也。"

⑤ 郭璞注："言能请致风雨。"毕沅曰:"谒,'噎'字假音。"袁珂曰:"毕说是,言以风雨为食也。"

⑥ 郭璞注："照九阴之幽隐也。"

⑦ 郭璞注："《离骚》(《天问》)曰:'日安不到?烛龙何耀?'《诗含神雾》曰:'天不足西北,无有阴阳消息,故有龙衔精以往,照天门中云。'《淮南子》曰:'蔽于委羽之山,不见天日也。'"吴任臣曰:"《淮南子》曰'烛龙在雁门北,其神人面龙身而无足',高诱注云:'龙衔烛以照太阴,盖长千里。'"汪绂曰:"此即所谓钟山烛阴(525)。"

卷十八　海内经

800　东海之内，北海之隅，有国名曰朝鲜①、天毒②，其人水居，偎人爱之③。

【注释】

　　① 郭璞注："朝鲜，今乐浪郡也。"吴任臣引钱溥《朝鲜国志》："朝鲜有三种，一檀君朝鲜，一箕子朝鲜，一卫满朝鲜。考箕子封朝鲜，传四十一代，至王准，凡九百二十八年，而失国于卫满。准入汉地金马郡，自立，号韩王。又传二百年，并入高句丽，兼有新罗、百济。"按："朝鲜"已见《海内北经》（624）。

　　② 郭璞注："天毒即天竺国，贵道德，有文书、金银、钱货，浮屠出此国中也。晋大兴四年，天竺胡王献珍宝。"吴任臣曰："天毒，《汉书》作'天竺'，《汲冢周书》作'天竹'，《后汉书·杜笃传》作'天筑'，或作'天督'。《西域记》云：'详夫天竺之称，旧云"身毒"，或曰"贤豆"，今从正音，宜云"印度"。'"郝懿行曰："《史记·大宛传》有'身毒国'，《索隐》云：'身音乾，毒音笃。孟康曰：即天竺也，所谓浮图胡也。'案《大宛传》说身毒云：'其人民乘象以战，其国临大水焉。'《后汉书·西域传》云：'天竺国一名身毒，其国临大水，修浮屠道，不杀伐。'大意与郭注同。"

袁珂曰："天竺即今印度，在我国西南，此天毒则在东北，方位迥异，故王氏乃有此疑。或者中有脱文讹字，未可知也。"袁说"中有脱文讹字"，如是，则"天毒"或应与朝鲜各为一节。张步天曰："本条所记当是秦汉时事，《风俗通义》云'东方谓之夷，其类有九。一曰玄菟，二曰乐浪，三曰高骊，四曰满饰，五曰凫臾，六曰索家，七曰东屠，八曰倭人，九曰天鄙'，本条所记诸国均在其中。'朝鲜'当是'高骊'，'天毒'疑是'玄菟'，'偎人'与'倭人'位置正合，'爱之'疑是'索人'之讹。如是则本条或是'东海之内，北海之隅，有国名曰朝鲜、玄菟、倭人、索人，其人水居'。"

　　③郭璞注："偎，亦爱也。"吴任臣曰："言其风俗柔善，以兼爱为教也。"汪绂曰："偎亦爱也，言朝鲜之俗爱人而人亦爱之也。或曰'偎'当作'倭'，言其国近倭而倭人爱。"郝懿行曰："'爱之'，《藏经》本作'爱人'，是也。《列子》云：'列姑射山有神人，不偎不爱，仙圣为之臣。'义正与此合。袁宏《汉纪》云：'浮屠，佛也。天竺国有佛道，其教以修善慈心为主，不杀生。'亦此义也。《玉篇》云：'北海之隈，有国曰偎人。'以'偎人'为国名，义与此异。"

801　西海之内，流沙之中，有国名曰壑市 ①。

【注释】

　　①郭璞注："（壑）音郝。"《水经》"流沙地在张掖居延县东北"，注："流沙又迳浮渚，历壑市之国。"

802　西海之内，流沙之西，有国名曰氾叶 ①。

【注释】

①郭璞注："（氾）音如泛滥之泛。"汪绂曰："'氾叶'疑与'梵叶'同，即天竺国也。"徐显之则以为即中亚之碎叶。郝懿行曰："《水经注》无此国，疑脱。"

803　流沙之西有鸟山者①，三水出焉②。爰有黄金、璿瑰、丹货、银铁，皆流于此中③。又有淮山，好水出焉。

【注释】

①郝懿行曰："《水经注》：'流沙历壑市之国，又迳于鸟山之东。'"

②郭璞注："三水同出一山也。"

③郭璞注："言其中有杂珍奇货也。"郝懿行曰："'皆流于此中'，《藏经》本作'皆出此水'四字。"

804　流沙之东，黑水之西，有朝云之国①、司彘之国。黄帝妻雷祖，生昌意②。昌意降处若水③，生韩流④。韩流擢首、谨耳⑤、人面、豕喙、麟身、渠股⑥、豚止⑦，取淖子曰阿女，生帝颛顼⑧。

韩流

【注释】

①吴任臣曰："《水经注》：'流沙又迳于鸟山之东，朝云国。'"按：《水经》云："流沙地在张掖居延县东北。"

②郭璞注："《世本》云：'黄帝娶于西陵氏之子，谓之纍祖，产青阳及昌意。'"吴任臣曰："《氏族源流》云：'黄帝元妃西陵氏，谓之嫘祖，生子三人，曰昌意、玄嚣、龙苗。'"郝懿行曰："雷，姓也；祖，名也。西陵氏姓方雷，故《晋语》云：'青阳，方雷氏之甥也。''雷'通作'纍'。郭引《世本》作'纍祖'，《大戴礼·帝系篇》作'嫘祖'，《史记·五帝纪》同，《汉书·古今人表》作'絫祖'，并通。"

③吴任臣曰："《史记索隐》云：'降，下也。言帝子为诸侯。'又《路史》'昌意逊居若水'，注云：'逊，谓降封之。若即江之下流，在蜀。'《盟会图疏》以为'都'。《九州要记》曰：'台登县有如诺川，鹦鹉山黑水之间，若水出其下。'即斯水也，在今四川黎州。"张步天以为此经"黑水"即下文所云"若水"。

④郭璞注："《竹书》云：'昌意降居若水，产帝乾荒。'乾荒即韩流也，生帝颛顼。"吴任臣曰："《氏族源流》云：'昌意姬姓，生子三人，长曰乾荒，次曰安，季曰悃。'"毕沅曰："'韩'、'乾'声相近。'流'即'充'字，'荒'为'充'之讹。"郝懿行曰："《竹书》'帝乾荒'，盖即帝颛顼也。此经又有韩流生颛顼，与《竹书》及《大戴礼》、《史记》皆不合，当在阙疑。郭氏欲以此经附合《竹书》，恐非也。"

⑤郭璞注："擢首，长咽。谨耳，未闻。"吴任臣曰："《路史》：'颛顼亦擢首而谨耳。'注：'谨耳，小耳也。'"郝懿行曰："《说文》：'颛，头颛颛，谨貌；顼，头顼顼，谨貌。'即'谨耳'之义，然则颛顼命名，岂以头似其父故与？《说文》又云：'擢，引也。'《方言》云：'擢，拔也。'拔引

之则长,故郭训攉为长。"

⑥郭璞注:"渠,车辋,言跰脚也。《大传》曰:'大如车渠。'"郝懿行曰:"'跰'当为'胼'。"按:渠,即车轮的外圈。渠股,或即今所谓"罗圈腿"。

⑦郭璞注:"止,足。"吴任臣曰:"《黄帝祠额解》云:'韩流、冯夷,三面一臂,豕喙豚趾。'"郝懿行曰:"止,即趾也。"

⑧郭璞注:"《世本》云:'颛顼母,浊山氏之子,名昌仆。'"吴任臣曰:"《蜀国春秋》云:'昌意娶蜀山氏女,曰景僕,生乾荒。乾荒娶蜀山氏曰枢,是为河女,所谓淖子也,生颛顼。'《冠编》曰:'淖子感瑶光贯月之祥于幽房,而生颛顼。'"淖、浊、蜀音近,"淖子"即"浊山氏之子",亦即"蜀山氏女"。

805　流沙之东,黑水之间,有山名不死之山 ①。

【注释】

①郭璞注:"即员丘也。"吴任臣曰:"《水经注》:'流沙又历员丘不死山之西。'指此山也。"郝懿行曰:"郭知不死之山即员丘者,员丘山上有不死树,食之乃寿,见《海外南经》(491)注。"按:除《海外南经》"不死民"外,《大荒南经》(712)亦有"不死之国"。

806　华山、青水之东,有山名曰肇山。有人名曰柏高 ①,柏高上下于此,至于天 ②。

柏高

【注释】

① 郭璞注：“柏子高，仙者也。”吴任臣曰：“《路史》：‘尧治天下，柏成子皋立为诸侯。禹时，柏成子皋辞为诸侯。’而又注云：‘一作子高。’《真灵位业图》曰：‘柏成子高，汤时退耕，修步纲之道。’《通变经》曰：‘老子言自开辟以来，千二百变，后世得道，柏成子皋是矣。’”郝懿行曰：“据郭注，经文当作‘柏子高’，《藏经》本正如是，今本脱‘子’字。《庄子·天地篇》云：‘尧治天下，伯成子高立为诸侯，禹时伯成子高辞为诸侯而耕。’郭注《穆天子传》云‘古“伯”字多从木’，然则柏高即伯高矣。伯高者，《管子·地数篇》有‘黄帝问于伯高’云云，盖黄帝之臣也。帝乘龙鼎湖，伯高从焉，故亦仙者也。”

② 郭璞注：“言翱翔云天，往来此山也。”

807 西南黑水之间，有都广之野，后稷葬焉①。爰有膏菽、膏稻、膏黍、膏稷^②。百谷自生^③，冬夏播琴^④。鸾鸟自歌，凤鸟自儛，灵寿实华^⑤，草木所聚^⑥。爰有百兽，相群爰处^⑦。此草也^⑧，冬夏不死^⑨。

【注释】

①郭璞注："其城方三百里，盖天下之中，素女所出也。《离骚》曰：'绝都广而直指号。'"杨慎曰："此盖郭璞别以异闻入之也。黑水广都，今之成都也。素女在青城天谷，今名玉女洞。"吴任臣曰："《事物绀珠》云：'都广在西南方，乃天地之中。'《（帝王）世纪》云：'后稷死于黑水潢者之野。'《路史》注：'稷以癸巳日薨于黑水之山，葬广都之野，冢去中国三千里。'"郝懿行曰："《海内西经》（583）云'后稷之葬，山水环之，在氐国西'，其地即在今日甘肃界也。《鲁语》云'稷勤百谷而山死'，韦昭注云：'死于黑水之山。'《淮南·墬形训》云'南方曰都广，曰反户'，高诱注云：'都广，国名。山在此国，因复曰都广山。在日之南，皆为北向户，故反其户也。'"又曰："素女者，徐锴《说文系传》云：'黄帝使素女鼓五十弦琴，黄帝悲，乃分之为二十五弦。'今案'黄帝'，《史记·封禅书》作'太帝'。然则素女盖古之神女，出此野中也。又郭注'天下之中'当为'天地之中'。"郝氏又曰："《楚辞·九叹》云'绝都广以直指兮'，郭引此句，于'都广'下衍'野'字，又作'直指号'，'号'盖'兮'字之讹也。王逸注引此经，有'其城方三百里，盖天地之中'十一字，是知古本在经文，今脱去之，而误入郭注也。因知'素女所出也'五字，王逸注虽未引，亦必为经文无疑矣。"

②郭璞注："言味好皆滑如膏。《外传》曰：'膏粢之子，菽豆粢粟也。'"吴任臣引刘会孟云："嘉谷之米，炊之皆有膏。"按：郭引《外传》，

不见于今本《国语》。《晋语》有"膏粱之性难正也",似非此。

③吴任臣引陈禹谟曰："后稷之生也,诞降嘉种,其没也,墓生百谷,可谓与树艺相终始矣。"郝懿行曰："刘昭注《郡国志》引《博物记》云:'扶海洲上有草名蒒,其实食之如大麦,从七月稔熟,民敛获至冬乃讫,名曰自然谷,或曰禹余粮。'即此之类。"

④郭璞注："播琴犹播殖,方俗言耳。"吴任臣曰:"'琴'疑'栞'字之讹,言树谷而薙草也。又虞汝明《古琴疏》曰:'素女播都广之琴,温风冬飘,素雪夏零,鸾鸟自鸣,凤鸟自舞,灵寿自华。'与经文略同,是直以为琴瑟之琴也。"毕沅曰:"播琴,播种也。《水经注》云:'楚人谓冢为琴。'冢、种声相近也。"郝懿行曰:"毕说是。然则楚人盖谓冢为'岑',岑、琴音近。疑初本谓之'岑',形声讹转为'琴'耳。"

⑤郭璞注："灵寿,木名也,似竹有枝节。"吴任臣曰:"《汉书·孔光传》:'赐太师灵寿杖。'孟康注:'扶老杖也。'服虔曰:'灵寿,木名,似竹有节,长不过八九尺。'庚仲雍《山水记》:'巴乡酒村侧有溪,溪中多灵寿木。'常璩《华阳国志》:'木道有东阳、下瞿数滩,山有灵寿木及橘柚也。'《玄览》云:'涪陵有灵寿之木。'游氏《臆见》云:'灵寿木,不烦削治,可以扶老。'李时珍以为即《尔雅》'椐,樻'云。"郝懿行曰:"《诗释文》引《毛诗草木疏》云:'节中肿似扶老,即灵寿是也,今人以为马鞭及杖。'"

⑥郭璞注："在此丛殖也。"

⑦郭璞注："于此群聚。"

⑧郝懿行曰:"'此草',犹言此地之草。"

⑨《图赞》曰："都广之野,珍怪所聚。爰有膏谷,鸾歌凤舞。后稷托终,乐哉斯土。"

808　南海之内,黑水、青水之间^①,有木名曰若木^②,若水出焉^③。有禺中之国。有列襄之国^④。有灵山^⑤。有赤蛇在木上,名曰蝡蛇,木食^⑥。

蝡蛇

【注释】

①"南海之内",郝懿行本作"南海之外"。宋本、吴任臣本、毕沅本均作"之内",据改。又,郝懿行曰:"《水经注·若水》引此经无'青水'二字。"

②郭璞注:"树赤华青。""若木"又见《大荒北经》(797)。郝懿行曰:"《大荒北经》说'若木'云'赤树青叶赤华',此注'华'盖'叶'字之讹。"

③吴任臣曰:"《郡县释名》曰:'宾川州东北有金沙江,《山海经》所谓'若水'也。'"郝懿行曰:"《地理志》云:'蜀郡,旄牛:鲜水出徼外,南入若水。若水亦出徼外,南至大莋入绳。'《水经》云'若水出蜀郡旄牛徼外,东南至故关,为若水',注云:'若水之生非一所也,黑水之间,厥木所植,水出其下,故水受其称焉。'"

④吴任臣曰:"《路史》注:'若水之间,地当川蜀,在西南方,此禺中之名所由立。'"徐显之以为禺、渝音近,禺中即古渝之地,在今重庆一

带。而张步天以为"列襄"、"夜郎"音近,列襄或即夜郎,在今黔川边境一带。

⑤《大荒西经》(742)亦有"灵山",似非此。

⑥郭璞注:"言不食禽兽也。(蝡)音如软弱之软。"郝懿行曰:"《大荒南经》(720)云:'宋山有赤蛇,名育蛇。'但此在木上为异。"

809 有盐长之国①。有人焉,鸟首,名曰鸟氏②。

鸟氏

【注释】

① 郝懿行曰:"《太平御览》卷七九七引作'监长','有'上有'西海中'三字。"

② 郭璞注:"今佛书中有此人,即鸟夷也。"吴任臣曰:"《冠编》云:'太昊帝咸鸟,一曰帝鸟,是曰鸟氏。'又云:'黄帝封风后于任,锡之已姓,为帝咸鸟之后,于盐长之国,以崇太昊之祀。'即斯地也。"郝懿行

曰："'鸟氏',《御览》引作'鸟民',今本'氏'字讹也。鸟夷者,《史记·夏本纪》及《地理志》并云'鸟夷皮服',《大戴礼·五帝德篇》云'东有鸟夷'是也。"袁珂引王念孙曰："《北堂书钞·地部一》两引'鸟民',下有'四蛇相缭'四字。"张步天以为"盐长"一名当与产盐有关,或即今四川自贡。

810　有九丘 ①,以水络之 ②,名曰陶唐之丘 ③。有叔得之丘,孟盈之丘 ④,昆吾之丘 ⑤,黑白之丘,赤望之丘,参卫之丘,武夫之丘 ⑥,神民之丘 ⑦。

【注释】

①　吴任臣曰："《冠编》:'帝咸鸟元历袭太昊,有九丘。'"

②　郭璞注:"络,犹绕也。"

③　郭璞注:"陶唐,尧号。"

④　吴任臣曰："(孟盈)《路史》作'盖盈',古天子号也。《循蜚纪》:'盖盈氏,若水之间,禹中之地,有盖盈之丘,是其墟也。'"

⑤　郭璞注:"此山出名金也。《尸子》曰:'昆吾之金。'"吴任臣曰:"《淮南子》'昆吾丘在南方',注云:'祝融之孙,陆终之子,为夏伯。'又曰:'日出于扶桑,至于昆吾。'"郝懿行曰:"'昆吾之山'已见《中次二经》(286)。此经'昆吾',古诸侯号也。《大戴礼·帝系篇》云:'陆终产六子,其一曰樊,是为昆吾。'"

⑥　郭璞注:"此山出美石。"吴任臣曰:"即'砥砆'。"

⑦　郭璞注:"言上有神人。"吴任臣曰:"《冠编》二十二姓纪有'神民氏','都于神民之丘'。王文录《补衍》云:'神民氏居神民丘,三百

岁。'《潜夫论》云:'天地开辟,爰有神民,民神异业,精气通行。'一曰
'神皇氏',《春秋命历叙》云:'神皇氏驾六蜚鹿,政教百岁。'即此。"
郝懿行曰:"《文选·游天台山赋》注引此经作'神人之丘'。《书钞》仍
引作'神民'。以郭注推之,似'民'当为'人'。"

811 有木,青叶紫茎,玄华黄实,名曰建木①。百仞无枝,有
九欘②,下有九枸③,其实如麻④,其叶如芒⑤。大皞爰过⑥,
黄帝所为⑦。有窫窳,龙首,是食人⑧。有青兽,人面⑨,名
曰猩猩⑩。

【注释】

① 吴任臣曰:"游氏《臆见》曰:'建木在西方水滨,盐长之国,
九丘之上,青叶黄实,紫茎玄华。建木之下,日中无景,呼而无响。'"
郝懿行曰:"《海内南经》(573)云'建木在弱水上',郭注本此经
为说。"

② 郭璞注:"枝回曲也。(欘)音如斤斸之斸(读瞩)。"郝懿行曰:
"《藏经》本'枝'下有'上'字,今本脱也。"袁珂曰:"郝说是也。《御
览》卷九六一引此经正作'上有九欘',应据补。"

③ 郭璞注:"根盘错也。《淮南子》曰:'木大则根櫃。'音劬。"袁珂
曰:"櫃、枸音义并同。"

④ 郭璞注:"似麻子也。"

⑤ 郭璞注:"芒木,似棠梨也。"袁珂曰:"《中次二经》(287)云:'蔇
山有木焉,其状如棠而赤叶,名曰芒草。'郭注盖本此为说,芒木即芒
草也。"

⑥ 郭璞注："言庖羲于此经过也。"郝懿行曰："庖羲生于成纪，去此不远，容得经过之。"袁珂曰："郭、郝之说俱非也。'过'非经过之过，乃'上下于此，至于天'之意也。此建木为神人上下于天之天梯。"

⑦ 郭璞注："言治护之也。"袁珂曰："郭此注亦似是而实非也。此'为'不训'治'，当是'施为'之'为'，言此天梯建木，为黄帝所造作施为者也。"

⑧ 郭璞注："在弱水中。""窫窳"已见《海内南经》（572）。

⑨ 郝懿行曰："郭注《海内南经》（569）云：'狌狌状如黄狗。'此经云'青兽，人面'，与郭异。《御览》九百八卷引此经无'青兽'二字，《艺文类聚》九十五卷引作'有兽'，无'青'字，当是今本'青'字衍也。"

⑩ 郭璞注："能言。"《图赞》曰："能言之兽，是谓猩猩。厥状似猴，号音若嘤。自然知往，颇测物情。""狌狌知人名"已见《海内南经》（569）。

812　西南有巴国 ①。大皞生咸鸟 ②，咸鸟生乘釐 ③，乘釐生后照，后照是始为巴人 ④。有国名曰流黄辛氏 ⑤，其域中方三百里 ⑥，其出是尘土 ⑦。有巴遂山，渑水出焉 ⑧。

【注释】

① 郭璞注："今三巴是。"按：巴郡、巴东、巴西合称"三巴"。

② 郝懿行曰："《列子·黄帝篇》云：'庖牺氏蛇身人面而有大圣之德。'《帝王世纪》云：'太皞母曰华胥，履大人迹于雷泽，而生庖牺于成

纪。'《地理志》云'天水郡,成纪'。"袁珂曰:"'太昊',吴任臣、郝懿行
注均以为即伏羲,是也。然太昊与伏羲在先秦古籍中本各不相谋,至秦
末汉初人撰《世本》,始以太昊与伏羲连文,而为'太昊伏羲氏'。"

　　③ 吴任臣曰:"《冠编》:'咸鸟即鸟明,太昊之震子也,子乘釐。'《华
阳志》云:'伏羲生咸鸟,咸鸟生乘釐,是司水土。'"

　　④ 郭璞注:"为之始祖。"吴任臣曰:"《路史》:'帝后照支子顾相,
降处于巴。巴东至鱼腹,西连僰道,北接汉中,南极群柯。后巴灭,巴子
丑季流于黔而君之,生黑穴四姓。'《蜀志》云:'巴人五子为五姓,有巴
氏、樊氏、暷氏、相氏、郑氏。'《郡县志》:'渝州,古巴国也。阆、白二水
东南流,曲折如巴字,故谓之巴。'《左传注》:'巴国在巴郡江州县。武
王伐殷,巴人助焉,后封为巴子。'"

　　⑤ 郭璞注:"即酆氏也。"毕沅曰:"此似释《海内西经》(584)'流黄
酆氏'也。"郝懿行曰:"又《南次二经》(11)云'柜山,西临流黄',亦此。"

　　⑥ 吴任臣曰:"《冠编》云:'帝咸鸟建福于民,功丰德隆,是曰丰隆。
初国于流黄酆,其域中方三百里。'"

　　⑦ 郭璞注:"言殷盛也。"杨慎说正相反,曰:"出是尘土,言其地清
旷无器埃也。"郝懿行同郭注,曰:"尘坌出是国中,谓人物喧阗也。《藏
经》本'域'字作'城','出'字上下无'其'、'是'二字。"袁珂据清人蒋
知让说,以为"尘(塵)土"为"塵"字误析为二,是"尘土"实即塵也。

　　⑧ 吴任臣曰:"'渑',郦氏引经作'绳'。《水经注》:'大度水,经
越嶲大筰县入绳,南流分为二,其一东经广柔县,注于江,其一南径旄牛
道,至大筰与若水合,自下通谓之绳水矣。'即斯水也。"

813 又有朱卷之国,有黑蛇,青首,食象①。

黑蛇

【注释】

① 郭璞注："即巴蛇也。""巴蛇"已见《海内南经》（575）。

814　南方有赣巨人 ①，人面长臂 ②，黑身有毛，反踵，见人笑亦笑，唇蔽其面，因即逃也 ③。

【注释】

① 郭璞注："即枭阳也。（赣）音感。"按：即"戆"字。"枭阳国"已见《海内南经》（566）。

② 郝懿行曰："'臂'当为'唇'字之讹，见《海内南经》（566）。"

③ 袁珂曰："《藏经》本'即'作'可'，于义为长。"言被执之人可逃也。

815　又有黑人，虎首鸟足，两手持蛇方啖之。

黑人

816　有嬴民[①]，鸟足。有封豕[②]。有人曰苗民[③]。有神焉，人首蛇身，长如辕[④]，左右有首[⑤]，衣紫衣，冠旃冠，名曰延维[⑥]。人主得而飨食之，伯天下[⑦]。有鸾鸟自歌，凤鸟自舞。凤鸟首文曰德，翼文曰顺，膺文曰仁，背文曰义，见则天下和[⑧]。又有青兽，如菟，名曰菌狗[⑨]。有翠鸟[⑩]。有孔鸟[⑪]。

嬴民　　　　　　　　　　　延维

封豕　　　　　　菌狗　　　　　　孔鸟

【注释】

①郭璞注："（嬴）音盈。"袁珂以为"嬴民"即"因民"、"摇民"，

参见《大荒东经》（693）注。

②郭璞注："大猪也。羿射杀之。"郝懿行曰："《楚辞·天问》'冯珧利玦，封豨是射'，王逸注云：'封豨，神兽也。言羿猎射封豨，以其肉膏祭天地。'《淮南·本经训》云：'尧之时，封豨为民害，尧乃使羿禽封豨于桑林。'是皆郭所本也。然大猪所在皆有，非必即羿所射者。"《图赞》曰："有物贪婪，号曰封豕。荐食无厌，肆其残毁。羿乃饮羽，献帝效伎。"

③郭璞注："三苗民也。"按：《大荒北经》（796）亦有"苗民"。

④郭璞注："大如车毂，泽神也。"《庄子·达生》云："委蛇，其大如毂，其长如辕。"疑郭注"大如车毂"四字本经文，而误入于注。

⑤郭璞注："歧头。"

⑥郭璞注："委蛇。"吴任臣曰："野有方皇，泽有委蛇，二神皆如蛇两头。《代醉编》曰：'南方神名延维。'"《图赞》曰："夔称一足，蛇则二首。少不知无，多不觉有。虽资天然，无异骈拇。"

⑦郭璞注："齐桓公出田于大泽，见之，遂伯诸侯。亦见《庄周》，作'朱冠'。"郝懿行曰："《庄子·达生篇》云：'委蛇，其大如毂，其长如辕，紫衣而朱冠。其为物也，恶闻雷车之声，则捧其首而立。见之者殆乎霸也。'"袁珂曰："闻一多《伏羲考》谓延维、委蛇，即汉画像中交尾之伏羲、女娲，乃南方苗族之祖神。疑当是也。"

⑧郭璞注："言和平也。"郝懿行曰："凤状已见《南次三经》（31）'丹穴之山'，与此小异。"

⑨郭璞注："（𦭜）音如朝菌之菌。"

⑩吴任臣曰："《王会解》：'苍吾翡翠。'《尔雅》：'翠，鹬。'注云：'似燕，绿色，出郁林。'《说文》曰：'翡翠，青赤鸟。'《辞诂》曰：'鹬，翠别名也。'《异物志》曰：'翠大如燕，腹背纯赤，民捕食之。'《广志》曰：'翡

出交阯与古县。'《交州志》曰:'翡翠出九真,似鷐鸪。'"《图赞》曰:"翠雀麋鸟,越在西海。羽不供用,肉不足宰。怀璧其罪,贾害以采。"

⑪ 郭璞注:"孔雀也。"吴任臣曰:"《王会解》:'方人以孔雀。'《尔雅翼》云:'孔雀生南海,尾凡七年而后成,长六七尺,展开如车轮,金翠斐然。始春而生,至三四月后雕,与花萼同荣衰。'《续汉书》曰:'南蛮、西域俱出孔雀。'"

817 南海之内有衡山 ①,有菌山 ②,有桂山 ③。有山名三天子之都 ④。

【注释】

① 郭璞注:"南岳。"郝懿行曰:"郭注《中次十一经》(440)'衡山'云:'今衡山在衡阳湘南县,南岳也,俗谓之岣嵝山。'宜移注于此。"

② 郭璞注:"音芝菌之菌。"吴任臣曰:"《真诰》曰'句曲之山有名菌山,此山至佳',注云:'山形当如菌孤立。亦或是囷仓之囷,形如囷也。'"郝懿行曰:"'菌'即芝菌之'菌',何须用音?知郭本经文不作'菌',疑亦当为'囷'字,见上文。"

③ 郭璞注:"或云衡山有菌桂,桂员似竹,见《本草》。"按:《大荒西经》亦有"桂山"(741)。

④ 郭璞注:"一本'三天子之鄣山'。""三天子鄣山"已见《海内南经》(563)。

818 南方苍梧之丘 ①,苍梧之渊,其中有九嶷山,舜之所葬,在长沙零陵界中 ②。

【注释】

① 吴任臣曰："（苍梧）《逸周书（王会）》作'仓吾'。"按：《大荒南经》（705）有"苍梧之野"。

② 郭璞注："山今在零陵营道县南，其山九溪皆相似，故云九疑。古者总名其为苍梧也。"吴任臣曰："元结《九疑山图记》：'九疑山方二十余里，世称九峰相似，望而疑之。亦云舜望九峰，疑禹而悲，从臣有作九悲之歌，因谓之疑。'罗含《湘中记》云：'衡山九疑有舜庙，遥望衡山如阵云，沿湘千里，九向九背，乃不复见。'王应麟曰：'九疑山在零陵，而云舜葬苍梧者，文颖云"九疑半在苍梧、半在零陵"也。'"按："苍梧之山，帝舜葬于阳"，已见《海内南经》（568）。

819 北海之内，有蛇山者，蛇水出焉，东入于海。有五采之鸟，飞蔽一乡①，名曰翳鸟②。又有不距之山，巧倕葬其西③。

翳鸟

【注释】

① 郭璞注："汉宣帝元康元年，五色鸟以万数，过蜀都。即此鸟也。"言其群飞阴影可蔽一乡。按："五采鸟"又见《大荒东经》（697）。

②郭璞注：“凤属也。《离骚》曰：‘驷玉虬而乘鹥。’”吴任臣曰：“鹥即鸾也。《瑞应图》云：‘鸾乃赤神之精，凤皇之佐，首翼赤曰丹凤，青曰羽翔，白曰化翙，玄曰阴翥，黄曰土符。’《路史》引经作‘鹥’。《上林赋》云‘拂鹥鸟’，即此也。”郝懿行曰：“《广雅》云：‘鹥鸟，鸾鸟，凤皇属也。’今《离骚》‘鹥’作‘鹥’，王逸注云：‘凤皇别名也。’”

③郭璞注：“倕，尧巧工也。音瑞。”吴任臣曰：“《路史》：‘垂臣高辛，为尧共工，不贵独功，死葬不距之山。’‘不’，古‘丕’字。”郝懿行曰：“‘义均是始为巧倕，始作下民百巧’，见下文。郭知为尧臣者，以《虞书》云‘咨，垂，女共工’，垂、倕盖一人也。《淮南子·本经训》云‘周鼎著倕，使衔其指，以明大巧之不可为也’，高诱注云：‘倕，尧之巧工。’是皆郭注所本。”

820　北海之内，有反缚盗械、带戈常倍之佐，名曰相顾之尸①。

相顾之尸

【注释】

①郭璞注：“亦贰负之臣危之类。”袁珂曰：“刘秀《上山海经表》亦

称贰负之臣‘反缚盗械’。"

821　伯夷父生西岳^①，西岳生先龙，先龙是始生氐羌，氐羌乞姓^②。

氐羌

【注释】

①郝懿行曰："《周语》云：‘昔四岳国，命为侯伯，赐姓曰姜，氏曰有吕。’此经言伯夷父生西岳，盖其父本为四岳，至其子纂修旧勋，故复为西岳也。"

②郭璞注："伯夷父，颛顼师，今氐羌其苗裔也。"吴任臣曰："《路史》：‘先龙生元氏，元氏乞姓羌也。盖岐陇而南，汉川以西，皆氏云。’《王会篇》‘氐羌鸾鸟’，注：‘氐地之羌不同，故谓之氐羌。’"郝懿行曰："郭云‘伯夷父，颛顼师’者，《汉书·古今人表》云‘柏夷亮父，颛顼师’，《新序·杂事五》云‘颛顼学伯夷父’，是郭所本也。"

822　北海之内有山，名曰幽都之山，黑水出焉^①。其上有玄鸟、玄蛇^②、玄豹^③、玄虎^④、玄狐蓬尾^⑤。有大玄之山。有玄丘之民^⑥。有大幽之国^⑦。有赤胫之民^⑧。

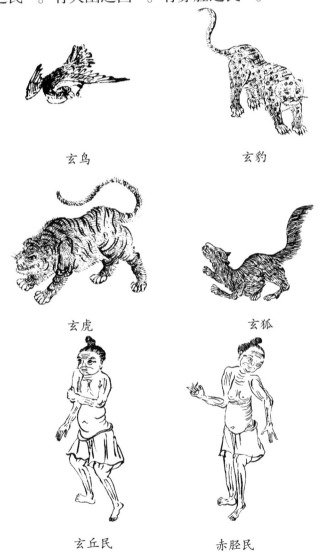

玄鸟　　　　　　　　　　玄豹

玄虎　　　　　　　　　　玄狐

玄丘民　　　　　　　　　赤胫民

【注释】

① 吴任臣曰："即朔方之幽都。《淮南子》云：'西北方曰不周之山,曰幽都之门。'又云：'北抚幽都,南道交阯。'"郝懿行曰："高诱注《淮南·墜形训》云：'古之幽都,在雁门以北。'"袁珂以为此幽都即《楚辞·招魂》"君无下此幽都"之"幽都",即地下幽冥之国也。其说难信。张步天以为此即《北次三经》(213)之"幽都之山"。黑水,汪绂以为"即浴水,今卢龙水是也"。

② 郝懿行曰："上文云'朱卷之国有黑蛇食象'(813),《大荒南经》(706)云'黑水之南有玄蛇食麈'。"

③ 吴任臣曰："《王会解》：'屠州玄豹。'(原文"黑豹")《六韬》曰：'散宜生于怀涂山得玄豹以献纣。'"郝懿行曰："《中次十一经》(422)云'即谷之山多玄豹'。"

④ 郭璞注："黑虎名䖺,见《尔雅》。"

⑤ 郭璞注："蓬,丛也。《说苑》曰：'蓬狐、文豹之皮。'"吴任臣曰："孙氏《瑞应图》：'王者政治太平,则黑狐见。'《稽瑞录》云：'黑狐蓬尾。'本此也。"

⑥ 郭璞注："言丘上人物尽黑也。"郝懿行曰："《水经·温水注》云：'林邑国人以黑为美。'所谓'玄国'亦斯类也。"

⑦ 郭璞注："即幽民也,穴居无衣。"

⑧ 郭璞注："膝已下正赤色。"

823　有钉灵之国,其民从膝已下有毛,马蹄,善走①。

钉灵

【注释】

　　① 郭璞注："《诗含神雾》曰：'马蹄自鞭其蹄，日行三百里。'"吴任臣曰："钉灵，今丁灵国，又名丁令，亦作丁零，在康居北。《文献通考》曰：'丁零国有二，在朔方北者为北丁令，在乌孙西者为西丁令。乌孙长老言：北丁令有马胫国，其人声音似雁鹜，从膝以下生毛，马胫马蹄，不骑马而走疾于马。'"郝懿行曰："《通考》所说，见裴松之注《三国志》引《魏略》云。"

824　炎帝之孙伯陵 ①，伯陵同吴权之妻阿女缘妇 ②。缘妇孕三年 ③，是生鼓、延、殳 ④，始为侯。鼓、延是始为钟 ⑤，为乐风 ⑥。

【注释】

①吴任臣曰："《路史》：'炎帝器生钜及伯陵。伯陵为黄帝臣，封于逢。'《左氏》言'齐之先逢伯陵'是也。《氏族考》引经云'帝器生子三人，曰巨，曰伯陵，曰祝庸'，与本文异。"郝懿行曰："《周语》：'大姜之侄伯陵之后，逢公之所凭神。'昭二十年《左传》云'有逢伯陵因之'，杜预注云：'逢伯陵，殷诸侯。'以此经文推之，伯陵非亲炎帝之孙，盖其苗裔也。"

②郭璞注："'同'犹'通'，言淫之也。吴权，人姓名。"此言伯陵与吴权之妻私通。阿女缘妇为吴权妻名。

③郭璞注："孕，怀身也。"

④郭璞注："三子名也。"

⑤郭璞注："《世本》云：'毋句作磬，倕作钟。'"郝懿行曰："《初学记》引《乐录》云：'无句，尧臣也。'"

⑥郭璞注："作乐之曲制。"

825　黄帝生骆明，骆明生白马，白马是为鲧①。帝俊生禺号，禺号生淫梁，淫梁生番禺②，是始为舟③。番禺生奚仲④，奚仲生吉光，吉光是始以木为车④。少皞生般，般是始为弓矢⑤。帝俊赐羿彤弓、素矰⑥，以扶下国⑦。羿是始去恤下地之百艰⑧。

【注释】

①郭璞注："即禹父也。《世本》曰：'黄帝生昌意，昌意生颛顼，颛顼生鲧。'"吴任臣曰："史纪高阳子熙帝生骆明，骆明生白马，白马生鲧，

故曰颛顼五代而生鲧。熙帝即孺帝。又《氏族源流》云：'颛顼妃邹屠氏生骆明，骆明生伯鲧。'未知孰是。"郝懿行曰："郭引《世本》云'昌意生颛顼，颛顼生鲧'，与《大戴礼·帝系》世次相合，而与前文'昌意生韩流，韩流生颛顼'（804）之言却复相背，郭氏盖失检也。此经非出一人之手，其载古帝王世系尤不足据，不必强为之说。"

②吴任臣曰："禺阳是为禺号，生禺京、傜梁、儋人。京居北海，号处南海。傜梁生番禺。今清河之属县有禺山，即此禺也。"郝懿行曰："《大荒东经》（691）言'黄帝生禺虢'，即禺号也。'禺虢生禺京'，即淫梁也。禺京、淫梁，声相近。然则此经'帝俊'又当为黄帝矣。"

③郭璞注："《世本》云：'共鼓、货狄作舟。'"郝懿行曰："《初学记》二十五卷引此经，又引《世本》云：'共鼓、货狄作舟，黄帝二臣也。'"

④郭璞注："《世本》云'奚仲作车'。此言'吉光'，明其父子共创作意，是以互称之。"郝懿行曰："《说文》云：'车，夏后时奚仲所造。'"

⑤郭璞注："《世本》云'牟夷作矢，挥作弓矢'。弓矢一器，作者两人，于义有疑。此言般之作，是。"郝懿行曰："《说文》云'古者夷牟初作矢'，郭引《世本》作'牟夷'，疑文有倒转耳。宋衷云：'夷牟，黄帝臣也。'《说文》又云'挥作弓'，与《世本》同。《吴越春秋》云'黄帝作弓'，《荀子·解蔽篇》又云'倕作弓，浮游作矢'，俱与此经异也。"

⑥郭璞注："彤弓，朱弓。矰，矢名，以白羽羽之。《外传》：'白羽之矰，望之如荼也。'"郝懿行曰："《楚辞·天问》云'冯珧利决'，王逸注云：'珧，弓名也。决，射韝也。'是即帝赐羿弓矢之事。《太平御览》八十二卷引《帝王世纪》曰'羿，其先帝喾以世掌射，故于是加赐以弓矢，封之于鉏，为帝司射'，盖本此经为说也。郭云'白羽羽之'，疑下'羽'字误。所引《外传》者，《吴语》文。"

⑦ 郭璞注："言令羿以射道除患,扶助下国。"

⑧ 郭璞注："言射杀凿齿、封豕之属也。有穷后羿慕羿射,故号此名也。"

826 帝俊生晏龙,晏龙是为琴瑟①。帝俊有子八人,是始为歌舞②。

【注释】

① 郭璞注："《世本》云:'伏羲作琴,神农作瑟。'"郝懿行曰:"'帝俊生晏龙,晏龙生司幽',已见《大荒东经》(681)。"又曰:"《说文》云:'琴,神农所作;瑟,庖牺所作。'此注盖传写之讹也。"

② 吴任臣曰:"《路史》注作'舜有子八人,始歌舞'。"是以帝俊为舜也。郝懿行曰:"《初学记》十五卷、《艺文类聚》四十三卷、《太平御览》五百七十二卷引此经,并云'帝俊八子,是始为歌',无'舞'字。"

827 帝俊生三身,三身生义均①,义均是始为巧倕,是始作下民百巧。后稷是播百谷。稷之孙曰叔均,是始作牛耕②。大比赤阴③,是始为国④。禹鲧是始布土,均定九州⑤。

【注释】

① 吴任臣曰:"《学海》曰:'经所纪诸国,多云帝俊之后,而所谓帝俊者,或以为黄帝,或以为喾,或以为舜。要之,圣德广被,无远弗届,相传谓其后代,未必皆子孙也。而神明之胄,亦多转旋异域,有不可以概论者。'"郝懿行曰:"'帝俊妻娥皇生三身之国',已见《大荒南经》

（708）。"又曰："义均者，《竹书》云'帝舜二十九年，帝命子义钧封于商'，《楚语》云'舜有商均'，韦昭注云'均，舜子，封于商'是也。"袁珂曰："此义均即《大荒南经》（705）与舜同葬苍梧之叔均，亦即《大荒西经》（739）'稷之弟台玺生叔均'之'叔均'，及此经下文'稷之孙曰叔均'，均传闻不同而异辞也。"

②郭璞注："始用牛犁。"吴任臣曰："后稷有二，前为帝柱，后为度辰。度辰即弃也。"

③郭璞注："（阴）或作'音'。"郝懿行曰："'大比赤阴'四字难晓，推寻文义，当是地名。《大荒西经》（739）说'叔均始作耕'，又云'有赤国妻氏'，然则'大比赤阴'岂谓是与？"袁珂曰："郝说'大比赤阴'即'赤国妻氏'，是也。然谓是地名则非。疑均是人名。'大比'或即'大妣'之坏文，'赤阴'或即后稷之母姜原，以与'姜原'音近也。"

④郭璞注："得封为国。"吴任臣曰："稷封于邰，又作'台'。"

⑤郭璞注："布，犹敷也。《书》曰：'禹敷土，定高山大川。'"敷，区分也。"禹敷土"即划分九州。

828

炎帝之妻，赤水之子听訞生炎居①，炎居生节并，节并生戏器，戏器生祝融②。祝融降处于江水，生共工，共工生术器。术器首方颠③，是复土穰，以处江水④。共工生后土⑤，后土生噎鸣⑥，噎鸣生岁十有二⑦。

【注释】

①吴任臣曰："《路史》：'炎帝来生炎居，母桑水氏，曰听訞。'《冠编》云：'亦曰承桑氏。'又刘恕《通鉴外纪》：'神农纳奔水氏之女曰听詙，

生临魁。'《史记补》云：'神农纳奔水氏之女曰听訞，为妃，生帝哀。'语
多不同，当以罗氏（泌）为断。"郝懿行曰："《史记索隐·补三皇本纪》
云'神农纳奔水氏女曰听詙，为妃，生帝哀，哀生帝克，克生帝榆罔'云
云。证以此经，'赤水'作'奔水'，'听訞'作'听詙'，及'炎居'以下
文字俱异。"

　　②郭璞注："祝融，高辛氏火正号。"吴任臣曰："《通鉴外纪》曰：
'帝里又曰帝居，生节茎，节茎生克及戏。'廖道南《楚纪》亦云：'帝哀
生节茎，节茎生克及戏，戏生器，器生祝融。'"郝懿行曰："老童生祝融，
见《大荒西经》（741），与此又异。"

　　③郭璞注："头顶平也。"郝懿行曰："'颠'字衍，《藏经》本无之。"

　　④郭璞注："复祝融之所也。"吴任臣曰："《蜚萤子》：'祝融、共工，
上世俱有七人。此祝融为炎帝裔，黄帝之司徒也。居江水，生共工。共
工生术器及勾龙。术器袭共工号，在颛顼时作乱，帝命辛侯诛之，以其弟
勾龙为后土。'《汲冢琐语》云：'晋平公梦见赤熊窥屏，恶之，问子产。
子产曰："昔共工之御浮游，既败于颛顼，自没深淮之渊，其色赤，其状如
熊，即术器之臣也。"'"郝懿行曰："《竹书》云'帝颛顼七十八年，术器
作乱，辛侯灭之'，即此人也。然则经言'复土穰以处江水'，盖即其作乱
之事。'穰'当为'壤'，或古字通用。《藏经》本正作'壤'。"

　　⑤吴任臣曰："《祭法》曰：'共工氏之伯九州也，其子曰后土，能平
九州。'《路史》云：'术器生条及勾龙。'以后土为术器之子，未审是非。
又罗苹注言'共工垂为勾龙子'，证《山海经》'共工生后土'之谬，盖不
知共工之有七也。"郝懿行曰："韦昭注《周语》引贾侍中云：'共工，诸
侯，炎帝之后，姜姓也。颛顼氏衰，共工氏侵陵诸侯，与高辛氏争而王也。
或云共工尧时诸侯，为高辛所灭。昭谓为高辛所灭，安得为尧诸侯？　又

尧时共工与此异也。’据韦昭所驳，盖从贾逵前说也。然《鲁语》云：‘共工氏之霸九有也，其子曰后土，能平九土。’”

⑥吴任臣曰：“罗泌云：‘伯夷为共工垂子，噎鸣即伯夷也，生岁十二泰岳。’诸说纷纭，未能通也。”郝懿行曰：“《大荒西经》（751）云‘下地是生噎’，疑噎即噎鸣，或彼有脱文也。”

⑦郭璞注：“生十二子，皆以岁名名之，故云然。”吴任臣曰：“羲和以为日名子，商代以为干纪名，即此义。”史景成《山海经新证》：“此十二岁之名，即摄提格、单阏等岁星纪年之十二年名也。”

829　洪水滔天①，鲧窃帝之息壤以堙洪水②，不待帝命。帝令祝融杀鲧于羽郊③。鲧复生禹④。帝乃命禹，卒布土以定九州⑤。

【注释】

①郭璞注：“滔，漫也。”

②郭璞注：“息壤者，言土自长息无限，故可以塞洪水也。《开筮》曰：‘滔滔洪水，无所止极，伯鲧乃以息石、息壤以填洪水。’汉元帝时，临淮徐县地踊长五六里，高二丈，即息壤之类也。”杨慎《升庵集》卷五《息壤辨》曰：“《说文》‘壤，柔土也’。《山海经》云‘窃帝之息壤’，盖指桑土稻田可以生息，皆君所授于民者，故曰‘帝之息壤’。鲧治水不顺水性，决耕桑之畎亩，坊淫潦之洪流，是窃帝之息壤以堙洪水。”吴任臣以杨说为非是，以为“息壤实在江陵之地，非泛言生息之壤也”。郝懿行曰：“《竹书》云：‘周显王五年，地忽长十丈有余，高尺半。’《天文志》云‘水澹地长’，‘地长’即息壤也。《淮南·墬形训》云‘禹乃以息土填洪水以为名

山，掘昆仑虚以下地'，高诱注云："地或作池。'据《淮南》斯语，是鲧用息壤而亡，禹亦用息壤而兴也。"

③郭璞注："羽山之郊。"吴任臣引朱子《楚辞辨证》曰："经云'鲧窃帝之息壤以堙洪水，帝令祝融殛之羽郊'。详其文意，所谓'帝'者，似指上帝。盖上帝欲息此壤，不欲使人干之，故鲧窃之，而帝怒也。又祝融，颛帝之后，死而为神，盖言上帝使其神诛鲧也。若尧、舜时，则无此人久矣。"郝懿行曰："羽山已见《南次二经》（14）。《晋语》云：'昔者鲧违帝命，殛之于羽山，化为黄能，以入于羽渊。'《水经·淮水注》引《连山易》曰'有崇伯鲧伏于羽山之野'是也。"

④郭璞注："《开筮》曰：'鲧死三岁不腐，剖之以吴刀，化为黄龙也。'"郝懿行曰："《初学记》二十二卷引《归藏》云'大副之吴刀，是用出禹'，《吕氏春秋·行论篇》亦云'副之以吴刀'，盖即与郭所引为一事也。"袁珂曰："鲧入羽渊所化，诸书所记不一。《归藏·启筮》云'化为黄龙'，《左传》昭公十七年云'化为黄熊'，《国语·晋语八》云'化为黄能'，《拾遗记》卷二云化为'玄鱼'。龙、熊、玄鱼均无疑问，惟'能'解释各异。《左传释文》云：'熊一作能，三足鳖也。'《史记·夏本纪正义》云：'熊，音乃来反，下三点为三足也。'束晳《发蒙纪》云：'鳖三足曰熊。'由是言之，'能'者'熊'字之讹，熊即能也。"

⑤郭璞注："鲧绩用不成，故复命禹终其功。"

《山海经》索引

一、本索引只包括《山海经》本文。

二、本索引所收为《山海经》中的山川、动植、矿物、异国、人物、神怪诸名。

三、索引所标数字为本书的各小节数。

四、诸名词以音序排列。

H